Am-SC-I-129a

Verw.: Am-SC-II

KIELER GEOGRAPHISCHE SCHRIFTEN

Begründet von Oskar Schmieder

Herausgegeben vom Geographischen Institut der Universität Kiel
durch J. Bähr, H. Klug und R. Stewig

Schriftleitung: S. Busch

Band 77

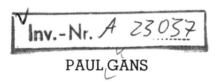
PAUL GANS

Die Innenstädte von Buenos Aires und Montevideo

Dynamik der Nutzungsstruktur, Wohnbedingungen und informeller Sektor

— Textteil —

KIEL 1990

IM SELBSTVERLAG DES GEOGRAPHISCHEN INSTITUTS
DER UNIVERSITÄT KIEL

ISSN 0723 - 9874
ISBN 3 - 923887 - 19 - 1

CIP-Titelaufnahme der Deutschen Bibliothek

Gans, Paul:
Die Innenstädte von Buenos Aires und Montevideo: Dynamik
der Nutzungsstruktur, Wohnbedingungen und informeller
Sektor / Paul Gans. Geograph. Inst. d. Univ. Kiel. - Kiel:
Geograph. Inst. d. Univ., 1990
   (Kieler geographische Schriften; Bd. 77)
   Zugl.: Kiel, Univ., Diss.
   ISBN 3-923887-19-1

NE: GT

Als Habilitationsschrift auf Empfehlung der
Mathematisch-Naturwissenschaftlichen Fakultät der Universität Kiel
gedruckt mit Unterstützung der Deutschen Forschungsgemeinschaft

VORWORT

Die vorliegende Untersuchung über die Innenstädte von Buenos Aires und Montevideo ist ein Teil des größeren Forschungsvorhabens "Jüngere Tendenzen des Urbanisierungsprozesses in lateinamerikanischen Großstädten. Vergleichende Untersuchungen zu einem Modell der sozialräumlichen Differenzierung und Entwicklungsdynamik", das von den Professoren Dr. Jürgen Bähr (Kiel) sowie Dr. Günter Mertins (Marburg/Lahn) geleitet wurde. Ihnen gilt mein besonderer Dank, da im Rahmen dieses von der Stiftung Volkswagenwerk unterstützten Projektes zwei mehrmonatige Aufenthalte in Buenos Aires und Montevideo (Herbst 1984 und Sommer 1985) möglich waren. Der Stiftung Volkswagenwerk möchte ich genauso meinen Dank aussprechen wie der Deutschen Forschungsgemeinschaft, die im Frühjahr 1987 eine dritte Forschungsreise (Februar bis Mai) finanzierte.

Zu ganz besonderem Dank bin ich meinem Lehrer, Herrn Prof. Dr. Jürgen Bähr, verpflichtet, der die Untersuchung anregte und der durch seine Lateinamerika-Kenntnisse Zielsetzung sowie Fortgang der Arbeit wesentlich förderte. Weiterhin danke ich allen Mitarbeitern des Geographischen Instituts in Kiel, die den Verlauf der Untersuchung mit Interesse verfolgten.

Ohne die vielfältige Hilfsbereitschaft zahlreicher Persönlichkeiten und Institutionen sowohl in Argentinien als auch in Uruguay wäre die Durchführung des Forschungsvorhabens nicht möglich gewesen. Das Entgegenkommen aller Dienststellen, mit denen ich zusammenarbeitete, muß als vorbildlich bezeichnet werden.

In Buenos Aires gilt dabei in erster Linie mein Dank Señor Arq. Luis Gutierrez del Castillo (*Comisión Municipal de la Vivienda*), der mir die Unterlagen aus dem *Archivo Maestro* zur Verfügung stellte. Weiterhin schulde ich Dank:

- Señor Arq. Patricio Randle, der mir die Auswertung der umfangreichen Literatur im Institut *OIKOS* erlaubte,

- Señor Mario Somigliana (*Instituto Nacional de Estadística y Censos*), der mir den Zugang zu unveröffentlichten Daten der Bevölkerungs- und Wohnungszählung von 1980 ermöglichte,

- Señor Dr. Emilio Montes, dem ehemaligen Leiter des *Consejo de Planificación Urbana*, der mir Manuskripte über die Stadtentwicklung von Buenos Aires zur Verfügung stellte,

- den Señoras Lic. Susana Frias sowie Lic. Nora Zuloaga (beide *Dirección de Estadística y Censos de la Municipalidad de Buenos Aires*), die mir Statistiken und Karten besorgten.

In Montevideo bedanke ich mich ganz herzlich bei

- Señor Arq. Juan Crispo Capurro (*Comisión Especial Permanente de la Ciudad Vieja*), der mir die Unterlagen über die Gebäude in der Altstadt zugänglich machte sowie zu weiteren Materialien (Luftbilder, Kartengrundlagen) verhalf, sowie Señor Ernesto Spósito, der mir bei der Auswertung der Gebäudekartei zur Seite stand,

- den Architekten Mariano Arana und Lina Sanmartín (beide *Grupo de Estudios Urbanos*), die mir Erhebungen über die Haushalte in der Altstadt zur Verfügung stellten und mich bei Befragungen unterstützten, und

- Señor Arq. Thomas Sprechmann (*Taller de Investigaciones Urbanas*), der eigene Forschungsunterlagen aushändigte und immer wieder zu Diskussionen bereit war.

Das Einleben in Buenos Aires und Montevideo wurde durch die Gastfreundschaft der Familien Dr. Mario Caimi, Dr. Silvio Tatti sowie Thomas Sprechmann sehr erleichtert.

Nicht unerwähnt bleiben dürfen Frau Scheu sowie Herr Thomas Reimers, bei denen ich mich für die Anfertigung mehrerer Abbildungen bedanke, sowie bei den Studenten Frank Birkholz und Bent Gromodka für die Datenaufbereitung.

Alle für die Untersuchung notwendigen Berechnungen führte ich an der PDP10 des Rechenzentrums der Universität Kiel durch. Hierzu wurden die Programme bzw. Programmpakete FORTRAN, SPSS und STUPLT verwendet.

Den Herausgebern der Kieler Geographische Schriften dankt der Verfasser für die Möglichkeit, diese Arbeit in der Schriftenreihe des Geographischen Instituts der Universität Kiel veröffentlichen zu können. Die Deutsche Forschungsgemeinschaft stellte hierfür dankenswerterweise einen Druckkostenzuschuß zur Verfügung.

Mein ganz besonderer Dank gilt meiner Frau, die mich nicht nur bei den umfangreichen Erhebungen unterstützte, sondern auch das Manuskript ins Reine schrieb.

Kiel, im April 1990

Paul Gans

INHALTSVERZEICHNIS

VERZEICHNIS DER TABELLEN

VERZEICHNIS DER ABBILDUNGEN

VERZEICHNIS DER KARTEN

Karte 30: Funktionale Veränderungen in der Altstadt von Montevideo

1. EINFÜHRUNG UND ZIELE DER ARBEIT

In Lateinamerika vollzieht sich in diesem Jahrhundert ein enormes städtisches Wachstum. 1989 wohnten 68 % der Bevölkerung in Städten. Dieser Anteil lag deutlich über den entsprechenden Werten von Asien (29 %) sowie von Afrika (30 %) und erreichte fast den Verstädterungsgrad Europas (74 %) oder Nordamerikas (74 %; vgl. *Population Reference Bureau* 1989).

Im Unterschied zu den europäischen Ländern konzentrierte sich das Wachstum meist auf die hauptstädtischen Agglomerationen: So verzeichneten Mexiko-City oder Lima nach 1945 jährliche Wachstumsraten von bis zu 7 %, die in einzelnen Zeitabschnitten mehr als doppelt so hoch waren wie die nationalen Durchschnittswerte (MERTINS 1984, S. 436). Dieser explosionsartige Anstieg der Einwohnerzahlen in den großen Metropolen, der zeitlich verzögert auch in den nachfolgenden Städten einsetzte, ging hauptsächlich auf die Geburtenüberschüsse zurück und weniger auf die Zuwanderung der Bevölkerung aus agrarisch strukturierten Regionen oder kleineren Städten (vgl. BÄHR 1987a). Dieses Wachstum - so erhöhte sich die Zahl der Bewohner in den Ballungsräumen seit 1950 um das Vier- bis Fünffache - konnte der vorhandene Wohnungsbestand trotz Vermietungsformen, die hohe Bevölkerungsdichten zuließen, nicht auffangen, so daß es seit den 50er Jahren auch zu illegalen Siedlungsgründungen an der städtischen Peripherie kam. Im Jahre 1980 lebten in diesen marginalen Vierteln zwischen 27 % (Santiago) und 58 % (Guayaquil) der Bevölkerung der jeweiligen Agglomeration (MERTINS 1984, S. 436).

Das enorme städtische Wachstum hinsichtlich Einwohnerzahl sowie Fläche lenkte das wissenschaftliche Interesse stadtgeographischer Untersuchungen vor allem auf den randstädtischen Bereich mit den Themen bauliche Erweiterung und Erschließung, die Rolle des Staates bei der Versorgung ärmerer Bevölkerungsgruppen mit Wohnraum, die Verbesserung der Wohnsituation durch Selbsthilfe, die Eingliederung der aus dem ländlichen Raum stammenden Einwohner und die mit der Expansion einhergehenden Veränderungen der sozialen Differenzierung (WILHELMY/BORSDORF 1984, S.5/6).

Von wenigen Ausnahmen abgesehen (MITTENDORFF 1984), blieben die zum Teil tiefgreifenden Wandlungen in den Innenstädten lateinamerikanischer Metropolen weitgehend unberücksichtigt. HARDOY (1985) hebt dieses Forschungsdefizit für die englisch- sowie spanischsprachige Literatur ebenfalls hervor und nennt nur wenige städtebaulich orientierte Arbeiten, die sich vor allem mit der Erhaltung der Bausubstanz in den kolonialen Kernen beschäftigen. Untersuchungen über soziale und funktionale Veränderungen, die mit baulichen Überformungen einhergehen oder diese zur Folge haben, fehlen dagegen weitgehend, obwohl allein die flächenhafte Expansion der metropolitanen Gebiete die Erreichbarkeit der Innenstädte verschlechterte, die Entstehung von Subzentren förderte und sich dadurch die räumlichen Verflechtungen zwischen Kernbereich und übrigen städtischen Teilgebieten in ihrer Intensität wandelten (vgl. FRIEDRICHS/GOODMAN 1987). Die Überformungen der Zentren lassen sich vier Dimensionen - im folgenden mit Bezug auf Buenos Aires und Montevideo dargestellt - zuordnen, die sich durchaus in ihren Auswirkungen wechselseitig beeinflussen können, ohne jedoch unbedingt zeitlich parallel in Erscheinung treten zu müssen (HARDOY 1969, GRIF-FIN/FORD 1980, GORMSEN 1981):

1. Ökonomische Veränderungen

Sie beziehen sich auf die klassische Bedeutung des Zentrums als wirtschaftlicher Mittelpunkt einer städtischen Region. Insbesondere gilt dies für den Einzelhandel, für Finanz- und Büroeinrichtungen sowie für die öffentliche Verwaltung, deren Einfluß im Falle von Hauptstädten von nationaler Reichweite ist. Mit der weltwirtschaftlichen Integration der lateinamerikanischen Staaten, mit den ausländischen Investitionen, die sich auf das Bankenwesen und auf die städtischen Dienstleistungen konzentrierten, sowie mit der sozialen Degradierung der ehemaligen kolonialen Kerne setzten auch räumliche Verlagerungstendenzen und Umstrukturierungen im Zentrum ein (vgl. HARDOY 1969). Es formten sich Finanz- und Büroviertel, die unterschiedliche Funktionen wahrnahmen. Die Expansion der zentral gelegenen Nutzungen erfolgte in Richtung der sozial hochstehenden Wohngebiete und wurde maßgeblich vom Einzelhandel mit seinem linearen Verteilungsmuster getragen. Vor allem große Kaufhäuser verlagerten ihren Standort, kleinere Geschäfte folgten: in Montevideo aus der Altstadt in die heutige Hauptgeschäftsstraße Av. 18 de Julio und weiter in die Stadtteile Pocitos oder Carrasco, in Buenos Aires aus der Calle Florida in die Av. Santa Fé. Seit etwa 1960 begann außerdem ein struktureller Wandel des Einzelhandels. Die Kaufhäuser wurden wegen sozialer Spannungen mit den Beschäftigten und mangelnder Rentabilität in z.T. mehrstöckige Fußgängerpassagen mit zahlreichen Boutiquen und privaten Dienstleistungen unterschiedlichster Qualitätsstufen sowie Angebotspalette umgewandelt. Die Zahl dieser *galerías* erhöhte sich noch in jüngster Zeit, was unter Einbeziehung sinkender Realeinkommen und der Entstehung von Subzentren in den Vororten als Ausdruck für die immer noch bestehende Zentralität der Innenstädte bzgl. des Einkaufsverhaltens vieler Bewohner gewertet werden kann. Neue Wachstumsimpulse für die Stadtkerne gingen in den 70er Jahren von neuen wirtschafts- und finanzpolitischen Zielen der Regierungen aus. Sowohl in Uruguay (1973) als auch in Argentinien (1976) übernahmen die Militärs die Regierungsgewalt. Die neuen Machthaber betrieben eine auf monetaristischen Prinzipien beruhende Wirtschaftspolitik und liberalisierten Handel sowie Kapitaltransfer. Das im internationalen Vergleich hohe Zinsniveau in beiden Staaten begünstigte einen enormen Kapitalzufluß und ergab Ende der 70er Jahre eine kurzfristige boomartige Konjunkturentwicklung, die sich in einer umfangreichen Bautätigkeit auch in den zentral gelegenen Bereichen der beiden Hauptstädte äußerte. Gleichzeitig nahm die Bodenspekulation in beiden Zentren zu und verdrängte in umfangreichem Maße Nutzungen niedriger durch solche höherer Rentabilität.

2. Soziale Veränderungen

Der Fortzug der einkommensstarken Bevölkerungsgruppen aus dem heutigen kolonialen Kern und seine damit einhergehende soziale Degradierung setzten bereits um 1870 ein. Auslöser waren zumeist die unhygienischen Wohnbedingungen, die die Ausbreitung von Epidemien begünstigten. Die beginnende räumliche Trennung zwischen Wohnung und Arbeitsplatz, den man im Zentrum beibehielt, wurde auch durch das Aufkommen der ersten öffentlichen Nahverkehrsmittel und neuen, aus Frankreich stammenden städtebauli-

chen Vorstellungen gefördert. Die Nachfrage nach dem im Zentrum frei werdenden Wohnraum war aufgrund der einsetzenden Immigration aus Europa hoch, so daß spekulativ
orientierte Vermietungsformen entstanden (*conventillos*), die hohe Bevölkerungsdichten
mit sehr beengten Wohnverhältnissen hervorriefen. Diese sozialen Umschichtungen setzten sich weiter fort, da mit dem Ausbau des öffentlichen Nahverkehrs, mit billigeren
Tarifen sowie häufigeren Fahrten zunehmend mittlere Einkommensgruppen und auch
Arbeiterhaushalte ihren Wohnstandort im Zentrum in Richtung städtische Peripherie verlassen konnten. Der Stadtkern blieb noch das Ziel der Zuwanderer aus ländlich geprägten
Regionen, die seit 1930 die europäischen Immigranten in ihrer Bedeutung für die Stadtentwicklung ablösten. Allerdings übernahmen die randstädtischen Viertel mit der fortschreitenden Expansion der metropolitanen Gebiete zunehmend die Auffangfunktion der Innenstadt (vgl. CONWAY/BROWN 1980). Zwar ist die Wohnbedeutung des Zentrums aufgrund
des Vordringens anderer Nutzungen und der Abrißtätigkeit immer mehr zurückgegangen,
doch besteht sie weiterhin und drückt sich in einer großen Heterogenität des Wohnungs-
angebots aus: Patiohäuser, Eigentumswohnungen, Vermietung von Apartments, von Zim-
mern oder auch von einzelnen Betten prägen ein breit gefächertes Spektrum, das für die
unterschiedlichsten Einkommensgruppen interessant ist. Allerdings gibt es in den Innenstadtbereichen zahlreiche Anzeichen, die auf die seit 1975 sich verschärfenden sozialen
Gegensätze hinweisen. Sinkender Lebensstandard, hervorgerufen durch zurückgehende
Realeinkommen, und ansteigende Arbeitslosigkeit zwingen immer mehr Haushalte aus
Gründen der Kosteneinsparung, in Unterkünften citynaher Teilgebiete zu wohnen (niedrigere Mietbelastungen, geringe Fahrtkosten). Außerdem gibt es hier, nahe dem Zentrum,
weitaus größere Möglichkeiten, das Haushaltseinkommen zu sichern oder aufzubessern als
in den peripher gelegenen Vororten. Ausdruck dieser sozialen Konflikte sind sowohl die
Expansion des informellen Sektors (Straßenhändler, Schuhputzer, Bettler, Altpapiersammler
usw.) als auch die Ausbreitung von Wohnformen (*pensiones, inquilinatos*), die etwa seit
dem Zweiten Weltkrieg die *conventillos*, in denen ehemals die einfacheren Bevölkerungsschichten wohnten, zunehmend ablösten.

3. Bauliche Veränderungen

Sie sind einerseits geprägt von der Neubau- und damit zusammenhängend der Abrißtätigkeit und andererseits vom baulichen Verfall zahlreicher Gebäude. Das Aufkommen und die
Expansion neuer Funktionen bewirkten gemeinsam mit geänderten Konstruktionsweisen,
architektonischen Vorstellungen und wirtschaftlichen Bedingungen erhebliche bauliche
Überformungen in den Zentren. Die neuen Nutzungen haben gewisse Ansprüche hinsichtlich verfügbarer Flächen und baulicher Gestaltung, die die vorhandenen Gebäude oftmals
nicht erfüllen können. Insbesondere gilt dies für die kolonialen Kerne mit ihrer alten
Bausubstanz und kleinparzellierten Besitzstruktur. Nach WILHELMY/BORSDORF (1984,
S. 142) drückt die Ausbreitung des Hochhauses - wenn auch nicht auf den Stadtkern beschränkt - diese Wandlungen physiognomisch am besten aus. Sie spiegeln auch die infla-
tionsbedingte und von der Einstellung zum Bodenbesitz geleitete umfangreiche Grund-
stücksspekulation mit ihren Auswirkungen auf den Boden- und Wohnungsmarkt wider. In
unmittelbarer Nähe zu diesen neuen Bauformen, die oftmals als Ausdruck der Prosperität
des Landes empfunden werden, befinden sich auch vom baulichen Verfall betroffene

Gebäude von hohem historischen und städtebaulichen Wert. Die Motive der Eigentümer, notwendige Investitionen zu unterlassen, können vielfältiger Art sein: Zu erwartende Einnahmen fallen im Vergleich zu den Kosten für die Erhaltungsmaßnahmen zu gering aus, gesetzliche Vorgaben schränken den Boden-und Wohnungsmarkt stark ein, oder der Gebäudeabriß und der anschließende Verkauf erscheinen lohnenswert.

4. Politisch-planerische Veränderungen

Staatliche Maßnahmen mit sehr unterschiedlichen Zielvorstellungen unterstützen die spekulativen Elemente des Grundstücksmarktes. Ein Beispiel, wie kommunale Planungen bauliche und funktionale Wandlungen in den Innenstädten verursachen können, gibt es für Buenos Aires schon Ende des 19. Jahrhunderts. Ähnlich wie später in Montevideo beabsichtigte die damalige Stadtverwaltung, Buenos Aires durch den Ausbau breiter Avenidas mit großzügig angelegten Gebäuden zu verschönern und der Hauptstadt einen repräsentativen Charakter zu verleihen. Zu erwähnen ist auch das *Ley de Propiedad Horizontal* aus den 40er Jahren, das die nationale Bauwirtschaft beleben sollte und die Errichtung von Eigentumswohnungen staatlich förderte. In der Folgezeit breitete sich dadurch die Hochhausbauweise verstärkt aus. Zu Beginn der 80er Jahre entwickelte sich jedoch in beiden Hauptstädten ein wachsendes Bewußtsein der Bevölkerung und der Stadtverwaltung am kulturellen Wert der älteren Gebäude, deren Erhalt durch die von der finanziellen Liberalisierung angeheizte Bodenspekulation gefährdet war. Die Verwaltungen richteten städtische Kommissionen ein, die mit Kontrollfunktionen über die Flächennutzung und Bautätigkeit in den betroffenen Gebieten beauftragt sind (vgl. HARDOY 1985, GANS 1987b). Ähnlich wie in den europäischen Ländern setzte in Buenos Aires und Montevideo ein Umdenken ein, das die Zentren durch Erhaltung der historischen Altstädte (Objekt- statt Totalsanierung), durch Verkehrsberuhigung und durch Verbesserung der Wohnbedingungen städtebaulich wie sozial aufwerten wollte (vgl. HEINEBERG 1988).

Ziel der vorliegenden empirisch orientierten Arbeit ist, durch eine vergleichende Betrachtung der Stadtentwicklung die ökonomischen, sozialen, baulichen und politisch-planerischen Veränderungen insbesondere in den Innenstädten anhand
- der Nutzungsdifferenzierung,
- der Wohnbedingungen und
- des informellen Sektors
aufzuzeigen. Wie aus den kurzen Ausführungen zu den vier Dimensionen hervorgeht, hängen diese Überformungen eng mit der Stadtentwicklung zusammen. Im Falle von Zentren mit hoher Bedeutung im nationalen Städtesystem ist anzunehmen, daß historische, wirtschaftliche und soziale Wandlungen in den jeweiligen Staaten eine große Rolle spielen. Dies trifft insbesondere für Hauptstädte wie Buenos Aires und Montevideo zu, in denen sich nicht nur ein großer Teil der Bevölkerung sowie der Wirtschaftskraft beider Länder konzentriert, sondern in denen sich alle bedeutenden nationalen Verwaltungs-, Finanz-, Dienstleistungs- und Kultur-

einrichtungen befinden. Da Gran Buenos Aires[1] mit 10 Mio. (1980) deutlich mehr Einwohner als Montevideo (1985: 1,3 Mio.) hat sowie Wirtschaft und Finanzwesen des Rio-de-la-Plata-Raumes dominiert, sind in der Innenstadt der Capital Federal umfangreichere und intensiver ablaufende Veränderungen zu erwarten als in der uruguayischen Hauptstadt. Doch wie die folgenden Ausführungen belegen, sind die Gemeinsamkeiten in der Entwicklung beider Staaten und Metropolen so groß, daß sie eine vergleichende Betrachtung erlauben.

Sowohl Argentinien als auch Uruguay nahmen schon immer und nehmen auch heute noch in mehrfacher Hinsicht innerhalb der lateinamerikanischen Länder eine Sonderstellung ein (vgl. BÄHR 1979, ERIKSEN 1982). So ist zunächst der hohe Verstädterungsgrad (Argentinien: 84 %, Uruguay 85 %) in beiden Staaten zu nennen, der deutlich höher liegt als in Latein-amerika insgesamt (vgl. *Population Reference Bureau* 1989). Weiterhin ist die überragende Bedeutung der beiden Hauptstädte innerhalb der jeweiligen Staaten hinsichtlich der Bevölke-rungskonzentration hervorzuheben. Aus Tabelle 1 ergibt sich, daß im Jahre 1980 knapp 35 % aller Argentinier in Gran Buenos Aires lebten, in Montevideo (1985) sogar über 40 % der urugayischen Bevölkerung. Die Größe der beiden Agglomerationen erkennt man auch aus der Relation ihrer Einwohnerzahlen zu den drei nächstgrößeren Städten. So ist Gran Buenos Aires (1980) fast viermal so groß wie Córdoba, Rosario und Mendoza zusammen, während Monte-video (1985) sogar den sechsfachen Wert von Salto, Paysandú und Las Piedras erreicht (vgl. Tab. 1). Im Vergleich dazu nehmen sich die Größenverhältnisse von Bogotá (1985: 0,87), São Paulo (1980: 0,91), Mexiko-City (1980: 2,89) oder Lima (1981: 3,71) bescheidener aus (WIL-HELMY/BORSDORF 1984, S.174/175).

Das Bevölkerungswachstum blieb erheblich hinter dem anderer Staaten zurück. Die mittlere jährliche Zunahme lag in Argentinien seit 1947 unter 2 %, in Uruguay seit 1963 sogar deutlich unter 1 % (vgl. BÄHR 1987b), während sie für Lateinamerika insgesamt aufgrund der höheren Geburtenrate in den übrigen Ländern einen Wert von 2,2 % erreichte. Eine dem nationalen Bevölkerungswachstum vergleichbare Entwicklung weisen Gran Buenos Aires und Montevideo auf. Tabelle 1 verdeutlicht, daß sich etwa seit 1970 die Einwohnerzahlen in den beiden Metropolen im gleichen Umfang wie die nationale Bevölkerung erhöhten. Dies drückt sich auch darin aus, daß Gran Buenos Aires seit 1970 und Montevideo bereits seit 1963 bei zwar immer noch großem Übergewicht gegenüber den nächstgrößeren Städten an relativer Bedeutung leicht verloren. Im Gegensatz dazu war das Bevölkerungswachstum in anderen lateinamerikanischen Metropolen weiterhin ungebremst. So verzeichneten zwischen 1970 und 1980 Lima mit 7,0 %, Bogotá mit 6,2 %, Mexiko-City mit 5,9 %, Caracas mit 5,3 % oder São Paulo mit 4,5 % deutlich höhere Zuwachsraten als die nationale Bevölkerung (vgl. MER-TINS 1984, 1987b).

---

[1] Das metropolitane Gebiet von Buenos Aires gehört zwei Verwaltungseinheiten an: die eine ist Buenos Aires, die Capital Federal, Bundeshauptstadt oder *Ciudad de Buenos Aires* und bildet mit 3 Mio. Einwohnern den Kern der Agglomeration, die andere, die Provinz Buenos Aires, umfaßt den übrigen städtischen Raum (vgl. Kap. 3.1.4).

Tab. 1: Bevölkerungsentwicklung von Gran Buenos Aires und Montevideo

Jahr	Bevölkerung Gran Buenos Aires (1)	jährl. Wachstum	Anteil an der Gesamtbevölkerung in %	Bevölkerung der zweit- bis viertgrößten Stadt (2)	(1) --- (2)
1869	229.720		12,6	79.559	2,89
		4,8			
1895	781.720		19,3	223.713	3,49
		5,2			
1914	2.034.031		25,7	543.031	3,75
		2,6			
1947	4.722.381		29,7	1.220.239	3,87
		2,8			
1960	6.739.045		33,7	1.665.381	4,05
		2,2			
1970	8.352.900		35,8	2.021.932	4,13
		1,6			
1980	9.766.030		34,9	2.533.420	3,85

Jahr	Bevölkerung Montevideos (1)	jährl. Wachstum	Anteil an der Gesamtbevölkerung in %	Bevölkerung der zweit- bis viertgrößten Stadt (2)	(1) --- (2)
1860	57.913[1]		25,2	k. A.	k. A.
		3,4			
1908	291.465		41,8	69.753	4,18
		2,5			
1963	1.159.579		44,7	156.028	7,43
		0,1			
1975	1.177.069		42,2	195.536	6,02
		0,6			
1985	1.247.920		42,6	214.089	5,83

1) Angaben für das Departamento von Montevideo

Quelle: *Censo Nacional de Población y Vivienda 1980*, Buenos Aires 1981; *Recuentos Preliminares. VI Censo General de Población y IV de Viviendas 1985*, Montevideo 1985

Tab. 2: Ausgewählte Wirtschafts- und Sozialindikatoren lateinamerikanischer und südeuropäischer Länder

| Land | Lebens-
erwartung
bei Geburt
(Jahre) | Anteil (in %) der | | | BSP
je Ew.
(US$) |
| | | Analpha-
beten an
der Bev.
(> 15 J.) | landw.
Erwerbs-
personen | weiterver-
arbeitete
Produkte
am Gesamt-
export | |
	1984	1980	1986	1986	1986
Argentinien	70	7	11	22	2.350
Bolivien	53	32	43	0	600
Brasilien	64	22	27	35	1.810
Chile	70	5	14	7	1.320
Ecuador	65	16	34	1	1.160
Mexiko	66	17	33	26	1.860
Peru	59	18	37	11	1.090
Uruguay	73	6	14	34	1.900
Venezuela	69	14	13	1	2.920
Italien	77	2	9	83	8.580
Portugal	74	17	19	77	2.250
Spanien	77	7	13	65	4.860
Türkei	64	40	52	50	1.110

Quelle: Statistisches Bundesamt. Länderbericht Uruguay 1989 und Länderbericht Portugal 1989; Weltbank. Weltentwicklungsbericht 1987, Tab. 1, 11

Tabelle 1 gibt außerdem einige Hinweise auf die Ursachen dieser unterschiedlichen Entwicklung. Es wird deutlich, daß die Hauptwachstumsphase beider Länder und Städte zwischen 1870 und 1914 lag, als die Viehwirtschaft enorm expandierte und in Argentinien zudem die Kolonisierung des Binnenlandes zahlreiche Immigranten aus Europa anzog. So hatte Gran Buenos Aires schon vor dem Ersten Weltkrieg die Zwei-Millionen-Grenze überschritten und Montevideo zu diesem Zeitpunkt bereits 300.000 Einwohner. Denn beide Hauptstädte festigten im Verlauf der weltwirtschaftlichen Integration Argentiniens und Uruguays die nationale Bedeutung ihrer Hafen- sowie Handelsfunktion und gewannen dadurch ein absolutes Übergewicht gegenüber anderen Teilräumen (vgl. YUJNOVSKY 1985a).

In beiden Staaten fand etwa seit 1870 eine vergleichbare wirtschaftliche Entwicklung trotz sehr unterschiedlicher Ressourcenpotentiale statt. Die günstigen *terms of trade* der beiden Agrarexporteure und die nach der Weltwirtschaftskrise eingeleitete Industrialisierungspolitik mit dem Ziel der Importsubstitution förderten das ökonomische Wachstum, das die Finanzierung einer fortschrittlichen Sozialpolitik ermöglichte und zu einem Anheben des Lebensstandards breiter Bevölkerungsschichten führte. Seit Mitte der 50er Jahre änderten sich jedoch die ökonomischen Rahmenbedingungen. Die Vernachlässigung der Landwirtschaft, die

Verschlechterung der *terms of trade* sowie die Einschränkungen des Zuganges zu den traditionellen Exportmärkten in Europa mündeten in ein chronisches Defizit der öffentlichen Haushalte und in eine langanhaltende wirtschaftliche Stagnation. Die Folgen drückten sich am deutlichsten in den zeitweilig vierstelligen Inflationsraten, in den erheblichen Einbußen der Realeinkommen sowie in der Verschärfung sozialer Gegensätze aus. Trotzdem weisen beide Länder innerhalb Südamerikas heute noch einen hohen Entwicklungsstand auf, der den mancher südeuropäischer Staaten deutlich übertrifft (vgl. Tab. 2): So fällt bei Argentinien und Uruguay die Höhe des Bruttosozialproduktes auf, weiterhin der niedrige Anteil der Erwerbstätigen in der Landwirtschaft, die hohe Lebenserwartung, die zu vernachlässigende Analphabetenquote sowie die Bedeutung weiterverarbeiteter Produkte an der Gesamtausfuhr.

Diese kurze Darstellung verdeutlicht zahlreiche Gemeinsamkeiten der demographischen, historischen und sozialen Entwicklung in beiden Staaten und ermöglicht somit eine vergleichende Betrachtung des städtischen Wachstums sowie der Veränderungen in den Innenstadtbereichen von Buenos Aires und Montevideo. Dabei wird auf den Einfluß von politischen, ökonomischen sowie sozialen Faktoren, von technologischen Neuerungen im Verkehrswesen und von kommunalen Planungsmaßnahmen als Ausdruck normativer Vorstellungen in der Stadtentwicklung besonderen Wert gelegt (vgl. LICHTENBERGER 1986).

Nach einer kurzen Beschreibung der zur Verfügung stehenden Daten geht Kapitel 3 auf die Expansion der beiden Hauptstädte ein und beinhaltet auch eine qualitative Darstellung der Veränderungen in den Innenstädten. Die innere Gliederung der Stadtzentren, die quantitative und kartographische Erfassung der baulichen und funktionalen Überformungen seit den 60er Jahren stehen im anschließenden Kapitel 4 im Mittelpunkt der Ausführungen, die auch den Einfluß von ökonomischen Faktoren und planerischen Maßnahmen auf die Dynamik verschiedener Nutzungen sowie die städtebauliche Überformung in den Stadtkernen einschließen. Kapitel 5 und 6 haben die soziale Dimension zum Gegenstand: Zunächst werden die Wohnbedingungen analysiert und abschließend die Einkommensmöglichkeiten im informellen Sektor am Beispiel des ambulanten Handels im Zentrum von Montevideo aufgezeigt.

2. DATENGRUNDLAGEN

Bei der vergleichenden Betrachtung räumlicher Veränderungen ist es notwendig, daß die für die Analyse herangezogenen Variablen gleichen Erhebungsrichtlinien unterliegen sowie sich auf entsprechende Raumeinheiten beziehen. Diese Bedingungen sind jedoch nur schwer zu erfüllen, besonders wenn die Untersuchungsgebiete verschiedenen Staaten angehören. Bis zu einem gewissen Grad sind jedoch die Merkmale, die die Bausubstanz sowie die Nutzung der Gebäude in den Innenstädten von Buenos Aires und Montevideo beschreiben, inhaltlich vergleichbar, da sie sich jeweils auf einzelne Parzellen beziehen und die Abgrenzung sowie Definition der verschiedenen Nutzungskategorien in ähnlicher Weise durch die Stadtverwaltungen erfolgten.

Für Buenos Aires bildet die Bevölkerungs- und Wohnungszählung von 1980 eine wichtige Datengrundlage, die sowohl über die Wohnsituation als auch über das Alter, Geschlecht, familiäre Beziehungen, Geburtsort und Ausbildung der Bevölkerung in der Bundeshauptstadt informiert. Diese nicht veröffentlichten Unterlagen wurden vom *Instituto Nacional de Estadística y Censos* (*INDEC*) für die kleinsten räumlichen Einheiten der Bundeshauptstadt, den *radios*, dem Verfasser zur Verfügung gestellt. Ihre Zahl beträgt knapp 3.400. Sie umfassen im Zentrum häufig nur ein Quadrat, und im Jahre 1980 hatte ein *radio* im Durchschnitt etwa 900 Einwohner.

Um bauliche Änderungen sowie die Dynamik der Nutzungsdifferenzierung in der Innenstadt zu ermitteln, konnte auf Unterlagen der Stadtverwaltung von Buenos Aires zurückgegriffen werden (*Archivo Maestro de Relevamiento Urbano*). Die *Gerencia Desarrollo Urbano* händigte für jedes Grundstück in den Stadtvierteln Constitución, San Telmo, Monserrat, San Nicolás und Retiro, die Innenstadt der Capital Federal umfassen (*secciones catastrales* 1-5, 7, 12, 14 in Abb. 10), folgende Daten aus dem Jahre 1982 aus: Höhe, baulicher Zustand sowie Alter der Gebäude, Art und Anzahl der Nutzungen, Grundstücks- und Gebäudewert sowie die Parzellengröße (vgl. *Comisión Municipal de la Vivienda* 1981). Neben diesen die gegenwärtige Nutzung beschreibenden Merkmalen wurden mehrere Karten aus den Jahren 1960 bis 1968 mit Angaben über entsprechende Variablen im Institut *OIKOS* ausgewertet. In der Innenstadt wurden 1985 zudem die Fußgängerpassagen lokalisiert und die Nutzung der Verkaufslokale ermittelt. Zwei Jahre später wurde dann im April 1987 eine entsprechende Erhebung in den beiden wichtigsten Einkaufsstraßen Florida und Av. Santa Fé wiederholt und in fünf *galerías* eine Befragung in 20 % der zufällig ausgewählten Lokale durchgeführt (vgl. Anhang, Anlage 1). Die 82 Interviews konzentrierten sich auf Mobilität und Qualität der Nutzung (Frage 1, 2, 3, 5, 6), die Einschätzung des Standorts (Frage 8), die Bewertung von ausgewählten Straßenabschnitten in der Innenstadt sowie von Subzentren unter der Annahme einer Geschäftsgründung mit dem gleichen Angebot (Frage 9), die Besitz- und Mietverhältnisse (Frage 4, 7, 13) und in geringerem Umfang auf die Beschäftigungs- sowie Umsatzsituation (Frage 10, 14).

Im Falle von Montevideo sind die bisher publizierten vorläufigen Ergebnisse der letzten Volkszählung in Uruguay aus dem Jahre 1985 nur für relativ große räumliche Einheiten aufgeschlüsselt. Dieser Mangel gilt auch für den Zensus von 1975, so daß eine kleinräumige Analyse auf dieser Basis nicht durchgeführt werden kann. Fehlende aktuelle Unterlagen über die demographische und soziale Situation der im Zentrum Montevideos lebenden Menschen sowie über die räumliche Differenzierung verschiedener Nutzungen in diesem städtischen Teilgebiet erforderten daher, eigene Erhebungen sowie Datenmaterial von anderen öffentlichen und auch privaten Institutionen zu verwenden.

Die Innenstadt Montevideos umfaßt zwei unterschiedlich geprägte Bereiche (vgl. Abb. 14): die Altstadt mit dem nationalen Finanz- und Dienstleistungszentrum Uruguays sowie die Hauptgeschäftsstraße Av. 18 de Julio, in der sich der Einzelhandel konzentriert. Eine umfangreiche Informationsquelle, die im Rathaus von Montevideo (*Intendencia Municipal de Montevideo, IMM*) vorliegt, erfaßt jedes Gebäude der Altstadt nach den folgenden für die Untersuchung wichtigen Merkmalen: Alter, Geschoßzahl, Erhaltungszustand, städtebaulicher Wert, aktuelle und ursprüngliche Nutzung, differenziert nach Erdgeschoß sowie übrigen Stockwerken. Die Erhebung dieser Unterlagen im Jahre 1983 geht auf ein Dekret der Stadtverwaltung vom 28. Juli 1982 zurück, das zur Erhaltung und Aufwertung der kulturell sowie architektonisch wertvollen Bausubstanz in der Altstadt eine ständige Kommission (*Comisión Especial Permanente*) schuf. Ihre Aufgaben und Zuständigkeiten bestehen darin, die Bautätigkeiten in der Altstadt zu überwachen sowie Renovierungsmaßnahmen zu fördern und zu beraten. Um diesem Gremium die Bewertung von Bauvorhaben der unterschiedlichsten Art hinsichtlich ihrer Einordnung in das städtebauliche Bild zu ermöglichen, initiierte die *IMM* in Zusammenarbeit mit der Gesellschaft Uruguayischer Architekten (*Sociedad de Arquitectos del Uruguay*) die oben erwähnte Erhebung. Sie wurde von mehreren Architektengruppen durchgeführt, die - um eine gewisse Vereinheitlichung zu erreichen - von Prof. Arq. Paulo de Azevedo (Brasilien) in die Thematik (Baustile, Gebäudealter, Bewertung des Zustandes) eingewiesen worden waren. Diese Bestandsaufnahme dient der Arbeitsgruppe in der *IMM* (*Grupo Técnico de Trabajo*), die der ständigen Kommission zur Seite steht, als Grundlage für eine angemessene Beurteilung aller in der Stadtverwaltung eingehenden Bauanträge, die sich auf die Altstadt beziehen.

Die Unterlagen berücksichtigen den Gebäudebestand Anfang 1983, während Veränderungen der Bausubstanz und frühere Nutzungen zwar erfaßt, aber zeitlich ungenau fixiert sind. Um hier zumindest Teilaspekte der Entwicklung, z.B. Abrißtätigkeiten oder Neubauten, einzubeziehen, konnten mit Unterstützung der *Grupo Técnico de Trabajo* Luftbilder der Altstadt aus den Jahren 1954, 1962, 1975 sowie 1983 vom *Instituto Geográfico Militar* besorgt und im Geographischen Institut der Universität Kiel trotz z.T. mangelhafter Bildqualität ausgewertet werden.

Die Erhebungen der *IMM* beziehen sich ausschließlich auf die Altstadt Montevideos, die aber nur ein Teilgebiet des städtischen Zentrums der uruguayischen Hauptstadt umfaßt. Aus diesem Grunde kartierte der Verfasser in den Jahren 1985 und 1987 für jedes Gebäude in den Quadraten entlang der Hauptgeschäftsstraße Av. 18 de Julio folgende Variablen: Alter, Geschoßzahl, Zustand und gegenwärtige Nutzung, differenziert nach Erdgeschoß sowie übrigen Stockwerken. Ziel war dabei, Aussagen über Nutzungsunterschiede und über die innere Gliederung des gesamten Zentrums von Montevideo treffen zu können. Außerdem wurden 1985 alle Fußgängerpassagen im Innenstadtbereich lokalisiert und die Nutzung der Boutiquen mit ihrem qualitativ unterschiedlichen Angebot erfaßt. Eine zweite Erhebung in den *galerías* im Jahre 1987 ermöglicht, Nutzungsänderungen zu quantifizieren.

Um die Wohnsituation sowie die soziale Lage der Bevölkerung in der Innenstadt beurteilen zu können, wurden mehrere Erhebungen ausgewertet. Die Architektengruppe *Grupo de Estudios Urbanos* überließ eine umfassende Befragung von 97 in der Altstadt Montevideos lebenden Haushalte. Die Mitglieder dieser Forschungsgruppe führten die Interviews von jeweils etwa 45 Minuten Länge in Zusammenarbeit mit dem *International Development Research Center* (Ottawa, Kanada) im März 1984 durch. Die Ergebnisse geben einen Überblick über Bevölkerungsstruktur, Einkommenshöhe und Verdienstquellen, Beschäftigung, Ausbildung, Wohnsituation der Haushalte sowie über den zeitlichen Ablauf des Alltags der Familienmitglieder. Außerdem stellte die Architektengruppe eine Befragung der Familien, die im Juni 1984 in besetzten Häusern der Altstadt wohnten, Erhebungen über den informellen Sektor sowie schwer zugängliche Literatur zur Verfügung. Ein Mitglied unterstützte im Jahre 1984 den Verfasser bei 50 Interviews von Straßenverkäufern in der Altstadt mit dem Ziel, einen Überblick über ihre täglichen Einnahmemöglichkeiten zu gewinnen. Um genauere Ergebnisse über die soziale Situation der Straßenhändler zu erhalten, befragte der Verfasser 111 Personen in der Hauptgeschäftsstraße Av. 18 de Julio im März 1987. Zuvor wurden alle Aktivitäten des ambulanten Handels in der Av. 18 de Julio lokalisiert und nach den angebotenen Gütern bzw. nach der Tätigkeitsart unterschieden. Folgende Merkmale wurden erfragt (vgl. Anhang, Anlage 2): angebotene Ware bzw. Tätigkeit (Frage 1), Zeitpunkt, seit dem in der Straße verkauft wird (Frage 3), eventuell vorherige Beschäftigung (Frage 3), Wechsel des Verkaufsstandortes (Frage 2), Wohnsituation, Größe und Einkommen des Haushaltes (Frage 6, 7, 9, 10, 14, 15), Verflechtungen des Straßenhandels mit dem formellen Sektor (Frage 11, 12).

3. DIE STADTENTWICKLUNG VON BUENOS AIRES UND MONTEVIDEO

Mehrere Autoren stellen verschiedene zeitliche Gliederungen vor, um die Expansion lateinamerikanischer Städte zu charakterisieren. Tabelle 3 gibt diese Vorschläge sowie ihre Anwendung auf Buenos Aires und Montevideo zusammenfassend wieder. HARDOY (1969) unterscheidet in Abhängigkeit von ökonomischen, sozialen und politischen Veränderungen vier Zeitabschnitte, GORMSEN (1981) unter stärkerer Berücksichtigung baulicher Veränderungen nur drei Phasen. BORSDORF (1982) wählt das Bevölkerungswachstum als alleinigen Indikator für die Abgrenzung in vier Zeiträume.

Unter Einbeziehung der Überlegungen in Kapitel 1 wurde in Anlehnung an HARDOY (1969) und GORMSEN (1981) die Stadtentwicklung von Buenos Aires und Montevideo in sechs

Tab. 3: Zeitliche Unterteilung der Entwicklung lateinamerikanischer Städte

HARDOY (1969)	GORMSEN (1981)	BORSDORF (1982)	Buenos Aires	Montevideo
Kolonialzeit (bis 1820)	Vorindustrielle Stadt (bis etwa 1900)	Kolonialstadt (bis 1840)	Die Stadtgründungen (1536 - 1580)	Die Gründungsphase (1724 - 1741)
			Die Kolonialzeit (1580 - 1816)	Die befestigte Stadt (1741 - 1780)
				Die koloniale Blütezeit (1780 - 1829)
Republikanische Zeit (1820 - 1860)		1. Verstädterungsphase (1840 - 1920)	Die Übergangszeit (1816 - 1852)	Die ersten Erweiterungen (1829 - 1870)
			Die Zeit des Aufbruchs (1852 - 1880)	
Beginnende Industrialisierung (1860 - 1920)	Beginnende Modernisierung (1900 - 1950)		Der Aufstieg zur Weltstadt (1880 - 1930)	Die Expansion Montevideos (1870 - 1930)
Industrielle Stadt (seit 1920)	Metropolisierung (seit 1950)	Metropolisierung (seit 1950)	Die Weltstadt (1930 - 1980)	Die moderne Stadt (1930 - 1985)

Quelle: HARDOY (1969), GORMSEN (1981), BORSDORF (1982); eigene Auswertung

Phasen gegliedert. Besonderheiten beider Hauptstädte erfordern diese detailliertere Unterteilung. Zu nennen sind innerhalb der Kolonialzeit die Phase der Stadtgründung, die sich über mehrere Jahre hinzog, und im Falle von Montevideo die zusätzliche Unterscheidung eines Zeitabschnitts, der sich auf die Verteidigungsaufgaben mit ihren nachhaltigen Auswirkungen auf die städtische Expansion bezieht. Ähnliche Folgen ergaben sich für Buenos Aires aus den innenpolitischen Auseinandersetzungen im Zeitraum zwischen der Unabhängigkeit des Landes (1816) und der beginnenden Modernisierung (1880), so daß mit dem Sturz von Diktator Rosas (1852) eine weitere Unterteilung erfolgte.

3.1 Die Stadtentwicklung von Buenos Aires

Die erste Gründung von Buenos Aires im Jahre 1536 mit dem Ziel, einen Handelsweg von der Iberischen Halbinsel nach Bolivien zu etablieren, scheiterte kläglich. Erst 44 Jahre später waren die Spanier beim zweiten Versuch erfolgreich. Doch behielt die Stadt wegen bestehender Handelsbeschränkungen mit dem Mutterland und den Minenstädten im Innern des Kontinents ihr eher provinzielles Gepräge bis zum Ende der Kolonialzeit bei. Mit der Einbindung Argentiniens in die Weltwirtschaft, mit den ausländischen Investitionen seit etwa 1850, begann der Aufstieg der Stadt zum Kern der heute fünftgrößten Agglomeration der Erde (GAEBE 1987, S. 19).

Die Stadtentwicklung von Buenos Aires gliedert sich wie die von Montevideo in sechs Phasen, für deren zeitliche Festlegung hauptsächlich ökonomische, politische und soziale Faktoren maßgeblich sind. Die Ausführungen stützen sich zum Teil auf die Bearbeitung mehrerer Publikationen aus Buenos Aires: *Comisión de Estética Edilicia* (1925), *Municipalidad de la Ciudad de Buenos Aires* (1942, 1968, 1969), LE CORBUSIER (1947), RANDLE (1969), SCOBIE (1974, 1977), CHIOZZA (1977), *Comisión Municipal de la Vivienda* (1982), OSZLAK (1982), BENITEZ (1983), *Consejo de Planificación Urbana* (1983 a bis e), GONZALEZ/SALA (1983), WILHELMY/BORSDORF (1984, 1985) und vor allem das zweibändige Werk von ROMERO/ROMERO (1983).

3.1.1 Die Stadtgründungen (1536 - 1580)

Die ersten Spanier erreichten im Jahre 1515 unter Führung von Solís die Trichtermündung des Rio de la Plata. Die Expedition in den Südatlantik schlug jedoch genauso fehl wie der nächste Versuch von Gabato im Jahre 1527 (vgl. CZAJKA 1959). Zu dieser Zeit entstand auch die Legende vom Silberreichtum des Binnenlandes, von der *Sierra de la Plata*. Davon angezogen und sich der Gefahr bewußt, daß die von Brasilien nach Süden vordringenden Portugiesen sich des Raumes bemächtigen könnten, rüstete Spanien 1534 eine 1.500 Mann umfassende Expedition zur Sicherung seiner Herrschaft über das außertropische Südamerika aus. Ihr Anführer Pedro de Mendoza hatte außerdem den Auftrag, einen Handelsweg für die zukünftigen Silbertransporte aus dem 1532 eroberten Inkareich zu finden. Mendoza erreichte am 6. Januar 1536 die Trichtermündung des Rio de la Plata und errichtete im Februar desselben Jahres nach eingehender Erkundung der Küste eine befestigte Siedlung, der er den Namen *Puerto y Ciudad Nuestra Señora de Santa María de Buen Ayre* gab. Das von Graben und Erdwall umgebene kleine Fort lag hochwassersicher zwischen dem heutigen Parque Lezama und der Calle Humberto I. (vgl. Abb. 2). Dort mündete damals der Riachuelo in den Rio de la Plata ein und gewährte kleineren Schiffen einen geschützten Ankerplatz.

Die Gründung schlug jedoch fehl, insbesondere da Mendoza angenommen hatte, eine ackerbautreibende Bevölkerung anzutreffen, die seine in der Kolonisierung unerfahrenen Soldaten mit ihren Ernteerträgen versorgen könnte. Jedoch fand er die nomadisierenden und kriegerischen Querandíes vor, die nur ab und zu die Spanier mit Fleisch und Fisch belieferten. Somit kam es von Beginn an zu schwerwiegenden Versorgungsengpässen mit Hungersnöten. Die erfolglose Suche nach der *Sierra de la Plata* sowie die häufigen Indianerüberfälle rieben die Kräfte der Expedition auf, und als im Jahre 1537 am oberen Paraná die ackerbautreibenden Guaranís entdeckt wurden, gründete Mendoza die heutige Hauptstadt Paraguays. Deren Gouverneur Irala befahl 1541 den letzten Bewohnern von Buenos Aires, den Ort aufzugeben und nach Asunción überzusiedeln, um gemeinsam den Handelsweg nach Peru zu suchen (vgl. Abb. 1).

Für die Verbindung zwischen Asunción und Spanien ging damit ein Versorgungsstützpunkt verloren. Diesen Mangel erkannte man bald, vor allem nachdem man entdeckt hatte, daß der Silberberg bereits im Besitz anderer Spanier war, die von Peru aus nach Chile und Bolivien vorgedrungen waren. Dort stießen sie im Jahre 1545 auf den Cerro Rico von Potosí (vgl. Abb. 1). Der Abbau dieser reichen Lagerstätte in 4.000 m Höhe hatte weitreichende Konsequenzen für die Organisation der spanischen Kolonialwirtschaft. Die Stadt erreichte im Jahre 1641 gut 160.000 Einwohner, andere Schätzungen sprechen sogar von mehr als 200.000. Diese Bevölkerung und vor allem die Arbeitskräfte in den Minen mußten mit Nahrung sowie Kleidung versorgt werden. Aus diesem Grunde legten die weiter nach Süden vordringenden Spanier im Nordwesten Argentiniens, wo sie auf ackerbautreibende Indianer trafen, mehrere Städte an: zuerst Santiago del Estero (1553), von dort aus unter anderem Tucumán (1565) und Córdoba (1573; vgl. Abb. 1). Diese Siedlungsgründungen weisen darauf hin, daß die Spanier versuchten, das Silber von Potosí auf dem einfachen Weg durch das Gebiet des Rio de la Plata und nicht über die Anden, Lima und die Landenge von Panama zur Iberischen Halbinsel zu transportieren. Der gleichen Absicht diente die Anlage von Santa Fé (1573), und wenige Jahre später gründete am 11. Juni 1580 Juan de Garay erneut Buenos Aires. Jedoch hatten sich innerhalb von 44 Jahren die damit verbundenen Ziele vollkommen geändert. Nicht die Eroberung und das Auffinden großer Schätze standen im Vordergrund, sondern einen Seehafen zur Versorgung von Asunción zu eröffnen und gleichzeitig am lukrativen Handel von Potosí über Tucumán nach Spanien teilzuhaben.

Garay wählte als Standort von Buenos Aires ebenfalls das hochwassersichere Ufer am Rio de la Plata aus, allerdings etwas nördlicher gelegen als das Fort von Mendoza (vgl. Abb. 2). Die Absteckung der Siedlung, bei der sich Garay genau an die Richtlinien der *Leyes de Indias* hielt, war wesentlich größer als zuvor. Die Anlage der Plaza Mayor erfolgte an der

Abb. 1: Topographische Übersicht vom nördlichen Argentinien, von Uruguay und angrenzenden Gebieten

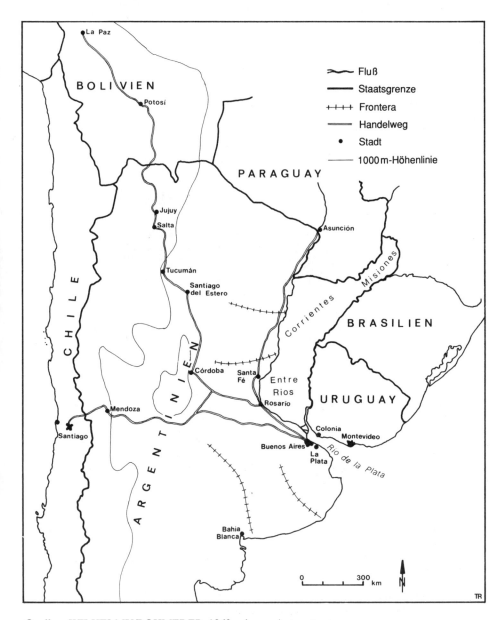

Quelle: WILHELMY/ROHMEDER 1963; eigene Auswertung

Abb. 2: Siedlungsentwicklung von Buenos Aires bis 1914

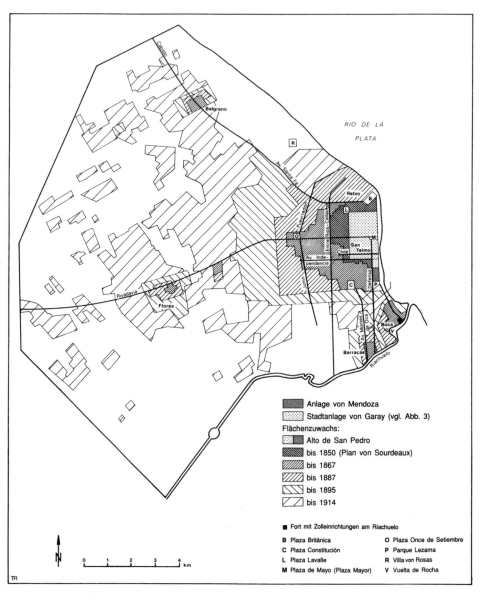

Quelle: WILHELMY 1952, SARGENT 1971/1972, CHIOZZA 1977,
ROMERO/ROMERO 1983; eigene Auswertung

Stelle, an der sich heute die Plaza de Mayo befindet. Hier wurden Parzellen für Kirche sowie Cabildo ausgewiesen, und zur Westseite hin plante man die Errichtung eines Forts. Von der Plaza aus steckte Garay jeweils nach Norden und Süden sieben und nach Westen neun Quadrate ab - im folgenden auch mit *cuadras* oder *manzanas* bezeichnet (vgl. Abb. 2). Für die Bevölkerung begann nun eine Zeit mit vielen ökonomischen und politischen Schwierigkeiten, schließt doch die Anlage von Buenos Aires eine erste Stadtgründungsphase in der damals sehr peripher gelegenen Pampa ab. Vergessen waren die Silberschätze, die Mendoza finden wollte. Vornehmliches Ziel war die Beteiligung am Handel zwischen Potosí und Spanien, den aber Lima und Sevilla in den folgenden 200 Jahren mehr oder minder erfolgreich unterbinden konnten.

3.1.2 Die Kolonialzeit (1580 - 1816)

Im Vergleich zu den anderen Städten in Lateinamerika fehlten Buenos Aires sowohl die Reichtümer an Edelmetallen als auch die indianischen Arbeitskräfte. Der größte Binnenmarkt im spanischen Kolonialreich war das Minenzentrum von Potosí, dessen Silberproduktion sich Ende des 16. Jahrhunderts aufgrund des neu entwickelten Amalgamverfahrens verzehnfachte. An diesem Reichtum wollten von Buenos Aires aus auch die anderen europäischen Mächte partizipieren. Der spanische Einfluß im Bereich des Rio de la Plata war nicht gesichert, sondern mußte sowohl gegenüber den südwärts drängenden Portugiesen als auch gegenüber den Interessen Englands und Frankreichs verteidigt werden. Die Stadt hatte somit neben der Handelsfunktion von Beginn an auch eine strategische Aufgabe. Jedoch erfolgte die erneute Gründung von Buenos Aires zu spät, um den Warenaustausch zwischen Bolivien und Spanien an sich ziehen zu können. Der Transportweg verlief von Potosí über die Anden nach Lima, von dort über Porto Belo in Panama nach Havanna und weiter nach Sevilla in Spanien. Lima und Sevilla kontrollierten zweihundert Jahre lang diese Verbindung und versuchten, jeglichen Warenaustausch zwischen den übrigen Städten in Lateinamerika und im Mutterland zu unterbinden. Der Grund für diesen langen und umständlichen Weg über die Anden war die ständige Bedrohung der Silberschiffe durch Engländer, Franzosen, Holländer und Portugiesen. Die Spanier organisierten Konvois, die sich in Havanna sammelten und dann geschlossen den Atlantik überquerten. Im Südatlantik gab es nur wenige spanische Stützpunkte, um den Handelsweg militärisch zu sichern, und da im Gebiet des Rio de la Plata eine ackerbautreibende Bevölkerung fehlte, waren Versorgungsprobleme abzusehen.

Obwohl diese Vorrechte von Lima und Sevilla bereits seit 1543 bestanden, gelang es zunächst nur in geringem Umfang, die Handelsaktivitäten von Buenos Aires einzuengen. So lieferte 1587 ein Kaufmann aus Tucumán Stoffe, Mehl und trotz des Verbots durch die spanische Krone auch eine große Menge Silber nach Brasilien. Von dort kamen über Buenos Aires Eisenwaren, Zucker und andere landwirtschaftliche Produkte. Die Intervention von Lima und Sevilla gegen diese Handelsbeziehungen waren nur zum Teil erfolgreich, da das Verbot jeglichen Warenaustausches aus dem Jahre 1594 bereits 1602 durch die Genehmigung, jährlich zwei Schiffsladungen nach Brasilien zu exportieren, abgeschwächt wurde. Zudem blühte der Schmuggel. Die portugiesischen Schiffe täuschten z.B. eine Notsituation vor und erhielten die

Erlaubnis, den Hafen von Buenos Aires anzulaufen. Die Verwaltung beschlagnahmte die mitgeführten Waren und bot sie in öffentlichen Versteigerungen an, bei denen nur portugiesische Kaufleute oder ihre Geschäftsfreunde als Interessenten auftraten. Auf diese Art fiel noch ein lohnender Gewinn beim Warenaustausch mit Potosí ab. Außerordentlich gut florierte der Sklavenhandel, da er nicht im Verbot des Königs enthalten war und außerdem Arbeitskräfte für die Minen dringend benötigt wurden. Die Einwohner von Buenos Aires nutzten somit nur den Zwischenhandel. Sie verkauften ihre Rechte, Waren ein- oder auszuführen, vor allem an Portugiesen, die zu Beginn des 17. Jahrhunderts ein Viertel der Bevölkerung stellten. Diese Entwicklung drückte sich positiv in den Einwohnerzahlen aus (vgl. Abb. 3). Sie stiegen bis 1650 kontinuierlich auf etwa 4.000 Personen.

Abb. 3: Bevölkerungsentwicklung von Buenos Aires (1580 - 1869)

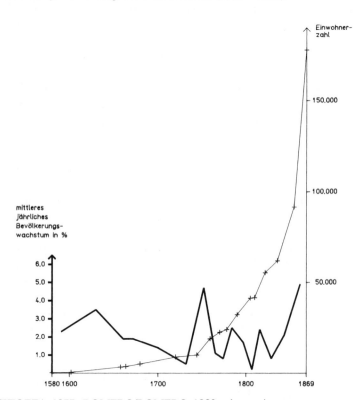

Quelle: CHIOZZA 1977, ROMERO/ROMERO 1983; eigene Auswertung

Im Jahre 1617 wurde die Stadt Verwaltungssitz der Provinz Rio de la Plata ohne Paraguay. Gegen dieses regionale Übergewicht von Buenos Aires, das langfristig auch eine Gefahr des Handelsmonopols von Lima und Sevilla darstellte, gingen die beiden Städte vor. Im Jahre 1623 erreichten sie, daß die spanische Krone die Handelserlaubnis mit Brasilien durch zwei jährliche Schiffsladungen mit Spanien ersetzte. Gleichzeitig wurde bei Córdoba eine Zollstation errichtet, um den Handel von Buenos Aires mit Bolivien kontrollieren zu können. Mehrere

Faktoren wirkten sich auf die ökonomische Dynamik der Stadt negativ aus:
- In der zweiten Hälfte des 17. Jahrhunderts beherrschten die Holländer den südlichen Atlantik.
- In Potosí verringerte sich zwischen 1650 und 1735 die Silberproduktion auf ein Fünftel der früheren Fördermenge.
- Die Trennung der Krone von Spanien und Portugal hatte eine systematische Verdrängung der ökonomisch sehr aktiven lusitanischen Kaufleute in Buenos Aires zur Folge.
Der Handel ging stark zurück, die Einwohnerzahl stagnierte. Die mittlere jährliche Zuwachsrate verringerte sich von 1,9 % (1658 - 1664) auf einen Wert von nur noch 0,5 % (1744 - 1759).

Erst gegen Ende des 17. Jahrhunderts besserten sich die politischen und wirtschaftlichen Bedingungen zugunsten von Buenos Aires. Die Portugiesen hatten 1680 Colonia del Sacramento in Uruguay (vgl. Abb. 1) auf der gegenüberliegenden Seite des Rio de la Plata gegründet, und es entwickelte sich ein blühender Schmuggel zwischen beiden Städten mit denselben Handelszielen wie zu Beginn des Jahrhunderts. Die Zollstation bei Córdoba konnte den Transport der Waren aus Bolivien ins La-Plata-Gebiet nicht mehr verhindern und wurde 1698 nach Jujuy verlegt. Die gesamte Region von Tucumán, der heutige Nordwesten Argentiniens, geriet in den Einflußbereich von Buenos Aires.

Das ökonomische Wachstum ermöglichte der Stadt, sich allmählich von dem restriktiven Vorgehen Limas und Sevillas zu befreien. Diese Entwicklung wurde von den neuen Königen in Spanien, den Bourbonen, mit der Neuorganisation des Kolonialreiches unterstützt. Vor allem gab man das Konvoisystem auf und führte registrierte Schiffe ein. Vornehmliches Ziel war es, möglichst viel durch Handel, manufakturelle sowie landwirtschaftliche Produktion zu verdienen, um das Finanzdefizit des Mutterlandes auszugleichen. Im Jahre 1778 wurde dann endgültig im *Reglamento de Comercio Libre de España a Indias* der freie Handel zwischen den Häfen Lateinamerikas und Spaniens erlaubt, von dem Buenos Aires am stärksten profitierte, da sich die Stadt zu diesem Zeitpunkt im Netz des internationalen Warenaustausches bereits etabliert hatte und ihre günstige Verkehrslage im Cono Sur voll ausspielen konnte. Zwei Jahre zuvor hatte die Krone ihre südamerikanischen Kolonien administrativ neu strukturiert. Um sich den ständigen Angriffen der Portugiesen auf Siedlungen in Paraguay und Misiones sowie ihren Überfällen auf spanische Schiffe im Gebiet der Trichtermündung besser erwehren zu können, bildete man 1776 das Vizekönigreich Rio de la Plata mit der Hauptstadt Buenos Aires. Es umfaßte die heutigen Staaten Argentinien, Paraguay, Uruguay sowie Teile von Bolivien. Sofort verbot der Vizekönig den Export von Gold und Silber über Lima, um die eigene Machtposition und den Handel im La-Plata-Gebiet zu stärken.

Die häufigen Kriege in Europa gegen Ende des 18. Jahrhunderts störten zwar immer wieder einen regulären und geordneten Schiffsverkehr über den Atlantik, doch stieg trotz dieser Schwierigkeiten der Warenaustausch an. So exportierte man zwischen 1778 und 1783 jährlich 800.000 Häute, deren Anzahl sich kurzfristig sogar auf 1,4 Mio. erhöhte. Talg, Hörner, Salzfleisch sowie Weizen nach Brasilien und Kuba ergänzten die Ausfuhr. Jedoch entfielen wertmäßig noch 80 % des Exports auf die Edelmetalle aus Bolivien und nur 20 % auf landwirtschaftliche Erzeugnisse. Die Kaufleute in Buenos Aires verdienten somit vor allem am Im- und Export und hatten nur eine geringe lokale ökonomische Bindung. So waren im Jahre 1774 weniger als 1 % der Einwohner Landwirte (FOGUELMAN/BRAILOVSKY 1979).

Die agrare Produktion war im Bereich von Buenos Aires nicht auf die stimulierende Wirkung der viehwirtschaftlichen Exporte eingestellt. Nachdem die wilden Rinderherden bereits zur Mitte des 17. Jahrhunderts in einem Umkreis von 80 km durch Jagdausflüge (*vaquerias*) zum Beschaffen der Häute ausgerottet waren, beschränkte sich die Ausbeutung auf den Viehbestand der *estancias*. Deren Produktionsweise war jedoch auf die Belieferung des städtischen Marktes ausgerichtet und konnte wegen des Arbeitskräftemangels das Angebot nur wenig erhöhen. Auch eine weitere Erschließung in Richtung Süden war nicht möglich, da mit den Araukariern die Indianergefahr wieder zunahm und 1785 eine Verteidigungslinie (*frontera*) mit mehreren Forts (vgl. Abb. 1) zur Sicherung der Siedlungen aufgebaut werden mußte. Landwirtschaftliche Produkte für den Export stammten daher hauptsächlich aus Entre Ríos und aus der Banda Oriental, wo auch Ende des 18. Jahrhunderts die ersten Salzereien (*saladeros*) errichtet wurden.

Das Ziel der Handelsliberalisierung, die Beziehungen zwischen Spanien und Lateinamerika zu straffen und zu festigen, wurde nicht erreicht, da Europa nach der französischen Revolution immer wieder durch Kriege erschüttert wurde. Spanien konnte den Handel mit Südamerika nicht aufrechterhalten (Vernichtung seiner Flotte bei Trafalgar 1805). Zahlreiche bonarensische Kaufleute nutzten dies aus, um auf eigenen Schiffen mit Brasilien, mit der Karibik, mit den Vereinigten Staaten, mit Nordeuropa, mit Afrika und Asien Handel zu betreiben. Buenos Aires wurde zu einem Hafen mit internationaler Bedeutung, dessen Einwohner politisch und ökonomisch gegenüber der Kolonialverwaltung an Selbstbewußtsein gewannen.

Die schrittweise wirtschaftliche Öffnung Mitte des 18. Jahrhunderts erhöhte die Attraktivität der Stadt, und innerhalb von 15 Jahren verdoppelte sich die Bevölkerungszahl von 10.000 (1744) auf knapp 20.000 Personen (1759; vgl. Abb. 3). Einer Phase mit geringerem Wachstum folgte gegen Ende des 18. Jahrhunderts aufgrund der internationalen Ausweitung der Handelsbeziehungen ein weiterer Impuls, so daß die Einwohnerzahl im Jahre 1816 über 40.000 betrug (vgl. Abb. 3).

Dieser Bevölkerungsanstieg beeinflußte die Stadtentwicklung nachhaltig, bei der zwei Kerne eine entscheidende Rolle spielten. Das administrative und religiöse Zentrum lag an der Plaza Mayor mit Fort, Sitz des Gouverneurs, königlicher Kasse, Rechnungsamt, Zoll und Kathedrale, der wirtschaftliche Pol war der Hafen am Riachuelo im Süden (vgl. Abb. 2). An der Vuelta de Rocha erbaute man 1607 ein kleines Fort mit Zolleinrichtungen. Der Weitertransport zwischen Hafen und städtischem Zentrum verlief durch die heutige Calle Defensa und bedingte eine erste Stadterweiterung (Alto de San Pedro) in Richtung Süden (vgl. Abb. 2). Diese räumliche Entwicklung belegt, daß die südlich der Plaza Mayor, im Barrio Sur gelegenen Grundstücke hinsichtlich ihrer Standortqualitäten am höchsten bewertet wurden. Die Handelsaktivitäten konzentrierten sich vor allem im südlichen Teil der Stadt.

Mit dem wirtschaftlichen Wachstum verschwanden aus dem Zentrum die einfachen Hütten aus Fellen und Häuten und wurden zunehmend durch Holz- sowie Adobebauten ersetzt. Seit Mitte des 18. Jahrhunderts dehnte sich die Stadt auch nach Westen aus, und frühe Landaufteilungen gaben erste Hinweise auf die späteren Gemeinden Flores und Belgrano. Die erhöhten Aktivitäten im Hafen zogen auch die ersten Einwohner in La Boca und Barracas, einem nicht hochwassersicheren Gebiet, an. Zwischen diesen Ansiedlungen und dem Viertel Alto de San Pedro verteilten sich entlang der heutigen Av. Montes de Oca zahlreiche Wochenendhäuschen oder *quintas*. Im Norden der Stadt vollzog sich eine ähnliche Entwicklung, als sich 1691 im heutigen Viertel Retiro der damalige Gouverneur ein Haus baute, das später zwischen 1718 bis 1771 dem Sklavenhandel diente.

Die Stadt war durch mehrere Verkehrswege mit dem Landesinneren verbunden, die noch heute Leitlinie der wichtigsten Ausfallstraßen aus der argentinischen Metropole sind (vgl. Abb. 1). Nach Norden führten Av. Santa Fé-Cabildo in Richtung Entre Ríos, nach Westen die Rivadavia bis Luján, die sich dort nach Mendoza und Tucumán verzweigte, sowie nach Süden die Av. Montes de Oca, in deren Verlängerung 1791 eine Brücke über den Riachuelo gebaut wurde (vgl. Abb. 2). Auf diesen Verbindungen vollzog sich der Warenaustausch mit dem Binnenland. Damit die großrädrigen Pferde- und Ochsenkarren nicht zu einer Verkehrsbelästigung in den engen Straßen von Buenos Aires wurden, richtete man am Stadtrand mehrere Märkte und Schlachthöfe ein, einfache durch Holzzäune eingefaßte Flächen. Hier wurden die Produkte für die Versorgung der Stadt und für den Export, vor allem der Viehwirtschaft, aus dem Landesinneren abgeliefert. Die wichtigsten *mataderos* oder *corrales* befanden sich auf der heutigen Plaza Británica, Once de Setiembre und Constitución (vgl. Abb. 2), in deren Nachbarschaft im Verlaufe des 19. Jahrhunderts die wichtigsten Bahnhöfe der Stadt errichtet wurden.

Im Jahre 1810 war nur ein Teil des von Garay abgegrenzten Gebietes bebaut (vgl. Abb. 2). Die höchste Bevölkerungsdichte lag im Barrio Sur und San Telmo vor, wo die Flachdachhäuser bereits häufig ein zweites Stockwerk besaßen. Das Erdgeschoß wurde in diesen Fällen vom Einzelhandel genutzt, während das Obergeschoß dem Wohnen diente. Außerdem hatte man viele Straßen bereits gepflastert, die tieferen Lagen und kleineren Flußläufe, die den Verkehr bei Regenwetter stark beeinträchtigt hatten, zum Teil aufgefüllt und nördlich des Forts und entlang des Kliffs eine kleine Allee als parkähnliche Anlage für die Bewohner geschaffen. Nur die Hafeneinrichtungen ließen trotz der Handelsaktivitäten mit internationalem Ausmaß sehr zu wünschen übrig, da sie 1802 nur durch eine kleinere Mole nahe der Plaza Mayor ergänzt wurden.

Die politische Entwicklung nach 1800 wurde vor allem durch die Veränderungen in Europa (Konflikte zwischen Spanien und Frankreich) bestimmt. Die Situation spitzte sich erheblich zu, als 1806 und 1807 die Engländer, die nach ihrem Sieg bei Trafalgar die absolute Seeherrschaft im Atlantik errungen hatten, Buenos Aires besetzten und jeweils von kreolischen Milizeinheiten besiegt wurden. Während der britischen Okkupation übernahm der *Cabildo* die Verwaltungsaufgaben und beide Vorgänge stärkten das Selbstbewußtsein der Bürger. Die Absetzung des spanischen Königs durch Napoleon sowie die Nicht-Anerkennung dessen

Bruders als Nachfolger auf dem Thron festigten es noch. Als dann im Mai 1810 die Nachricht vom Sieg Napoleons in Südspanien Buenos Aires erreichte, erzwangen die Kreolen nach internen Konflikten mit Teilen der spanischen Verwaltung die Einberufung eines Kongresses, der gegen den Willen des *Cabildo* den Vizekönig absetzte und eine provisorische Regierungsjunta bildete (vgl. KAHLE 1978). Diese Absicht, von den Kreolen auch als Notwendigkeit für die wirtschaftliche Prosperität in Buenos Aires gesehen, schlug jedoch fehl, da die Regionen des Binnenlandes die neue Regierung nicht anerkannten. Die folgenden kriegerischen Auseinandersetzungen brachten den Verlust von Bolivien, von Paraguay und der Banda Oriental. Um den weiteren Verfall aufzuhalten, beriefen die auf eine gewisse Selbständigkeit bedachten Vertreter der Regionen des Innern einen Nationalkongreß in Tucumán ein, in dessen Verlauf am 9. Juli 1816 die Unabhängigkeit der Vereinigten Provinzen des Rio de la Plata ausgerufen wurde.

Die inneren Konflikte waren damit noch lange nicht zu Ende, und bis 1880 kam es immer wieder zu kriegerischen Auseinandersetzungen zwischen den Provinzen auf der einen und Buenos Aires auf der anderen Seite. Anlaß hierfür war die ökonomische Dominanz der Stadt, die die *porteños* auch im politischen Bereich durchsetzen wollten. Für das wirtschaftliche Übergewicht von Buenos Aires können vier Ursachen genannt werden, die im kommenden Zeitabschnitt sich immer stärker abzeichnen:
1. Die Verbindung Buenos Aires-Córdoba-Tucumán-Salta war vor Indianerüberfällen nicht sicher.
2. Die Ochsenkarren benötigten drei bis vier Monate, um die Strecke Buenos Aires - Salta zu bewältigen. Eine Tonne Fracht kostete vom Landesinneren an den Rio de la Plata 13 mal mehr als eine vergleichbare Menge von Buenos Aires nach London.
3. Die Küstenregion konnte dem Nordwesten kein Handelsprodukt zum Austausch anbieten, da dort ebenfalls Viehwirtschaft betrieben wurde.
4. Der Zwischenhandel der Städte im Nordwesten war unterbrochen, da mit der Unabhängigkeit im Jahre 1816 Bolivien nicht mehr zu den Vereinigten Provinzen des Rio de la Plata gehörte.

3.1.3 Die Übergangszeit (1816-1852)

Dieser Zeitraum wurde geprägt von innenpolitischen Konflikten zwischen den Unitariern in Buenos Aires auf der einen und den Föderalisten in den Provinzen auf der anderen Seite. Alle politischen Gruppen in der Stadt bestanden auch weiterhin sowohl auf ihrem Handelsmonopol als auch auf ihrer zentralen, aus der Kolonialzeit ererbten Verwaltungsposition. Folgerichtig lehnten sie alle Forderungen der Provinzen ab, die Zolleinnahmen von Buenos Aires zu nationalisieren, die Schiffahrt auf den Flüssen Paraná und Uruguay freizugeben und protektionistische Maßnahmen zur Konkurrenzfähigkeit der Waren aus dem Innern gegenüber den billigen Importen vorwiegend aus England zu erlassen. Bei den zahlreichen kriegerischen Zusammenstößen beider Gruppen, die sich - von kurzfristigen Unterbrechungen abgesehen - bis 1829 hinzogen und in deren Folge vor allem der Litoral mit den Provinzen Santa Fé, Entre Ríos und Corrientes verwüstet sowie die Banda Oriental selbständig wurde, setzten sich die Föderalisten nach dem Sieg Rosas' im Jahre 1829 endgültig durch. Jedoch stärkte er seit seiner diktatorischen Machtstellung (1835) eher die Position von Buenos Aires als die der Provinzen im Binnenland.

Bis zum Sturz Rosas' im Jahre 1852 war die ökonomische Entwicklung der Vereinigten Provinzen des Rio de la Plata aufgrund der schlechten innerregionalen Verkehrsverbindungen durch einen Rückgang der Handelsbeziehungen zwischen ihren drei wichtigsten Wirtschaftsräumen gekennzeichnet (vgl. Abb. 1):
- Der Litoral mit dem Zentrum Buenos Aires stellte sich vollständig auf den Export viehwirtschaftlicher Produkte ein, da nach der Staatsgründung von Bolivien (1824) der Zugang zu den Bodenschätzen eingeschränkt war.
- Die Städte im Nordwesten Argentiniens versorgten weiterhin die Minenorte Boliviens mit Last- und Zugtieren.
- Die Region Cuyo mit Mendoza exportierte landwirtschaftliche Produkte über die chilenische Hafenstadt Valparaíso.

Nach FOGUELMAN/BRAILOVSKY (1979) fehlte in diesem Zeitabschnitt eine räumlich integrierte nationale Ökonomie. Die drei Wirtschaftsräume bauten voneinander unabhängige Beziehungen mit ausländischen Märkten auf. Bei dieser Auseinanderentwicklung der einzelnen Regionen ordnete sich der Raum um Buenos Aires am stärksten in die weltwirtschaftlichen Verflechtungen ein und legte damit den Grundstein für seine ökonomische Dominanz über die übrigen Teilgebiete Argentiniens durch den Ausbau der Eisenbahnlinien seit etwa 1870.

Die Kaufleute von Buenos Aires suchten immer nach neuen Möglichkeiten der Kapitalanlage. So förderte die Regierung seit 1922 Investitionen in die Viehwirtschaft und in den weiteren Ausbau der *saladeros*. Man verpachtete öffentliches Land auf 20 Jahre zu fixen Kosten. Erbpacht und Art des Verteilungssystems begünstigten das Entstehen riesiger Latifundien, da die Grundbesitzer selbst die entscheidende Kommission kontrollierten. Im Jahre 1851 verfügten 382 Personen über 82 % der gesamten landwirtschaftlichen Nutzfläche in der damaligen Provinz Buenos Aires. Die großen Kaufmannsfamilien waren zu *ganaderos*, zu Viehzüchtern, geworden. Denn sie kauften die Ländereien nicht aus Prestigegründen, sondern ganz gezielt nach wirtschaftlichen Ertragskriterien.

Die Bevölkerungszunahme von Buenos Aires und seinem Hinterland war neben der weltwirtschaftlichen Integration ein weiterer Grund für das im Vergleich zu den übrigen Provinzen höhere ökonomische Wachstum. Im gesamten späteren Argentinien erhöhte sich die Einwohnerzahl zwischen 1825 und 1857 von 570.000 auf 1,18 Mio., was einer mittleren jährlichen Zuwachsrate von 2,3 % entsprach. Jedoch war die Zunahme in der Provinz Buenos Aires mit jährlich 4,6 % doppelt so hoch (1825: 118.646 Ew., 1857: 495.107 Ew.), da hier die Einwanderung aus Italien, Frankreich, aus dem Baskenland und von den Kanarischen Inseln eine zusätzliche Rolle spielte. In diesem Zeitraum verdoppelte sich somit der Anteil der Einwohner in der Region um Buenos Aires an der nationalen Bevölkerung von 20,8 % auf 42,0 %, was eine selbstverstärkende Wirkung sowohl auf den produktiven Wirtschaftsbereich vor allem das Handwerk als auch auf die Handelsaktivitäten hatte. Der Export stieg von 1822 bis 1852 wertmäßig von 700.000 Pfund Sterling auf fast 2 Mio. an. Das wichtigste Gut waren die

Häute, deren Anteil an der Ausfuhr fast 65 % betrug. Die viehwirtschaftlichen Produkte insgesamt erreichten sogar 78 %. Diese Zunahme der Ausfuhren glich am Ende der Regierungszeit Rosas' die Handelsbilanz fast aus. Die Produktionserhöhung wurde aber erst durch die Zurückdrängung der Indianer nach Süden ermöglicht. Sie beruhte also auf einer Expansion viehwirtschaftlich genutzter Flächen und nicht wie in anschließenden Zeitabschnitten auf der Nutzungsintensivierung. Importiert wurden vor allem Konsumgüter, aber auch große Mengen an Getreide, dessen Anbau aufgrund der hohen Lohnkosten auf den *estancias* wenig rentabel war.

Der Ausbau der Handelsaktivitäten hatte vielfältige Auswirkungen auf die Stadtentwicklung. Zunächst änderte sich die Bevölkerungsstruktur. Ausländer gewannen vor allem im wirtschaftlichen und sozialen Bereich größeren Einfluß. Das Stadtbild wurde vor allem entlang des Riachuelo in der Umgebung von Barracas durch die in den 20er und 30er Jahren sprunghaft zunehmende Zahl der *saladeros* geprägt, in denen aus den Rindern die Häute, das Salzfleisch und der Talg für den Export gewonnen wurde. Ihre Abfälle gefährdeten zwar die Umwelt und die öffentliche Gesundheit, gaben aber 20 % der gesamten Bevölkerung eine Beschäftigung, ohne die vielen Fuhrleute und Träger mitzuzählen. In gewisser Weise war Buenos Aires in diesem Zeitraum ein Element der Verflechtung *saladero-estancia*, ein "großes Dorf" oder *gran aldea*.

Die Stadt dehnte sich vorzugsweise nach Westen aus. Dort erreichten die geschlossen bebauten *manzanas* die Linie der heutigen Avenidas Entre Ríos-Callao und im Norden die Av. Santa Fé. In südlicher Richtung erfolgte nur eine geringe Expansion (vgl. Abb. 2). Dieses Gebiet war von einem 350 m breiten Gürtel umgeben, in dem die *cuadras* bereits parzelliert waren und eine Bebauung zum Teil begonnen hatte. Es folgte dann ein Streifen *quintas* und *chacras* bis zu 2,5 ha Größe, in denen ein gartenähnlicher Anbau zur Versorgung der Stadt betrieben wurde. In dieser Zone gab es an der fortgeschrittenen Grundstücksaufteilung oder an der bereits vorliegenden Bebauung erkennbare Ansatzpunkte, die sich zu heutigen Stadtteilen Buenos Aires entwickelten. Im Gebiet um die Vuelta de Rocha, entlang der Av. Almirante Brown und Av. Montes de Oca bauten sich viele Arbeiter, die im Hafen beschäftigt waren, einfache Hütten. An der Av. Rivadavia entstand aus einer Mautstelle für den Verkehr nach Westen das Dorf Flores, dessen Gebiet in den 20er Jahren des vorigen Jahrhunderts zahlreichen Einwohnern der Stadt als Sommerresidenz diente, und an der Handelsstraße nach Norden entwickelte sich aus einem Versorgungspunkt für den Transitverkehr das 1855 gegründete Dorf Belgrano (vgl. Abb. 2).

Innerhalb von Buenos Aires blieb die Plaza de Mayo Zentrum der nationalen und städtischen Verwaltungen. Hinzu kamen jetzt auch mehr kulturelle Einrichtungen. Erwähnt seien nur die 1821 gegründete Universität und das erste Theater (*Casa de Comedias*), das sich ein Jahr später in San Telmo niederließ. Die soziale Oberschicht wohnte noch im Barrio Sur südlich der Plaza bis etwa zur Calle Chile (vgl. Abb. 2). Allerdings entwickelten sich bereits in diesem Zeitabschnitt zwei Ansatzpunkte, die für die einkommensstärkeren Gruppen eine hohe Attraktivität ausstrahlten und somit für die spätere Verlagerung ihrer Wohngebiete von ausschlaggebender Bedeutung waren. Im Jahre 1827 eröffnete ein englisches Unternehmen im

Quadrat zwischen Viamonte, Uruguay, Córdoba und Paraná (vgl. Abb. 2) ein erstes Freizeit-zentrum mit Parkanlage, Hotel, Zirkus für 1.500 Zuschauer, kleinem Theater und Zoologi-schem Garten. Bald siedelten sich in der Nähe weitere *Cafés, Confiterías* und *Casas de Té* an, und mit der Zeit kamen auch Hotels sowie Dienstleistungen für Empfänge oder Banketts hinzu. Die nördliche Achse wurde für die soziale Oberschicht noch interessanter, nachdem der Diktator Rosas in den 40er Jahren im heutigen Stadtviertel Palermo Terrain erworben hatte. Er ließ das Grundstück nivellieren und eine große Residenz mit herrlichem Park errichten.

Außerdem erließ man in den 20er Jahren des 19. Jahrhunderts einige Verordnungen, die den heutigen Stadtgrundriß beeinflußten. Man beschloß, neue Straßen mit einer Breite von 16 *varas* (bisher 11; 1 *vara* etwa 0,86 m) anzulegen sowie in den bereits bebauten Gebieten, neue Gebäude zwei *varas* zurückversetzt zu errichten. Man erweiterte jede vierte Straße nördlich bzw. südlich der Av. Rivadavia und westlich von Entre Ríos-Callao zur Avenida mit 30 *varas* Breite. Man schränkte zudem die Ansiedlung von Mühlen und vor allem der Salze-reien ein, organisierte einen Reinigungsdienst, Polizei und die Wasserverteilung. Die Straßen im Zentrum waren um 1850 alle gepflastert und hatten nachts eine Beleuchtung.

Um 1840 setzte eine neue wirtschaftliche Entwicklung ein, die von den *estancieros* höhere Investitionen erforderte. Sie erkannten, daß weder der Export von Häuten nach England noch die Ausfuhr von Salzfleisch in die Sklavenplantagen von Brasilien und Kuba eine dauerhafte Grundlage für die weitere ökonomische Expansion sein konnten, da ein Rückgang der Nach-frage zu erwarten war. Zudem war der Aufbau in den Provinzen des Litorals abgeschlossen, und die dortige viehwirtschaftliche Produktion bedeutete eine starke Konkurrenz Buenos Aires. Aus diesen Gründen dehnte sich in den 40er Jahren die Schafzucht immer weiter aus, ange-regt durch die steigende Nachfrage der europäischen Textilindustrie nach Wolle. Damit verbunden war ein steigender Arbeitskräftebedarf, und es kam ein neuer Schub von Immigran-ten in Buenos Aires an, vorwiegend aus Irland, aber auch aus Galicien und aus dem Basken-land. Mit dem Sturz Rosas' im Jahre 1852, gegen dessen zentralistisches Regime sich die Provinzen Entre Ríos und Corrientes erhoben hatten, war auch im politischen Bereich der Weg frei für eine neue Verfassung, die die Einwanderung unterstützte.

3.1.4 Die Zeit des Aufbruchs (1852 - 1880)

Mit dem Sturz von Rosas war der Weg frei für Änderungen im politischen, ökonomischen und sozialen Bereich, die die Basis für die zukünftige Prosperität von Argentinien mit ihren positiven Auswirkungen auf die Stadtentwicklung von Buenos Aires legten. So erhöhten sich z. B. die Einwohnerzahlen von 90.000 (1855) auf 280.000 Personen im Jahre 1880. Doch werden die höchsten Zuwachsraten in den sich anschließenden Dekaden bis zum Ersten Weltkrieg erreicht (vgl. Abb. 3, 4).

Nach 1852 brachen die alten Gegensätze zwischen der Provinz Buenos Aires und den übrigen Bundesstaaten wieder auf, und es gelang nicht, einen Ausgleich zwischen Unitariern und Föderalisten herzustellen. Buenos Aires wurde unabhängig und trennte sich somit rechtmäßig von der *Argentinischen Konföderation*. Deren Wirtschaftspolitik scheiterte, da Buenos Aires weiterhin das Handelsmonopol innehatte und damit auch über die Zolleinnahmen verfügte. Die Spannungen zwischen beiden Kontrahenten entluden sich 1859 in kriegerischen Auseinandersetzungen, die man erst 1862, nachdem Buenos Aires die Verfassung der Konföderation von 1853 anerkannt hatte, beilegte. Buenos Aires erhielt den Regierungssitz des neuen Staates Argentinien und wurde 1880 endgültig Hauptstadt. Allerdings trennte man in diesem Jahr Stadt und Provinz, um die politische wie ökonomische Vormachtstellung dieses zentral gelegenen Bundesstaates einzuschränken. Die Hauptstadt begrenzte man auf eine Fläche von 199,5 km^2 (*Distrito Federal*), und als Verwaltungssitz für die gleichnamige Provinz gründete man 1882 die Stadt La Plata (vgl. Abb. 1).

Abb. 4: Bevölkerungsentwicklung von Buenos Aires (1869 - 1980)

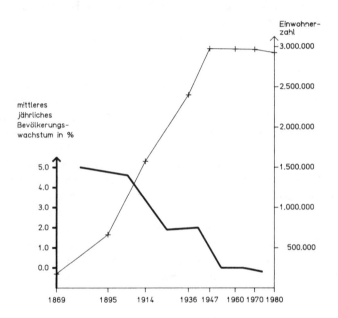

Quelle: *Censo Nacional de Población y Vivienda 1980*, Serie B, Capital Federal (1981); eigene Auswertung

Mit der Wiedervereinigung war die politische Basis für die Entwicklung Argentiniens zum führenden lateinamerikanischen Staat gelegt. Zwar erlitt das Land wegen des Krieges mit Paraguay und wegen mehrerer Epidemien schwere Rückschläge, aber bereits die Alphabetisierungskampagne sowie die Schulpolitik des Präsidenten Sarmiento zielten in die Zukunft, und mit dem Kolonisationsgesetz aus dem Jahre 1876, das durch das Motto *gobernar es poblar* oder "Regieren heißt Bevölkern" gekennzeichnet war, erreichte Präsident Avellaneda den endgültigen Durchbruch für das etwa 1880 beginnende *Goldene Zeitalter* Argentiniens.

Auch im ökonomischen Bereich schuf man verschiedene Organisationen, die später Innovationen förderten sowie die Interessen von Landwirtschaft und Industrie gegenüber der Regierung vertraten. Im Jahre 1866 gründeten einige *estancieros* die *Sociedad Rural Argentina*, der heute noch wichtigste Wirtschaftsverband des Landes. 1875 etablierte sich der *Club Industrial Argentino*, drei Jahre später der *Centro Industrial Argentino*. Beide vereinigten sich 1887 zur *Unión Industrial Argentina*.

Buenos Aires blieb die Pforte Argentiniens, obwohl - trotz vermehrten Schiffsverkehrs bei zunehmender Größe und wachsendem Tiefgang - das Be- und Entladen immer noch mit Hilfe kleiner Boote und großrädriger Karren erfolgte. Als neuere Einrichtungen waren nur der Zoll im alten Fort an der Plaza de Mayo (1853) sowie die Mole für die Passagiere (1855) erwähnenswert. Der Verwaltung wurde klar, daß die Hafenanlagen auch für das zukünftige Verkehrsaufkommen ausgebaut werden mußten, und in den 70er Jahren diskutierte man verschiedene Vorschläge, bis in der anschließenden Dekade die Pläne von Madero akzeptiert wurden (vgl. Kap. 3.1.5). Trotz der schlechten Infrastruktur blieb der Hafen Dreh- und Angelpunkt der argentinischen Wirtschaft, da nur über ihn der Reichtum des Landes, billige landwirtschaftliche Erzeugnisse, erschlossen werden konnte. So entwickelte sich Buenos Aires zu dem Hafen, den sich Garay bei der zweiten Stadtgründung im Jahre 1580 erhofft hatte. Beim Export steigerte sich die Wollausfuhr erheblich. Betrug sie zwischen 1840 und 1850 nur 11.000 t jährlich, erreichte sie in den 70er Jahren 120.000 t bei einem Anteil an der gesamten Ausfuhr von 50 % bis 60 %. Die intensivere Nutzung landwirtschaftlicher Flächen durch die Schafzucht lockte weiterhin ausländisches Kapital an, das nicht nur in den Boden investiert wurde, sondern auch in die Verbesserung der Transportwege.

Die erste Eisenbahnverbindung zwischen größeren Städten (1870) führte von Rosario nach Córdoba und wurde bis 1900 nach Jujuy an der bolivianischen Grenze verlängert (vgl. Abb. 1). Die stärkste Erweiterung erfuhr das Eisenbahnnetz jedoch in der Pamparegion, die durch einzelne von Buenos Aires radial ausgehende Linien erschlossen wurde. Der Ausbau der drei wichtigsten Verbindungen, die das städtische Wachstum von Buenos Aires zu Beginn des 20. Jahrhunderts räumlich strukturierte (vgl. SARGENT 1971, 1972), begann 1857 mit der 10 km langen Strecke zwischen Plaza Once und Flores, die anschließend immer weiter nach Westen verlängert wurde (vgl. Abb. 2, 5). Es folgten bis 1864 die Linien Retiro-Tigre nach Norden mit dem späteren Anschluß an Rosario und bis 1866 Constitución-Chascomús nach Süden in Richtung Bahía Blanca (vgl. Abb. 1). Diese drei Achsen wurden durch weitere Streckenführungen schrittweise erweitert. Das Eisenbahnnetz stärkte die Position von Buenos Aires als wichtigste Handels- und Hafenstadt Argentiniens, da das neue Verkehrsmittel den Einzugsbereich der Stadt beträchtlich ausdehnte und damit die Zentren des Binnenlandes noch mehr unter ihre wirtschaftliche Dominanz gerieten.

Bis Ende des 19. Jahrhunderts dienten die Eisenbahnlinien fast ausschließlich dem Gütertransport vom oder zum Hafen in Buenos Aires. Ihre Rolle für die spätere städtische Expansion konnten sie in diesem Zeitraum noch nicht wahrnehmen, da für ein tägliches Pendeln die Fahrtzeiten zu lang und die Zugfrequenzen zu gering waren. Doch als Wochenend- und Sommersitze kamen nun auch entferntere Orte wie z.B. Tigre am Paraná-Delta für die reicheren *porteños* in Frage.

In den 60er Jahren dehnte sich Buenos Aires im Westen bis zur Plaza Once de Setiembre und den Avenidas Jujuy und Pueyrredón aus, im Norden bis zur Santa Fé, im Süden bis zur San Juan und im Osten bis zum Kliff aus (vgl. Abb. 2). Bis 1880 verstärkte sich das Wachstum entlang der drei wichtigsten Verkehrsbindungen mit dem Umland. Bereits bestehende Ortschaften vergrößerten sich zu kleinen städtischen Zentren wie Belgrano, San Fernando und Tigre im Nordosten oder Flores im Westen. Entlang der Av. Rivadavia entstanden die Dörfer Morón, Merlo und Moreno und im Süden die Ortschaften Quilmes und Lomas de Zamora (vgl. Abb. 2, 7).

Die Stadtentwicklung wurde nicht nur durch die beschriebenen Änderungen im politischen und wirtschaftlichen Umfeld beeinflußt, sondern auch durch folgende Neuerungen und Begleiterscheinungen:

1. Am 2. September 1852 konstituierte sich durch ein Dekret die eigenständige Verwaltung von Buenos Aires (*Municipalidad de la Ciudad de Buenos Aires*).
2. Mit den ersten Eisenbahnlinien und Pferdewagen begann der Ausbau des öffentlichen Nahverkehrsnetzes.
3. Die Cholera (1867) sowie vor allem die Gelbfieberepidemie (1871), die mehr als 30.000 Tote forderten und dadurch die schlechten hygienischen Bedingungen in der Stadt offen legten, verursachten den Wegzug der Oberschichtangehörigen aus dem Barrio Sur in den Norden der Stadt.

Die zunehmenden wirtschaftlichen und städtischen Aktivitäten und die Ankunft immer weiterer Einwanderer gaben nicht nur dem Wachstum der Stadt Impulse, sondern modifizierten auch den bisherigen Charakter der Stadtviertel. Dabei entstand eine noch heute vorliegende, deutlich hervorgehobene Segregation der einzelnen Einkommensgruppen in drei verschiedene Sektoren.

Das traditionelle Viertel der Oberschicht war das Barrio Sur südlich der Plaza de Mayo. Jedoch weisen die Niederlassungen der beiden ersten Clubs - *Club de Progreso* (1852) an der Ecke Hipólito Yrigoyen/Perú und *Club del Plata* (1860) in der Av. Rivadavia auf eine beginnende Verlagerung nach Norden hin. Diese räumliche Tendenz verstärkte sich sprunghaft nach der Gelbfieberepidemie 1871. Bis 1880 hatten viele einflußreiche Familien Häuser in der Calle Florida, in der nördlichen Verlängerung der Calle Perú, erbaut. Ihnen folgte der qualitativ führende Einzelhandel mit französischen Modeartikeln, Parfümerien und Möbelgeschäften (SCOBIE 1977, S. 81/82). Nördlich der Plaza ließen sich die ausländischen Kaufleute nieder, und in unmittelbarer Nähe entstand das Finanzzentrum mit Börse (1862), *Casa de la Moneda*, *Banco de la Provincia de Buenos Aires* und *Banco de Londres y Río de la Plata*.

Mit der Einwanderung vergrößerte sich die Zahl der Familien, die der Mittelschicht angehörten. Die Handwerker, Kleinhändler und Facharbeiter bevorzugten die Gebiete entlang der Av. Rivadavia. Hier war vor allem Flores ein Schwerpunkt, das zuvor der Oberschicht als Sommerresidenz diente. Diese Funktion übernahm jetzt Belgrano im heutigen nördlichen Sektor der Stadt. Die Wohngebiete der unteren Einkommensgruppe, die durch die Einwanderung die stärkste Zunahme erfuhren, lagen durchweg in der Nähe der Arbeitsplätze im Süden von

Buenos Aires. Die Wohnsituation war durchweg schlecht, geprägt durch eine hohe Bevölkerungsdichte, wie z.B. in den *conventillos* von San Telmo, und durch die Verwendung von Blech oder Holz als Baumaterial in La Boca. Die Infrastruktur in diesen Vierteln (Barracas, La Boca, Constitución und z.T. Once) war miserabel, die Straßen waren nur selten gepflastert und die tiefer liegenden Bereiche nicht vor Hochwasser sicher.

Diese soziale Differenzierung der Stadt in einzelne Sektoren, im Norden die Ober-, im Westen die Mittel- und im Süden die Unterschicht, verstärkte sich noch in den folgenden Zeitabschnitten. Die Achsen bildeten gleichzeitig die Leitlinien für den von der Plaza de Mayo ausgehenden städtischen Nahverkehr. 1853 bestanden bereits zehn Buslinien, die alle von der Plaza in Richtung dieser drei Hauptachsen verliefen. Dieses Netz wurde nach 1865 durch Straßenbahnen, die wie die Busse von Pferden gezogen wurden, ergänzt. Die wichtigsten Linien führten von den drei Bahnhöfen Retiro, Once und Constitución zur Plaza de Mayo. Bis 1880 erreichte das Netz eine Länge von 145 km mit einer flächenhaften Erschließung im zentralen Bereich und drei an die Peripherie führenden Linien: nach La Boca/Barracas, Flores und Belgrano. Entlang der Nahverkehrslinien erhöhte sich die Bevölkerungsdichte, Bodenspekulation sowie Nutzungsänderungen verstärkten sich, vor allem in der Nachbarschaft von Verkehrskonzentrationen siedelten sich zahlreiche Händler und Handwerker an, so daß die Ausformung kleinerer Subzentren erkennbar wurde.

Im Jahre 1883 änderte sich mit Beginn des Gefrierfleischexportes die Kommerzialisierung und Herstellung des Fleisches vollständig, so daß die *saladeros* aus dem Stadtbild verschwanden. Die intensivere landwirtschaftliche Nutzung der Pampa nach 1880, die massive Einwanderung aus Europa, der weitere Ausbau der Eisenbahnlinien und des öffentlichen Nahverkehrs bildeten die Voraussetzungen für die erste Suburbanisierungsphase von Buenos Aires. Die *gran aldea* wurde zur Metropole.

3.1.5 Der Aufstieg zur Weltstadt (1880 - 1930)

Bereits die Bevölkerungszunahme belegt die Expansion von Buenos Aires zwischen 1880 und 1930. Zählte man 1880 noch 286.000 Einwohner, so erreichte die Stadt fünfzig Jahre später mit 2.254.000 knapp die achtfache Zahl. Eine Flut von Einwanderern aus Europa, vornehmlich aus Italien und Spanien, kam in Buenos Aires an, suchte hier Arbeit und überformte die Stadt in jeder Hinsicht: demographisch, sozial, wirtschaftlich und physiognomisch. Bereits 1914 war die Ende des 19. Jahrhunderts festgelegte Fläche der Capital Federal von 199,5 km² in großen Teilen überbaut (vgl. Abb. 2, 5), und die Stadt dehnte sich seit diesem Zeitpunkt mit ihren Wachstumsspitzen verstärkt entlang den Hauptverkehrsverbindungen in die Provinzen aus (vgl. Abb. 5).

Das Ausmaß der Zuwanderer aus Übersee hat BÄHR (1979) bereits ausführlich dargestellt, so daß hier ihre Bedeutung für die Bevölkerungsentwicklung nur zusammenfassend beschrieben wird. Der erste größere Einwanderungsschub kam zwischen 1880 und 1890 in Buenos Aires an. So erreichte 1889 der Saldo der Immigration mit über 200.000 Personen seinen höchsten Wert. Aber bereits ein Jahr später erlitt die Zuwanderung aufgrund einer wirtschaftlichen Krise einen schweren Rückschlag und nahm dann unter z.T. erheblichen Schwankungen nur langsam zu. Erst im Jahre 1905 setzte wieder eine massive Einwanderung ein, die bis 1915 anhielt. In diesem Zeitraum verzeichnete Argentinien einen jährlichen Wanderungsgewinn von durchschnittlich 140.000 Personen, von denen etwa 30 % in der Hauptstadt blieben. Im Jahre 1914 war fast die Hälfte der Einwohner von Buenos Aires im Ausland geboren, und das städtische Bevölkerungswachstum (1905 - 1915) ging zu 60 % auf die Einwanderung zurück. Nach einer kurzen Unterbrechung des Zustromes während des Ersten Weltkrieges setzte die Immigration erneut ein, ohne jedoch die Salden aus den Jahren vor 1914 zu erreichen. Einen dauerhaften Einschnitt bewirkte erst die Weltwirtschaftskrise im Jahre 1929 sowie die damals erlassenen Auswanderungsbeschränkungen in Italien.

Drei sich wechselseitig beeinflussende Faktoren bedingten diesen Zustrom nach Argentinien und dessen Konzentration auf Buenos Aires:

1. Nach der endgültigen Vernichtung der Indianer durch die Feldzüge General Rocas in den Jahren 1878/79 erfolgte die vollständige landwirtschaftliche Erschließung der Pampa, bei der zudem ökonomische Neuerungen (Einzäunung, Getreideanbau, Gefrierfleischproduktion) arbeitsintensivierend wirkten.
2. Der Ausbau der modernen Hafenanlagen und des von Buenos Aires radial ausgehenden Eisenbahnnetzes (Streckenlänge 1880: 2.516 km, 1900: 16.563 km) stärkte die wirtschaftliche und auch die politische Vormachtstellung der Hauptstadt.
3. Die Verbesserung der städtischen Infrastruktur (Gas, Elektrizität), vor allem der schrittweise Ausbau des öffentlichen Nahverkehrs (Pferdeomnibus (1853), elektrische Eisenbahn (1898) und U-Bahn (1913); vgl. SARGENT (1972), TORRES (1975)) mit seinen Impulsen auf die Siedlungsexpansion und auf den Wohnungsbau, die Verwirklichung städtebaulicher Änderungen (Av. de Mayo), der enorm ansteigende Außenhandel (vgl. Tab. 4) sowie die beginnende Industrialisierung schufen zahlreiche Arbeitsplätze in Buenos Aires.

Im folgenden wird auf die wirtschaftlichen Veränderungen, den Hafenausbau und die Siedlungsexpansion näher eingegangen, da sie sich direkt auf die Stadtentwicklung auswirkten.

Nach 1880 wurde in Argentinien der Grundstein dazu gelegt, daß das Land noch heute als einer der wichtigsten Fleisch- und Getreideexporteure der Welt gilt. Tabelle 4 und 5 belegen die erheblichen strukturellen Änderungen, die sich nach 1890 in der Exportentwicklung der Agrarprodukte vollzogen. Insgesamt verlor die Viehwirtschaft an Bedeutung, und der Ackerbau, vornehmlich die Getreideproduktion, erhöhte seinen Anteil von 7 % auf über die Hälfte. Technische Neuerungen änderten gleichzeitig die Struktur des Fleischexportes. Größere Schiffe erlaubten den Lebendtransport von Rindern (vgl. Tab. 5), und die Gefriertechnik konnte immer erfolgreicher eingesetzt werden. Bereits 1882 errichteten die Briten die erste Gefrierfleischfabrik in Buenos Aires, denn Rindfleisch war in Argentinien enorm billig. Die Gefrierfabriken zahlten 50 % mehr als die Fettindustrie und die Salzereien, so daß auch die *estancieros* bereit waren, in die Rindermast zu investieren. Hierzu war die weitere Verbesserung der Weidequalität notwendig, die die Schafzucht schon eingeleitet hatte. Die Viehzüchter verpachteten einen Teil ihres Besitzes für fünf bis zehn Jahre an Landarbeiter, meist Immigranten, die in diesem

Zeitraum in der Regel Weizen anbauten. Zum Schluß der Pachtzeit mußten sie Alfalfa aussäen und dann das Land an den *estanciero* zurückgeben, ehe sie selbst mit ihrem Hausrat weiterzogen. Die Folge war nicht nur ein deutlicher Anstieg der Getreideausfuhren (vgl. Tab. 4), sondern auch eine wesentliche Steigerung der Weidequalität. Zwei Ereignisse stimulierten um 1900 die Rindermast für die Gefrierfleischproduktion und somit die erwähnten Änderungen der landwirtschaftlichen Betriebsziele. In Frankreich und Belgien brach der Wollmarkt zusammen, und England verbot wegen der Gefahr der Maul- und Klauenseuche die Lebendviehimporte. Diese Ausfuhren gingen innerhalb von zehn Jahren von 43 % auf nur noch 8 % zurück (vgl. Tab. 5). Im gleichen Zeitraum rückte das Gefrierfleisch bei der Ausfuhr viehwirtschaftlicher Produkte von einem unbedeutenden Anteil auf über 50 % vor. Die Folge war für die Pampa eine fortschreitende Intensivierung, die sich in einer weiteren Unterteilung der *estancias* auf Grundlage des beschriebenen Pachtsystems fortsetzte.

Tab. 4: Anteil ausgewählter Produkte am Außenhandel Argentiniens (1880 - 1930)

Zeitraum	mittlerer Jahreswert (in Mill. Pesos)	Viehwirt-schaft	davon in % Ackerbau	sonstiges
1880 - 1884	139	89	7	4
1890 - 1894	233	66	29	5
1900 - 1904	499	49	46	5
1910 - 1914	980	45	51	4
1920 - 1924	1.897	37	58	5

Quelle: SCOBIE 1974, S. 305

Tab. 5: Ausfuhrentwicklung viehwirtschaftlicher Erzeugnisse (Argentinien 1887 - 1907)

Jahr	Anteil am Exportwert in %		
	Salzfleisch	Lebendvieh	Gefrierfleisch
1887	48	28	-
1897	22	43	0,2
1907	4	8	51,0

Quelle: SCOBIE 1974, S. 120

Zwischen 1904 bis 1914 stieg Argentinien zu einer führenden Exportnation für Getreide und Rindfleisch auf und verzeichnete mit 7 % je Jahr eine der höchsten Wachstumsraten für das reale Bruttoinlandsprodukt in der Welt (DONGES 1978, S. 340). Die beginnende Industrialisierung trug ebenfalls zur ökonomischen Prosperität bei. Viele inländische Unternehmer nutzten den nahen Absatzmarkt von Buenos Aires zum Aufbau einer Textil-, Bekleidungs-,

Nahrungsmittel- sowie Getränkeindustrie, und schon vor 1929 waren Ansätze zur Metallverarbeitung und zum Maschinenbau vorhanden. Damals war Argentinien ein Land mit einer großen industriellen Zukunft (DONGES 1978, S. 341; vgl. Kap. 3.1.6).

Nach 1880 entstanden in La Plata und Rosario neue Hafenanlagen, die eine große Konkurrenz für die wirtschaftliche Stellung von Buenos Aires bedeuteten. Dieser Gefahr begegneten die *porteños* durch den Ausbau eines modernen Hafens mit Docks für Dampfschiffe, Speicheranlagen, Verladeeinrichtungen im Osten der Plaza de Mayo. Die gleichzeitige Erschließung des Hinterlandes durch ein vom Zentrum mit den drei Kopfbahnhöfen Retiro im Norden, Once im Westen und Constitución im Süden radial ausgehenden Eisenbahnnetzes festigte die psychologische und ökonomische Vorherrschaft der Stadt. Als allerdings im Jahre 1913 der neue Hafen von Montevideo fertiggestellt wurde, den Schiffe bis 13 m Tiefgang anlaufen konnten, erforderte diese Konkurrenzsituation eine Erweiterung der bestehenden Anlagen. Man verdoppelte die Speicherkapazitäten und begann im Jahre 1911 mit dem Ausbau des Nordhafens, der sich wegen des Ersten Weltkrieges sowie wegen Finanzierungsproblemen bis 1932 hinzog. Buenos Aires gelang es aber trotz aller Schwierigkeiten, seine Monopolstellung im Außenhandel Argentiniens zu wahren. 23 % der nationalen Weizen- und Maisexporte wurden in der Hauptstadt verladen, und eine noch stärkere Position nahm sie beim Gefrierfleisch ein. Obwohl die verarbeitende Industrie sich in den Küstenstädten der Provinz Buenos Aires, vor allem im Raum von Avellaneda, angesiedelt hatte, exportierte man über die Capital Federal, da die modernen Gefrierschiffe aufgrund ihrer Größe nur den dortigen Hafen anlaufen konnten. Zudem wurde er durch die Tarifgestaltung der Eisenbahnen als Umschlagplatz begünstigt.

Die wirtschaftlichen Änderungen nach 1880 hatten erhebliche Konsequenzen auf die Stadtentwicklung, die zwischen 1904 und 1914 von einer ersten Suburbanisierungsphase geprägt war und die eine radiale Expansion der Siedlungsfläche von Buenos Aires zur Folge hatte. Die Abbildungen 2 und 5 verdeutlichen, daß sich bis 1895 das bebaute Gebiet der Capital Federal mehr oder minder konzentrisch um den politisch-ökonomischen Mittelpunkt, die Plaza de Mayo, erweitert hatte. Räumlich getrennt davon sind innerhalb des Distrito Federal nur die kleinen Siedlungskerne von Belgrano, Flores, Barracas und La Boca.

Zu diesem Zeitpunkt hielt der Wohnungsbau mit der Bevölkerungsentwicklung nicht Schritt, so daß es zu einer Verdichtung vor allem im zentralen Bereich und in den südlichen Stadtteilen kam (vgl. TORRES 1975). Abbildung 4 weist nachdrücklich auf die enormen Wachstumsraten hin, die vor 1895 durchschnittliche Werte von 5 % erreichten und bis 1914 nur geringfügig auf 4,6 % zurückgingen. Die damit verbundene Wohnungsnachfrage hatte eine höhere Belegungsdichte des verfügbaren Wohnraumes zur Folge, was durch drei Indikatoren nachzuweisen ist. Die Zahl der Personen, die in einem Haus lebten, erhöhte sich zwischen 1869 und 1887 um fast 50 % (von 8,8 auf 13 Einwohner) und verringerte sich bis 1895 nur wenig auf 12,1 Einwohner. Eine entsprechende Zunahme verzeichnete auch die Zahl der Haushalte in einem Haus. Lag der entsprechende Durchschnitt 1869 noch bei 1,6 Familien, dann erreichte er 1887 einen mittleren Wert von 2,5, der sich bis 1914 nur geringfügig veränderte. Beide Indikatoren weisen auf eine wachsende Bedeutung der Mietwohnungen hin, in denen 1904 etwa 70 % der Bevölkerung von Buenos Aires lebten.

Die Verschlechterung der Wohnbedingungen kommt nachhaltig in der Anzahl der Personen je Zimmer zum Ausdruck. Für Buenos Aires erhöhte sich dieser Wert von 1,65 auf 1,90 Einwohner (1887-1904), im Zentrum und im Süden der Stadt war die prozentuale Zunahme noch höher (27 % im Vergleich zu 15 %). Ursache für diese schlechte Wohnsituation in San Telmo, La Boca und Barracas war die dortige Ausbreitung der *conventillos* und *inquilinatos*. Sie entstanden seit 1850 in San Telmo, als man Patiohäuser in schlechtem baulichen Zustand an mehrere Familien vermietete. Nach 1880 wurden vor allem in La Boca neue Wohngebäude bereits bei ihrer Errichtung so angelegt, daß sie sich als *conventillos* nutzen ließen. Im Vergleich zur Qualität in anderen Wohnmöglichkeiten unterer Sozialschichten waren sie damals im wesentlichen nur durch die Belegungsdichte des verfügbaren Wohnraumes zu unterscheiden. Voraussetzung für die Entstehung der *conventillos* war, daß es zur Zeit der größten Einwanderung aus Übersee weder öffentliche Wohnungsbauprogramme zur Befriedigung eines Teils der Nachfrage gab, noch der Staat regulierend auf die Preisgestaltung im Wohnungssektor einwirkte. Die oftmals mittellosen Immigranten verfügten bei ihrer Ankunft nicht über das Kapital, um sich ein Grundstück zu kaufen und darauf ein Haus zu bauen. Auch eine Mietwohnung konnten sie sich nicht leisten. Diese Lücke schloß der *conventillo*, da in ihm eine Familie in Abhängigkeit von ihren Geldmitteln eine entsprechende Fläche (Zimmer, Teil davon oder ein Bett) mieten konnte. Küche, falls vorhanden, und sanitäre Einrichtungen waren allen Mietparteien zugänglich (vgl. MERTINS 1987a).

Zwar lag der Bevölkerungsanteil, der in *conventillos* wohnte, um 1900 bei etwa 20 %, jedoch wurde dieser Wert in der zentral gelegenen Zone sowie im Süden von Buenos Aires (La Boca, Barracas) deutlich übertroffen. Die Wohnbedingungen waren insgesamt prekär, nicht nur wegen des Baualters oder des weitgehenden Fehlens jeglicher Grundausstattung, sondern vor allem aufgrund der beengten Wohnsituation. Die durchschnittliche Anzahl der Bewohner je Zimmer lag bei mehr als drei Personen, eine mittlere Zahl, die häufig von größeren Familien weit überschritten wurde. Die hohen Mieteinnahmen der Besitzer entsprachen denen von Einzelhandels- oder Büroflächen, so daß die *conventillos* nicht aus dem Zentrum verdrängt wurden (vgl. SCOBIE 1977). Außerdem hatten die Eigentümer nur geringe Kosten für Instandhaltungen zu tragen, und aufgrund des Bevölkerungswachstums verteuerte sich das Grundstück auch ohne Investitionen in die Bausubstanz.

Doch änderten sich nach 1900 die Wohnbedingungen erheblich. Aus den Abbildungen 2 und 5 ist zu ersehen, daß zwischen 1895 und 1914 eine im Vergleich zu früheren Erweiterungen sprunghafte Siedlungsexpansion erfolgte. Ihre radiale Ausformung weist daraufhin, daß sie nur durch den Ausbau der Verkehrsverbindungen möglich war. SARGENT (1971, 1972), TORRES (1975) und SCOBIE (1977) sind ausführlich auf diese erste Suburbanisierungsphase von Buenos Aires eingegangen, so daß die Ursachen für die damalige Stadtentwicklung nur zusammenfassend dargestellt werden sollen. Drei Faktoren sind zu nennen:
1. Das erste Nahverkehrsmittel in Buenos Aires war der Pferde-Omnibus (1853), der vor allem zum Lastentransport zwischen Zentrum und La Boca eingesetzt wurde. Auch die Straßenbahn hatte für den Personenverkehr zunächst nur eine geringe Bedeutung, da sie

nur in halbstündigem Abstand fuhr und die Tarife für viele Familien zu teuer waren. Die Eisenbahn wurde von einkommensstärkeren Haushalten genutzt, die ihre Wochenendhäuser in den Ortschaften entlang des Rio de la Plata aufsuchten. Erst die Elektrifizierung des Straßenbahnnetzes (1898) und ein besseres Angebot der Eisenbahnen für den Personenverkehr schufen die Voraussetzungen für die Suburbanisierung, weil jetzt kürzere Fahrtfolgen möglich waren und die Kosten wegen größerer Transportkapazitäten gesenkt werden konnten. Doch erlaubten die Länge des Arbeitstages und vor allem der Kapitalmangel vielen Haushalten unterer und mittlerer Sozialschichten nicht, ihren Wohnstandort im Zentrum nahe der Arbeitsplätze aufzugeben. Einkommensstärkere Gruppen verließen nur in geringem Maße die Innenstadt, da sie eine Wohnung in unmittelbarer Nähe zum kulturellen, sozialen und politischen Mittelpunkt des Landes bevorzugten.

2. Auslöser für die Siedlungsexpansion war die seit 1904 bestehende Möglichkeit, eine Parzelle für den Bau eines eigenen Hauses auf der Quotenbasis (*venta por mensualidades*) zu erwerben. Spekulanten teilten hierzu ein Grundstück in kleinere Teile (*lotes*) auf und verkauften sie während großer Auktionen am Wochenende. Nach Bezahlung eines Teilbetrages konnte die restliche Kaufsumme in bis zu 120 Monatsraten abgezahlt werden. Die neuen Besitzer bauten sich dann häufig in Selbstarbeit und in Abhängigkeit von ihrer finanziellen Situation ein eigenes Haus.

3. Steigende Realeinkommen während der wirtschaftlichen Blütezeit (1904 - 1912) verstärkten diesen Trend zur Suburbanisierung auch von Sozialschichten mit geringem Einkommen.

Abb. 5: Siedlungsexpansion von Buenos Aires zwischen 1895 und 1914

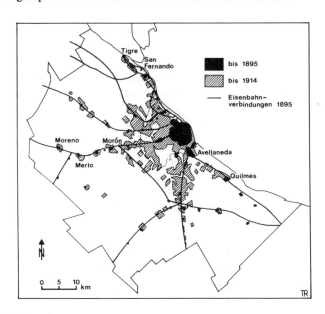

Quelle: SARGENT 1971; eigene Auswertung

Aufgrund dieser seit 1904 wirksamen Rahmenbedingungen verließen zahlreiche Familien das Stadtzentrum und zogen in die neu erschlossenen Wohngebiete entlang der öffentlichen Nahverkehrslinien um. Es fand eine Bevölkerungsumverteilung aus den zentral gelegenen Bereichen an den Stadtrand statt. Abbildung 6 verdeutlicht, daß alle *circunscripciones* 1914 höhere Einwohnerzahlen als 1904 aufwiesen. Dabei nahmen die Steigerungen in konzentrischer Form vom Stadtzentrum zur Peripherie hin zu. Im Nordsektor, in dem die soziale Oberschicht wohnte, setzte die Suburbanisierung schon früher ein, so daß im Vergleich zu anderen Sektoren erst in einer größeren Distanz zur Innenstadt überdurchschnittliche Zunahmen zu verzeichnen waren. Im anschließenden Zeitraum bis 1924 lag ein ähnliches Verteilungsmuster vor (vgl. Abb. 7). Die fortschreitende Citybildung verursachte im Zentrum einen Rückgang bzw. nur einen geringen Anstieg der Einwohnerzahlen, der in La Boca und Barracas auf die ausbleibende Einwanderung aus Europa während des Ersten Weltkrieges zurückzuführen war. Die Zunahme von 10,5 % in Socorro, im nördlichen Teil der Innenstadt, belegt die bleibende Attraktivität des Stadtkerns als Wohnstandort der Oberschicht.

Abb. 6: Bevölkerungsentwicklung in den *circunscripciones* von Buenos Aires (1904-1914)

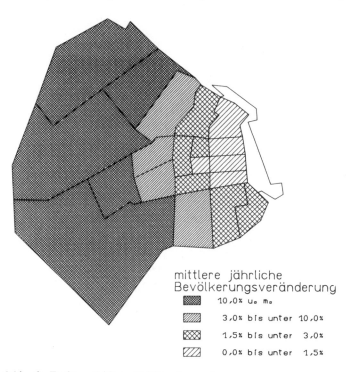

mittlere jährliche
Bevölkerungsveränderung

▨ 10,0% u. m.

▨ 3,0% bfs unter 10,0%

▧ 1,5% bfs unter 3,0%

▨ 0,0% bfs unter 1,5%

Quelle: *Comisión de Estética Edilicia* (1925); eigene Auswertung

Im Jahre 1919 wohnten nur noch 10 % der Einwohner von Buenos Aires in *conventillos*. Diese Veränderungen wurden mit der Machtübernahme der *UCR* (*Unión Civica Radical*) im Jahre 1916, bei der in Argentinien erstmals politische Vertreter der unteren Sozialschicht die

Regierungsgewalt erhielten, auch von staatlicher Seite unterstützt. Die Regierung hatte zum Ziel, verschiedene soziale Probleme anzugehen. Im Wohnungsbereich bedeutete dies, daß der Staat die Initiative übernahm, um Bevölkerungsgruppen mit geringem Einkommen bei der Verbesserung ihrer Wohnsituation zu helfen. Eine der wichtigsten Maßnahmen war das *Ley 9677* aus dem Jahre 1915 mit der Schaffung der *Comisión Nacional de Casas Baratas*. Die Mittel des Fonds stammten hauptsächlich aus den Einnahmen der Rennbahn und sollten zum Wohnungsbau für Arbeiter, Tagelöhner und Angestellte mit geringem Einkommen dienen. Bis 1923 errichtete man allerdings nur 268 Wohneinheiten, deren Anzahl angesichts der neuen Einwanderungswelle nach dem Ersten Weltkrieg eine nicht ernst zu nehmende Größe war. Doch versuchte der Staat erstmals, im Wohnungssektor zugunsten unterer Sozialschichten lenkend einzugreifen, indem er die Mietpreise einfror und ein Kündigungsverbot erließ.

Abb. 7: Bevölkerungsentwicklung in den *circunscripciones* von Buenos Aires (1914 - 1924)

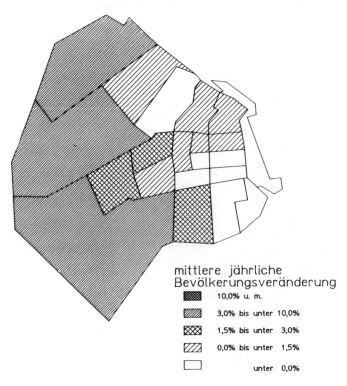

mittlere jährliche
Bevölkerungsveränderung

10,0% u. m.

3,0% bis unter 10,0%

1,5% bis unter 3,0%

0,0% bis unter 1,5%

unter 0,0%

Quelle: *Comisión de Estética Edilicia* (1925); eigene Auswertung

Festzuhalten bleibt, daß man für 1924 annehmen kann, daß nur noch 5 % der Bevölkerung in der Capital Federal in *conventillos* oder *inquilinatos* ein Zimmer oder Bett mieteten. Am Ende dieses Zeitabschnittes wurde Buenos Aires von großen Gebieten mit ein- oder zweistöckigen Häusern geprägt, in denen die einkommensschwächeren Gruppen lebten. Die reichen Familien wohnten im Norden der Stadt in luxuriösen Palais (Barrio Norte, Socorro, Belgrano oder Palermo), und die Mittelschicht bevorzugte die Mehrfamilienhäuser mit guter Ausstattung entlang der Avenidas.

Die Siedlungsexpansion war von einer schon Ende des 19. Jahrhunderts beginnenden baulichen Neugestaltung im Zentrum begleitet. Nachdem die Frage der Hauptstadt im Jahre 1880 endgültig geklärt war, förderten die politischen Kräfte in der Bundeshauptstadt wie im Kongreß die Umgestaltung von Buenos Aires in eine moderne europäisch geprägte Stadt. In ihrem Blickpunkt standen die baulichen Veränderungen des Innenstadtbereiches. Vor allem der *Intendente* Torcuato de Alvear trieb seit 1880 die Neugestaltung des Zentrums voran, deren Vorbild der Plan von HAUSSMANN für Paris war. Folgende städtebauliche und planerische Maßnahmen wurden verwirklicht (vgl. Karte 4):

- Die Häuserzeile, *La Recova Vieja*, mit kleinen Geschäften und Verkaufsständen wurde trotz heftiger Widerstände in der Öffentlichkeit im Jahre 1884 abgerissen und der offizielle Präsidentensitz (*Casa Rosada*) auf der Ostseite erbaut.
- Gleichzeitig leitete man die Öffnung der Plaza durch die Anlage einer breiten Avenida nach Westen ein. Hierzu riß man die gesamte Bausubstanz zwischen den Straßen Hipólito Yrigoyen und Rivadavia ab und erbaute (1889 bis 1894) entlang der neuen Av. de Mayo Gebäude mit bis zu fünf Stockwerken. Aufgrund eines einheitlichen Architekturstils (Eklektizismus) und wegen der zahlreichen spanischen Cafés wurde die Avenida zu einer der attraktivsten Straßen der Stadt.
- Am anderen Ende der Avenida legte man die Plaza del Congreso an und schuf mit dem Kongreßgebäude einen Gegenpol zur Plaza mit der *Casa Rosada*.
- Weitere öffentliche Gebäude folgten: Den *Palacio de Justicia* an der Plaza Gral. Lavalle, in dessen Umgebung zu den zahlreichen *Confiterías* und *Cafés*, Buchhandlungen, Notariate und Anwaltskanzleien hinzukamen, erbaute man 1904, das *Teatro Colón* (1908) gegenüber dem Gerichtspalast wurde zu einem der berühmtesten Opernhäuser der Welt, und die zentrale Verwaltung von Post und Eisenbahn errichtete man um 1915 an der Av. Leandro N. Alem in Hafennähe.
- Zu nennen ist der teilweise Ausbau der Av. 9 de Julio, heute eine wichtige Verkehrsverbindung in Nord-Süd-Richtung, der Diagonalen Norte und Sur sowie der Av. del Libertador, die heute mit der Av. Costanera die bedeutendste Ausfallstraße im Nordsektor nach Tigre darstellt.

Die Umgestaltung des Zentrums zog sich bis in die 30er Jahre hin. Bereits 1915 wurde das erste 14stöckige Bürohochhaus mit einer Passage im Erdgeschoß fertiggestellt. In weiteren repräsentativen Bauten sind untergebracht: *Banco de Londres y Río de la Plata*, *Banco de Bostón*, *Banco Anglo-Sudamericano* sowie die *Galerías Pacífico* (1891) an der Ecke Florida/Córdoba. Gegenüber eröffnete 1914 eine Niederlassung des Kaufhauses *Harrod's* aus London, das auch heute noch einen großen Ruf in Buenos Aires hat. Die Florida wurde zur führenden Geschäfts- und Einkaufsstraße in der Hauptstadt. Die Ansiedlung der *Galerías Pacífico* und des Kaufhauses *Harrod's* drücken die fortschreitende Nord-Verlagerung des führenden Einzelhandels aus. Er verdrängte die Oberschicht aus der Calle Florida, in die etwas nördlich gelegene *circunscripción* Socorro in der Umgebung der Plaza Libertador Gral. San Martín (vgl. Karte 4).

Abb. 8: Entwicklung der Bodenpreise in Buenos Aires zwischen 1886 und 1923 (für *circun-scripciones*)

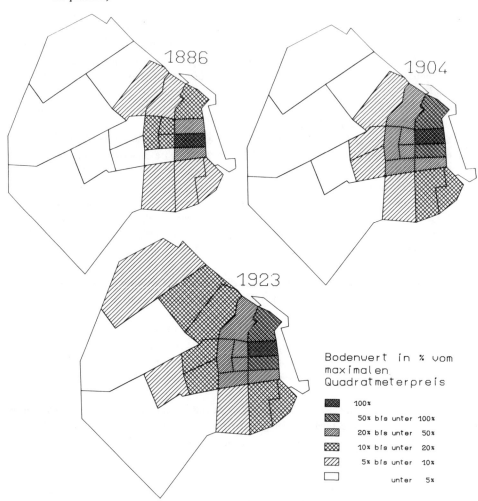

Quelle: *Consejo de Planificación Urbana* (1983a); eigene Auswertung

Diese Verlagerungen äußern sich in den räumlichen Veränderungen der Bodenpreise zwischen 1886 und 1923. In Abbildung 8 ist zu erkennen, daß zu Beginn des Zeitraumes der maximale Wert pro Quadratmeter noch in Monserrat zwischen Av. Rivadavia und Av. Independencia lag, also südlich der Plaza de Mayo. In den Jahren 1904 und 1923 befand er sich nördlich davon in San Nicolás, und 1923 sind die Bodenpreise in Socorro sogar noch höher als in Monserrat. Im gesamten Stadtgebiet nahmen sie 1923 von Süden nach Norden zu und weisen damit auf die sektorale Gliederung von Buenos Aires hin. 40 Jahre zuvor waren sie dagegen gleichmäßig mit zunehmender Distanz zum Stadtzentrum zurückgegangen, und außerdem war die Relation der Werte zwischen Innenstadt und Peripherie um ein Vielfaches größer als 1923. Beide Änderungen belegen nochmals die bereits beschriebene Siedlungsexpansion seit 1904, bei der sich gleichzeitig Sektoren mit unterschiedlichem sozialen Ansehen ausbildeten.

Eine weitere Folge der Suburbanisierung war der Rückgang der Bevölkerungsdichte von 108 Ew./ha (1895) auf 67 Ew./ha im Jahre 1914 (vgl. TORRES 1975), so daß in den Außenbezirken der Capital Federal eine allgemeine städtische Wasserversorgung und Kanalisation wegen zu hoher Kosten nicht möglich war. Trotzdem behinderte die Stadtverwaltung nicht die weitere Expansion der bebauten Fläche z.B. durch Festlegen von Dichtewerten. Erst 1925 wurde für Buenos Aires ein *Plan Regulador* von der *Comisión de Estética Edilicia* erstellt, allerdings nicht gesetzlich verabschiedet, so daß er ohne Konsequenzen für die Stadtentwicklung blieb (vgl. Kap. 3.1.6). Übergeordnetes Ziel war nur die bauliche Verschönerung der argentinischen Hauptstadt, um den sozialen und wirtschaftlichen Fortschritt des Landes auszudrücken. Aus diesem Grunde beschränkte sich der erste *Plan Regulador* von Buenos Aires ähnlich wie in Montevideo der *Plan Fabini* auf den Ausbau des Verkehrsnetzes sowie auf die Neugestaltung von Parks und Plätzen mit national bedeutsamen Einrichtungen. Als wichtigste Teilvorhaben sind zu nennen:
- der bessere Verkehrsanschluß des nördlichen Sektors der Stadt an das Zentrum durch die Verlängerung der Av. Costanera und die Anlage umfangreicher Grünflächen im Bereich von Palermo,
- die Verlängerung der Diagonalen Norte und Sur sowie die Erweiterung der Av. Santa Fé und
- die Neugestaltung der Plaza de Mayo, Plaza del Congreso und Retiro.

Erwähnenswert sind außerdem Ansätze zu Erhaltung der alten Bausubstanz in San Telmo sowie das Ziel, auf städtischem Gelände Einfachstwohnungen für untere Sozialschichten zu errichten.

Am Ende dieses Zeitraumes war Buenos Aires das überragende städtische Zentrum Argentiniens. Der Hafen, der die Stadtentwicklung entscheidend gefördert hatte, blieb auch weiterhin von großer Bedeutung, doch hatten 1930 die ökonomischen und politisch-administrativen Funktionen ein wesentlich größeres Gewicht als 50 Jahre zuvor.

3.1.6 Die Weltstadt (seit 1930)

Die Weltwirtschaftskrise im Jahre 1929 wirkte sich auch in Argentinien negativ aus:
- Mit dem Militärputsch von 1930 begann die politische Instabilität des Landes.
- Der Agrarexporteur baute mit Hilfe protektionistischer Maßnahmen eine eigene Industrie auf.
- Der Wohnungsbau für untere Sozialschichten wurde bis 1943 vollkommen vernachlässigt, so daß in Buenos Aires der Bevölkerungsanteil in *conventillos* wieder anstieg. Anfang der 40er Jahre wohnten im Zentrum der Capital Federal 20 % der Familien mit durchschnittlich mehr als vier Personen in einem Zimmer.
- Trotz des ausbleibenden Immigrantenstromes setzte sich die Metropolisierung fort, die jetzt von der Zuwanderung aus dem Binnenland getragen wurde.
- Die mittellosen Zuwanderer aus dem Innern Argentiniens errichteten sich kurz nach ihrer

Ankunft auf Freiflächen einfachste Hütten. In den 30er Jahren entstand mit diesen Elendsvierteln, die man in Buenos Aires als *villas miseria* oder *villas de emergencia* bezeichnet, ein neues Wohnungsmarktelement.

Die folgenden Ausführungen können kein umfassendes Bild über diesen Zeitabschnitt mit seinen vielschichtigen Ereignissen geben. Sie beschränken sich daher auf die wirtschaftlichen Veränderungen, auf die Siedlungsentwicklung von Gran Buenos Aires und die damit zusammenhängende Wohnungsbaupolitik, auf planerische Konzepte und auf die Zentrenstruktur in der Capital Federal.

Die Weltwirtschaftskrise hatte in Argentinien aufgrund der einschneidenden Verringerung des Außenhandels, der Verschlechterung der *terms of trade* und des ausbleibenden ausländischen Kapitals zwischen 1929 und 1932 einen Rückgang des Bruttoinlandsproduktes von 14 % zur Folge (DONGES 1978, S. 341). Mit dem Militärputsch im Jahre 1930 begann eine neue Wirtschaftspolitik, die durch das Schlagwort *desarrollo hacia adentro* gekennzeichnet war (vgl. SANDNER 1971) und die durch Zölle und Einfuhrbeschränkungen den Marktzugang für ausländische Unternehmen erschwerte (DONGES 1978, S. 341). Diese Politik wurde unter Perón zwischen 1943 und 1955 noch weiter vorangetrieben, die Binnennachfrage durch Einkommensumverteilungen erhöht. Dadurch erreichte die Industrie einen entscheidenden Einfluß auf die wirtschaftliche Entwicklung, während der Agrarsektor stagnierte, da er wegen der Abwanderung aus dem ländlichen Raum in die Städte (vgl. BÄHR 1979) einem verschärften Lohnkostendruck ausgesetzt war und der Staat eine fortschreitende Mechanisierung zur Produktivitätssteigerung durch Importrestriktionen behinderte (vgl. FOGUELMAN/BRAILOVSKY 1979).

Mit dem Sturz Peróns begann eine Phase anhaltender sozialer Konflikte. Die Unternehmen versuchten, Lohnerhöhungen unterhalb des Produktivitätsfortschrittes zu begrenzen. Die peronistisch eingestellten Gewerkschaften konnten dieses Ziel oftmals vereiteln, allerdings mit dem zweifelhaften Erfolg eines weiterhin binnenmarktorientierten Industrieabsatzes, einer einseitigen Abhängigkeit vom Export weniger Agrarprodukte, des permanenten Zahlungsbilanzproblems und eines anhaltend hohen Inflationsniveaus (vgl. DONGES 1978, FISCHER/HIEMENZ/TRAPP 1985). Der ständige Wechsel zwischen arbeitgeber- und arbeitnehmerfreundlicher Wirtschaftspolitik sowie die massiven Interventionen der Regierungen im Finanz- und Arbeitsmarkt ließen längerfristige Perspektiven für ausländische Investitionen vermissen (vgl. FISCHER u.a. 1985). So überrascht es nicht, daß das mittlere jährliche Wachstum des argentinischen Bruttoinlandsproduktes von 3,5 % zwischen 1946 und 1974 deutlich hinter dem entsprechenden Wert von 6 % für Lateinamerika zurückblieb (FERRER 1980, S. 132).

Mit der Machtübernahme der Militärs im Jahre 1976 wurde ähnlich wie in Uruguay (vgl. Kap. 3.2.6, GANS 1987b) der staatliche Interventionismus durch neoliberalistische Zielvorstellungen abgelöst, die den Einfluß des Staates auf das Wirtschaftsleben und das steigende staatliche Defizit als wesentliche Ursache der Inflation verringern wollten (vgl. RICHTER 1985). 1979 war das erfolgreichste Jahr mit einem Wachstum des Bruttoinlandsproduktes von 8,1 %, was hauptsächlich auf ausländisches Kapital und der damit ausgelösten Nachfrage zurückging. Vor allem der Bau- und Finanz sektor profitierten vom Zufluß der Auslandsgelder, so daß auch im zentralen Bereich von Buenos Aires eine gewisse Bautätigkeit zu beobachten war (vgl. Kap. 4.2). Ende 1980 erfolgte dann ähnlich wie in Uruguay ein wirtschaftliche Einbruch (Rückgang der Industrieproduktion 1981 um 15 %), der - durch den Malvinas-Krieg noch beschleunigt - die Rückkehr zu einem interventionistischen Kurs bedeutete (vgl. RICHTER 1985). Im Jahre 1982 hatte die Inflationsrate die 200 %-Marke wieder überschritten, die Arbeitslosigkeit lag bei 6 % (1975: 2,3 %), und die Reallöhne waren seit 1976 um 30 % zurückgegangen (vgl. FERRER 1980, RICHTER 1985).

Die 1983 demokratisch gewählte Regierung unter Raúl Alfonsín übernahm unter sehr schwierigen Voraussetzungen ihre Geschäfte: Die Auslandsschulden waren von 12,5 Mrd. US-Dollar (1978) auf 44,4 Mrd. US-Dollar (1983) angestiegen, die laufenden Zahlungen zur Tilgung beliefen sich auf 60 % der Exporteinnahmen oder 7 % des Bruttoinlandsproduktes, und der Staatshaushalt hatte ein 20 %iges Defizit zu verkraften. Aufgrund der Inaktivität der Regierung beschleunigte sich die Inflation bis Juni 1985 auf weit über 1000 %. Am 14.6.1985 verkündete der Präsident das Stabilitätsprogramm *Plan Austral*: ein totaler Preis- und Lohnstopp sowie keine neuen Geldemissionen zur Finanzierung der öffentlichen Haushalte. Rezession, steigende Arbeitslosigkeit (August 1985: 12,9 %) und weitere Realeinkommensverluste zwangen allerdings die Regierung, ihre Maßnahmen immer mehr zu lockern, so daß nach den Erfolgen von 1986 (Inflation: 82 %) heute wieder sehr hohen Preissteigerungen von weit über 1000 % abzusehen sind (vgl. GANS 1990).

Die Bemühungen, die Industrialisierung voranzutreiben lenkten seit 1930 staatliche Gelder vor allem nach Buenos Aires, den größten Binnen- und Absatzmarkt Argentiniens. Damit fehlten aber Mittel zur Förderung des Binnenlandes, so daß eine erhöhte Zuwanderung aus ländlichen Bereichen, hauptsächlich aus dem Nordwesten Argentiniens, nach Gran Buenos Aires einsetzte. Zwischen 1936 und 1947 erhöhte sich der Anteil der Bewohner aus dem Binnenland von 16 % auf 37 % (TORRES 1975, S. 296). Der Bevölkerungszustrom beschleunigte die Siedlungsexpansion von Gran Buenos Aires. Angehörige der sozialen Unterschicht, die wegen der Weltwirtschaftskrise von einer hohen Arbeitslosigkeit betroffen waren, verließen die *conventillos*, da sie nicht mehr die Zimmermiete bezahlen konnten, und zogen in *villas miseria*. Diese Elendsviertel dehnten sich vor allem in Avellaneda, Lanús, San Martín und San Justo nahe der Industriestandorte im südwestlichen Umland der Capital Federal aus (vgl. Abb. 9). Dieser Wegzug aus der Bundeshauptstadt in die Provinz sowie die ausbleibende Einwanderung aus Übersee verringerten das Bevölkerungswachstum von Buenos Aires auf nur noch 2 % bis 1947. Nach diesem Zeitpunkt ging die Einwohnerzahl sogar leicht zurück (vgl. Abb. 4). Gleichzeitig erreichte der Großraum Gran Buenos Aires bis 1970 noch eine Zuwachsrate von über 2 %, die erst in den 70er Jahren unter diesen Wert sank (vgl. Tab. 1). Nach 1930 formte sich die Stadt zu einer der größten Agglomerationen in der Welt. Wohnten im Jahre 1947 in den zugehörigen Gemeinden (*partidos*) der Provinz Buenos Aires erst 36,9 % der etwa 4,7 Mio. Einwohner des Ballungsraumes, dann stieg dieser Anteil kontinuierlich an und erreichte 1980 einen Wert von 70,1 % bei einer Gesamtbevölkerung von fast 10 Mio. Menschen.

Die Zuwanderung aus dem Binnenland erhöhte nach 1930 die Wohnungsnachfrage in Buenos Aires erheblich. Jedoch kehrten mit dem Militärputsch von 1930 die politisch konservativen Kräfte an die Regierungsmacht zurück, deren ökonomische Maßnahmen durch verschiedene Infrastrukturverbesserungen auf eine Wiederbelebung der nationalen Wirtschaft abzielten. Die Finanzmittel der *Comisión Nacional de Casas Baratas* wurden gekürzt, so daß sie bis 1943 nur 385 Wohneinheiten errichtet wurden (vgl. SCHTEINGART/BROIDE 1974). Zwar unterstützte die Stadtverwaltung von Buenos Aires den Bau von 5.000 Wohnungen, jedoch war dies nur die Hälfte einer per Vertrag mit der *Compañía de Construcciones Modernas* festgelegten Zahl, und in die meisten zogen keine Familien aus unteren Sozialschichten ein. Diese mußten ihren Bedarf auf dem freien Markt abdecken. Daher wohnten 1943 in der Innenstadt wieder 20 % der Haushalte in *conventillos*. Die zweite Möglichkeit für einkommensschwächere Familien bestand darin, in die nach 1932 entstandenen *villas* zu ziehen, die meistens städtisches Gelände nahe der Arbeitsplätze im Süden der Capital Federal oder am Hafen einnahmen.

In den 30er Jahren weitete sich das bebaute Gebiet auch in die Achsenzwischenräume hinein aus. Die seit 1928 aufkommenden Buslinien erschlossen immer neue suburbane Räume, da der *colectivo* schneller als die elektrische Straßenbahn sein Netz ausdehnen konnte. Die Notwendigkeit der Haushalte, einen Wohnstandort nahe einer Achse des schienengebundenen Nahverkehrs zu haben, ging erheblich zurück und beschleunigte die flächenhafte Expansion, die nach dem Zweiten Weltkrieg mit dem zunehmenden Aufkommen des PKW noch mehr begünstigt wurde. Allerdings schränkten bis 1943 die wirtschaftlichen Probleme sowie die geringen staatlichen Subventionen für den Eigenheimbau die Erweiterung der Siedlungsfläche ein, deren Anstieg geringer als das Bevölkerungswachstum ausfiel. Folge war eine Zunahme der Dichtewerte (vgl. TORRES 1975, OSZLAK 1982), und wegen der sich hieraus verschärfenden Probleme (Verschlechterung der Wohnsituation, stärkere Mischnutzung) schuf die Stadtverwaltung im Jahre 1932 die *Dirección del Plan de Urbanización*, deren Gründung auch als späte Auswirkung der Arbeiten der *Comisión de Estética Edilicia* (1925) zu werten ist. Dieses Organ der Stadtplanung, das seit diesem Zeitpunkt immer wieder eine andere Bezeichnung erhielt und verschiedenen Dienststellen zugeordnet wurde, erstellte in der Folgezeit mehrere Untersuchungen zum Straßennetz, zu den Grünanlagen, zur Bevölkerungsentwicklung, Wohnsituation und Industrieverteilung in der gesamten Stadt, aber auch zu einzelnen Teilgebieten (*Municipalidad de la Ciudad de Buenos Aires* 1942, 1945).

Die peronistische Regierung von 1946 bis 1955 verfolgte bei ihrem wirtschaftlichen Kurs eine stärkere soziale Orientierung. Sie nutzte u.a. die Wohnungsbaupolitik, um die Binnennachfrage als wichtige Konjunkturstütze aufrechtzuerhalten. Im Jahre 1954 flossen z.B. 66 % der öffentlichen Investitionen in diesen Wirtschaftssektor (vgl. SCHTEINGART/BROIDE 1974). Der Staat vergab über die *Banco Hipotecario Nacional* (*BHN*) zinsgünstige Kredite zur Förderung des Wohneigentums. Nach 1952 erhielten auch Wohnungsbaugenossenschaften und gewerkschaftseigene Gesellschaften billige Darlehen für die Errichtung von Großwohnsiedlungen (*conjuntos habitacionales*), von denen zwar bis 1955 nur 13 (1.400 Wohnungen) entstanden, doch bildeten sie die Vorläufer der Entwicklung in den 60er und 70er Jahren.

Abb. 9: Bevölkerungsveränderungen im Großraum von Buenos Aires (1960 - 1980)

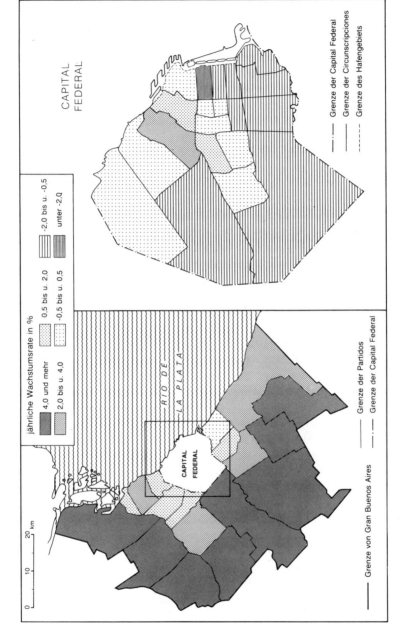

Quelle: *Censo Nacional de Población y Vivienda 1980, Serie B, Capital Federal* (1981); eigene Auswertung

Zur Förderung der Bauwirtschaft wurde 1948 das *Ley de Propiedad Horizontal* verabschiedet, das dem Eigentümer einer Wohneinheit den Mitbesitz an der Infrastruktur für alle Bewohner ermöglichte. Dieses Gesetz beschleunigte in der Folgezeit ähnlich wie in Montevideo (vgl. Kap. 3.2.6) den Hochhausbau, da es eine dem Bodenpreis entsprechende Inwertsetzung der Parzelle erlaubte (vgl. YUJNOVSKY 1977). In Buenos Aires vollzog sich diese Änderung vor allem im Nordsektor, der zwischen 1960 und 1980 innerhalb der Capital Federal die größten Bevölkerungszunahmen verzeichnete (vgl. Abb. 9). Familien unterer Sozialschichten verließen dagegen die Bundeshauptstadt und bauten sich auf preisgünstigen Parzellen in peripheren Standorten von Gran Buenos Aires kleine Häuser. Die einkommensschwächsten Haushalte folgten den Industriebetrieben, die ihre Standorte wegen verfügbarer Flächen und der Bodenpreise ebenfalls in den suburbanen Raum verlegten (vgl. Abb. 9).

In die Siedlungsentwicklung griff der Staat bis auf wenige Vorschriften (Dekret No. 9.434 vom 2. Dez. 1944) zur Bodenaufteilung (Mindestgröße der Parzellen) und Forderungen für die Infrastruktur nicht ein (vgl. LOMBARDO 1985). Er überließ die Erschließung der zu bebauenden Flächen privaten Unternehmen mit der negativen Konsequenz, daß Wohngebiete neben umweltschädigenden und gesundheitsgefährdenden Industriebetrieben entstanden (vgl. CLICHEVSKY 1975). Zwar gründete man im Jahre 1949 die *Comisión Asesora del Gran Buenos Aires* wegen der Notwendigkeit, die Planungsabsichten der einzelnen Fachbereiche in den jeweiligen *partidos* zu koordinieren und Problemlösungen vorzulegen, doch blieben die Vorschläge dieses Gremiums für eine sinnvolle Nutzungsgliederung genauso wirkungslos wie die Ausarbeitungen französischer und argentinischer Architekten für einen *Plan Director para Buenos* Aires (vgl. LE CORBUSIER 1947).

Ausgangspunkt der Kritik dieser Gruppe war das enorme Siedlungsgebiet des Ballungsraumes, in dem es nur wenige Grün- bzw. Freiflächen gab. Die negativen Konsequenzen, im wesentlichen die starke Zersiedlung sowie lange Pendelzeiten der Erwerbstätigen zu ihren Arbeitsplätzen, veranlaßte die Architektengruppe, eine Neuordnung der Nutzungen im Innenstadtbereich vorzuschlagen, der ähnlich wie im *Plan Director* von Montevideo Teilräume mit funktionalen Schwerpunkten aufwies (vgl. Kap. 3.2.6, 4.2.2):
- einen Handels- und Industriehafen mit den zugehörigen Einrichtungen (Schienennetz, Zollabfertigung usw.) und
- Zentren für Hotels, für städtische, staatliche und internationale Verwaltungen, für Büros und für den Einzelhandel.

Außerdem sollte ausreichend Parkraum geschaffen, eine *Ciudad Universitaria* angelegt und eine Industriezone ausgewiesen werden. Das neu geordnete städtische Zentrum sollte von einem Wohngebiet umgeben sein, für das man durch die Kombination von Hochhausbauweise und Grünflächen eine Einwohnerzahl von 4 Mio. innerhalb der Capital Federal vorsah. Das Ziel, *concentrar la ciudad*, die weitere Expansion des bebauten Raumes zu verhindern, wollte die Gruppe durch einen Grüngürtel *cinturón ecológico* erreichen. In ihm beabsichtigte man, die drei Subzentren Belgrano, Villa Urquiza und Flores zu *nucleos satélites* an den vom Zentrum radial ausgehenden Schnellstraßen auszubauen. Deren Aufgabe war, die Verbesserung der Erreichbarkeit der Innenstadt und durch vorgesehene Querverbindungen auch die Pendelzeiten entscheidend zu verringern.

Erst um 1960 wurde ein *Plan Regulador de la Ciudad de Buenos Aires* von der kurz zuvor gegründeten *Organización del Plan Regulador* ausgearbeitet (vgl. LAURA 1954, *Municipalidad de la Ciudad de Buenos Aires* 1968, 1969). Der Plan ging von einer Bestandsaufnahme der damaligen Probleme in den Bereichen Wohnen, Industrie, Einzelhandel und Verkehr aus und arbeitete auf drei räumlichen Ebenen (Capital Federal, metropolitanes Gebiet von Gran Buenos Aires und ländliches Umland) Vorschläge zur Nutzungsgliederung sowie zu organisatorischen Maßnahmen aus. Für die Bundeshauptstadt sind neben der Verlegung des nationalen Flughafens, der Ausweisung von Industriegebieten für umweltschädigende Betriebe sowie der Ausbau des Verkehrsnetzes zu nennen:
- Innenstadt: Verringerung der Bevölkerungsdichte und Verbesserung der Wohnsituation im südlichen Teil, Neuordnung der Verwaltungsstandorte, um ihr Eindringen in den Barrio Norte zu verhindern, Schaffung von Parkplätzen, neue Nutzung von Flächen mit nicht mehr benötigten Hafeneinrichtungen (Catalinas Norte, vgl. Kap. 4.2),
- Wohnbereich: Neubau von Großwohnsiedlungen und Sportstätten,
- Parque Almirante Brown (in Velez Sarsfield entlang des Riachuelo, vgl. Abb. 2): Anlage von Wohnungen, Industriebetrieben sowie Freizeiteinrichtungen in einem Gebiet mit zahlreichen *villas miseria* (vgl. Karte 1).

Allerdings sind bis heute nur wenige Vorhaben realisiert. Die Ursachen für diese Verzögerungen lagen sowohl am Widerstand von Interessengruppen gegen eine Kontrolle der Bodennutzung als auch an der politischen Instabilität.

Die Machtübernahme der Militärs im Jahre 1976 bedeutete unter dem Schlagwort der nationalen Neuordnung (*proceso de reorganización nacional*) ähnlich wie in Uruguay einen gravierenden Einschnitt in die bisherige Stadtentwicklung und Wohnungsbaupolitik (vgl. Kap. 3.2.6, GANS 1987b, MERTINS 1987a). Das übergeordnete Regierungsziel war, das Wachstum von Gran Buenos Aires einzuschränken. Hierzu erstellten staatliche Institutionen unter der Leitung des *Subsecretaría de Coordinación de Planeamiento* auf nationaler Ebene sektorale Pläne für das Transportwesen, die Energiewirtschaft, die Industrie- und Bevölkerungsentwicklung etc. Die beabsichtigte Dezentralisierung scheiterte jedoch an der mangelnden Koordination zwischen den verschiedenen Verwaltungseinheiten und zuständigen Fachbereichen (OSZLAK 1982, S. 82). Diese Probleme zeigten sich bereits innerhalb des Ballungsraumes: Neu ausgewiesenen Industrieparks fehlte die notwendige Infrastruktur, oder Wohngebiete waren im Bildungs- und Gesundheitswesen sowie für den alltäglichen Bedarf der Bevölkerung unterversorgt. Vornehmliches Ziel der Militärregierung war, der Bundeshauptstadt einen repräsentativen Charakter zu verleihen. Wie bereits 100 Jahre zuvor sollte Buenos Aires der Spiegel des Landes sein. Der *Consejo de Planificación Urbana*, die Nachfolgeinstitution der 1932 gegründeten *Dirección del Plan de Urbanización*, hob als Ziel für das Jahr 2000 eine schöne, saubere und effizient organisierte Capital Federal mit höchstens 3 Mio. Einwohnern hervor (OSZLAK 1982, S. 74; PAJONI 1983, S. 44). Entsprechend diesen Zielvorstellungen nannte der *Intendente* von Buenos Aires bereits im November 1976 folgende Prioritäten in der Stadtentwicklung: Schaffung von Parkplätzen, Verringerung der Umweltbelastungen, Neuorganisation der Verwaltung, Anlage von Grünflächen und vor allem die Beseitigung der *villas*

de emergencia. Innerhalb der Capital Federal war die dort wohnende Bevölkerung zwischen 1975 und 1978 um 100.000 Personen auf 280.000 Einwohner angestiegen. Die Stadtverwaltung riß im folgenden Jahr zahlreiche *villas* ab, so daß Mitte 1980 nur noch 124.000 Menschen in den Squattersiedlungen lebten. Sie versprach zwar, den Vertriebenen Wohnraum zur Verfügung zu stellen, doch wies die *Comisión Municipal de la Vivienda* wiederholt daraufhin, daß die Stadt weder Kredite noch Grundstücke zur Bebauung bewilligt hatte. Den sich selbst überlassenen Bewohnern der *villas* blieben nur drei Perspektiven (vgl. YUJNOVSKY 1984):
- Umzug in ein anderes Elendsviertel außerhalb der Capital Federal und damit der Verlust eines zentral gelegenen Wohnstandortes,
- zusätzliche Bebauung eines Grundstückes im Besitz von Verwandten oder
- gemeinsame Nutzung einer Wohneinheit mit Bekannten.

Der Zensus von 1980 belegte den drastischen Rückgang der *villas*, denen in der Capital Federal nur noch 0,8 % des Wohnungsbestandes (*viviendas precarias*) zuzurechnen waren (1970: 3,4 %, 1975: 7,0 %), während sich ihr Anteil in den *partidos* von Gran Buenos Aires mehr als verdoppelte (1970: 6,2 %, 1980: 13,4 %; vgl. ABBA/DARDIK/FACCHIOLO 1985). Karte 1 verdeutlicht die Häufung der Elendsviertel im Süden und Südwesten der Stadt, in der Niederung entlang des Riachuelo, die bei stärkeren Regenfällen immer wieder von Überschwemmungen heimgesucht wird. Trotz der beabsichtigten Neuordnung des dortigen Parque Almirante Brown seit Beginn der 60er Jahre (vgl. Ziele im *Plan Regulador*) gelang es der Stadtverwaltung nicht, eine nachhaltige Verbesserung der Wohnbedingungen in diesem auch von Industriebetrieben durchsetzten Gebiet (z.B. der städtische Schlachthof) zu erreichen.

Die Militärregierung verschlechterte die Rahmenbedingungen nicht nur für die ärmsten Bevölkerungsgruppen, sondern für alle Unter- und Mittelschichtangehörige. Die Aufhebung der Mietpreisbindungen hatte eine signifikante finanzielle Mehrbelastung der Haushalte zur Folge. So erhöhte sich der Mietpreisindex zwischen März 1976 und Oktober 1977 von 100 % auf 450 %, während der Lohn eines Industriearbeiters nur um 250 % anstieg (vgl. *Ateno de Estudios Metropolitanos* 1978). Zusätzliche Verschlechterungen bedeuteten die Kürzung von staatlichen Wohnungsbaukrediten, die Anpassung der Tilgungsraten an die aktuellen Zinsen, die Erhöhung städtischer Abgaben (Müllabfuhr, Grundsteuer) und die Errichtung von Großwohnsiedlungen ausschließlich an der Peripherie. Auch die Verabschiedung eines neuen *Código de Planeamiento Urbano* im Jahre 1977 hatte für einkommensschwächere Haushalte negative Konsequenzen. Zwar senkte man insgesamt die Gebäudedichte und schränkte die rückwärtige Bebauung von Parzellen ein, doch gab es zahlreiche Ausnahmeregelungen, und die steigenden Bodenpreise bei geringerer Höchstzahl von Wohnungen je Grundstück engte den Zugang gerade ärmerer Gruppen zum Wohnungsmarkt ein.

In zentraler Lage hatte dieser Personenkreis eigentlich nur die Möglichkeit, ein Zimmer in einem *inquilinato* zu mieten. Die mangelhaften Wohnbedingungen äußerten sich im schlechten Zustand der überwiegend alten Gebäude sowie in der gemeinschaftlichen Küchen- und Badbenutzung von häufig mehr als zehn Familien (vgl. Kap. 5.2.2). Im Jahre 1980 waren kleine und sehr große Haushalte (ein bis zwei Personen oder mindestens acht Angehörige) in den *inquilinatos* überrepräsentiert. Aus Karte 2 ist zu erkennen, daß diese Mietform in Zentrumsnähe südlich der Av. Rivadavia den durchschnittlichen Anteil von 3,4 % am Wohnungsbestand der Capital Federal zum Teil erheblich überschritten. Vor allem in La Boca und San Telmo gibt es zahlreiche Raumeinheiten, in denen mehr als die Hälfte der Einwohner in *inquilinatos* lebten. Ihre absolute Zahl von 29.661 lag wegen Gebäudeabriß oder Nutzungsänderungen um 7.000 Einheiten unter der von 1960 (vgl. ABBA u.a. 1985). Die wichtigste Ursache für diesen Rückgang war allerdings, daß viele Besitzer sie in *hoteles familiares* oder *pensiones*, die neuen Formen der *conventillos* (vgl. Kap. 3.1.5), übergeführt hatten. Die Eigentümer erzielten dadurch zwei Vorteile:

1. Die Mieter waren im gesetzlichen Sinne "Reisende" und hatten daher keinen Anspruch auf Mieterschutz.

2. Sie entzogen sich eventuellen Mietpreisbindungen, die für *hoteles* und *pensiones* nicht gelten.

Leider wurde im Zensus 1980 diese Wohnungskategorie nicht gesondert aufgeführt. Schätzungen gehen allerdings von etwa 8.000 *hoteles/pensiones* mit ca. 120.000 Bewohnern aus, so daß zu diesem Zeitpunkt unter Einbeziehung der Personen in *inquilinatos* in diesen prekären Wohnbedingungen etwa 7 % der Bevölkerung von Buenos Aires lebten (vgl. ABBA u.a. 1985).

In den Karten 1 und 2 fällt die ungleiche Verteilung der beiden Indikatoren über das Stadtgebiet auf. Deutlich treten die schlechten Wohnverhältnisse im südlichen Sektor hervor, während sie in den sozial besser gestellten Vierteln entlang des Rio de la Plata nur vereinzelt vorkommen. Diese seit 1880 sich immer stärker ausformenden Unterschiede zwischen dem Norden und dem Süden der Stadt werden auch durch die Zahl der Personen je Wohnung bestätigt, obwohl dieses Maß nur ein sehr grober Indikator zur Messung der Wohnqualität ist. Aus Karte 3 ist nicht nur ein konzentrisches Ansteigen der Werte mit zunehmender Distanz vom Zentrum zu erkennen, sondern auch die klare Gliederung der Stadt in einzelne Sektoren. Die Belegungsdichte einer Wohnung oder eines Hauses erhöht sich in jeder Entfernung zum Stadtkern von Norden nach Süden und weist damit in Übereinstimmung mit den Karten 1 und 2 auf die im südlichen Teil von Buenos Aires vorliegenden schlechten Wohnverhältnisse hin.

Diese räumliche Differenzierung drückt sich auch in den Bodenwerten aus (vgl. Abb. 10). Die höchsten mittleren Werte je Quadratmeter liegen nördlich der Av. Rivadavia in jenem Gebiet vor, das die City (Regierungssitz, Bankenviertel, Calle Florida) umfaßt und dem noch das Subzentrum an der Plaza Once zuzuordnen ist (*secciones* 1, 5, 9). Das Maximum wird allerdings nördlich davon in der *sección* 7 zwischen Av. del Libertador, Libertad, Av. Córdoba und Av. Callao erreicht (vgl. Karte 4). Dieses Teilgebiet bildet heute den Kern des Barrio Norte, denn es ist auch durch die höchste Dichte der Wohnbebauung innerhalb von Buenos Aires gekennzeichnet. Diese Übereinstimmung zwischen Bodenwert und Wohnnutzung ist als Ergebnis mehrerer Faktoren zu interpretieren: die Attraktivität des citynahen Wohnstandortes für die Oberschicht, ihre segregativen Bestrebungen und die Möglichkeit, durch das *Ley de Propiedad Horizontal*, Etagenwohnungen mit sehr hohem Komfort zu erwerben.

Abb. 10: Bodenwert und Einzelhandel in Buenos Aires 1982 (für *secciones catastrales*)

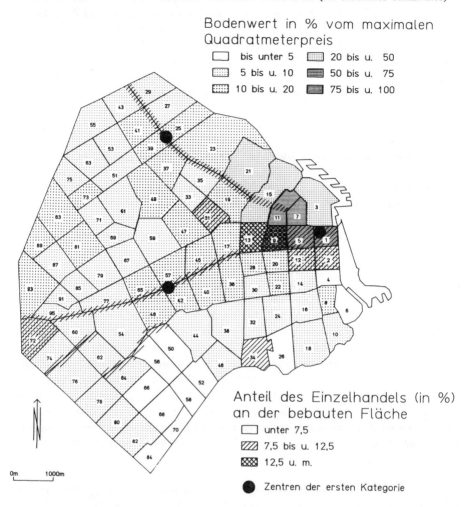

Bodenwert in % vom maximalen
Quadratmeterpreis

☐ bis unter 5   ▦ 20 bis u. 50
▦ 5 bis u. 10   ▦ 50 bis u. 75
▦ 10 bis u. 20   ▦ 75 bis u. 100

Anteil des Einzelhandels (in %)
an der bebauten Fläche

☐ unter 7,5
▨ 7,5 bis u. 12,5
▩ 12,5 u. m.

● Zentren der ersten Kategorie

Om   1000m

Quelle: *Esquema Director de Ordenamiento Urbano* (1983); eigene Auswertung

Von diesem zentralen Bereich aus verringern sich die Bodenwerte entlang der Avenidas Rivadavia und Santa Fé-Cabildo deutlich langsamer als im zugehörigen Achsenzwischenraum. Sehr markant dagegen ist das Absinken in Richtung Süden. Bereits in *sección* 4, die noch zu San Telmo gehört, beträgt der Bodenpreis nur noch ein Zwanzigstel des mittleren Wertes in *sección* 1 nördlich der Plaza de Mayo. Im Süden der Stadt werden insgesamt die niedrigsten Werte erreicht.

Abbildung 10 drückt eine hohe räumliche Übereinstimmung zwischen Höhe der Bodenpreise und der Dichte des Einzelhandels aus. Dessen Verteilung ist durch zwei räumliche Elemente

48

geprägt (vgl. Abb. 10): Einerseits die verschiedenen Zentren unterschiedlicher Qualität und Komplexität, andererseits die bandartige Anordnung kommerzieller Aktivitäten entlang der wichtigsten Avenidas Rivadavia und Santa Fé-Cabildo.

Die höchste Kategorie nimmt die *Area Central* ein (in Abb. 10, *sección* 1). Hier wird das gesamte Spektrum aller Waren vom täglichen bis zum längerfristigen Bedarf angeboten. In unmittelbarer Nachbarschaft befinden sich Banken, Versicherungen, Büros von freien Berufen, Hotels, Restaurants und kulturelle Einrichtungen, die allerdings den Einzelhandel teilweise aus der *sección* 1 nach Westen verdrängten, so daß heute das Gebiet um die Plaza Once eine hohe Geschäftsdichte (überwiegend Textilien und Bekleidung mittlerer Qualität) aufweist und außerdem mit der *Area Central* ein mehr oder minder zusammenhängendes Gebiet mit verschiedenen Nutzungsschwerpunkten bildet. Diesem Zentrum der höchsten Kategorie des Einzelhandels folgen Belgrano und Flores. Natürlich gibt es weitere Subzentren innerhalb der Capital Federal, und es bleibt festzustellen, daß in keinem Teilraum Geschäfte zur täglichen Versorgung der Wohnbevölkerung fehlen.

Aussagen über die zukünftige Stadtentwicklung von Buenos Aires sind schwierig. Obwohl seit 1932 in der Verwaltung ein für die Planung zuständiges Organ bestand, stellte der neue Präsident des *Consejo de Planificación Urbana* (CPU) in einem Interview mit der Tageszeitung Clarín fest (vgl. DAGNINO 1987), daß sich die Stadt ohne konkreten Plan und ohne allgemeine Richtlinien weiter entwickelt. Ziel des neu zu strukturierenden *CPU* sei es daher, in Abstimmung mit den Veränderungen des *Código de Planeamiento Urbano* innerhalb der beiden nächsten Jahren einen *Plan de Buenos Aires* zu erarbeiten. Die bleibenden Probleme sind auch in Zukunft die notwendige Verbesserung der Wohnbedingungen in den südlichen Teilgebieten der Stadt, so daß in Zusammenarbeit mit der *Comisión Municipal de la Vivienda* bereits Vorarbeiten in San Telmo und La Boca geleistet wurden.

3.2 Die Stadtentwicklung Montevideos

Die spanische Krone begann im Jahre 1724, die uruguayische Hauptstadt anzulegen. Die Gründung von *San Felipe y Santiago de Montevideo* erfolgte gut 200 Jahre nach der Entdeckung Südamerikas und somit erst gegen Ende der Kolonisation des Kontinents. Die späte Erschließung dieses Raumes für das spanische Kolonialreich hatte mehrere Ursachen: die Lage der Banda Oriental del Uruguay weit abseits der bis 1778 von der Krone monopolistisch gesteuerten Handelswege über die Karibik (vgl. Kap. 3.1.2), das Fehlen wertvoller Metalle oder anderer wichtiger Rohstoffe, die kriegerischen autochthonen Völker (Charrúas) sowie der Widerstand von Buenos Aires gegenüber der Konkurrenz einer neu gegründeten Siedlung am Rio de la Plata (vgl. ALTEZOR/BARRACCHINI 1971).

Die Stadtentwicklung Montevideos gliedert sich in sechs Phasen (vgl. Tab. 3), die sich an Änderungen der wirtschaftlichen und/oder politischen Rahmenbedingungen orientieren. Die Ausführungen werden jeweils durch Darstellungen über Stadtplanungsmaßnahmen sowie über die Dynamik im Stadtzentrum ergänzt und stützen sich zum Teil auf die Bearbeitung mehrerer in Montevideo aufgefundener Literaturquellen: ALTEZOR/BARRACCHINI (1971), CASTELLANOS (1971), SANGUINETTI (1976), SPRECHMANN (1982), BENECH/SPRECHMANN/VILLAAMIL/BASTARRICA (1983), *Grupo de Estudios Urbanos* (1983, 1987), CARMONA (1984), CHEBATAROFF (1984a/b/c), GARCIA MIRANDA/RUSSI (1984), SERE (1984), ALVAREZ LENZI/ARANA/BOCCHIARDO (1986), *Taller de Investigaciones Urbanas y Regionales* (*TIUR*; 1986), WILHELMY/BORSDORF (1984, 1985), BÄHR (1987b), GANS (1987b) und MERTINS (1987a).

3.2.1 Die Gründungsphase (1724 - 1741)

Montevideo wurde - wie die meisten uruguayischen Städte - aus militärischen Erwägungen angelegt. Ende des 17. Jahrhunderts drangen immer wieder Portugiesen von Brasilien aus in die Banda Oriental ein (Gründung von Colonia del Sacramento im Jahre 1680) und gefährdeten somit den spanischen Einfluß im Bereich des Rio de la Plata. Um diese Einfälle abzuwehren, bauten die Spanier entlang des Paraná eine Abwehrfront auf, und außerdem sollte Montevideo aufgrund seiner geographischen Lage als befestigte Stadt sowohl der Schiffahrt im südlichen Atlantik Schutz bieten als auch den Eingang zur Trichtermündung des Rio de la Plata sichern (vgl. Abb. 1). Hinzu kam, daß die Bourbonen, die im Jahre 1714 den spanischen Thron bestiegen hatten, ein größeres wirtschaftliches Interesse an den überseeischen Gebieten als ihre habsburgischen Vorgänger zeigten. Ausschlaggebend für die ökonomischen Motive waren die fruchtbaren Naturweiden der Banda Oriental, die eine erfolgversprechende Viehwirtschaft ohne umfangreiche Investitionen erlaubten (vgl. Kap. 3.2.2).

Eine erste königliche Anordnung, die Siedlung *Montevideo y Maldonado* anzulegen und zu befestigen, erging im Jahre 1717 an den spanischen Gouverneur Zabala in Buenos Aires. Doch wurde sie nicht befolgt, da sich Buenos Aires keine rioplatensische Konkurrenz schaffen wollte. Erst die wiederholten Aufforderungen des Königs in den Jahren 1718 und 1723 sowie die Absicht, den portugiesischen Schmuggel zu unterbinden, führten im Frühjahr 1724 zur Errichtung eines Militärstützpunktes und des Siedlungskerns von Montevideo und Ende 1726 dann durch Zabala zur offiziellen Stadtgründung. Die Anlage der Stadt auf der Halbinsel, die die Bucht vom offenen Meer trennt, läßt die militärische Aufgabe Montevideos leicht erkennen (vgl. Abb. 11).

Abb. 11: Bucht und Halbinsel von Montevideo

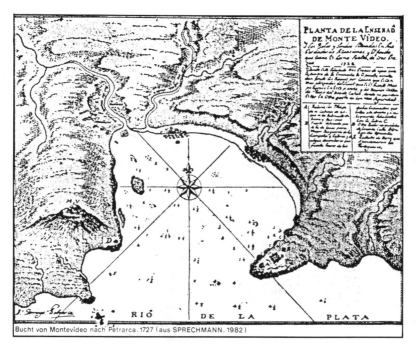

Bucht von Montevideo nach Petrarca. 1727 (aus SPRECHMANN. 1982)

Quelle: SPRECHMANN 1982

Die Besiedlung war jedoch kein kontinuierlich verlaufender Vorgang, sondern erfolgte in drei Etappen. Den 40 Einwohnern, die bereits mit Zabala aus Buenos Aires nach Montevideo kamen, folgten zwei Jahre später 96 Personen von den kanarischen Inseln. Von dort stammten auch die Ankömmlinge aus den Jahren 1727 bis 1729 und ebenfalls 20 Familien im Jahre 1730. Zu diesem Zeitpunkt hatte Montevideo etwa 400 Einwohner. Die nach dem Plan von Millán angelegten *manzanas* waren weitgehend besiedelt und die den einzelnen Familien zugewiesenen Grundstücke umfaßten in der Regel ein "Viertel des Quadrats" (*cuarto de cuadra*). Diese Größe blieb bis 1741 bestimmend, da der weitere Bevölkerungsanstieg der Stadt durch das Hinzufügen neuer Quadrate in östlicher Richtung aufgefangen werden konnte. Mit dem Beschluß der spanischen Krone aus dem Jahre 1739, Montevideo wegen absehbarer kriegerischer Auseinandersetzungen mit England und Portugal vollständig mit einem Befestigungswall zu versehen und zudem die Stadt durch eine Zitadelle zur Landseite hin zu sichern, endete die Phase ihrer offenen und ungehinderten Ausdehnung.

3.2.2 Die befestigte Stadt (1741 - 1780)

Zwischen 1741 und 1750 erbaute man die Zitadelle, und im Laufe der nächsten 50 Jahre wurden die Umwallung mit dem Fort an der Nordwestecke der Halbinsel, dem *Cubo del Norte*, dem *Cubo del Sur*, einer Brüstung in Richtung offenes Meer sowie 34 Kasematten (*Las Bóvedas*, 1798-1804) entlang des Hafens, die als Munitionslager dienten, fertiggestellt.

Die Befestigungen wirkten sich in mehrfacher Weise auf die weitere Stadtentwicklung aus:
1. Sie verstärkten die soziale Segregation, da sich von Beginn an die indianische Bevölkerung trotz eines Siedlungsverbots außerhalb der Stadtmauern in erbärmlichen Behausungen niederließ.
2. Die räumliche Trennung sowohl hinsichtlich des sozialen Status als auch verschiedener Nutzungen nahm auch innerhalb der Stadt zu, da die Festungsanlage die Verkehrswege mit dem Umland auf eine nördlich und südlich der Zitadelle gelegene Pforte beschränkte. Entlang der nördlichen Verbindung, der heutigen Calle 25 de Mayo in der Altstadt, lag das damals bevorzugte Wohngebiet mit zahlreichen Geschäften und Handelsniederlassungen. Im südlichen Teil überwogen dagegen einfachste Hütten. Neben dem Hafen waren seit 1751 die *Casa de Gobernación* im ehemaligen Fort (politisch-militärischer Mittelpunkt) und die Plaza Matriz mit Kathedrale und *Cabildo* (religiöser und städtischer Mittelpunkt) weitere Kristallisationskerne (vgl. Karte 22a).
3. Die Unterteilungen der *manzanas* sowie eine beginnende Grundstücksmobilität verstärkten sich, da die flächenmäßige Expansion der Siedlung unterbunden war.

Aufteilung und besitzrechtliche Änderungen der Grundstücke wurden zudem durch die wirtschaftliche Entwicklung begünstigt. Im Jahre 1751 schuf die spanische Krone die *Gobernación de Montevideo*. Zwar war der Gouverneur auch weiterhin in das *Capitanat de las Provincias Unidas* mit der Hauptstadt Buenos Aires eingebunden, militärisch aber direkt dem König unterstellt. Wichtiger für die folgenden Jahre war die mit der Einrichtung des Gouvernements verbundene Unabhängigkeit Montevideos in Wirtschaft und Handel. Die Stadt konnte nun ohne irgendwelche Einschränkungen die landwirtschaftlichen Produkte ihres Hinterlandes - vornehmlich Häute, Fette sowie Schmalz und mit dem Aufkommen der Salzindustrie auch Fleisch - ausführen. Die ehemals einseitige militärische Bedeutung der Stadt wurde durch eine wachsende Dynamik des Hafens ersetzt. Sie dokumentiert sich am besten darin, daß im Jahre 1771 ein Konvoi von 25 Schiffen 432.000 Rinderhäute exportierte. Die positive wirtschaftliche Entwicklung drückte sich sowohl im Anstieg der Einwohnerzahl auf 4.270 im Jahre 1778 aus als auch in der zunehmenden Verwendung fester Baustoffe wie Stein, Holz oder gebrannter Ziegelstein aus den Öfen auf der Gemeindeweide vor der Stadt.

In den 70er Jahren des 18. Jahrhunderts legten zwei politische Ereignisse den Grundstein für die erste Blütezeit Montevideos im folgenden Zeitraum. 1777 eroberte der Vizekönig der Vereinigten Provinzen Colonia del Sacramento und beseitigte somit die portugiesische Konkurrenz im südlichen Atlantik. Im Jahr 1778 nahmen in Montevideo Zolleinrichtungen ihre Arbeit auf. Zu diesem Zeitpunkt liberalisierte der spanische König im *Reglamento de Comercio Libre* nicht nur die wirtschaftlichen Beziehungen mit dem Mutterland, sondern bestimmte

Montevideo auch als einen von 13 Haupthäfen in Übersee (*Puerto Mayor de Indias*), die berechtigt waren, mit dem Mutterland direkt Handel zu treiben (vgl. Kap. 3.1.2). Zudem wurde erklärt, daß Montevideo als einzige Stadt des rioplatensischen Vizekönigreiches wegen seiner Hafen- und Zolleinrichtungen von Buenos Aires unabhängig war.

3.2.3 Die koloniale Blütezeit (1780 - 1829)

Nach Beseitgung der Handelsbeschränkungen zogen viele Kaufleute nach Montevideo, das das wirtschaftliche Erbe Colonias übernahm. Mit dem damit verbundenen Aufschwung erfolgten bald die ersten Gründungen in der Salzindustrie sowie Investitionen, die die günstigen Voraussetzungen der Viehwirtschaft ausnutzten. Diese blühende Entwicklung verursachte binnen kurzer Zeit eine deutliche Bevölkerungszunahme. Im Jahre 1808 hatte sich die Einwohnerzahl auf 9.400 Personen verdoppelt (vgl. Abb. 12), und Montevideo war für Buenos Aires eine ernstzunehmende wirtschaftliche Konkurrenz, deren Gründungsziel, defensive Aufgaben gegenüber Portugal/Brasilien im rioplatensischen Raum zu übernehmen, kaum noch eine Rolle spielte.

Die kriegerischen Auseinandersetzungen in Europa seit 1789 wirkten sich negativ auf die wirtschaftliche Entwicklung aus (vgl. Kap. 3.1.2). Nach der Absetzung des spanischen Vizekönigs in Buenos Aires am 25. Mai 1810 kam die Banda Oriental nicht mehr zur Ruhe. Die ständigen Kriege zwischen den einzelnen Interessengruppen spanischer Vizekönig, Brasilien, Buenos Aires und Artigas, der die Unabhängigkeitsbestrebungen Uruguays verkörperte, verwüsteten das Land. Die Bevölkerung verarmte, und erst die Besetzung Montevideos im Jahre 1817 durch Brasilien, das sich Uruguay als Cisplatinische Provinz einverleibte, bewirkte eine politische Beruhigung. Doch schon einige Jahre später landeten von Buenos Aires kommend die *33 Orientales* am Río del Uruguay und organisierten gegen die brasilianischen Besatzer einen Aufstand, der schließlich zur Selbständigkeit Uruguays im Jahre 1829 führte. Die damalige Einwohnerzahl von 9.000 Personen verdeutlicht die negativen Auswirkungen dieser Periode politischer Wirren (vgl. Abb. 12).

Mit Beginn der wirtschaftlichen Blütezeit seit 1780 fanden in der Altstadt Montevideos einschneidende bauliche Änderungen statt. Die fehlende Ausdehnungsmöglichkeit infolge der Befestigungsanlage sowie die anwachsende Einwohnerzahl verursachten ein rasches Fortschreiten der Parzellierungen in den *cuadras* und eine zunehmende vollständige Bebauung der einzelnen Grundstücke, so daß Gärten und nicht genutzte Flächen im Laufe der Zeit verschwanden.

Die überwiegende Zahl der Häuser wurde jetzt aus festen Materialien wie Stein oder Holz gebaut. Außerdem änderte sich der Baustil grundlegend: Das einzelstehende Haus ersetzte man durch das Patiohaus, das mit seinem Flachdach (*azotea*) und den daraufstehenden Aussichtstürmchen (*miradores*) in den folgenden Jahrzehnten zum Leitbild der Wohnvorstellungen aller Bevölkerungsschichten wurde und noch heute das städtebauliche Bild in der Altstadt prägt. Die wenigen Fenster und die Errichtung der Häuser direkt an der Grundstücksgrenze zur

Straße hin ergaben mit der Zeit eine kompakte Bebauung der *cuadra*, deren Wirkung sich durch die Homogenität der Architektur sowie durch das Aufkommen zweistöckiger Patiohäuser seit 1808 noch verstärkte. Diese baulichen Eigenschaften trafen für den gesamten Innenstadtbereich Montevideos zu, da nach diesem Baustil noch die meisten Häuser (*viviendas individuales*) bis in die 30er Jahre des 20. Jahrhunderts errichtet wurden.

Abb. 12: Bevölkerungsentwicklung Montevideos (1724 - 1985)

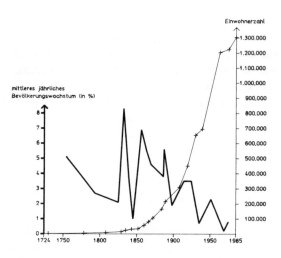

Quelle: CARMONA 1984, CHEBATAROFF 1984c, SERE 1984, *Censo General de Población y de Viviendas 1985* 1986; eigene Auswertung

Als nach dem Frieden von Rio de Janeiro Uruguay seine Unabhängigkeit erhielt und im Jahre 1829 die erste selbständige Regierung in Montevideo gebildet wurde, verfügte sie mit dem Dekret vom 25. August 1829 den sofortigen Abriß aller Befestigungsanlagen Montevideos. Damit begann eine neue Phase der Stadtentwicklung.

3.2.4 Die ersten Erweiterungen (1829 - 1870)

Mit der Unabhängigkeit wurde Montevideo zum absoluten Verwaltungs- sowie Wirtschaftszentrum des neuen Staates, und somit legte man den Grundstein für die Entwicklung zur heutigen uruguayischen Metropole. Es setzte eine erste Immigrantenwelle aus Frankreich, Italien, Spanien und England ein, und die Bevölkerungszahl der Hauptstadt erhöhte sich kräftig (1852: 34.000 Ew.; vgl. BÄHR 1987b).

Zunächst beschränkte sich das bebaute Gebiet Montevideos noch auf die koloniale Stadt. Doch schuf die Beseitigung der Befestigungsanlagen, die sich über mehrere Jahre hinzog, die Voraussetzung für eine ungehinderte städtische Expansion. Um 1830 beauftragte man José María Reyes mit den Planungen für die beabsichtigte Erweiterung, die das Gebiet zwischen ehemaliger Stadtmauer und der heutigen Calle Ejido einnehmen sollte (vgl. Abb. 13). Der Entwurf von Reyes sah im Prinzip eine einfache Fortschreibung des bereits in der Altstadt bestehenden Grundrisses vor. Er teilte das neu zu erschließende Gebiet in zwei Teile auf. Der eine reichte von der ehemaligen Stadtmauer bis zur Calle Florida nördlich und bis zur Calle Ciudadela südlich der heutigen Plaza Independencia. Damit legte er gleichzeitig die Abgrenzung der heutigen Altstadt fest. Westlich davon erstreckte sich bis zur Ejido die Neustadt (vgl. Abb. 13). Ihre zentrale Achse war die heutige Av. 18 de Julio, die die Calle Sarandí verlängerte und an der Calle Ejido in den Camino Maldonado einmündete, der die wichtigste Straßenverbindung zum agraren Hinterland darstellte.

Die einfache Fortschreibung des Grundrisses übernahm das koloniale Konzept der Stadtanlage, dessen Augenmerk von merkantilistischen Überlegungen ausgehend auf der Verbindung zwischen Stadt- und Hinterland (Hafenfunktion) lag. Reyes vernachlässigte somit neue Vorstellungen, die stärker die Ansprüche der Bevölkerung einbezogen hätten. Die systematische Aufteilung der Parzellen ließ nämlich Anforderungen an die Hygiene, wie z.B. die Orientierung der Straßen für eine günstige Besonnung der Häuser, Freiflächen oder Stellplätze zur Wasserversorgung, vollkommen außer acht (ALTEZOR/BARACCHINI 1971, S. 60) und förderte die zur Straße geschlossen wirkende Bebauung der *manzanas* durch Patiohäuser.

Der Architekt Carlos Zucchi erkannte den mangelhaften Entwurf von Reyes. Sein Vorschlag, der von der Regierung akzeptiert wurde, sah eine übersichtlichere Straßenführung zwischen ehemaliger Stadtmauer und Neustadt vor. Für die Plaza Independencia plante er eine einheitliche Bebauung durch ein- bis zweistöckige Gebäude, die im Erdgeschoß zur Straße hin mit einem Säulengang versehen waren. Die Plaza mit dem Präsidentenpalast, dem 1836 eingeweihten *Mercado Central* zur Lebensmittelversorgung der Bevölkerung sowie dem *Teatro Solís* (1857) löste die Plaza Matriz in der Altstadt als neuer städtischer Mittelpunkt Montevideos ab.

Die Konzeption der ersten Erweiterung wandelte die koloniale Gründung, die aufgrund der Befestigungsanlagen nach außen hin geschlossen wirkte, in eine offene Stadt um, deren zukünftiges Wachstum von der Nachfrage und vom Angebot zu bebauender Grundstücke abhängig war. Der Staat beschränkte sich auf die Überprüfung, daß Privatinitiativen allgemein gehaltene Richtlinien nicht übertraten. Diese Einstellung verknüpfte man mit der Hafenfunktion Montevideos, die mit der späteren weltwirtschaftlichen Einbindung Uruguays zunehmend an Bedeutung für das städtische Wachstum gewann. Die Hauptstadt wurde zum Exporthafen des reichen agraren Hinterlandes, und mit dem anwachsenden Schiffsverkehr zeichnete sich immer deutlicher ab, daß der Hafen ausgebaut werden mußte. Allerdings fehlten dem jungen Staat die Finanzmittel, und die innenpolitischen Auseinandersetzungen schufen keine Basis für ausländische Investitionen. Daher überließ man Erweiterungsmaßnahmen privaten Unternehmen, wie das Beispiel einer Mole am Cerro zeigt, die von einer Salzerei errichtet wurde. Für die Arbeitskräfte der Industrie - gegenüber der Altstadt an der Bucht gelegen - gründete man die beiden Dörfer Villa Cosmópolis (1834, heute das Viertel Cerro), Victoria (1838) und Arroyo Seco (1842; beide wegen der Schlachthöfe in Bella Vista). Die beiden Ortschaften Cordón am Camino Maldonado und Aguada am Camino al Paso del Molino entwickelten sich in unmittelbarer Nachbarschaft zur Neustadt aus spontanen Ansiedlungen (vgl. Abb. 13).

Eine rasche Bebauung der Neustadt erfolgte jedoch nicht. Maßgebende Faktoren waren anhaltende innere politische Machtkämpfe zwischen den beiden nach der Unabhängigkeit entstandenen und noch heute einflußreichsten Parteien, den *Blancos* als Interessengruppe der Großgrundbesitzer und somit des Landesinneren (*Interior*) einerseits sowie den *Colorados*, die liberale Ideen vertraten und die städtische Bevölkerung vor allem in Montevideo repräsentierten, andererseits. Zwischen diesen beiden Gruppierungen kam es 1839 zum Großen Krieg (*Guerra Grande*), der mit internationaler Beteiligung (argentinische Oppositionelle, Brasilien und europäische Liberale unterstützen die *Colorados* in Montevideo, die Regierung Argentiniens die *Blancos*) bis 1851 andauerte und in dessen Verlauf Montevideo seit 1843 eingeschlossen war. Die Belagerung rief eine zumindest vorübergehende Dezentralisierung hervor, da die *Blancos* eine eigene Infrastruktur für Verwaltung und Nachschub einrichten mußten. 1843 wurde in Buceo ein kleiner Hafen angelegt, und das politische, administrative sowie kulturelle Zentrum befand sich in Villa Restauración, dem heutigen Viertel Unión in Montevideo, das militärische Hauptquartier war in Cerrito (vgl. Abb. 13). Zwar verloren diese Gemeinden nach Beendigung des Großen Krieges im Jahre 1851 an Bedeutung, doch waren sie wichtige Ansatzpunkte für die Expansion Montevideos nach 1880.

Nach Beendigung des Großen Krieges wollte man zwar alle Kräfte vereinen, um die wirtschaftlichen und finanziellen Probleme des Landes zu überwinden, doch brach der Streit zwischen *Blancos* und *Colorados* immer wieder aus. Trotz dieser politischen Instabilität verzeichnete Uruguay eine positive wirtschaftliche Entwicklung, da um 1860 eine zweite Immigrantenwelle einsetzte und man zahlreiche notwendige Arbeiten zur Verbesserung der Infrastruktur ausführte: Ausbau einer neuen Mole für Schiffe mit mittlerem Tiefgang, Pflasterung der Straßen, Installation einer mit Gas betriebenen Beleuchtung, die bis 1886 durch Elektrizität ersetzt wurde, Versorgung mit fließendem Wasser, Verbesserung der Wohnverhältnisse, z.B. durch die Kanalisation in der Altstadt. Diese blieb zunächst noch das Wohngebiet der sozial hochstehenden Bevölkerungsgruppen. Ein bedeutender Impuls, aus der Altstadt wegzuziehen, ging vom 1857 ausgebrochenen Gelbfieber aus. Einkommensstärkere Haushalte verließen daraufhin die Altstadt mit ihren immer noch prekären sanitären Verhältnissen vor allem im südlich gelegenen Teil und bauten sich entlang der Av. 18 de Julio großzügig gestaltete Häuser. Am Wochenende nutzten die oberen sozialen Schichten ihre *quintas* in Unión und im heutigen Viertel Paso del Molino, wo während der Belagerungszeit Montevideos etliche Patrizierfamilien, die Anhänger der *Blancos* waren, gewohnt hatten. Vor allem Unión expandierte seit 1851 und wurde zum bedeutendsten Zentrum an der städtischen Peripherie. Bereits Ende 1851 fuhr täglich zweimal zwischen Unión und Montevideo eine Pferdekutsche für zehn Personen.

Diese Verbindung durch die Av. 18 de Julio begünstigte das Wachstum der Hauptstadt entlang dieser zentralen Achse, die auch eine Neubewertung der Straßen in der Altstadt zur Folge hatte. Dort gewann die Calle Sarandí gegenüber der Calle 25 de Mayo eine zunehmende Bedeutung für den Einzelhandel (vgl. Abb. 13). Die sich vollziehende Änderung in der Hierarchie der Straßen dokumentierte sich auch darin, daß die elektrische Straßenbeleuchtung zuerst entlang der Wachstumsachse "Sarandí-Av. 18 de Julio" von Plaza Matriz, über Plaza Independencia zur Plaza Cagancha verlegt wurde. Auch das seit 1869 ausgebaute Straßenbahnnetz verlief durch die beiden Straßen Rincón und Sarandí. Die erste Linie verband Montevideo mit Unión. Bis 1875 wurden noch vier Linien eingerichtet, von denen drei nach Norden (Aguada, Paso del Molino, Reducto) führten und nur eine nach Puntas Carretas, die nach dem Bau einer Badeanstalt an der Playa Ramírez während der Sommerwochenenden sehr stark frequentiert war (vgl. Abb. 19). Dieses Straßenbahnnetz verdeutlicht, daß sich das städtische Wachstum in Richtung Osten (nach Unión) und Norden (um die Bucht) vollzog. Der Endpunkt der Linien in der Altstadt weist darauf hin, daß sie das wirtschaftliche Zentrum der Stadt und sogar des Staates blieb.

Die etwa 1860 beginnende wirtschaftliche Aufwärtsentwicklung sowie Änderungen der Produktionsbedingungen in der Landwirtschaft verursachten einen enormen Bevölkerungszustrom aus Europa und aus dem Landesinnern nach Montevideo. Hatte die Hauptstadt im Jahre 1860 eine Einwohnerzahl von knapp 58.000, so erreichte sie 1872 bereits 105.000 und 1908 sogar 310.000 Einwohner. Die jährliche Wachstumsrate von 5,1 % verringerte sich zwar im zweiten Zeitabschnitt auf nur noch 3,1 %, jedoch verzeichnete die Stadt nach 1872 eine enorme flächenhafte Expansion. Hierauf hatte der Stadtentwicklungsplan von Francisco Surroca einen großen Einfluß. Obwohl er am städtischen Grundriß aus der Kolonialzeit festhielt, bedeutete sein Vorschlag einer ringförmigen Erweiterung der Stadt einen Bruch mit der bis zu diesem Zeitpunkt eher radial orientierten Ausweitung entlang der bestehenden Verkehrsverbindungen. Ausdruck dieser neuen Vorstellung war der 1878 begonnene Ausbau der ersten Ringstraße des heutigen Bulevar Artigas, der die Alt- und Neustadt sowie die Ciudad Novísima (vor allem die Stadtviertel Aguada und Cordón) von der Küste bis zur Bucht nach Osten hin abschloß (vgl. Abb. 13). Die beabsichtigte Dezentralisierung begünstigte die Entwicklung der älteren Siedlungskerne wie Unión oder Paso del Molino und kam auch der Bodenspekulation entgegen, die sich wegen der Bevölkerungszunahme und der damit eng verbundenen Wohnungsnachfrage beschleunigte. Im Gegensatz zur Alt- und Neustadt, deren Anlage auf öffentliche Initiative zurückging, entwickelten sich die Stadtviertel wie Aguada oder Cordón in der Ciudad Novísima westlich des Bulevar Artigas auf der Basis privater Erschließungsmaßnahmen. Straßenverlauf und Parzellenabgrenzung überließ man dabei den jeweiligen Landvermessern, die sich an den Wünschen der zukünftigen Grundstückseigentümer orientierten. Erreichten diese Erweiterungen bis 1872 nur einen kleinen Umfang, erfolgte anschließend durch wenige kapitalkräftige große Gesellschaften eine Erschließung im großen Stil.

3.2.5 Die Expansion Montevideos (1870 - 1930)

Der entscheidende Faktor für das städtische Wachstum Montevideos nach 1872 war die konjunkturelle Entwicklung, die abgesehen von einzelnen Finanzkrisen, die schwerste im Jahre 1890, und von der Zeit des Ersten Weltkrieges bis zur Weltwirtschaftskrise 1929 anhielt.

Uruguay wurde aufgrund seiner günstigen natürlichen Voraussetzungen für die Agrarproduktion, seines geschützten Hafens in der Hauptstadt und - im Vergleich zu Neuseeland oder

Australien - seiner Nähe zu den europäischen Abnehmern in die Weltwirtschaft integriert. Die wichtigsten Exportgüter waren wie zur Kolonialzeit Fleisch, Häute und Wolle. Die von den Großgrundbesitzern betriebene extensive Viehzucht erlebte einen enormen Aufschwung, so daß der Tierbestand von 3,6 Mio. Rindern im Jahre 1860 auf 8,2 Mio. im Jahre 1908 anstieg. Mehrere Faktoren begünstigten diese wirtschaftliche Entwicklung: politische Stabilisierung, einsetzende Mechanisierung der Latifundien, Fortschritte in der Rinderzucht, Abschluß von Handelsverträgen mit europäischen Ländern, Zugang zum internationalen Kapitalmarkt sowie ausländische Investitionen, insbesondere in die Nahrungsmittelindustrie (Gefrierfleischfabriken) und in den Ausbau der Infrastruktur (Eisenbahnnetz).

Diese günstigen wirtschaftlichen Voraussetzungen wirkten sich auf die Einwohnerentwicklung Uruguays und vor allem auf die der Hauptstadt positiv aus. Drei Faktoren sind zu nennen (vgl. ALVAREZ LENZI u.a. 1986, BÄHR 1987b, MERTINS 1987a):
1. Das natürliche Bevölkerungswachstum verringerte sich zwar in Montevideo von 3,1 % (um 1880) auf 1,8 % (1911 bis 1915), blieb allerdings die wichtigste Komponente der Zunahme. Hierzu trug die niedrige Mortalität (um 1880: 1,9 %) entscheidend bei, die bis 1915 (1,3 %) wegen der zurückgehenden Säuglingssterblichkeit nochmals absank und dadurch die deutliche Abnahme der Geburtenrate (von 5,0 % auf 3,1 %) zum Teil ausgleichen konnte. Ursachen sind im wesentlichen der Ausbau des öffentlichen Gesundheitswesens, Verbesserungen der Wohnsituation zahlreicher Haushalte sowie ein breiteres Spektrum der Eßgewohnheiten.
2. Die Einwanderung aus Übersee war eine weitere wichtige Komponente, bei der qualitative Effekte den rein quantitativen Zuwachs überwogen. Die Immigranten, die vor allem aus Italien (46,3 %), Spanien (32,3 %) und Frankreich (3,1 %) kamen, brachten Kenntnisse und Fertigkeiten mit, die für die industrielle Entwicklung des Landes bedeutsam waren.
3. Die Zuwanderung aus dem Binnenland hatte die geringste Bedeutung für das Bevölkerungswachstum Montevideos. Im Jahre 1908 stammten 12,7 % der Einwohner in der Hauptstadt aus dem *Interior*. Das wichtigste Motiv ihrer Abwanderung war die fortschreitende Mechanisierung in der Landwirtschaft, die den Arbeitskräftebedarf der Latifundien erheblich senkte. Beschäftigungsmöglichkeiten außerhalb des primären Sektors fanden sie eigentlich nur in Montevideo.

Mit dem Bevölkerungswachstum erhöhte sich die Wohnungsnachfrage und begünstigte die Bodenspekulation. Sie erfolgte einerseits bei der Erschließung neuer Wohngebiete vornehmlich an der städtischen Peripherie bzw. in der Nähe von Industrieanlagen und andererseits durch die zunehmende Bedeutung des Mietwohnungsbaus im Stadtzentrum. Erste Ansätze hierzu fanden sich in der Altstadt bereits im Jahre 1825, wie z.B. die *casas de inquilinato*.

Seit 1860 nahm der Anteil der Gebäude, die von ihrer Anlage her Mietzwecken dienten, merklich zu. Von den Bautypen ist der *conventillo* besonders hervorzuheben, da in ihm aus spekulativen Gründen versucht wurde, möglichst viele Familien der ärmeren Bevölkerungsschichten (befreite Negersklaven, Einwanderer, Zuwanderer aus dem Landesinnern) auf engem Raum unterzubringen. Der *conventillo* tauchte nach Abschaffung der Sklaverei um 1800 erstmals auf und wurde in der Folgezeit vor allem in der Neustadt gebaut (*TIUR* 1986,

S. 20). Vor 1878 wohnten 12 % bis 15 % der Bevölkerung in *conventillos* - ein geringer Wert verglichen mit anderen lateinamerikanischen Städten (vgl. Kap. 3.1.5). Im Jahre 1908 lag er sogar bei nur 11,3 %. Zu diesem Zeitpunkt lebten aus ähnlichen Gründen wie in Buenos Aires in der Innenstadt Montevideos wesentlich mehr Personen unter diesen Bedingungen (19,7 %) als am Stadtrand (7,9 %). Im Stadtzentrum nutzten Familien mit niedrigen und unsicheren Einkommen diese Vermietungsformen, da sie aufgrund ihrer Erwerbstätigkeit als Wäscherinnen, Putzfrauen oder Gelegenheitsarbeiter die Nähe zu den entsprechenden Beschäftigungsmöglichkeiten suchten und sie es sich nicht erlauben konnten, eine Wohnung zu mieten oder gar ein Haus an der Peripherie zu kaufen. Am Stadtrand lebten dagegen überwiegend Arbeiter, Handwerker oder einfache Angestellte mit ihren Familien. Entsprechend dieser sozialen Unterschiede verschlechterte sich die Wohnqualität der *conventillos* vom Stadtrand zum Zentrum hin. Dort waren ihre hygienischen Bedingungen äußerst prekär, obwohl die bereits 1871 und 1878 erlassenen Bauvorschriften (Mindestwohnraum 15m^3 je Person, Belüftungsmöglichkeiten, ausreichende Größen der vorhandenen Wassertanks sowie halbjähriges Tünchen) zum Ziel hatten, eine Besserung der Wohnverhältnisse zu erreichen. Der *conventillo* war in Montevideo ähnlich wie das Patiohaus strukturiert. Um einen oder mehrere Innenhöfe, in denen sich häufig die Waschgelegenheiten befanden, gruppierten sich die an einzelne Familien vermieteten Räume. Küche und sanitäre Einrichtungen konnten nur gemeinschaftlich genutzt werden. Die baulichen Lösungen reichten von einer einfachen Zimmerreihe (*apartamentos en tira*) bis hin zu mehrstöckigen Gebäuden (vgl. Kap. 3.1.5). Die Bauausführungen gliederten sich in die bestehende Substanz der Stadt ein, so daß es nicht zu einem städtebaulichen Bruch kam. Zwar wurden bis heute die meisten *conventillos* abgerissen, jedoch sind die wesentlichen Eigenschaften des Vermietungssystems noch in den bestehenden *pensiones/inquilinatos* anzutreffen.

Bereits nach 1878 zeichnete sich eine Entspannung der Wohnverhältnisse ab. Der Bevölkerungsanteil, der in *conventillos* wohnte, verringerte sich von 14,8 % auf 8,9 % im Jahre 1884 und stieg dann wieder auf etwas über 11 % an (ALVAREZ LENZI u.a. 1986, S. 31). Diese Veränderung fiel mit der Abwanderung vieler Familien aus den zentralen Bereichen (Alt- und Neustadt) an die städtische Peripherie zeitlich zusammen. Erhöhte sich bis 1860 der Einwohneranteil im Zentrum trotz erster Erweiterungen Montevideos auf 63,1 %, ging er bis 1908 kontinuierlich auf 29,1 % zurück. Diese Entwicklung hatte vergleichbare Ursachen wie in Buenos Aires, so daß Haushalte aus unterschiedlichen sozialen Schichten das Stadtzentrum verlassen konnten. Im Jahre 1873 flackerte in der Altstadt nochmals das Gelbfieber auf. Daraufhin erfolgte aus zentralen Bereichen eine massive Abwanderung an die Peripherie. Familien mit höherem Einkommen bevorzugten die Viertel Bella Vista, Paso del Molino oder Paso de las Duranas in der Umgebung des Prado (vgl. Abb. 13). Diese öffentliche Parkanlage, die aus einer *quinta* hervorgegangen war, wurde kurz nach ihrer Einweihung Anfang 1873 zum Treffpunkt der sozialen Oberschicht Montevideos. Einkommensschwächere Haushalte zogen nach Unión, Reducto, Tres Cruces oder auch über eine größere Distanz nach Sayago und Maroñas um. Ähnlich wie in Buenos Aires bedingten drei Faktoren die flächenhafte Expansion Montevideos (vgl. Kap. 3.1.5; ALVAREZ LENZI u.a. 1986, MERTINS 1987a):
1. der Ausbau der Straßenbahnlinien
   Die Elektrifizierung hatte die gleichen Verbesserungen des Verkehrs zur Folge wie in

Buenos Aires. Das Netz wurde ausgebaut und im Jahre 1906 die Stadtviertel Cerro, Ituzaingó, Sayago, Colón und Piedras Blancas angeschlossen, so daß sich aufgrund ihrer besseren Anbindung an das Stadtzentrum die Möglichkeiten für eine weitere Expansion deutlich erhöhten (vgl. Abb. 13). Dies trifft um so mehr zu, als aufgrund des gleichzeitigen Anstieges der Fahrthäufigkeiten sowie der Verwendung größerer Waggons die gesunkenen Preise eine bessere Auslastung der Linien bewirkten (1899: 60 Fahrten pro Jahr und Einwohner, 1913: 248 Fahrten; ALVAREZ LENZI u.a. 1986, S. 27). Trotzdem bedeuteten die Beförderungskosten für Arbeiter und Tagelöhner eine finanzielle Belastung, die 20 % des täglichen Verdienstes erreichen konnte. Untere soziale Schichten waren dadurch mehr oder minder gezwungen, in der Nähe ihrer Arbeitsplätze im sekundären Sektor zu wohnen (vor allem im Cerro, in La Teja oder Victoria nahe der Großschlachtereien und Gefrierhäuser; vgl. MERTINS 1987a).

2. die Ansiedlung von Industriebetrieben an der Peripherie

Eine industrielle Entwicklung setzte in Montevideo erst um 1890 ein. Aufgrund protektionistischer Maßnahmen siedelten sich einige große Fabriken an (Textil- und Papierunternehmen, Gefrierfleischindustrie). Ausschlaggebend für die Industriestandorte an der Peripherie und somit für die städtische Expansion waren gesetzliche Vorschriften. Bereits seit 1830 reglementierte der Staat zum Schutz der öffentlichen Gesundheit die Ansiedlung schädlicher Industrien. Zunächst verbot man Salzereien und Ziegeleien, sich in der Alt- oder Neustadt niederzulassen. Diese Zone erweiterte man entsprechend der städtischen Expansion. Im Jahre 1884 forderte die Verwaltung sogar alle feuergefährlichen Betriebe auf, das Gebiet innerhalb der Linien Buceo - Maroñas im Osten sowie Sayago - Ituzaingó im Norden in Richtung Peripherie zu verlassen. Diese gesetzlichen Vorgaben beeinflußten gemeinsam mit dem Eisenbahn- und Straßenbahnnetz die Standortverteilung der Industrie maßgeblich. Dabei bildeten sich Schwerpunkte wie in Maroñas, Aguada und Arroyo Seco heraus, die wiederum die Verteilung unterer Sozialschichten in Montevideo bestimmten. Die Umgebung der Industriebetriebe war somit ein Zielgebiet der Bodenspekulation.

3. die Immobilienunternehmen

Die Erschließung der neuen städtischen Gebiete erfolgte letztendlich durch Bodenspekulanten. Es beteiligten sich Unternehmer, private sowie öffentliche Gesellschaften, die für ihre Beschäftigten Wohnungen bauen ließen, und Immobilienfirmen, vor allem die 1873 gegründete *La Industrial* von Francisco Piria. Die Spekulanten kauften in der Regel ein Grundstück auf, unterteilten es in kleinere Parzellen und machten dann in Zeitungsannoncen auf die Verkaufsaktion aufmerksam, die häufig in Form eines kleinen Jahrmarktes ablief. Man wies bereits im Namen des neuen Stadtviertels auf die guten hygienischen und gesundheitlichen Bedingungen hin (z.B. Aires Puros), auf die Bedeutung des Eigentums für den sozialen Status oder für die Vermögensbildung, auf die Vorteile durch die Nähe zum Arbeitsplatz oder auf den guten Verkehrsanschluß.

Entscheidend für den Erfolg dieser städtischen Expansion war ähnlich wie in Buenos Aires die Bezahlung des Grundstückes auf der Basis des Quotensystems, das für zahlreiche Familien eine tragbare finanzielle Belastung bedeutete, um in Selbstarbeit schrittweise das eigene Haus erbauen zu können (vgl. ALVAREZ LENZI u.a. 1986, MERTINS 1987a).

Abb. 13: Die Expansion von Montevideo (1872 bis 1983) sowie der Ausbau des Straßen- und Eisenbahnnetzes

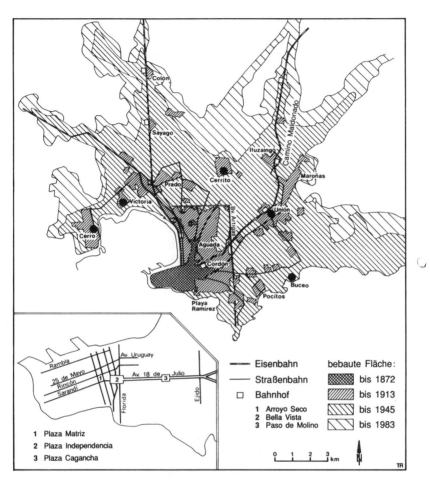

Quelle: ALVAREZ LENZI/ARANA/BOCCHIARDO 1986, MERTINS 1987a; eigene Auswertung

Die seit 1872 enorm zunehmende Bodenspekulation dokumentiert sich sowohl im jährlichen Bevölkerungswachstum von 6,3 % (1860-1889) und 3 % (1889-1908) in den peripheren Gebieten als auch im erhöhten Anteil der Einwohnerschaft, die im eigenen Haus wohnte (1889-1908: von 18,6 % auf 32,0 %; ALVAREZ LENZI u.a. 1986, S. 24 u. 59). Abbildung 13 belegt dabei nachdrücklich, daß sich die Expansion entweder durch die Erweiterung bereits bestehender Siedlungen oder durch Neugründungen in verkehrsgünstiger Lage oftmals in Bahnhofsnähe vollzog. Die anhaltende Aufteilung der Grundstücke führte allerdings zu einer geringen Bevölkerungsdichte mit einer extensiven Nutzung des städtischen Bodens. Die von den Spekulanten neu erschlossenen Gebiete waren nur eine flächenhafte Ausdehnung der Stadt, ein einfaches Hinzufügen ohne eine Einbindung in das bestehende Gefüge. Dadurch stärkte man das Stadtviertel, auf das sich die sozialen Bindungen der Haushalte immer mehr bezogen. Weiterhin ging der auf Einheitlichkeit zielende Gedanke, der noch bei der Erweiterung der Neustadt mit einer zentralen Achse als Fortschreibung der Ciudad Vieja zugrunde lag, verloren. Nur innerhalb des Gebietes, das vom Bulevar Artigas eingefaßt wird, weist die Stadtanlage und die Bebauung auch heute noch eine gewisse Geschlossenheit auf. Die liberale Einstellung des Staates verhinderte Kontrollorganisationen, um das chaotische Wachstum der Hauptstadt zu ordnen und einem städtebaulich-funktionalen Konzept unterzuordnen. Gesetzliche Vorlagen beschränkten sich auf nicht eindeutig formulierte Vorschriften. Erst zwischen 1885 und 1907 wurden Auflagen zur Gebäudehöhe und Straßenbreite erlassen, um eine zu starke Überbauung in der Altstadt sowie entlang der Av. 18 de Julio zu vermeiden. Denn während sich Montevideo immer weiter ausdehnte, erfolgte in der Innenstadt durch die Nutzung unbebauter Grundstücke oder durch die Erhöhung der Gebäude eine fortschreitende Verdichtung, hervorgerufen durch die zunehmende Bedeutung ökonomischer und administrativer Funktionen im Zentrum. In der Altstadt ließen sich in unmittelbarer Nachbarschaft zum Hafen zahlreiche Dienstleistungen, Verwaltungen und Finanzeinrichtungen nieder, die eng mit den Hafenaktivitäten verbunden waren. Dagegen konzentrierte sich in der Calle Sarandí der Einzelhandel, der sich allerdings mit dem fortschreitenden Wachstum der Stadt in die Av. 18 de Julio verlagerte. Die Expansion der Stadt war somit durch die Formung eines schmalen und langgestreckten Teilgebietes gekennzeichnet, das zum absoluten städtischen Mittelpunkt aufrückte (vgl. Abb. 14).

Nach dem deutlichen Rückgang des Bevölkerungswachstums auf eine Rate von jährlich 1,9 % (1889 bis 1908; vgl. Abb. 12), das auf die tiefgreifende Finanzkrise im Jahre 1890 zurückzuführen war, beschleunigte sich nach 1908 wieder der Anstieg der Einwohnerzahlen (bis 1930 auf 3,5 % pro Jahr) aufgrund erhöhter Immigration aus Übersee und Zuwanderung aus dem *Interior*. Diese Entwicklung wurde durch einen konjunkturellen Aufschwung seit etwa 1904 eingeleitet. Die *terms of trade* des Agrarexporteurs Uruguay gestalteten sich außerordentlich gut, da die europäischen Nationen ihren Fleischbedarf aus eigener Produktion nicht decken konnten und gleichzeitig nach Absatzmärkten für ihre Industriegüter suchten. Zwei Ereignisse zu Beginn des 20. Jahrhunderts stimulierten zusätzlich den wirtschaftlichen Fortschritt:
1. Am 18. Juli 1901 wurde der Grundstein für den Hafenausbau gelegt.
2. Im Jahre 1903 trat Batlle y Ordóñez seine erste Präsidentschaft an und begründete mit seiner interventionistischen Wirtschaftspolitik die Entwicklung Uruguays zum sozialen Wohlfahrtsstaat.

Der Anstieg des Gebäudebestandes um 4 % von 1908 bis 1930, der über dem der Bevölkerungszunahme in diesem Zeitraum lag, weist darauf hin, daß die flächenhafte Ausdehnung Montevideos anhielt. Die Expansion folgte vorzugsweise dem radialen vom Zentrum ausgehenden Straßennetz. Der vollständigen Bebauung innerhalb des Bulevar Artigas schloß sich die in einzelne Wachstumsachsen gegliederte Peripherie an. Innerhalb der dortigen Siedlungskerne übernahm man den traditionellen Schachbrettgrundriß, errichtete auf den Parzellen einstöckige Häuser (*casa standard*), so daß auch in den Vierteln am Stadtrand eine hohe

Überbauung der *manzanas* bei großer Geschlossenheit und Einheitlichkeit zur Straße hin vorlag. Die Folge dieser Erschließung war ein großer Mangel an Grünflächen und Parks. Die Gartenstadtidee als neue städtebauliche Konzeption stellte diese Fehlentwicklung noch stärker heraus. Hinzu kamen immer größere Verkehrsprobleme und der Wunsch der Stadtverwaltung, Montevideo ein repräsentatives Aussehen zu geben. Bereits 1887 beabsichtigte der *Plan Maillart* die Anlage zweier Avenidas und eines großen Platzes mit Gebäuden für die Unterbringung der führenden Staatsgewalten. Die Stadtverwaltung schrieb aber erst im Jahre 1911 einen Wettbewerb zur städtebaulichen Gestaltung Montevideos aus. Die Vorschläge mußten folgenden Bedingungen genügen:

- Das Straßennetz ist zu erweitern, und die Stadtviertel müssen besser miteinander verbunden sein.
- Die Gestaltung der öffentlichen Gebäude soll in großzügiger und repräsentativer Form geschehen.

Die Sieger des Wettbewerbes schlugen im wesentlichen die Erweiterung und Verschönerung des bestehenden Straßennetzes vor. Speziell für die Altstadt hatten sie vor, eine Diagonale zwischen Rambla Portuaria und Av. Uruguay zur besseren Anbindung des Hafens zu schaffen (vgl. Abb. 13) und außerdem die Calle Sarandí zwischen Plaza Matriz und Independencia durch mehrere Fußgängerpassagen umzugestalten. Diese Absicht hebt die damalige Bedeutung des genannten Straßenabschnittes als Standort für den Einzelhandel hervor. Die Stadtverwaltung beauftragte im Jahre 1912 diese Gruppe mit den Vorbereitungen des *Plan Regulador de Montevideo*, der aber erst 1930 vorgelegt wurde.

Bereits im Jahre 1901 hatte man im Zuge des Hafenausbaus die Rambla Portuaria angelegt. Ein britisches Unternehmen unterbreitete 1907 der Regierung einen Plan zu einer durchgehenden Straßenverbindung von der Escolera Sarandí bis zur Calle Jackson am Parque Rodó (vgl. Abb. 13). Der Vorschlag wollte die Neugestaltung durch den Verkauf umfangreicher Landgewinnungen finanzieren. Jedoch hegte die Stadtverwaltung Zweifel am Gelingen, so daß erst im Jahre 1922 ein Projekt von Ingenieur Fabini angenommen wurde. Er verzichtete weitgehend auf Aufschüttungen, was jedoch zur Folge hatte, daß die Wohngebiete direkt entlang der Küste abgerissen werden mußten. Die neu geschaffene *Comisión Financiera de la Rambla Sur* beauftragte man mit der Durchführung des Projektes und auch mit der Finanzierung der notwendigen Arbeiten. Die Rambla Costanera verbesserte die Verkehrsverbindung zwischen Altstadt, dem Geschäfts-, Verwaltungs- und Dienstleistungszentrum Montevideos, und der Küstenzone erheblich und wertete diesen Raum gemeinsam mit den neuen Wohnvorstellungen enorm auf. Folge war, daß die Oberschicht Montevideos aus der Umgebung des Prado wegzog und das Küstengebiet als neuen Wohnstandort bevorzugte. Zunächst war es Pocitos, dann aber der gesamte Streifen bis Carrasco, das schon 1912 Badeort wurde.

Eine weitere Verbesserung des Straßennetzes schlug der *Plan Fabini* aus dem Jahre 1928 vor, bei dem zum letzten Mal Vorstellungen von HAUSSMANN zum Ausdruck kamen (vgl. Kap. 3.1.5). Der Plan beschränkte sich auf den Straßenverlauf und empfahl mehrere Erweiterungen und Durchbrüche:
1. Verbreiterung der Rambla Portuaria auf 60 m,

2. Durchbruch der Diagonalen Río de Janeiro zwischen Rambla Portuaria und Av. Uruguay,
3. Erweiterung der Calle Ciudadela auf 22 m zwischen Plaza Independencia und Rambla Sur sowie
4. Durchbruch der Av. Agraciada vom *Palacio Legislativo* zur Av. 18 de Julio.

Beim *Plan Fabini* war erstmals die öffentliche Hand sowohl für die Planung als auch für die Durchführung eines Vorhabens verantwortlich (vgl. ALTEZOR/BARRACCHINI 1971), und diese Tatsache weist auf ein stärkeres Engagement der Verwaltung in der Stadtentwicklung hin.

Ende der 20er Jahre war Montevideo die Hauptstadt eines prosperierenden Landes, dessen Einwohner den staatlichen Institutionen und ihrer Kontinuität vertrauten. Die politische Stabilität seit 1875, der ökonomische Aufschwung sowie der soziale Fortschritt zogen immer wieder Einwanderer aus Übersee an, die in den meisten Fällen in Montevideo blieben. Die Stadt expandierte bis 1930 in starkem Maße, so daß bis 1945 die 1913 noch freien Flächen zwischen den Achsen entlang der wichtigsten Verkehrsverbindungen bebaut waren (vgl. Abb. 13). Die Erweiterungen erfolgten ungeordnet, ohne städtebauliches Konzept, einzig und allein auf der Basis eines freien Boden- und Wohnungsmarktes. Die Weltwirtschaftskrise 1929 änderte ähnlich wie in Argentinien die ökonomischen Rahmenbedingungen, ohne zunächst einschneidende negative Auswirkungen zu haben, und entsprechend den Vorstellungen des *Battlismo* wurden um 1930 Ideen vorgetragen, daß die öffentlichen Stellen in die zukünftige Stadtentwicklung stärker regulierend eingreifen sollten.

3.2.6 Die moderne Stadt (1930 - 1985)

Die Weltwirtschaftskrise beschleunigte die von Batlle begonnene industrielle Entwicklung. Die Viehzüchter sahen sich aufgrund der Absatzschwierigkeiten ihrer Produkte nach neuen Investitionsmöglichkeiten um und förderten gemeinsam mit dem Staat eine verstärkte Industrialisierung des Landes mit dem Ziel der Importsubstitution. Die Zahl der Unternehmen verdreifachte sich zwischen 1930 und 1955 von 7.000 auf 21.000, und die Zahl der in der Industrie Beschäftigten erhöhte sich von 78.000 auf 160.000 Personen. Die Zielsetzung der Wirtschaftspolitik änderte sich wie in Argentinien von *hacia afuera* zu *hacia adentro*, von außen- zu binnenmarktorientiert (vgl. SANDNER 1971; Kap. 3.1.6). Die durch Importzölle stark geschützte Industrie stellte überwiegend Konsumgüter für den heimischen Markt her, dessen Absatzmöglichkeiten unter Beibehaltung der wirtschaftlichen Zielvorstellungen nach einer gewissen Expansionsphase keine weitere Attraktivität für neue Investitionen nationaler oder gar internationaler Herkunft aufweisen konnte. So war im Jahre 1950 Uruguay nahezu Selbstversorger bei einfachen Konsumgütern und Nahrungsmitteln, und die Exporte wurden zu 90 % - 95 % von landwirtschaftlichen Produkten bestritten.

Mit der wirtschaftlichen Prosperität des Landes verringerte sich im Zentrum die Bedeutung der Wohnfunktion, die in der Altstadt vor allem durch Finanzeinrichtungen (z.B. *Banco de la República*, durch Dienstleistungen und durch Aktivitäten, die im weitesten Sinne mit dem Hafen verbunden waren, ersetzt wurde: Wechselstuben, Zollabfertigungen, Im- und Exportgesellschaften. Die Nähe zum Hafen war zunächst der ausschlaggebende Standortfaktor, der im Laufe der Zeit durch die Agglomerationsvorteile gestärkt wurde. Gleichzeitig verlagerte sich der qualitativ führende Einzelhandel aus der Altstadt in die Av. 18 de Julio und baute dort repräsentative Kaufhäuser nach europäischem Vorbild. So wechselte z.B. das Kaufhaus *Caubarrère* 1940 seinen Standort Ecke Sarandí/Juncal zur Av. 18 de Julio/Latorre (vgl. Karte 22a/b). Auch staatliche und städtische Verwaltungen verließen den kolonialen Kern Montevideos und siedelten sich entlang der Leitachse in der Neustadt an (Beispiel *Intendencia Municipal de Montevideo, IMM*).

Die räumliche Konzentration von Funktionen mit nationaler und regionaler Bedeutung stärkte die Innenstadt hinsichtlich ihres Arbeitsplatzangebotes und ihrer Versorgungsaufgabe mit mittel- bis längerfristigem Bedarf. Jedoch erhöhten sich durch die fortschreitende flächenhafte Expansion (vgl. Abb. 13) die Verdichtungsprobleme im Zentrum wie der Verkehrsfluß, die anziehenden Bodenpreise und fehlende bzw. zu teure Erweiterungsflächen für vorhandene Nutzungen. Diese Schwierigkeiten traten aufgrund der monozentrischen Struktur sowie der Lage der Innenstadt innerhalb des städtischen Gefüges in Montevideo um so deutlicher hervor (vgl. Abb. 14). Zur schlechten Erreichbarkeit kam wegen der Nachbarschaft von Hafen mit den zugehörigen Industrieanlagen und Stadtzentrum noch die mangelhafte Trennung zwischen inter- und intraregionalem Verkehr hinzu, so daß die Belastung des Stadtkerns sehr hoch war und wegen der Bebauungsdichte nur wenig Freiraum für den ruhenden Verkehr zur Verfügung stand. Vor allem diese Problematik machte der Stadtverwaltung zunehmend bewußt, daß ihre liberale Einstellung zum Boden- und Wohnungsmarkt sowie ihre wenigen ordnungspolitischen Maßnahmen keinen Erfolg hatten, um ein städtisches Gefüge mit einer räumlich sinnvollen Verteilung einzelner Funktionen zu erreichen. Regelungen der Stadtverwaltung bezogen sich ausschließlich auf Anforderungen neuer Verkehrsmittel (zuerst die Straßenbahn, nach 1905 immer mehr das Auto) an das Straßennetz sowie auf Verbesserungen im wohnhygienischen Bereich. Besonders erwähnenswert sind zwei Gesetze, da sie später erschlossene Gebiete städtebaulich prägten (vgl. BENECH u.a. 1983, MERTINS 1987a). Zunächst ist das *Ley de Higiene de la Vivienda* aus dem Jahre 1928 zu nennen, das Küche, Bad, Mindestgröße, ausreichende Belüftung und Besonnung für jede Wohnung vorschrieb. Aufgrund dieser Festlegung unterblieb der Neubau weiterer *conventillos* und wurde außerdem das traditionelle, nach innen orientierte Patiohaus durch das extrovertierte, von Freiflächen umgebene Einfamilienhaus ersetzt. Das zweite Gesetz war die *Ordenanza de Amanzanamiento y Fraccionamientos* (1933), das in den Bodenmarkt eingriff und Mindestgrößen sowie Form der Parzellen reglementierte.

Im Jahre 1930 legte eine Architektengruppe eine Voruntersuchung zu einem *Plan Regulador de Montevideo* mit dem Ziel vor, die Grundlagen einer einheitlichen und für alle Teilräume abgestimmte zukünftige Stadtentwicklung Montevideos zu schaffen. Ausgangspunkt der Überlegungen waren die bereits oben erwähnten Nachteile, die sich für die Hauptstadt aus der monozentrischen Struktur sowie aus der schlechten Erreichbarkeit der polyfunktionalen Innenstadt ergaben. Die Gruppe brach mit ihren Vorschlägen zur Neuordnung der Stadt vollständig mit der bis zu diesem Zeitpunkt wirksamen Kontinuität. Sie forderte den Ausbau eines neuen städtischen Zentrums im Schwerpunkt des Stadtgebietes nahe des Parque Batlle (vgl. Abb. 14). Zu diesem neuen *Centro de la Ciudad* führten alle großen Avenidas, um auf diese

Weise den innerstädtischen vom regionalen Verkehr zu trennen. Mehrere Ringstraßen begrenzten innerhalb des Zentrums Teilräume mit einer funktionalen Spezialisierung sowie unterschiedlicher Bebauungs- und Bevölkerungsdichte, die durch den Hochhausbau als Ausdruck des Bodenwertes verwirklicht werden sollte. Für das übrige Stadtgebiet wurden weitere funktionale Schwerpunkte vorgeschlagen: In der Altstadt verblieb das Handels- und Finanzzentrum von nationaler Bedeutung, den Hafen wollte man bis La Teja ausbauen und Industriebetriebe in unmittelbarer Nachbarschaft ansiedeln, Brennstoff- und Gefrierfleischfabriken hatten in den Vierteln Cerro und Victoria ihren Standort, und Wohngebiete sowie für Touristen attraktive Räume erstreckten sich entlang der Küstenzone. Das staatliche Verwaltungszentrum sollte sich beim *Palacio Legislativo* befinden, das städtische an der Gabelung von Av. 18 de Julio und Constituyente (vgl. Abb. 14).

Der *Anteproyecto del Plan Regulador* nahm zwar Gedanken früher Arbeiten von LE CORBUSIER auf, doch konnte sich die Verwaltung wegen des städtebaulichen Bruches nicht für das Vorhaben entscheiden. Die Ergebnisse beschränkten sich auf die Gründung des *Instituto de Teoría y Urbanismo* (1936) sowie der *Dirección del Plan Regulador* innerhalb der *IMM*, die allerdings wegen ihrer geringen Einbindung in die einzelnen Fachplanungsbereiche sowie die fehlende übergreifende Rechtsposition und Abstimmung keinen großen Einfluß auf Planungsaktivitäten hatte.

Die ungeordnete flächenhafte Expansion setzte sich somit fort. Der Ausbau der Rambla sowie die Anlage großer Parks (Parque Rodó mit Golfplatz 1935) werteten die Wohnstandorte entlang der Küste auf, so daß sie ein bevorzugtes Ziel der Mittel- und vor allem der Oberschicht wurden. Dagegen verschlechterten sich in diesem Zeitraum die Wohnbedingungen unterer Sozialgruppen. Denn einerseits verringerte sich aufgrund des *Ley de Higiene de la Vivienda* das Angebot für einkommensschwächere Haushalte, andererseits erhöhte sich in diesem Marktsegment wegen der Weltwirtschaftskrise (höhere Arbeitslosigkeit, stärkere Abwanderung aus dem *Interior* nach Montevideo) die Nachfrage. Dadurch entstanden im Zentrum durch Aufteilung des verfügbaren Wohnraumes die *casas de inquilinato* und an der Peripherie die ersten Squattersiedlungen. Zwar förderte der Staat bereits seit 1919 durch Steuererleichterungen und günstige Kreditkonditionen den privaten Wohnungsbau, doch erwiesen sich diese Maßnahmen nach 1929 immer mehr als unzureichend, so daß auch aufgrund der sozialen Orientierung des *Batllismo* im Jahre 1937 das *Instituto Nacional de Viviendas Económicas* (*INVE*) mit dem Ziel, eine soziale Wohnungsbaupolitik zu betreiben, gegründet wurde (vgl. MERTINS 1987a). Das *INVE* förderte gemeinsam mit städtischen Einrichtungen und der *BHU* bis 1945 zahlreiche Einfamilienhäuser, deren Umfang jedoch nicht ausreichte, die Nachfrage der Haushalte zu befriedigen. Um Kosten zu sparen, vergab man daher seit 1945 nur noch Darlehen zum Erwerb der Parzelle und des Baumaterials, während die Bauarbeiten durch eigene Leistungen erfolgten. Es entstanden die *viviendas económicas* (ausführliche Darstellung bei MERTINS 1987a), deren Anzahl jedoch ebenfalls nicht genügte, die mit den Zielen des Wohlfahrtsstaates nicht zu vereinbarenden *cantegriles* zu beseitigen. Um hier Abhilfe zu schaffen und um die Bodenspekulation vor allem entlang der Küstenzone einzuschränken, traten Mitte der 40er Jahre zwei Gesetze mit normativen Auflagen für den Wohnungsbau in Kraft. Sie wurden 1947 durch eine Mietgesetzgebung ergänzt, die nicht nur einem Kündigungsverbot gleichkam, sondern auch jegliche Anpassung der Miethöhe an die Inflation verhinderte. Die sich verringernde Rentabilität verursachte einen starken Rückgang bei der Errichtung neuer Mietwohnungen, und aufgrund des geringeren Angebots setzte sich im Zentrum die Verdichtung des verfügbaren Wohnraumes mit ihren negativen baulichen Verfallserscheinungen fort.

Das *Ley de Propiedad Horizontal* (1946) ermöglichte die Errichtung hoher Gebäude mit Eigentumswohnungen, um der Bodenspekulation in der bevorzugten Küstenzone entgegen-zuwirken. Dagegen hatte das *Ley de Centros Poblados* (1946) im wesentlichen die Verbesse-rung der Wohnverhältnisse in den peripheren Bereichen Montevideos zum Ziel. Das *INVE* förderte in diesem Zusammenhang die Errichtung von Großwohnsiedlungen (*conjuntos habita-cionales*) und orientierte sich bei den Standorten an den Zielvorstellungen des *Plan Director*, der beide Gesetze in die städtebauliche Entwicklung einbrachte.

Der *Plan Director*, der 1956 Rechtskraft erlangte, schrieb keine einheitliche und schema-tische Vorgehensweise der öffentlichen Hand zur Kontrolle der Stadtentwicklung Monte-videos vor. Im Gegensatz zum *Plan Regulador*, der eine definitive Neuordnung zur Lösung der städtischen Probleme anstrebte, versuchte man im *Plan Director*, allgemein gehaltene, langfristige Absichten mit kurzfristig wirkenden Programmen für konkrete Vorhaben zu realisieren. Mit der Vorgabe von nur grob formulierten Zielvorstellungen war beabsichtigt, die Planung für einzelne Teilbereiche zukünftigen Erfordernissen, die z.B. aus geänderten ökono-mischen und finanziellen Rahmenbedingungen resultierten, anzupassen. Man erreichte damit im Vergleich zum *Plan Regulador* eine gewisse Flexibilität und außerdem durch die Schaf-fung einer *Comisión Asesora*, der die Direktoren aller Fachplanungsbereiche der Stadtver-waltung Montevideos angehörten, übergeordnete und inhaltlich abgestimmte Planungsvorhaben. Die allgemeinen Zielvorstellungen des *Plan Director* gehen im wesentlichen auf drei Konzep-te, die zum Teil bereits im *Plan Regulador* Ausdruck fanden, zurück:
1. Die Gliederung Montevideos in Zonen mit unterschiedlichen Funktionen und die Errichtung großer mit Grünflächen umgebenen Wohngebäuden drückten sowohl den Einfluß von LE CORBUSIER als auch der Charta von Athen (1933) aus (vgl. Kap. 3.1.6). Vorgesehen waren Wohn- und Industriegebiete sowie eine Entflechtung der polyfunktionalen Innenstadt durch die Stärkung vorhandener Stadtteilzentren mit dem Ziel, eine stärker polyzentrische Struktur Montevideos zu erreichen.
2. Eng damit verbunden war die Idee der Nachbarschaftseinheiten (*unidades vecinales*), die das räumliche Bezugssystem für Versorgungseinrichtungen (kurzfristiger Bedarf, Gesund-heits- und Bildungswesen) darstellten.
3. In Anlehnung an den London-Plan (1943) vereinte man eine sektorale mit einer konzentri-schen Gliederung. Hierzu legte man Siedlungsachsen fest, zwischen denen sich Freiflächen erstreckten, und definierte in Abhängigkeit von Bevölkerungsdichtewerten eine urbane, suburbane und ländliche Zone. In den Teilgebieten des Departamento von Montevideo mit vorwiegend agrarischer Nutzung versuchte man, durch die Ausweisung städtischer Kerne (*núcleos satélites*) die flächenhafte Expansion einzuschränken.
Die erste Untersuchung im Rahmen des *Plan Director* teilte die Stadt in die einzelnen Zonen ein und legte innerhalb der Wohngebiete *sectores* (etwa 120.000 Ew.), *distritos* (30.000 Ew.)

sowie *unidades vecinales* (10.000 Ew.) fest. Auf dieser Grundlage erstellte man einen General-
verkehrsplan, der die Straßen nach ihren nationalen und innerstädtischen Aufgaben klassifizier-
te, und leitete entsprechende Maßnahmen zum Ausbau des Verkehrsnetzes ein. Außerdem
koordinierte man die Linien des öffentlichen Nahverkehrs, um die bestmögliche Erreichbarkeit
der städtischen Zentren zu erzielen. Neben dieser auf das gesamte Stadtgebiet ausgerichteten
Planung existierten auch städtebaulich orientierte Vorhaben für bestimmte Teilräume wie z.B.
der *Plan de Remodelación Integral*, der eine vollkommen bauliche Neugestaltung der Altstadt
mit der Ausweisung funktionaler Kerne (Einzelhandel, Finanzaktivitäten, Büro- und Wohnnutzung) zum Ziel hatte.

Das Abklingen des Baubooms um 1959 verschärfte die rezessiven Tendenzen, die vom
zurückgehenden Agrarexport ausgingen. Denn die ökonomische Aufwärtsentwicklung konnte
nur so lange andauern, wie die Landwirtschaft ausreichende Handelsbilanzüberschüsse erzielte,
um den negativen Saldo des industriellen Sektors zumindest auszugleichen. Denn die Industrie,
die von Anfang an durch Zölle geschützt war und daher wegen mangelnder Konkurrenzfähigkeit ihre Waren nur auf dem heimischen Markt absetzen konnte, war stets auf den Import von
Gütern zur Aufrechterhaltung ihrer Produktion angewiesen. Strukturelle Änderungen in der
Wirtschaftspolitik mußten spätestens dann vollzogen werden, wenn auf dem Weltmarkt ein
Preisverfall für landwirtschaftliche Produkte einsetzte (vgl. Kap. 3.1.6)

Diese Entwicklung begann nach dem Koreakrieg etwa im Jahre 1955. Abschläge gab es bei
Wolle und Leder wegen der Einführung von Kunstfasern, bei Fleisch wegen zunehmender
europäischer Selbstversorgung. Auf dem Weltmarkt verschärfte sich mit Neuseeland und
Australien die Konkurrenz, deren Exporte nach England, dem Hauptabnehmer uruguayischer
Produkte, durch Commonwealthvereinbarungen begünstigt wurden. Eine Reaktion auf die
geänderten Bedingungen unterblieb. Möglichkeiten wären neben der Intensivierung der Landwirtschaft, die Diversifizierung ihres Angebotes, die Weiterverarbeitung agrarer Produkte und
stärkere Exportorientierung der Industrie gewesen. Dies hätte erfordert, den Kapitalentzug
aus der Landwirtschaft, z.B. durch Verringerung fiskalischer Abgaben oder durch die Abschaffung fester Höchstpreise, in die übrigen Wirtschaftssektoren zu mindern und sowohl im
primären als auch im sekundären Bereich steuerliche Begünstigungen für Produktivitätssteigerungen einzuführen. Diese Maßnahmen hätten eine finanzielle Belastung der staatlichen
Haushalte zur Folge gehabt, die durch eine effektivere Steuererhebung und somit höhere Einnahmen der öffentlichen Verwaltungen zu verhindern gewesen wäre.

Die politischen Bedingungen, um diese Änderungen einzuführen, waren jedoch in den 50er
Jahren nicht gegeben, da die regierenden *Colorados* an der protektionistischen und auf den
Binnenmarkt ausgerichteten Wirtschaftspolitik festhielten. Die Folge war seit 1955 eine
wirtschaftliche Stagnation. Mit der geringeren Rentabilität im agraren Sektor ging auch die
Nachfrage nach industriellen Produkten zurück. Im Industriebereich schränkten die Lohnkosten
die Wettbewerbsfähigkeit weiter ein, so daß man die Unternehmen nur durch eine Erhöhung
der Importzölle vor dem Konkurs bewahren konnte. Diese Maßnahmen verhinderten aber eine
den Löhnen angemessene Produktivitätssteigerung, da die Einführung neuer Technologien zu
teuer wurde. Die Folge war ein zwischen 1955 und 1973 nahezu gleichbleibendes Brutto-

inlandsprodukt, und somit standen unveränderten Einnahmen der öffentlichen Haushalte wachsende Ausgaben gegenüber. Die Regierungen behalfen sich mit der Ausweitung der Geldmenge, und die Inflation wurde in den 60er Jahren ein strukturelles Merkmal der uruguayischen Wirtschaft. Es begann eine Kapitalflucht, so daß Gelder für notwendige Investitionen fehlten. Im Jahre 1955 waren etwa 10 %, 1965 bereits 27 % und Ende der 70er Jahre 42 % der Ersparnisse privater Haushalte in ausländischen Währungen, vor allem dem US-Dollar, angelegt.

Die wirtschaftliche Stagnation verschärfte die inneren sozialen und politischen Auseinandersetzungen. So konnten die seit 1967 gewählten Regierungen nur noch mit Hilfe von Ausnahmeregelungen regieren, und die stärker werdenden *Tupamaros* erhöhten den Einfluß der Militärs, die im Juni 1973 an die Macht kamen. Sie liberalisierten in den folgenden Jahren schrittweise alle Handels- sowie Kapitalaktivitäten und verdrängten somit den seit Batlle verfolgten Staatsinterventionismus (vgl. Kap. 3.1.6). Es setzte ein wirtschaftliches Wachstum ein, das eine jährliche Zuwachsrate von durchschnittlich 4,1 % erreichte und das mit Schwankungen (+1,2 % bis +8,6 %) bis 1981 anhielt.

Der von den Militärs verfolgte Neoliberalismus sah die Ursachen für die wirtschaftliche Stagnation des Landes seit 1955 im wesentlichen bei internen Faktoren (vgl. Kap. 3.1.6). Hierzu zählten der umfassende Einfluß des Staates im wirtschaftlichen Leben, die Importsubstitutionsstrategie sowie die hohen Lohn- und Sozialkosten. Das Regierungsziel bestand darin, vor allem durch eine aktive Inflationsbekämpfung sowie durch eine Öffnung des Binnenmarktes die marktwirtschaftlichen Elemente und die Gewinnchancen der Unternehmen zu stärken. Hierzu ging man in Uruguay schrittweise vor (ausführliche Darstellung in ASTORI 1981, ESSER u.a. 1983, FAROPPA 1984, GANS 1987b): Bis 1978 förderte man die Exporte nicht-traditioneller Agrarprodukte sowie industriell gefertigter Konsumgüter der Textilbranche. Im September 1974 begann eine vorsichtige finanzielle Öffnung. Um die Wettbewerbsfähigkeit zu verbessern, stellte man die Konvertibilität des Peso her, erleichterte Importe ausgewählter Produkte und erhöhte die Nominallöhne nicht mehr entsprechend der Teuerungsrate. Nach 1978 bekämpfte man die Inflation durch periodische Abwertungsschritte, die stets kleiner als die Preiserhöhungen waren. Diese Maßnahme führte zu einer realen Aufwertung des Peso und verringerte die Einfuhrpreise. Weitere Importliberalisierungen im Jahre 1980 ergaben Absatzschwierigkeiten sowohl binnenorientierter Betriebe, die nicht mehr mit den billigen Einfuhren konkurrieren konnten, als auch der Exporte aufgrund der realen Pesoaufwertung. Die Regierung floatete im November 1982 den Peso, und innerhalb von fünf Wochen sank sein Wert gegenüber dem Dollar von 14 auf 47 Pesos. Nur massive Aufkäufe der Zentralbank stabilisierten ihn bei 25 Pesos. Diese Abwertung wirkte schockartig, muß man doch bedenken, daß die Kredite in der Regel in US$ vergeben worden waren (günstiger für die Gläubiger wegen der Überbewertung des Pesos), sich also die Schulden binnen kürzester Frist verdoppelt hatten. Das Ergebnis war ein Anstieg der Arbeitslosigkeit auf 12,5 % und ein nochmaliges Absinken der Reallöhne (vgl. Kap. 6.2). Die Kaufkraft der Lohnempfänger sank damit seit 1968 um 46 % und somit auch die Binnennachfrage.

Die ökonomische Liberalisierung wirkte sich in Montevideo in einer erhöhten Bodenspekulation mit all ihren baulichen Konsequenzen aus. Sie konzentrierte sich zunächst auf den Bau von Komforteigentumswohnungen in Pocitos und verlagerte sich ab Mitte der 70er Jahre zur Altstadt hin. Die dort vorhandene Nachfrage nach Immobilien ergab sich hauptsächlich aus Erweiterungs- und Neubauten des tertiären Sektors. Sie wurden weniger von den Banken getragen, sondern vielmehr von Einrichtungen, die mit den Finanzaktivitäten sehr eng verbunden sind: öffentliche Verwaltungen, Handel und freie Berufsstände suchten die Nähe zum Hafen, da die Öffnung des nationalen Marktes den Im- und Export anregte. Die Altstadt erhielt dadurch eine Aufwertung ihrer Standortqualitäten, was den höchsten Bevölkerungsrückgang für ein städtisches Teilgebiet nach 1963 (-1,57 % pro Jahr) zur Folge hatte.

Die Bodenspekulation wurde durch die Freigabe der Mieten zusätzlich begünstigt. Im Jahre 1974 erließ die Regierung ein neues Mietgesetz (*Ley de Alquileres*), das alle Preisbindungen aufhob. Die Regierung versuchte zwar, zu hohe Belastungen für Haushalte, die vor 1974 einen Mietvertrag abgeschlossen hatten, einzudämmen, indem sie in diesen Fällen gewisse Restriktionen für Preissteigerungen einführte (vgl. GANS 1987b, MERTINS 1987a). Dadurch entstand ein Markt für ältere und neuere Wohnungen. Die Aufteilung wirkte sich vor allem bei jungen und zugewanderten Haushalten aus, die auf dem Wohnungsmarkt zum ersten Mal als Nachfrager auftraten. Für sie waren die finanziellen Belastungen bei neuen Mietverträgen sehr hoch: Neben der jährlichen Kostenanpassung, die in der Regel höher als die Einkommenssteigerungen war, mußten sie vier bis fünf Monatsmieten als Sicherheit hinterlegen. Sie tendierten daher aus mehreren Gründen in Richtung Zentrum: zahlreiche größere und ältere Mietshäuser, leerstehende Gebäude, Wohltätigkeitsvereine, Konzentration von Eßküchen und Arbeitsplätzen, die leichtere gegenseitige Unterstützung und die bessere Infrastruktur. Haushalte, mit geringen finanziellen Mitteln, hatten außerdem nur die Möglichkeit, an der Peripherie illegale Squattersiedlungen zu errichten. Die resultierende zellenförmige Differenzierung der Bevölkerungsentwicklung wird durch eine räumliche Überlagerung der ring- und sektorenförmigen Verteilung der mittleren jährlichen Zuwachsraten ergänzt (vgl. Abb. 14). Im zentralen Bereich innerhalb des Bulevar Artigas ging die Einwohnerzahl zurück. Hohe Verluste lagen zwischen 1963 und 1985 z.B. für die Innenstadt mit jährlich -1 % vor (Montevideo: +0,3 %). Dagegen verzeichnete die Küstenzone zwischen Pocitos und Carrasco eine positive Entwicklung (+0,9 %), was die hoch eingeschätzte Bewertung der dortigen Wohnstandorte bestätigt und die Verteilung der Bodenpreise widerspiegelt. Diese Verdichtung ist entlang des Rio-de-la-Plata-Ufers sektoral weiter vorangeschritten als im übrigen Stadtgebiet, in dem eher eine ringförmige Veränderung festzustellen ist. Unterschiedliche Faktoren bewirkten diese Muster. Direkt an der Küstenzone (vor allem in Pocitos) errichtete die private Bauwirtschaft eine mehr oder minder geschlossene Hochhausfront mit Eigentumswohnungen (*Ley de Propiedad Horizontal*), während z.B. in Malvinas Norte nördlich der Av. Italia nach dem *Plan Nacional de Vivienda* unter staatlicher Führung mehrere *conjuntos habitacionales* entstanden. Dieser nationale Plan beabsichtigte mit Hilfe der Neubautätigkeit, das erhebliche Wohnungsdefizit vor allem bei unteren Sozialschichten zu verringern (ausführliche Darstellung in MERTINS 1987a). Die höchsten Zuwachsraten lagen zwar in den Achsenspitzen entlang der Ausfallstraßen von Montevideo vor, doch wurden die Zwischenräume relativ schnell durch die Bautätigkeit aufgefüllt, so daß sie ihre ökologische Ausgleichsfunktion nur in geringem Maße wahrnehmen konnten. Dies widersprach im Prinzip den Zielvorstellungen des *Plan Director*.

Abb. 14: Vorhaben des *Plan Director* (1982) und die Zentrenstruktur Montevideos (1985)

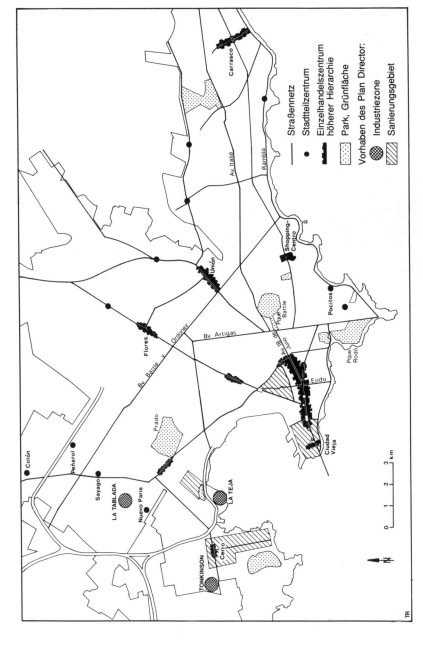

Quelle: *TIUR* 1986; eigene Auswertung

Erst 1982 überarbeitete man den Plan, der am 28. Januar 1983 Gesetzeskraft erhielt und vorläufig bis 1986 nach Durchführung des Zensus' gelten soll (vgl. Abb. 14):

- Im Verkehrswesen zielte man auf eine bessere Querverbindung der Nationalstraßen sowie auf eine Anbindung des Zentrums Richtung Norden entlang der Bucht ab.
- Die Förderung privater Investitionstätigkeiten in vier Stadtteilen (Ciudad Vieja, Aguada-Cordón, La Teja und Cerro) soll dort die Wohnsituation verbessern.
- Für industrielle Nutzungen wies man eigene Gebiete aus, um ökologische Konflikte mit der Wohn- oder Erholungsfunktion zu mindern.
- Durch Ausweitung von Grünflächen will man versuchen, die fortschreitende Verdichtung entlang der Küste einzuschränken.

Abb. 15: Anzahl der Personen je Wohnung in Montevideo (1985)

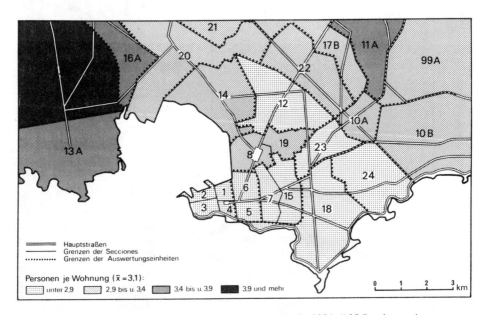

Quelle: *VI Censo General de Población y IV de Vivienda 1985* (1986); eigene Auswertung

Eine zu fördernde Dezentralisierung der polyfunktionalen Innenstadt wurde in der Revision nicht mehr aufgegriffen, obwohl diese Maßnahme erforderlich wäre, um eine ausreichende Versorgung vor allem unterer Sozialschichten zu gewährleisten. Abbildung 14 zeigt nämlich folgende räumliche Verteilung des Einzelhandels:

1. Überragendes Zentrum ist die Av. 18 de Julio, in der die höchsten Bodenwerte erreicht werden (vgl. MERTINS 1987a). Dies trifft sowohl für die Fläche als auch für die qualitative Ausstattung zu.
2. Das wichtigste Nebenzentrum ist unter rein quantitativen Aspekten in Unión zu finden, während in Pocitos das *Shopping-Centro* zum Teil die Versorgung oberer Sozialschichten

abdeckt und damit eine gewisse Degradierung der Av. 18 de Julio bewirkt.

3. Deutlich zu erkennen ist eine Unterversorgung der durch die Industrie geprägten Stadtteile Victoria, Cerro, La Teja oder Peñarol.

Leider kann auch für Montevideo nur ein grober Überblick über die unterschiedlichen Wohnbedingungen im Jahre 1985 gegeben werden, da die Zensusdaten nur für großräumige Teilgebiete und für wenige Variablen (Bevölkerung, Haushalte, Wohnungen) veröffentlicht sind (vgl. Kap. 2). Ähnlich wie für Buenos Aires wurde als Indikator zur Beschreibung der Wohnqualität die Zahl der Personen je Wohnung ausgewählt. Abbildung 15 belegt, daß sich der mittlere Wert zur Peripherie hin erhöht und daß seine Zunahme entlang der attraktiven Küstenzone am Rio de la Plata langsamer erfolgt als in Richtung der traditionellen Arbeiterwohngebiete nördlich der Bucht, in denen der Quotient z.T. über vier Personen je Wohnung liegt.

Aussagen über die zukünftige Stadtentwicklung Montevideos sind ähnlich schwer zu treffen wie für Buenos Aires. Neuere Bestrebungen tendieren zu einer Dezentralisierung, zur Stärkung der Stadtviertel in der Versorgung der Bevölkerung mit dem täglichen und mittelfristigen Bedarf und auf eine Erneuerung der zentral gelegenen Stadtteile mit älterer Bausubstanz (vgl. GANS 1987b).

3.3 Zusammenfassende Betrachtung der Stadtentwicklung von Buenos Aires und Montevideo

Die Ausführungen im vorangegangenen Kapitel belegen eine weitgehend übereinstimmende Entwicklung beider Hauptstädte. Zur Kolonialzeit hatten sie wichtige Verteidigungsaufgaben inne, und die Hafenfunktion legte den Grundstein für die spätere Dominanz über die anderen nationalen Wirtschaftsräume. Die ökonomische Bedeutung des Hafens kam seit 1880 immer stärker zur Geltung, da beide Länder als Agrarexporteure in den Weltmarkt integriert wurden. Diese Einbindung hatte wachsende ausländische Investitionen sowie eine massive Einwanderung aus Europa zur Folge. Die städtische Expansion, die nach 1904 an Intensität gewann, wurde im wesentlichen vom Ausbau des öffentlichen Nahverkehrs sowie von der Möglichkeit, ein Grundstück durch Ratenzahlungen zu erwerben, getragen. Das sprunghafte Bevölkerungswachstum vor dem Ersten Weltkrieg, die wirtschaftliche Aufwärtsentwicklung sowie die Konzentration administrativer und ökonomischer Funktionen erhöhten das Übergewicht der beiden Städte, die sich entlang der Verkehrswege ausdehnten. Erste Ansätze einer sozial orientierten Wohnungsbaupolitik hatten gewisse Erfolge. Allerdings zielten Planungsmaßnahmen weniger auf eine abgestimmte Flächennutzung, sondern vielmehr in Anlehnung an den Plan von HAUSSMANN für Paris auf die Verschönerung der Innenstädte und die Schaffung breiter Avenidas mit repräsentativem Charakter.

Nach der Weltwirtschaftskrise versuchten die Regierungen, mit Hilfe der Importsubstitutionsstrategie ihre Abhängigkeit von Einfuhren industrieller Erzeugnisse zu verringern. Der Aufbau einer eigenen Industrie stärkte das Übergewicht der beiden Metropolen, da sie den mit Abstand größten Binnenmarkt stellten. Die Immigration wurde - in Buenos Aires intensiver als in Montevideo - durch die Zuwanderung aus dem *Interior* ersetzt. Sie hatten zur Folge, daß die Bereitschaft der Besitzer, ihre Häuser zu erhalten, stark zurückging und der Neubau von Mietwohnungen weitgehend unterblieb. Um der Wirtschaft Impulse zu geben, förderten die Regierungen die Eigentumsbildung breiter Bevölkerungsschichten. Untere Einkommensgruppen erwarben häufig ein Grundstück und bauten sich in Selbstarbeit schrittweise ein eigenes Haus, während einkommensstärkere Haushalte nach dem *Ley de Propiedad Horizontal* Ende der 40er Jahre Apartments in attraktiven Stadtvierteln kauften. Das Aufkommen der Linienbusse beschleunigte die Zersiedlung der bis dahin weitgehend frei gebliebenen Flächen zwischen den wichtigsten Verkehrsachsen, und es entstanden geschlossen bebaute Stadtgebiete, denen größere Naherholungsräume fast gänzlich fehlten.

Die geringe Bebauungsdichte sowie die intensive Durchmischung sich störender Nutzungen waren der Ansatz erster Stadtentwicklungspläne, deren Ziele durch die frühen Arbeiten von LE CORBUSIER und der Charta von Athen beeinflußt waren. Man wollte ein für die gesamte Stadt einheitliches Konzept realisieren, das allerdings wegen zu hoher Kosten und seiner tiefen Einschnitte in die Stadtstruktur ohne direkte Auswirkungen auf städtische Vorhaben blieb. Erst in den 50er Jahren stellte man verbindliche Pläne auf. Innerhalb allgemein formulierter Richtlinien arbeiteten die Stadtverwaltungen für einzelne Teilräume z.B. Maßnahmen zur Verbesserung der Verkehrssituation, der Wohnbedingungen und der Neugestaltung von Grünflächen aus. Doch waren die Effekte gering, da mit der wirtschaftlichen Rezession seit etwa 1955 und der damit einhergehenden wachsenden politischen Instabilität die Grundlage für eine kontinuierliche und längerfristig wirkende Stadtplanung fehlte.

Die Machtübernahme der Militärs in den 70er Jahren hatte zwar aufgrund der ökonomischen Liberalisierung einen kurzen wirtschaftlichen Boom zur Folge, doch verschärften sich die sozialen Spannungen, verschlechterten sich die Wohnverhältnisse vieler Haushalte, und die Verschuldung beider Staaten schränkte den finanziellen Handlungsspielraum der heutigen demokratischen Regierungen für eine sinnvolle Stadtgestaltung drastisch ein.

4. DIE INNENSTÄDTE VON BUENOS AIRES UND MONTEVIDEO: NUTZUNGS-DIFFERENZIERUNG SOWIE STRUKTURELLE UND BAULICHE VERÄNDERUNGEN

Im Mittelpunkt dieses Kapitels steht die Untersuchung über die räumliche Verteilung ausge-wählter Funktionen wie öffentliche Verwaltungen, Finanzaktivitäten, Büros oder Einzelhandel in den Innenstädten von Buenos Aires und Montevideo. Der einführende Teil geht auf Be-griffsbestimmungen, auf vorliegende Forschungsergebnisse zur inneren Differenzierung von Stadtkernen und ihre Dynamik ein. Es folgt die Analyse der Nutzungsverteilungen ein-schließlich ihrer zeitlichen Entwicklung in den Innenstadtbereichen beider Hauptstädte. Die Ergebnisse basieren auf kartographischen Darstellungen verschiedener Funktionen sowie auf zweidimensionalen Lage- und Streuungsparametern. Nach einer kurzen Darstellung stadtplane-rischer Maßnahmen zur Erhaltung der funktionalen Bedeutung des Stadtzentrums in der jeweiligen Hauptstadt schließt die Zusammenfassung, welche die Gemeinsamkeiten sowie Unterschiede in der räumlichen Differenzierung und in der Entwicklung der Stadtkerne hervor-hebt, die Ausführungen ab.

4.1 Begriffsbestimmung und innere Differenzierung von Innenstädten

In den bisherigen Ausführungen wurden für das zentral gelegene Teilgebiet von Buenos Aires und Montevideo verschiedene Begriffe wie Innenstadt, Stadtmitte, Stadtzentrum oder Stadtkern gleichbedeutend verwendet, da sich eine definitorische Festlegung zu Beginn dieses Kapitels, dessen inhaltlicher Schwerpunkt sich mit diesem Teilraum beschäftigt, anbot. Dabei tritt allerdings die Schwierigkeit auf, daß es in der deutschsprachigen Literatur zur Stadtgeographie weder eine einheitliche Bezeichnung für den "zentralst gelegenen Standortraum einer Stadt" gibt, noch eine übereinstimmende Definition für einzelne Begriffe vorliegt (HEINEBERG 1986, S. 34). In Anlehnung an KLÖPPER (1961), NIEMEIER (1969), LICHTENBERGER (1972a) und HOFMEISTER (1972) soll mit HEINEBERG (1986, S. 36) der Citybegriff im funktionalen Sinne verstanden werden. "City ist der zentralst gelegene Teilraum einer größeren Stadt mit einer räumlichen Konzentration hochrangiger zentraler Funktionen, deren Standorte
a) vielfältig miteinander in Beziehung stehen, d. h. Standort- oder Funktionsgemeinschaften bilden,
b) i. a. räumlich gegliedert sind und damit sog. funktionale Viertel bilden und
c) durch eine differenzierte Entwicklungsdynamik gekennzeichnet sind".

Im folgenden wird zu diesem Citybegriff die Bezeichnung Stadtkern synonym verwendet (vgl. KLÖPPER 1961). Typische Nutzungen sind z.B. der Einzelhandel in allen Qualitätsstufen und Größenordnungen, tertiäre und quartäre Dienstleistungsunternehmen wie Versicherungen, Geldinstitute, Krankenkassen, Rechtsanwälte, Steuerberater oder Immobilienmakler, das Beher-bergungs-, Gaststätten- und Unterhaltungsgewerbe. Aus dieser räumlichen Konzentration von Funktionen mit überregionaler Reichweite lassen sich weitere Merkmale des Stadtkerns ablei-ten: das Überwiegen der Tag- gegenüber der Nachtbevölkerung, eine hohe Arbeitsplatzdichte, eine außergewöhnliche Verkehrsintensität, stark erhöhte Boden- und Mietpreise sowie besondere physiognomische Merkmale wie die überdurchschnittliche Bebauungsdichte bei vergleichsweise großem Repräsentationsaufwand (HOFMEISTER 1972, S. 91 ff., HEINEBERG/DE LANGE 1983, S. 237). Dagegen umfaßt die Innenstadt, die Stadtmitte oder das Stadtzentrum neben der City auch angrenzende Gebiete, in denen nicht nur die Wohnfunktion stark vertreten ist, sondern sich auch Nutzungen mit verarbeitendem Charakter, der Großhandel, die Lagerhaltung, Baulücken sowie leerstehende Gebäude - oftmals in schlechtem baulichen Zustand - befinden.

Auf den wesentlichen Elementen (zentralst gelegener Teilraum, räumliche Gliederung, Funktionsgemeinschaften) der zugrundeliegenden Citydefinition basieren drei Untersuchungsansätze (CARTER 1980, S. 233): Die erste Gruppe von Analysen beschäftigt sich vornehmlich mit der Abgrenzung des Stadtkerns. Die z.B. von MURPHY/VANCE (1954) vorgeschlagene Methode eignet sich gleichzeitig zur Ermittlung der inneren räumlichen Struktur. Dieses Ziel steht beim zweiten Ansatz im Vordergrund. Allerdings versucht man in diesem Falle, die Differenzierung mit Hilfe der Standortverteilung einzelner Funktionen, die der Innenstadt zuzuordnen sind, festzustellen. Die dritte Gruppe bezieht im Sinne systemtheoretischer Aussagen über die räumlichen Unterschiede die Verflechtungen zwischen den Nutzungen ein.

Die vorliegenden empirischen Unterlagen erlauben lediglich, den zweiten Ansatz zu verfolgen (vgl. Kap. 2), da für beide Innenstädte bestenfalls Angaben zu Grundstücks- und nicht Geschoßflächen zur Verfügung stehen und die notwendige areale Erfassung der Funktionen bei anzutreffenden Mischnutzungen der Gebäude fehlt. Außerdem ist im Falle von Buenos Aires die mangelnde Differenzierung nach Stockwerken zu erwähnen, und für Montevideo die nicht bekannte Größe der Parzellen entlang der Av. 18 de Julio. Aus diesen Gründen scheidet der erste Ansatz aus, und - da keine Unterlagen über Verflechtungen zwischen verschiedenen Nutzungen existieren - können auch die Ziele der dritten Gruppe nicht verfolgt werden. Die innere Differenzierung der beiden innenstädtischen Bereiche und ihre Dynamik in den vergangenen zwanzig Jahren stehen somit im Vordergrund des Interesses.

Die unterschiedliche Verteilung von Nutzungen und die hieraus resultierende Struktur der Innenstädte sind Ausdruck eines Prozesses, der eigentlich mit der Stadtgründung beginnt (vgl. DAVIES/BENNISON 1978). Somit weist die gegenwärtige Gliederung auf zeitlich zurückliegende Standortentscheidungen von Unternehmen hin, die unter den jeweiligen Bedingungen eine optimale Lage innerhalb des Stadtgebietes auswählten. Im Hinblick darauf ist zu betonen, daß aufgrund der Interdependenzen zwischen der weltwirtschaftlichen Integration Argentiniens und Uruguays im vorigen Jahrhundert, der enormen Expansion beider Hauptstädte schon vor dem Ersten Weltkrieg und des Ausbaus des Nahverkehrsnetzes (vgl. Kap. 3) nicht nur die Citybildung, d.h. die Verdrängung der Wohnnutzung durch gewerbliche Funktionen im weitesten Sinne (HOFMEISTER 1972, S. 90), bereits vor 1900 im Bereich der zentralen Plaza de Mayo einsetzte (vgl. Karte 5), sondern mit diesen Einflußgrößen auch die Voraussetzungen für die frühe Transformation der jeweils kolonial geprägten Stadtstrukturen gegeben waren (vgl. SCHNORE 1965).

Im folgenden wird unter Cityentwicklung alle Veränderungen des Standortgefüges von Nutzungen im Stadtkern verstanden. Darunter fallen sowohl Verschiebungen im Gewicht der unterschiedlichen Nutzungen, wie z.B. die Verdichtung der Finanzaktivitäten innerhalb desselben Teilraumes, als auch räumliche Verlagerungen citytypischer Funktionen, u.a. die Verdrängung des Einzelhandels im Stadtkern durch Büroeinrichtungen. Falls sich die räumlichen Veränderungen auf die "transitorische Zone" beziehen, soll von Cityexpansion oder Citykontraktion gesprochen werden. Dabei wird in Anlehnung an das Stadtentwicklungsmodell von BURGESS (1925) als Cityexpansion das Eindringen citytypischer Funktionen in die "transitorische Zone" definiert (vgl. FRIEDRICHS/GOODMAN 1987). Diese Ausweitung des Stadtkerns kann sowohl durch die Verdrängung nicht-citytypischer Nutzungen (absoluter Rückgang) als auch durch die Errichtung neuer Gebäude (relativer Bedeutungsverlust) erfolgen. Umgekehrt ist unter Citykontraktion die Aufgabe von Standorten mit citytypischen Funktionen in der "transitorischen Zone" zu verstehen (vgl. MEIER 1985, FRIEDRICHS/GOODMAN 1987).

Ökonomische Modellvorstellungen zur inneren Gliederung der Städte, die im wesentlichen auf den Arbeiten von ALONSO (1960) basieren, gehen davon aus, daß der höchste Bodenwert für eine Flächeneinheit über dem Punkt mit maximaler Erreichbarkeit bzw. mit minimalen Transportkosten liegt. Für das starke Ansteigen der Grundstücks- bzw. Mietpreise in Richtung des optimalen Standortes ist der Raumanspruch sowie vor allem der Wettbewerb der verschiedenen Funktionen um die mit größerer Nähe zu diesem zentral gelegenen Punkt knapper werdenden Flächen ausschlaggebend. Dieses Konkurrenzverhalten der Nutzungen resultiert aus ihrem unterschiedlichen Spezialisierungsgrad. Je größer er ist, desto stärker wird das Bestreben sein, einen Standort nahe des Transportkostenminimums auszuwählen, um einen möglichst großen Einzugsbereich zu erreichen. Es gilt nun der Grundsatz, daß nur dasjenige Unternehmen ein Grundstück in einer bestimmten Lage erhält, das den höchsten Preis dafür bezahlt, um hier den maximalen Gewinn erwirtschaften zu können. Er muß je Flächeneinheit im Vergleich zu den Nutzungen, die den Wettbewerb nicht erfolgreich bestehen konnten, größer sein, da die Betriebsleiter davon ausgehen müssen, die höheren Mieten der zentral gelegenen Standorte aufbringen zu können. Es ergibt sich somit eine räumliche Differenzierung der Funktionen innerhalb der City. Während Raumanspruch und Konkurrenzverhalten den Bodenwert in Richtung des Punktes maximaler Erreichbarkeit in die Höhe treiben, resultiert die räumliche Trennung der Nutzungen im wesentlichen aus ihrer unterschiedlichen Fähigkeit, notwendige Erträge je Flächeneinheit zu erzielen. Aufgrund dieser Überlegungen ist eine konzentrische Struktur der City und der Innenstadt anzunehmen. Innerhalb der City entsteht in unmittelbarer Nähe des Punktes mit minimalen Transportkosten ein Citykern oder *Central Business District* (CBD), der sich durch eine besonders große Häufung und Dichte citytypischer Nutzungen auszeichnet (vgl. HERBERT/THOMAS 1982). Nach HEINEBERG (1986) lassen sich z.B. durch Ermitteln der Fußgängerströme Hauptgeschäftsbereiche oder -straßen abgrenzen, die vom Einzelhandel geprägt sind und zu den intensivst genutzten Arealen der City gehören.

Die linienhafte räumliche Ausformung dieses Teilgebietes widerspricht jedoch der konzentrischen Struktur, die aus den obigen Modellvorstellungen abgeleitet wurde. Sie postulieren unter der Voraussetzung optimaler Informationen und wirtschaftlicher Rationalität der Entscheidungsträger, daß die Bewertung eines Standortes nur auf die Distanz zum Transportkostenminimum sowie auf die Erreichbarkeitsanforderungen der Nutzungen zurückgeht. Die beiden Merkmale reichen jedoch nicht aus, um die räumliche Differenzierung zu erklären, auch wenn man den Einfluß des Straßennetzes auf die Lagegunst berücksichtigt. Ganz abgesehen davon, treffen die genannten Bedingungen in der Realität nicht zu. DAVIES (1972) führt die komplexe Gliederung auf die Überlagerung von drei elementaren räumlichen Mustern zurück, die sich aus den Standortanforderungen der Einrichtungen ergeben:

1. Die allgemeine Erreichbarkeit (*general accessibility*) ruft eine konzentrische Struktur der Innenstadt hervor und spiegelt den Spezialisierungsgrad der Nutzung wider.
2. Die Nähe zu wichtigen Verkehrsverbindungen (*arterial accessibility*) erzeugt eine linienhafte Verteilung der Einrichtungen.
3. Die agglomerativen Vorteile von gleichartigen Faktoren (*special accessibility*) verursachen spezialisierte Kerne und ein zellenförmiges Muster.

Diese drei Erreichbarkeitsanforderungen können zwar die vielfältigen Eigenschaften der Struktur von Innenstädten hinreichend genau wiedergeben, ohne jedoch die zahlreichen und verschiedenartigen Einflußfaktoren auf die Entscheidungsfindung vollständig zu berücksichtigen. Denn ökonomische Überlegungen, die bereits im konzentrischen Modell von ALONSO ihren Niederschlag gefunden haben, spielen auch bei den elementaren räumlichen Mustern von DAVIES (1972) die stärkste Rolle. DAVIES/BENNISON (1978) erweitern diesen Ansatz durch die Einbeziehung des Entscheidungsablaufes bei der Standortfindung. In einer ersten Phase legen die Unternehmen aufgrund der erforderlichen Erreichbarkeit das Gebiet fest, in dem die zukünftige Nutzung angesiedelt werden soll, und wählen dann in einem zweiten Schritt den Standort aus: Es fließen bauliche Gestaltung, Image der Lage, Verkehrsplanung, finanzielle Bedingungen oder gesetzliche Vorschriften bei dieser Entscheidung ein, die letztendlich nicht alle Einflußgrößen berücksichtigen kann, aber doch bei mehreren Merkmalen Mindestanforderungen erfüllt. Die Bedeutung dieser nicht-ökonomischen Variablen bei der räumlichen Gliederung der Stadtzentren in kontinentaleuropäischen Großstädten hebt LICHTENBERGER (1972a) hervor, und HEINEBERG/DE LANGE (1983) sowie DE LANGE (1989) stellen ein umfassendes Bündel von mehr oder minder subjektiv geprägten Komponenten wie Bedarfsorientierung, Erreichbarkeit, Agglomerationsvorteile, Raumbedarf und -angebot, Einflüsse der Planung, Standorttradition, Repräsentations- und Imagefaktoren zusammen, die die Standortentscheidung von Betriebsleitern privatwirtschaftlicher Einrichtungen des tertiären und quartären Wirtschaftssektors beeinflussen.

Bei der räumlichen Gliederung der Stadtzentren in kontinentaleuropäischen Großstädten hebt LICHTENBERGER (1972a) nicht nur die Bedeutung nicht-ökonomischer Variablen hervor, sondern bezieht zur Erklärung der räumlichen Nutzungsdifferenzierung auch die zeitliche Komponente mit ein. Anziehungspunkte der Citybildung in europäischen Städten waren die repräsentativen Bauten des Adels im historischen Stadtkern sowie die Wohnviertel des gehobenen Bürgertums in unmittelbarer Umgebung staatlicher Gebäude. Die Lage dieser "Kristallisationskerne" in einem bestimmten Sektor der heutigen Stadtzentren begünstigte dadurch eine asymmetrische Cityentwicklung. LICHTENBERGER (1972a) betont den wesentlichen Unterschied in der Cityentwicklung kontinentaleuropäischer und nordamerikanischer Großstädte: Sie stellt dem konzentrischen Aufbau der City in den USA, wo weitgehend fehlende Bauvorschriften und nur wenig ererbte Bausubstanz es ermöglichten, die Grundstückspreise in eine entsprechende Gebäudehöhe zu projizieren, "ein asymmetrisches Cityentwicklungsmodell mit der Unterscheidung von Wachstumsfront und Leitstrahl bzw. Rückfront" (LICHTENBERGER 1972a, S. 227) in Europa gegenüber. Diese Asymmetrie der inneren Struktur, die durch das Vorhandensein von Kernen, in denen sich bestimmte Nutzungen räumlich konzentrieren, bereits vorgezeichnet ist, verstärkt sich durch die Cityexpansion: Wichtige Verkehrsstraßen als "Leitschiene", Wohnviertel der Oberschicht mit hoher Anziehungskraft sowie bauliche Hindernisse bedingen maßgebliche Modifikationen des konzentrischen Schemas. Allerdings konnten FRIEDRICHS/GOODMAN (1987) diese stärker axiale Ausbreitung im Falle der Hamburger City aufgrund restriktiver Maßnahmen der Stadtplanung nicht in all zu großem Umfange feststellen. Außerdem belegen mehrere Untersuchungen über nordamerikanische Städte ebenfalls die Asymmetrie ihrer Cityexpansion sowie die Mehrkernigkeit des Stadtkerns. So verweisen z.B. GRIFFIN/PRESTON (1966) innerhalb der "transitorischen Zone" auf einen von der City ausgehenden und entlang einer wichtigen Verkehrsachse verlaufenden Sektor "aktiver Assimilation" in Richtung älterer Wohngebiete mit hohem sozialen Status. BOWDEN (1971) hebt für San Francisco nicht nur die axiale Cityexpansion hervor, sondern wie WARD (1966) für Boston auch die Gliederung des Stadtkerns. So bildete sich z.B. in Boston der Finanzdistrikt in einem ehemals zentral gelegenen Wohngebiet nahe öffentlicher Einrichtungen mit hohem politischem Einfluß aus (vgl. WARD 1966). Neben dieser Mehrkernigkeit und Asymmetrie nennt LICHTENBERGER (1972a, S.228) weiterhin die "Lückenhaftigkeit des Citygefüges", d.h. in unmittelbarer Nachbarschaft zu Teilräumen mit intensivster Nutzung existieren Zonen mit ausgeprägter Strukturschwäche.

Mehrere Untersuchungen zur Struktur lateinamerikanischer Großstädte zeigen große Gemeinsamkeiten mit dem Cityentwicklungsmodell von LICHTENBERGER. BÄHR (1976), GRIFFIN/FORD (1980), BÄHR/MERTINS (1981) und GORMSEN (1981) weisen auf die Überformung der konzentrischen Stadtgliederung aus vorindustrieller Zeit durch eine im Umkreis der zentralen Plaza beginnenden Citybildung hin, die etwa seit dem Zweiten Weltkrieg bevorzugt entlang schon früher angelegter Prachtstraßen in Richtung der sozialen Oberschichtviertel fortschreitet. Die dadurch hervorgerufene asymmetrische Cityentwicklung drückt sich in einer intensiven baulichen Überformung sowohl innerhalb des Stadtkerns als auch entlang des Sektors der Cityexpansion aus, während in den Teilgebieten, die von den Nutzungsänderungen nicht oder nur wenig erfaßt wurden, die ältere Bausubstanz weitgehend erhalten blieb. Die erwähnten Autoren geben auch Hinweise auf die Mehrkernigkeit der City: Der qualitativ führende Einzelhandel verläßt den kolonialen Kern und siedelt sich nahe der Wohngebiete der einkommensstärkeren Bevölkerungsgruppen an. Dagegen verbleiben die öffentlichen Verwaltungen nahe der Plaza, und die privatwirtschaftlichen Dienstleistungen bilden nahe der Standorte mit guter Erreichbarkeit z.T. einzelne Viertel aus.

Aus den Ausführungen über die historische Entwicklung von Buenos Aires und Montevideo (vgl. Kap. 3) lassen sich unter Einbeziehung vorliegender Untersuchungen (vgl. AAGESEN 1954, RANDLE 1969, GANS 1987b) räumliche Tendenzen ableiten, die eine große Übereinstimmung mit der Cityentwicklung in lateinamerikanischen und kontinentaleuropäischen

Städten aufweisen:

1. Die Citybildung begann in beiden Hauptstädten im historischen Stadtkern, in Buenos Aires in den *cuadras* nahe der Plaza de Mayo, in Montevideo in den *manzanas* zwischen Plaza Matriz und Hafen.

2. Der soziale Gegensatz zwischen den Teilgebieten nördlich und südlich der Plaza de Mayo, der sich nach der Gelbfieberepidemie im letzten Jahrhundert immer stärker abzeichnete, begünstigte das Citywachstum in Richtung Norden. Der dortige Bahnhof Retiro bildete mit seinem Zugang zum Madero-Hafen sowie mit seiner hohen Zugfrequenz, welche die um 1900 einsetzende Suburbanisierung einkommensstärkerer Gruppen erst ermöglichte, einen Pol mit hoher Anziehungskraft.

   In Montevideo bedingt bereits die Lage der Altstadt auf der Halbinsel aus topographischen Gegebenheiten ein asymmetrisches Entwicklungsmodell. Die mit der zunehmenden Expansion der uruguayischen Hauptstadt schlechter werdende Erreichbarkeit der City begünstigte die Ausbildung einer Wachstumsachse, vor allem für nicht hafengebundene Aktivitäten.

3. Leitstrahl dieser Veränderungen war in Buenos Aires zunächst die Calle Florida, die nördliche Verlängerung der Calle Perú, die vom Zentrum zum alten Hafen in La Boca führte. Gegenwärtig ist es die Av. Santa Fé, der alte Verkehrsweg ins Landesinnere. Sie verläuft ungefähr parallel zum Ufer des Rio de la Plata durch den Sektor der sozialen Oberschicht im Norden, und die teuersten Grundstücke in *sección* 7 (vgl. Abb. 10) liegen an dieser Achse.

   In Montevideo war der Leitstrahl die Straßenverbindung "Sarandí-Av. 18 de Julio". Diese Leitlinie wurde durch mehrere Faktoren gestärkt (vgl. Karte 22 a/b):

   - Ausgangspunkt der Av. 18 de Julio ist die Plaza Independencia, die mit dem Präsidentenpalast als neues politisches Machtzentrum die Plaza Matriz ablöste.
   - Die sozial höher stehende Bevölkerung, die nach der Gelbfieberepidemie aus der Altstadt wegzog, bevorzugte zunächst Wohnstandorte entlang der Av. 18 de Julio.
   - Mit der weiteren flächenhaften Expansion Montevideos (vgl. Abb. 13, 14) verschlechterte sich die Erreichbarkeit der Altstadt immer mehr, so daß in den 20er und 30er Jahren zahlreiche Kaufhäuser sowie zum Teil auch öffentliche Einrichtungen (z.B. die Stadtverwaltung Montevideos) die beengten räumlichen Verhältnisse in der Altstadt verließen und sich entlang der Av. 18 de Julio mit immer größer werdender Distanz zur Altstadt ansiedelten. Dort trifft man heute den Einzelhandel mit hoher Qualität nur noch vereinzelt in der Calle Sarandí zwischen Plaza Matriz und Plaza Independencia an (vgl. Karte 26a).

Die Verlagerungen verschiedener Nutzungsarten förderten innerhalb der Stadtkerne eine räumliche Differenzierung, da vor allem der Einzelhandel am stärksten der sozialen Oberschicht folgte, während hafengebundene Aktivitäten ihren Standort in der Altstadt Montevideos weiterhin positiv bewerteten. Die Persistenz wichtiger Einrichtungen, wie z.B. die *Banco de la República* in Montevideo oder die *Banco de la Nación Argentina* in der *cuadra* nördlich der Plaza de Mayo (vgl. Karte 4), trägt ebenfalls zu dieser Beurteilung bei. Somit ist anzunehmen, daß sich die Cities beider Hauptstädte in mehrere Kerne mit hoher Nutzungsintensität gliedern, zwischen denen jedoch immer wieder Lücken auftreten: z.B. begünstigte in Montevideo ähnlich wie in Buenos Aires die neue Wirtschaftspolitik der Militärs die Bodenspekulation, so daß in den 70er Jahren zahlreiche Gebäude mit der Absicht abgerissen wurden, eine höhere Rendite aus den jeweiligen Parzellen zu erhalten. Eine Neubebauung scheiterte jedoch oftmals wegen der 1981 einsetzenden Rezession (Anstieg der Realzinsen, Kapitalknappheit) sowie am Überangebot nicht bebauter Grundstücke, so daß diese in der Nähe wichtiger Einrichtungen oftmals in Parkplätze umgewandelt wurden.

Ziel der beiden folgenden Kapitel ist somit, die bauliche und funktionale Struktur der beiden Innenstädte sowie ihre Veränderungen in den letzten 20 Jahren zu ermitteln und sie mit Hilfe historischer Faktoren und indirekt mit den Standortverlagerungen verschiedener Nutzungen zu erklären. Auf die Probleme, die sich aus den empirischen Unterlagen ergeben, wird zu Beginn des jeweiligen Kapitels eingegangen.

4.2 Die Innenstadt von Buenos Aires

Im ersten Teil dieses Kapitels werden zunächst die Definitionen der einzelnen Nutzungsarten, die Arbeitshypothesen zur funktionalen Gliederung sowie das innerstädtische Untersuchungsgebiet, dessen Abgrenzung aufgrund vorliegender Erhebungen aus den 60er Jahren festgelegt ist, vorgestellt. Es folgen die aktuellen räumlichen Verteilungen der einzelnen Nutzungskategorien im Stadtzentrum, bauliche und funktionale Veränderungen. Differenzierung und Dynamik werden im Falle von Buenos Aires in einem Unterkapitel behandelt, da im Gegensatz zu Montevideo die empirischen Grundlagen zum Untersuchungsgebiet für zwei Zeitpunkte zur Verfügung stehen und zudem die Erhebungsmethoden vergleichbar sind. Zum Schluß wird auf planerische Maßnahmen zur Beseitigung von Verdichtungsproblemen im Citybereich eingegangen.

4.2.1 Untersuchungsgebiet, Definitionen und Arbeitshypothesen

Der im folgenden eingehend untersuchte Teilraum in der Innenstadt von Buenos Aires (vgl. Karte 4) erstreckt sich zwischen den Avenidas Leandro N. Alem im Osten, 9 de Julio im Westen, Rivadavia im Süden und del Libertador im Norden. Ausschlaggebend für diese Festlegung waren die zur Verfügung stehenden Kartengrundlagen über die Gebäudenutzung und die Bausubstanz, die für die *cuadras* zwischen Av. Rivadavia und Av. Córdoba (*Area Centro*) im Rahmen des *Plan Regulador* (vgl. Kap. 3.1.6) Anfang der 60er Jahre und nördlich davon (*Area Retiro*) Ende der 60er Jahre erhoben wurden (Stichjahr 1964). Dadurch war nur für diesen Teilraum ein Vergleich mit der heutigen funktionalen Gliederung möglich, die mit Hilfe der Unterlagen aus dem *Archivo Maestro de Relevamiento Urbano* der Stadtverwaltung von Buenos Aires (Jahr: 1982) - im folgenden kurz mit *Archivo Maestro* bezeichnet - ermittelt werden konnte (vgl. Kap. 2). Das Untersuchungsgebiet umfaßt mit den *secciones* 1 und Teilen von 3 weder den Bereich der Innenstadt mit den höchsten Bodenwerten (vgl. Abb. 10, Kap. 3.1.6), noch zahlreiche hochrangige staatliche Verwaltungsstellen südlich der Plaza de Mayo (vgl. Karte 4, RANDLE 1969). Abbildung 10 weist zudem auf die hohe Dichte der Einzelhandelsstandorte westlich der Av. 9 de Julio hin. Bezieht man allerdings qualitative Merkmale mit ein, dann konzentrieren sich diese Geschäfte immer noch zu einem erheblichen Teil in den *manzanas* entlang der Calle Florida (vgl. Kap. 4.2.2, *Consejo de Planificación Urbana* 1983a).

Die Verteilung und funktionale Struktur der *galerías* in der Innenstadt von Buenos Aires belegen mit ihrer intensiven Flächennutzung, daß das Untersuchungsgebiet den größten Teil der City in der argentinischen Hauptstadt umfaßt (vgl. Karte 4). In den Quadraten östlich der Av. 9 de Julio konzentrieren sich die Fußgängerpassagen entlang der Calle Florida, doch kommen sie auch in vielen anderen *cuadras* vor, so daß sie fast eine gleichmäßige Streuung in diesem Gebiet erreichen. Auffallend ist außerdem, daß zahlreiche *galerías* im Vergleich zu denen westlich der Av. 9 de Julio neben einer Spezialisierung, z.B. auf Bekleidung, Hobby und Freizeit, technische Geräte oder Dienstleistungen mit Bürocharakter, auch eine starke Mischstruktur aufweisen. Ein Beispiel hierzu ist die *galería del Este* am nördlichen Ende der Calle Florida. In der Umgebung verschiedener Hotels der höchsten Kategorie ist das hochwertige Angebot der Boutiquen wie Pelze, Edelsteine, Schmuck, Kunsthandwerk und Lederwaren in erster Linie auf ausländische und argentinische Touristen ausgerichtet (vgl. Kap. 4.2.2). In der südlich anschließenden *cuadra* verkaufen die Geschäfte in den *galerías del Sol* und *del Caminante* (vgl. Karte 17) vor allem Damen- und Herrenbekleidung der unterschiedlichsten Qualitäts- und Preisstufen und decken damit die Nachfrage verschiedener Bevölkerungsgruppen (Alter, Einkommen) ab. Im Umkreis der Kreuzung Av. Corrientes/Calle Maipú liegt eine völlig andere Spezialisierung vor. Hier werden durchweg Briefmarken, Münzen nebst Zubehör angeboten.

Westlich der Av. 9 de Julio sind dagegen zwei räumliche Konzentrationen mit jeweils ausgeprägten Spezialisierungen zu erkennen, die man als Ausdruck der schlechteren Erreichbarkeit werten könnte (vgl. Karte 4). Einerseits fällt die linienhafte Anordnung der *galerías* entlang der Av. Santa Fé mit einer außerordentlichen Dominanz des Einzelhandels für Bekleidung auf, und andererseits ist eine Ballung entlang der Calle Libertad zwischen Av. Corrientes und Calle Cangallo mit einer Spezialisierung auf Dienstleistungen mit Reparaturcharakter festzustellen. Hier überwiegen Uhrmacher, Goldschmiede und Ankäufer von Edelmetallen, die offenbar Ergänzungsfunktionen für die Juweliere im Stadtkern wahrnehmen und damit darauf hinweisen, daß diese *cuadras* kaum noch der City zuzurechnen sind.

Dagegen zeigt die Av. Santa Fé die Expansionsrichtung des Hauptgeschäftsbereiches an. Dies wird auch dadurch bestätigt, daß die beiden *galerías*, deren Boutiquen nicht vermietet sind, neu errichtet wurden. Ausschlaggebend für diese axiale Ausdehnung des Zentrums entlang der Av. Santa Fé ist die Nachbarschaft zum Barrio Norte, dem citynahen Wohngebiet der einkommensstarken Haushalte in Buenos Aires (vgl. Kap. 3.1.6). Ähnlich wie in Großstädten Nordamerikas und Westeuropas (vgl. BOWDEN 1971, HERBERT/THOMAS 1982) besitzen Viertel der Oberschicht eine hohe Attraktivität gerade für den Bekleidungssektor des Einzelhandels, der in hohem Maße von der Kaufkraft der Bevölkerung abhängig ist, insbesondere in einem Land, das seit Jahren wirtschaftliche Probleme und sinkende Realeinkommen breiter Gruppen aufweist (vgl. GANS 1990).

Diese Ausführungen bestätigen, daß sich zumindest der Citykern östlich der Av. 9 de Julio befindet und somit innerhalb des Gebietes liegt, das im folgenden hinsichtlich seiner funktionalen Gliederung näher analysiert wird. Einrichtungen wie die Zentralbank Argentiniens nahe der Plaza de Mayo oder das Außenministerium im Norden des Untersuchungsraumes bekräftigen diese Folgerung ebenfalls (vgl. Karte 4, RANDLE 1969, *Consejo de Planificación Urbana* 1973, DERBES u.a., o. J.).

Nach den Ausführungen in Kapitel 4.1 sind citytypische Funktionen der Einzelhandel, Geldinstitute, die Freien Berufe, das Beherbergungs-, Gaststätten- und Unterhaltungsgewerbe. Öffentliche Verwaltungen werden oftmals nicht dem Stadtzentrum zugeordnet (vgl. MURPHY/VANCE 1954), obwohl staatliche Stellen von hohem nationalen Rang, wie z.B. Finanzministerium, Nationalbank oder Oberster Gerichtshof, "Kristallisationskerne" für die Ansiedlung von Citynutzungen sein können, die eng mit diesen Behörden zusammenarbeiten bzw. von ihnen abhängen. Aus diesem Grunde wird die öffentliche Verwaltung ebenfalls mit in die Analyse der funktionalen Gliederung des Stadtkerns einbezogen und, um Aussagen über den Cityrand zu ermöglichen, auch das Wohnen.

Das *Archivo Maestro*, das als Grundlage für die folgende Auswertung dient, gibt für jedes Gebäude bis zu maximal drei Nutzungskategorien an, die jeweils in einer weiteren Variablen detailliert beschrieben werden:
- Einzelhandel (*comercio minorista*): Antiquitäten, Sportartikel, Juweliere, Buchhandlungen, technische Geräte, Bekleidung usw.
- Dienstleistungen (*servicios*) mit den Untergruppen: Kultur und Freizeit, Transportwesen, öffentliche Verwaltungen, Bürotätigkeiten, Kommunikation usw.
- weitere Dienstleistungen (*otros servicios*): Reiseagenturen, Bars, Restaurants, Einrichtungen des Finanzsektors usw.
- Wohnen (*residencial*): Ein- und Mehrfamilienhaus sowie besondere kollektive Formen (*pensión, conventillo*, Kinderheime usw.)
- gewerbliche Nutzung (*industria*) mit den Unterteilungen: Herstellung, Lagerhaltung und Dienstleistung.
Diese differenzierten Angaben wurden dann zu den einzelnen Nutzungsgruppen Einzelhandel, öffentliche Verwaltung, Büros, Aktivitäten des Finanzbereiches, Hotels, Reiseagenturen, Gaststätten- (Bar, Restaurant, Café) und Unterhaltungsgewerbe (Kino, Klub, Theater) zusammengefaßt, um eine Vergleichbarkeit mit den Kartenauswertungen für 1964 sowie mit den Ergebnissen von Montevideo zu ermöglichen (vgl. Kap. 4.3.1).

Die beschriebene historische Entwicklung (vgl. Kap. 3.1), eigene Beobachtungen sowie verschiedene Untersuchungen (vgl. AAGESEN 1954, RANDLE 1969) legen folgende Arbeitshypothesen über die räumliche Verteilung der einzelnen Nutzungskategorien im Jahre 1982 nahe (vgl. Karte 4):
1. Die Standorte der öffentlichen Verwaltungen besitzen keinen ausgeprägten Schwerpunkt und sind in fast allen *cuadras* des Zentrums anzutreffen.
2. Die Einrichtungen des Finanzsektors konzentrieren sich im Umkreis der *Banco de la Nación Argentina* zwischen Florida im Westen und Av. Corrientes im Norden.

3. Von Büros genutzte Gebäude befinden sich vor allem in Nachbarschaft der Aktivitäten des Finanzbereiches.
4. Der Einzelhandel orientiert sich hauptsächlich an der Fußgängerzone in den Straßen Florida und Lavalle und weist dadurch eine linienhafte Verteilung auf.
5. Wohngebäude dominieren in den *manzanas* westlich der Plaza Libertador Gral. San Martín, die dem Barrio Norte zuzuordnen sind.
6. Hotels und Reiseagenturen befinden sich in der Umgebung dieser Plaza nahe dem Bahnhof Retiro und der Anlegestelle der früher aus Europa kommenden Passagierschiffe. Bars und Restaurants verteilen sich relativ gleichmäßig über das Untersuchungsgebiet, während sich z.B. Kinos in der Calle Lavalle und Av. Corrientes westlich der Florida konzentrieren.

4.2.2 Die Dynamik der funktionalen Gliederung des Stadtzentrums von Buenos Aires

Im Mittelpunkt dieses Kapitels stehen die räumlichen Verteilungen der einzelnen Nutzungs-kategorien, die jeweils für die beiden Zeitpunkte 1964 und 1982 chronologisch beschrieben werden. Zunächst geben die Karten 5[1] und 6 zusammenfassend die Gebäude wieder, die im Jahre 1964 und 1982 vollständig von einer Funktion belegt sind. Karte 5 weist für 1964 auf die *manzanas* südlich der Av. Córdoba hin, in denen das Wohnen weitgehend von citytypi-schen Funktionen verdrängt worden ist. Für dieses Teilgebiet ist auffällig,
- daß öffentliche Verwaltungen nur eine geringe Bedeutung haben,
- daß Einrichtungen des Finanzbereichs in den *cuadras* nördlich der Plaza de Mayo, begrenzt von den Straßen Florida und Sarmiento, eine ausgeprägte Konzentration erreichen,
- daß sich Büros hauptsächlich in einem Ring von etwa drei *manzanas* Breite anschließen und somit anzunehmen ist, daß sie sich an den Finanzstandorten orientieren,
- daß sich Gebäude, die vollständig vom Einzelhandel genutzt werden, relativ gleichmäßig über die *cuadras* nördlich der Calle Florida und südlich der Av. Santa Fé verteilen und
- daß nördlich der Av. Santa Fé die Wohnnutzung überwiegt.

Karte 5 verdeutlicht aber auch die Lückenhaftigkeit des Citygefüges. Im Gebiet nördlich der Plaza Libertador Gral. San Martín (im folgenden kurz Plaza Libertador genannt) häufen sich sowohl leerstehende Gebäude als auch unbebaute Grundstücke, die z.T. als Parkplätze genutzt wurden. Parzellen mit dieser vergleichsweise niedrigen Nutzungsintensität findet man aller-dings in allen Teilbereichen der Innenstadt vor: entlang der Calle Florida genauso wie im

---

[1] Alle Karten der vorliegenden Untersuchung, auch mehrere Abbildungen, wurden unter Verwendung des Programmpakets STUPLT an der PDP10 des Rechenzentrums der Univer-sität Kiel erstellt. Hierzu waren umfangreiche Digitalisierungsarbeiten (bei 2.000 Parzellen ca. 10.000 Punkte) notwendig, die durch eigene Programme korrigiert wurden. So ist z.B. auszuschließen, daß die Parzelleneckpunkte auch bei sehr genauem Abgreifen auf einer Gerade liegen. Ein weiteres Problem waren die heterogenen Kartengrundlagen, so daß zwischen zwei Zeitpunkten durchaus geringfügige Unstimmigkeiten auftreten können. Im Falle des Stadtzentrums von Buenos Aires verfügte der Verfasser für 1982 über die Grundstücksgrenzen in den einzelnen *manzanas*, so daß Programme zum Verschieben der *cuadras* in ihre richtige Lage erforderlich waren.

Kerngebiet der Finanzaktivitäten.

Vergleicht man diese räumliche Verteilung mit der aus dem Jahre 1982 (vgl. Karte 6), so ist das Eindringen der mit dem Finanzsektor verbundenen Nutzungen in die *cuadras*, die zum Kernraum der Banken von 1964 benachbart liegen, besonders auffällig. Diese räumliche Expansion, die auch von Büros sowie öffentlichen Verwaltungen getragen wurde, erfolgte bevorzugt in nördliche (Calle Reconquista, 25 de Mayo) und westliche Richtung (Calle Bartolomé Mitre). Aufgrund der erheblichen zahlenmäßigen Steigerung war diese Ausbreitung gleichzeitig von einer Verdichtung im Zentrum der Finanzstandorte begleitet (vgl. Karte 6 u. Tab. 6).

Tab. 6: Anzahl und Nutzung der Gebäude im Zentrum von Buenos Aires (1964, 1982)

Nutzung	alleinige Nutzung				Mischnutzung			
	1964		1982		1964		1982	
	abs.	in %	abs.	in %	abs.	in %	abs.	in %
öffentliche Verwaltung	41	1,9	70	3,4	44	2,0	102	5,2
Finanzaktivitäten	52	2,4	130	6,4	28	1,3	120	5,9
Büro	88	4,1	122	6,0	615	28,4	434	21,4
Einzelhandel	205	9,5	109	5,4	1.200	55,4	776	38,2
Wohnen	136	6,3	158	7,8	429	19,8	592	29,1
leerstehende Gebäude	34	1,6	42	2,1	-	-	-	-
Parkplatz, unbebautes Grundstück	79	3,6	40	2,0	-	-	-	-
sonstige	1.532	70,7	1.360	67,0	-	-	-	-
Summe	2.166	100,0	2.031	100,0	2.166	100,0	2.031	100,0

Quelle: eigene Auswertung der Kartengrundlagen von *OIKOS* für 1964 sowie des *Archivo Maestro* für 1982

Dagegen ging die Bedeutung des Einzelhandels merklich zurück. Diese Verringerung ist vor allem in den *cuadras* nördlich der Calle Maipú zwischen Av. Corrientes und Av. Córdoba festzustellen, während die traditionelle Hauptgeschäftsstraße Florida (vgl. Kap. 3.1.5 u. 3.1.6) eine Zunahme großer Niederlassungen des Einzelhandels aufweist.

Räumliche Verlagerungstendenzen waren für die Wohnfunktion bei vollständiger Nutzung des Gebäudes weniger ausgeprägt. Der zahlenmäßige Anstieg wirkte sich in einer Verdichtung des Wohnens in den *cuadras* nördlich der Av. Santa Fé aus, wo infolge des *Ley de Propiedad Horizontal* mehrere 1964 leerstehende Gebäude abgerissen und Hochhäuser mit Komforteigentumswohnungen errichtet wurden. Die Auswirkungen dieses Gesetzes auf die Bausubstanz kommt beim Vergleich der beiden Tabellen 7 und 8 deutlich zum Ausdruck. Die Zahl der

Gebäude mit Wohnnutzung nahm zwischen 1964 und 1982 um 32,7 % zu, bei mindestens sechs Geschossen jedoch um 192 %.

Doch müssen noch weitere Faktoren die Erhöhung der Stockwerkzahl vieler Gebäude bewirkt haben, denn während 1964 noch 67,8 % der Grundstücke mit höchstens fünf Geschossen bebaut waren, betrug der Anteil 1982 etwa 40 %. Diese Veränderung ist vor allem bei Gebäuden mit Büronutzung festzustellen, deren Zahl sich zwar insgesamt um 21 % verringerte, sich aber im Falle von mindestens sechs Stockwerken fast verdoppelte. Eine vergleichbare Umstrukturierung der Bausubstanz trifft auch bei öffentlichen Verwaltungen und Einrichtungen des Finanzsektors zu. Dagegen dominiert der Einzelhandel weiterhin in Gebäuden bis zu fünf Geschossen und weist somit auf seine Anforderungen hinsichtlich der Nähe zu Passanten hin.

Diese baulichen Veränderungen drücken eine stärkere Ausnutzung der im Stadtzentrum von Buenos Aires verfügbaren Flächen aus. Zu dieser Intensivierung trugen auch gesetzliche Maßnahmen bei, die die Wohnnutzung nur noch in Hochhäusern (Gebäude mit mindestens 10 Geschossen) erlaubten. Die Zahl der unbebauten Grundstücke halbierte sich seit 1964, und 15,5 % der Gebäude wurden nach diesem Zeitpunkt errichtet, von denen wiederum fast 80 % mindestens sechs Stockwerke aufweisen (mind. 17: 9,2 %).

Tab. 7: Nutzung und Gebäudehöhe im Stadtzentrum von Buenos Aires (1964)

Nutzung[1]		≤ 2 abs.	≤ 2 in %	3 - 5 abs.	3 - 5 in %	6 - 16 abs.	6 - 16 in %	17 u.m. abs.	17 u.m. in %	Summe
öffentliche	1	9	20,5	14	31,8	17	38,6	4	9,1	44
Verwaltung	2	5	12,2	24	58,5	11	26,8	1	2,4	41
Finanzaktivität	1	1	3,6	7	25,0	18	64,3	2	7,1	28
	2	8	15,4	27	51,9	15	28,8	2	3,8	52
Büro	1	201	32,7	218	35,4	185	30,1	11	1,8	615
	2	21	24,1	34	39,1	31	35,6	1	1,1	87
Einzelhandel	1	426	35,5	385	32,1	375	31,3	14	1,2	1.200
	2	175	85,4	24	11,7	6	2,9	-	-	205
Wohnen	1	216	50,3	127	29,6	80	18,6	6	1,4	429
	2	26	19,1	23	16,9	83	61,0	4	2,9	136
alle Gebäude	1	796	38,1	620	29,7	642	30,7	31	1,5	2.089

1) Für die einzelnen Nutzungskategorien bedeutet:
   1: Mischnutzung im Gebäude
   2: vollständige Nutzung des Gebäudes

Quelle: eigene Auswertung der Kartengrundlagen von *OIKOS*

Karte 7 stellt die Verteilung der Bausubstanz in Abhängigkeit von <u>Gebäudealter und -höhe</u> im Jahre 1982 dar. Ältere Gebäude mit geringerer Stockwerkzahl häufen sich nördlich der Av. Corrientes entlang der Av. Leandro N. Alem, insbesondere östlich der Plaza Libertador, und außerdem südwestlich der Av. Pte. Roque Saenz Peña. Dagegen überwiegen hohe Gebäude jüngeren Datums in einem Ring von etwa zwei *cuadras* um das Kerngebiet des Finanzsektors im Jahre 1964, entlang der Hauptgeschäftsstraße Florida und in den *manzanas* westlich der Plaza Libertador. Ein wesentlicher Faktor für diese bauliche Überformung war die Bodenspekulation (vgl. Karte 21), die einerseits durch die seit Mitte der 50er Jahre zum Teil weit über 20 % liegende jährliche Inflationsrate (vgl. DONGES 1978, GANS 1990) beschleunigt und andererseits auch durch die gestiegene Nachfrage nach verfügbaren Flächen getragen wurde. Denn im Rahmen der fortschreitenden wirtschaftlichen und finanziellen Integration Argentiniens auf internationaler Ebene expandierten vor allem Einrichtungen des Finanzsektors und öffentliche Verwaltungen, die neue Büroflächen benötigten. Wie der Vergleich der beiden Karten 5 und 6 verdeutlicht, erfolgten vor allem in den Bereichen mit erhöhten baulichen Veränderungen die stärksten funktionalen Umschichtungen. Ihre räumlichen Auswirkungen werden mit Hilfe der Karten 8 bis 20 ausführlich beschrieben.

Tab. 8: Nutzung und Gebäudehöhe im Stadtzentrum von Buenos Aires (1982)

Nutzung		Anzahl der Geschosse								Summe
		≤ 2		3 - 5		6 - 16		17 u.m.		
		abs.	in %	abs.	in %	abs.	in %	abs.	in %	
öffentliche	1	8	7,8	16	15,7	78	76,5	-	-	102
Verwaltung	2	7	10,0	14	20,0	44	62,9	5	7,1	70
Finanzaktivität	1	7	5,8	19	15,8	88	73,3	6	5,0	120
	2	12	9,2	37	28,5	78	60,0	3	2,3	130
Büro	1	21	4,8	69	15,9	327	75,3	17	3,9	434
	2	4	3,3	19	15,6	89	73,0	10	8,2	122
Einzelhandel	1	109	14,0	172	22,2	477	23,5	18	2,3	776
	2	76	65,5	27	23,3	12	0,6	1	0,9	116
Wohnen	1	72	12,2	134	22,6	371	62,7	15	2,5	592
	2	18	11,4	21	13,3	112	70,9	7	4,4	158
alle Gebäude	1	340	17,1	440	22,1	1.151	30,7	60	1,5	1.991

1) Für die einzelnen Nutzungskategorien bedeutet:
1: Mischnutzung im Gebäude
2: vollständige Nutzung des Gebäudes

Quelle: eigene Auswertung des *Archivo Maestro*

Karte 8 gibt die Verteilung der <u>öffentlichen Verwaltung</u> im Jahre 1964 wieder. Nur knapp 4 % der Gebäude wurden zu diesem Zeitpunkt von staatlichen oder städtischen Dienststellen vollständig oder teilweise genutzt, und Karte 8 verdeutlicht eine relativ gleichmäßige Verteilung der Behörden über das Stadtzentrum. Eine gewisse Verdichtung ist nur im Bereich der Av. Pte. Roque Saenz Peña festzustellen, so daß der Schwerpunkt der Verteilung etwas nach Süden verschoben ist (vgl. Tab. 9). Die relativen Standarddistanzen bestätigen die visuell festgestellte Streuung der öffentlichen Verwaltungen, die mit der *Municipalidad* an der Av. 9 de Julio (zwischen den Straßen Cangallo/Sarmiento) auf städtischer Ebene sowie mit dem Außenministerium in der Calle Arenales im nationalen Bereich ihre größten und bedeutendsten Einrichtungen haben. Die einflußreichsten Regierungsstellen, wie der offizielle Präsidentensitz in der *Casa Rosada*, Wirtschafts- und Agrarministerium, haben ihre Standorte auf der Südseite der Plaza de Mayo (vgl. RANDLE 1969), so daß innerhalb des Untersuchungsgebietes nur wenige Behörden mit überregionaler Reichweite anzutreffen sind.

Im Jahre 1982 fällt der zahlenmäßige Anstieg öffentlicher Verwaltungen auf (vgl. Karte 9). Der Schwerpunkt zeigt eine geringe Verschiebung in Richtung Norden an bei gleichzeitig verringerten relativen Standarddistanzen. Dieser Rückgang ist auf zwei Schwerpunkte zurückzuführen, die sich während des Untersuchungszeitraumes sowohl in den *cuadras* südlich und östlich der Plaza Libertador als auch entlang der Calle Florida zwischen Av. Corrientes und Calle Viamonte ausbildeten. Weiterhin ist festzustellen, daß Behörden in das Kerngebiet der Finanzeinrichtungen eingedrungen sind, während sie gleichzeitig im Umkreis des Außenministeriums sowie entlang der Av. Pte. Roque Saenz Peña an Bedeutung verloren haben.

Die Ursachen der zu beobachtenden räumlichen Verlagerungen sowie der zahlenmäßigen Zunahme öffentlicher Verwaltungen sind sowohl mit der nationalen wirtschaftlichen Entwicklung als auch mit lokalen Veränderungen zu begründen. So spielt die Errichtung des Dienstleistungszentrums Catalinas Norte Anfang der 70er Jahre eine große Rolle für den Schwerpunkt östlich der Plaza Libertador (vgl. Karte 9, Kap. 4.2.3). Die dortigen Niederlassungen wie die *Unión Industrial Argentina, Aerolíneas Argentinas* oder ausländische Großunternehmen werteten benachbarte Standorte für staatliche Stellen, mit denen sie zusammenarbeiten, beträchtlich auf. Dagegen hängt die absolute Zunahme der Einrichtungen ursächlich mit der fortschreitenden Bedeutung der staatlichen Beschäftigung innerhalb der argentinischen Wirtschaft zusammen (vgl. DONGES 1978). Der Sektor "Staat und Dienstleistungen" steigerte seinen Beschäftigtenanteil zwischen 1960 und 1980 von 23,4 % auf 35,0 % und verzeichnete damit die höchste Zunahme aller Bereiche auf. Die damit verbundene Nachfrage nach Büroflächen konnte südlich der Av. Rivadavia wegen verschärfter Vorschriften zur Erhaltung städtebaulich wertvoller Bausubstanz nicht gedeckt werden, so daß staatliche Stellen nach Norden vordrangen und dort überwiegend die oberen Stockwerke höherer Gebäude belegten (vgl. Karte 9, Tab. 6, 7).

Im Jahre 1964 konzentrierten sich die Einrichtungen des Finanzsektors in hohem Maße in den *cuadras* benachbart zur *Banco Central de la República Argentina*, die der Regierung unmittelbar unterstellte zentrale Notenbank, und zur *Banco de la Nación Argentina*, die als größte nationale Bank vor allem die Landwirtschaft mit Krediten fördert (vgl. Karte 4, 10). Im Gebiet zwischen der Calle Florida im Westen sowie der Calle Sarmiento im Norden befinden sich außerdem Wertpapier- und Warenbörsen, und die vergleichsweise großen Grundstücke deuten auf die dortigen Großbanken mit internationalen Geschäftsbeziehungen hin. Ähnlich wie in der Altstadt Montevideos formen sie aufgrund ihrer Nähe zu den argentinischen Stellen, die die Geld- und Wirtschaftspolitik des Landes bestimmen, ein ausgeprägtes Finanzzentrum. 86 % aller Zentralverwaltungen der Banken und 98 % aller Wechselstuben in der Bundeshauptstadt hatten in dieser Kernzone zu Beginn der 60er Jahre ihren Standort (RANDLE 1969, S. 255), deren räumliche Ausdehnung WILHELMY (1952, S. 240) wie folgt beschreibt: "Die Calle Bartolomé Mitre bildet vom Hafen bis zur Calle Florida zusammen mit der Calle Reconquista von der Rivadavia bis zur Cangallo das Bankenviertel. Die Calle Reconquista ist sozusagen die 'Wallstreet' der Bonarenser." Diese Lage des Zentrums drückt sich auch in den Koordinaten des Verteilungsschwerpunktes aus (vgl. Tab. 9). Doch zeigen gleichzeitig die hohen Werte der relativen Standarddistanzen an, daß auch außerhalb dieser Zone Finanzeinrichtungen anzutreffen waren. Bei ihnen handelte es sich oftmals um kleinere Geschäftsstellen, die ein Gebäude z.B. gemeinsam mit dem Einzelhandel oder mit öffentlichen Verwaltungen nutzten.

Tab. 9: Schwerpunkte (x, y) und relative Standarddistanzen ($\sigma_{\bar{x}}$, $\sigma_{\bar{y}}$) der Abweichungsellipsen zur Beschreibung ausgewählter Nutzungsverteilungen im Stadtzentrum von Buenos Aires (1964)

Nutzungen	x	y	$\sigma_{\bar{x}}$	$\sigma_{\bar{y}}$	n
öffentliche Verwaltung	39,3	27,7	0,95	1,11	85
Finanzaktivität	30,3	22,2	0,80	1,11	80
Büronutzung	33,8	26,8	1,01	1,34	702
Einzelhandel	40,4	29,0	1,00	0,90	1.405
Hotel	47,5	28,8	1,01	0,82	134
Reiseagentur	43,7	27,0	1,04	0,82	25
Bar, Restaurant	41,5	26,6	1,01	0,78	109
Kino, Theater usw.	46,3	25,7	1,01	1.04	69
Wohnen	43,1	29,5	0,98	1,06	565
alle Parzellen	43,6	28,5	216 m	382 m	2.166

Quelle: eigene Auswertung der Kartenunterlagen von *OIKOS*

Die hohe räumliche Übereinstimmung der von WILHELMY (1952) beschriebenen Ausdehnung des Zentrums finanzieller Aktivitäten mit der im Jahre 1964 weist aber auch darauf hin, daß in den 50er Jahren eine gewisse Stagnation im Banken- und Finanzsektor Argentiniens festzustellen war. Dieser Stillstand wurde im anschließenden Zeitraum bis 1982 durch eine enorme Dynamik abgelöst (vgl. Karte 11): Die Zahl finanzieller Aktivitäten verdreifachte sich bis 1982 und belegt damit auch die Position von Buenos Aires als Wirtschafts- und Finanzzentrum im Rio-de-la-Plata-Raum (vgl. Tab. 8, 9). Auffallend ist jedoch, daß der Anstieg der Einrichtungen, die mit anderen Funktionen ein Gebäude gemeinsam nutzen, deutlich höher ausfiel (das Vierfache) als im Falle einer vollständigen Nutzung (das 2,5fache). Aufgrund der fortschreitenden wirtschaftlichen Verflechtungen auf internationaler Ebene konnte Buenos Aires seine Attraktivität als Finanzplatz zumindest beibehalten, so daß viele nationale Banken, z.B.

aus den Provinzen, und ausländische Institute hier verblieben oder neue Zentralen eröffneten. Sie profitierten zudem von den Handels- und Kapitalliberalisierungen der Militärs nach 1976, so daß sich viele zusätzliche Einrichtungen mit der Finanzierung von Im- und Exporten beschäftigten. Außerdem trieb die anhaltende Inflation die Spekulation, vor allem in den US-Dollar, in die Höhe und ließ die Zahl neuer Wechselstuben expandieren.

Tab. 10: Schwerpunkte ($\bar{x}$, $\bar{y}$) und relative Standarddistanzen ($\sigma_{\bar{x}}$, $\sigma_{\bar{y}}$) der Abweichungsellipsen zur Beschreibung ausgewählter Nutzungsverteilungen im Stadtzentrum von Buenos Aires (1982)

Nutzungen	$\bar{x}$	$\bar{y}$	$\sigma_{\bar{x}}$	$\sigma_{\bar{y}}$	n
öffentliche Verwaltung	40,3	27,3	0,87	0,85	172
Finanzaktivität	31,1	27,3	0,98	0,81	250
Büronutzung	36,0	31,9	1,06	0,84	556
Einzelhandel	45,3	34,4	0,94	0,91	885
Hotel	44,7	32,8	1,05	0,82	24
Reiseagentur	44,8	32,8	1,05	0,80	47
Bar, Restaurant	45,6	32,2	0,99	0,78	204
Kino, Theater usw.	44,3	32,1	1,05	0,79	77
Wohnen	55,4	35,0	0,98	0,90	750
alle Parzellen	44,1	32,5	218 m	391 m	2.031

Quelle: eigene Auswertung der Kartenunterlagen von *OIKOS*

Karte 11 zeigt, daß trotz dieser Expansion auch 1982 das Kerngebiet der im Finanzsektor tätigen Unternehmen in denselben *cuadras* wie 1964 lag. Innerhalb dieses Zentrums vollzogen sich nur geringe Veränderungen, insbesondere im Vergleich zur Ausbreitung, die zwei Leitachsen folgte (vgl. Karte 10, 11): nach Westen entlang der Calle Bartolomé Mitre, die aufgrund der geänderten Koordinaten des Verteilungsschwerpunkts (vgl. Tab. 9, 10) intensiver war als die Expansion nach Norden entlang den Straßen San Martín und Reconquista. Die Bedeutung der Finanzaktivitäten in diesem Bereich äußert sich auch darin, daß diese Straßen während der Öffnungszeiten der Banken dem Fußgängerverkehr vorbehalten sind.

In Karte 12 ist die Verteilung der Gebäude dargestellt, in denen sich im Jahre 1964 Büronutzungen der unterschiedlichsten Größe befanden. Auffällig ist bei einem geringen Anteil der vollständigen Gebäudebelegung die flächenhafte Verteilung über das Untersuchungsgebiet. Ausnahmen sind nur das Finanzzentrum sowie die meisten *cuadras* nördlich der Av. Córdoba. Besonders hoch ist die Dichte der Büros in einem Ring von etwa drei *manzanas* Breite um das Bankenzentrum. Hier sind die meisten größeren Unternehmen wie Versicherungen angesiedelt (vgl. RANDLE 1969). Hinzu kommen noch Rechtsanwälte, Übersetzer, Wirtschaftsprüfer, Makler usw. (vgl. BERLINSKI u.a. 1964). Auffällig ist außerdem die Bürointensität in der Calle Florida.

Die Zahl der Gebäude mit Büronutzungen verringerte sich bis 1982 erheblich (vgl. Karte 13,

Tab. 9, 10). Der Rückgang von insgesamt 20,8 % war sowohl von einer erheblichen räumlichen Veränderung als auch von einer strukturellen Dynamik begleitet. Diese äußert sich darin, daß zwar die Mischnutzung mit Büros um 29,4 % zurückging, sich aber die Anzahl der Bürohäuser ohne andere Funktionen um 40,2 % erhöhte (vgl. Tab. 6). Zudem trifft der Anstieg nur für Gebäude mit mindestens sechs Stockwerken zu (vgl. Tab. 7, 8).

Die Parameter der Abweichungsellipsen zeigen zwar bei ziemlich konstanten relativen Standarddistanzen nur eine geringfügige Verlagerung nach Norden an (etwa 50 m, vgl. Tab. 9, 10), doch belegt ein Vergleich der Karten 12 und 13 eine außerordentliche Dynamik der Bürostandorte in manchen Teilgebieten des Zentrums, die sowohl von Verdrängungs- als auch von Expansionsprozessen geprägt waren. In den *cuadras* benachbart zum Finanzzentrum, in denen 1964 noch eine hohe Dichte der Büronutzung vorlag, schwächte sie sich in den folgenden 20 Jahren deutlich ab. Dies gilt insbesondere für die *manzanas* entlang der Leitachsen für die Expansionsrichtung der Finanzstandorte, die Straßen Reconquista, San Martín und Bartolomé Mitre. Ein in seiner Intensität vergleichbarer Rückgang war auch in der Calle Florida festzustellen, die durch die öffentliche Verwaltung sowie durch den Einzelhandel erfolgte. Dagegen erkennt man ein Einsickern von Büros in die *cuadras* nördlich der Av. Córdoba und westlich der Calle Maipú.

Bereits 1973 stellte der *Consejo de Planificación Urbana* das Eindringen zahlreicher Nutzungen aus der *Area Centro* (*manzanas* zwischen Av. Rivadavia und Av. Córdoba) in die *cuadras* der *Area Retiro* (Teilgebiet nördlich der Av. Córdoba) fest. Im Zusammenhang mit der Vergrößerung zahlreicher Einrichtungen sowohl bei der öffentlichen Verwaltung als auch im privaten Sektor (Büros, Einzelhandel; vgl. Tab. 7, 8) bildete die großzügigere Parzellenstruktur nördlich der Av. Córdoba eine wesentliche Voraussetzung für die Expansionsrichtung der Nutzungen. Tabelle 11 belegt die günstigere Parzellierung in der *Area Retiro* für die nach 1964 erfolgte Erhöhung der Stockwerkzahl durch die größeren mittleren Straßenfrontlängen, die in der *Area Centro* bei 47 % der Grundstücke höchstens 10 m und bei 1 % über 30 m betrug. Nördlich der Av. Córdoba erreichten die entsprechenden Werte 35 % bzw. 15 %. Es überrascht somit nicht, daß in diesem Gebiet nach 1964 zahlreiche höhere Gebäude errichtet wurden (vgl. Karte 7).

Tab. 11: Mittlere Straßenfrontlänge der Parzellen in der *Area Centro* und *Area Retiro* (Angaben in % für 1964)

Mittlere Straßenfrontlänge	Area Centro	Area Retiro
unter 8 m	29	14
8 m bis u. 10 m	18	21
10 m bis u. 12 m	10	15
12 m bis u. 16 m	26	19
16 m bis u. 30 m	16	16
30 m u. m.	1	15

Quelle: BERLINSKI u.a. (1973), DERBES u.a., o. J.

Die Ursachen für diese Unterschiede in der Parzellenstruktur sind eng mit der Stadtentwicklung verknüpft (vgl. Kap. 3.1.5 u. 3.1.6). Die Citybildung, die in der *Area Centro* nahe der Plaza de Mayo bereits um 1900 einsetzte, drängte die Wohnfunktion zurück, und die zunehmende Bodenspekulation förderte die Aufteilung der vorhandenen Grundstücke, da die technischen Voraussetzungen für die Hochhausbauweise noch fehlten (vgl. DERBES u.a., o. J.). Hierzu lagen in der *Area Retiro*, nördlich der Av. Córdoba, bessere Voraussetzungen vor, da sich im Umkreis der Plaza Libertador die führenden Familien des Landes repräsentative Palais mit großer Grundfläche bauten. So entstand das erste Hochhaus Argentiniens, das Gebäude *Cavanagh* mit 15 Stockwerken, im Jahre 1935 direkt an der Plaza Libertador. Die Stadtverwaltung von Buenos Aires hat diese Problematik der Parzellenstruktur erkannt und beabsichtigt, in der *Area Centro*, südlich der Av. Córdoba, insgesamt vier großzügig gestaltete Zentren mit verschiedenen funktionalen Schwerpunkten zu schaffen (BERLINSKI 1964, DERBES u.a., o. J.; vgl. Kap. 4.2.3).

Die Bedeutung des Untersuchungsraumes als Hauptgeschäftsbereich von Buenos Aires kommt in Karte 14 zum Ausdruck. In 67,3 % aller Gebäude war er in irgendeiner seiner vielfältigen Formen vertreten, und nur drei Quadrate wiesen überhaupt keine Nutzung durch den Einzelhandel auf. Diese drei *cuadras* lagen in unterschiedlich großen Teilräumen, in denen die Geschäfte in ihrer Bedeutung etwas zurücktraten: in der Kernzone der Finanzeinrichtungen, in den *manzanas* nördlich der Av. Santa Fé sowie östlich der Plaza Libertador. Die übrigen Quadrate verzeichneten nur wenige Lücken. Beim Einzelhandel überwog die gemeinsame Nutzung des Gebäudes mit anderen Funktionen. Denn aufgrund seiner Standortanforderung einer großen Kundennähe ist anzunehmen, daß er sich im Erdgeschoß direkt an der Straße befindet. Eine markante Achse im Verteilungsmuster bildete die Calle Florida, die schon 1964 zur Fußgängerzone umgestaltet war und daher nicht nur traditionell (vgl. Kap. 3.1.5), sondern auch wegen ökonomischer Überlegungen der Inhaber eine hohe Attraktivität für die Ansiedlung von Geschäften jeglicher Größe besaß. Diese Anziehungskraft für den Einzelhandel, der in der Calle Florida sowohl die im Zentrum beschäftigten Personen als auch große Teile der Bevölkerung im Großraum von Buenos Aires mit seiner ganzen Angebotspalette versorgt, verursachte schon vor dem Ersten Weltkrieg die Entstehung von Fußgängerpassagen (*Galerías Pacífico*, Ecke Calle Florida/Av. Córdoba) und setzte sich bis heute fort (vgl. Karte 4, 16). Dabei fällt jedoch auf, daß die Mehrzahl der neuen *galerías* entlang der Av. Santa Fé errichtet wurden.

Noch stärker als die Büronutzungen war der Einzelhandel von einem erheblichen quantitativen Rückgang während des Untersuchungszeitraumes betroffen: Die Zahl der Gebäude, die zumindest teilweise belegt waren, verringert sich nach 1964 um mehr als ein Drittel, so daß es im Jahre 1982 nur noch in 43 % der Parzellen Geschäfte gab. Dieser Bedeutungsverlust des Stadtzentrums wurde wie bei den Bürostandorten von räumlichen Veränderungen begleitet. Hohe Abnahmen verzeichneten die *cuadras* östlich der Calle San Martín bis zur Av. Córdoba. Es ist anzunehmen, daß die Geschäfte hier von den expandierenden Finanz- und Büroaktivitäten verdrängt wurden genauso wie in den *manzanas* westlich der Calle Florida und südlich der Av. Córdoba (vgl. Karte 8 bis 13). Dagegen war der Rückgang nördlich dieser Avenida weniger ausgeprägt - im Gegenteil erhöhte sich die Zahl der Gebäude mit teilweiser Nutzung des Einzelhandels im Wohngebiet einkommensstarker Gruppen nördlich der Av. Santa Fé. Auch die Grundstücke entlang der Calle Florida hatten geringere Verluste. Im Vergleich zu 1964 waren zwanzig Jahre später vor allem in dieser Straße viele, auch größere Gebäude anzutreffen, die vollständig vom Einzelhandel genutzt wurden. Besonders hervorzuheben ist die *galería Jardín* (Ecke Florida/Tucumán), ein dreigeschossiges Einkaufszentrum mit mehr als 500 Boutiquen. Doch nicht nur eine Nutzungsintensivierung ist zu beobachten, sondern auch gleichzeitig die Ausformung der Lückenhaftigkeit. Denn heute stehen wegen beabsichtigter stadtplanerischer Maßnahmen die *Galerías Pacífico* mit ihrer etwa 7.000 m großen Grundfläche leer (vgl. Karte 4, 15, Kap. 4.2.3). Diese räumlichen Veränderungen ließen 1982 stärker die linienhafte Verteilung der Einzelhandelsstandorte hervortreten, die sich aufgrund der damit verbundenen "Entleerung" mancher *cuadras* auch in niedrigeren Werten der relativen Standarddistanzen im Jahre 1982 ausdrückte (vgl. Tab. 9, 10).

Der Bedeutungsverlust des Einzelhandels im Untersuchungsgebiet wurde einerseits verursacht durch die Expansion anderer Nutzungen (öffentliche Verwaltungen, Finanzaktivitäten, Büros), die z.B. die Agglomerationsvorteile des Bankenviertels positiv bewerteten, und andererseits durch die zunehmende Attraktivität von Standorten außerhalb des erfaßten Raumes (vgl. Karte 16). Wie in den obigen Ausführungen bereits erwähnt wurde, spielte die Lage innerstädtischer Wohngebiete mit einkommensstarken Haushalten eine wichtige Rolle für die Verlagerungstendenzen, insbesondere in einem Land, in dem durch ständig hohe Inflation die Unter- und auch große Teile der Mittelschicht von erheblichen Einbußen bei den Realeinkommen betroffen waren und sind (vgl. GANS 1990). In diesem Zusammenhang ist der Barrio Norte zu nennen, der sich westlich des Untersuchungsgebietes entlang der Av. del Libertador fortsetzt und in dem heute trotz überwiegender Wohnnutzung die höchsten Bodenpreise erzielt werden (vgl. Abb. 10, Kap. 3.1.6, Karte 16). Die wichtigste Verkehrsachse durch diesen Sektor der sozialen Oberschicht ist die Av. Santa Fé, die dadurch eine hohe Attraktivität für die Expansion des Einzelhandels aus dem Hauptgeschäftsbereich besitzt (vgl. Karte 4, 16). Diese Anziehungskraft bestätigt sich in Karte 16. Während im Jahre 1964 die Position der Calle Florida als bedeutendste Einkaufsstraße von Buenos Aires mit acht gegenüber vier *galerías* in der Av. Santa Fé noch unangefochten war, konnte man dieses Übergewicht 1987 mit 19 gegenüber 15 Passagen nicht mehr in dem Maße feststellen. Die geschwächte Stellung der Calle Florida kommt deutlicher zum Ausdruck, wenn man bedenkt, daß in den dortigen *galerías* mit zahlreichen Büronutzungen nur noch bedingt der Einzelhandel dominierte, während in der Av. Santa Fé Boutiquen mit qualitativ guter und teurer Ware vorherrschten (vgl. Karte 4).

Diese Verlagerungen des Einzelhandels und ihre Erklärung durch die Anziehungskraft der Wohngebiete mit einkommensstarken Haushalten bestätigen sich in den Ergebnissen einer Befragung, die der Verfasser im März 1987 in sieben *galerías* durchführte (vgl. Kap. 2, Anhang). In Karte 16 ist die Lage dieser Passagen angegeben, deren Auswahl nach den folgenden Kriterien erfolgte (vgl. Tab. 12):
- Unterschiede der Standortbewertung innerhalb der Calle Florida
    Aus diesem Grunde wurde sowohl im südlichen Teil nahe der Büro- und Finanzzone in den *galerías Central* und *Vía Florencia*, beide Ecke Av. Corrientes, befragt als auch in den

galerías del Sol und *del Caminante* im nördlichen Abschnitt zwischen Calle Paraguay und Av. Córdoba, der vom Bedeutungsverlust des Einzelhandels nach 1964 weniger betroffen war.

- Unterschiede zwischen der Calle Florida und der Av. Santa Fé

Entlang der Av. Santa Fé wurden außerdem die *galerías* Rustique, Maps und Santa Fé ausgewählt.

- Architektur und Ausstattung

Um Einflüsse der baulichen Gestaltung der *galerías* auf die Bewertung vorgegebener Strassenabschnitte abschätzen zu können, wurde versucht, neben der Lageeigenschaft weitere Merkmale, wie z. B. die bauliche Gestaltung, einzubeziehen, über die Tabelle 12 eine Übersicht gibt.

Tab. 12: Alter, Größe, Ausstattung und Angebotsqualität der ausgewählten *galerías* in der Innenstadt von Buenos Aires (Befragung im März 1987)[1]

galerías	1964 vorhanden	auffällige Gestaltung	gute Ausstattung[2]	Qualität des Angebotes	Anzahl der Boutiquen[3] (1) (2) (3)		
Central	nein	nein	nein	mittel	64	2	12
Vía Florencia	nein	ja	ja	gut	63	2	12
del Caminante	nein	ja	ja	mittel bis gut	54	1	11
del Sol	ja	nein	ja	gut bis sehr gut	87	5	17
Rustique	ja	ja	ja	gut	74	4	14
Maps	ja	nein	nein	mäßig	12	1	2
Santa Fé	ja	nein	ja	gut bis sehr gut	88	14	15
Summe					442	29	83

1) zum Standort der *galerías* vgl. Karte 16;
2) Kriterium: Vorhandensein einer zentralen Klimaanlage;
3) (1) Anzahl genutzter Boutiquen, (2) Anzahl leerstehender Boutiquen, (3) Anzahl der Boutiquen, in denen befragt wurde.

Quelle: eigene Befragung und Beobachtungen

Um durch die Befragung eine gewisse Repräsentativität der Ergebnisse zu erreichen, und weil davon auszugehen ist, daß die Bewertung der Standorte in vorgegebenen Straßenabschnitten der Innenstadt vom Warenangebot der Boutiquen abhängig ist, wurde zunächst in allen *galerías* der Calle Florida und Av. Santa Fé die Nutzung erhoben und zu Gruppen wie

Damen- und Herrenbekleidung, sonstige Textilien, Lederwaren oder Einzelhandel mit speziellem Angebot (Pfeifen, Parfüm, Antiquitäten) zusammengefaßt. Innerhalb jeder Kategorie wurde dann eine etwa 20 %ige Stichprobe in jeder *galería* gezogen. Die Besitzer oder Angestellten der Boutiquen verweigerten nur selten die Beantwortung der Fragen. In der Regel geschah dies bei Beschäftigten, die erst kurze Zeit einen Arbeitsplatz im Geschäft hatten und daher nur über geringe Kenntnisse verfügten.

Die Darstellung der Befragungsergebnisse beschränkt sich im folgenden auf die Bewertung ausgewählter Stadtteile oder Straßenabschnitte in der Bundeshauptstadt (vgl. Tab. 13, Karte 16), um die Ursachen für die Verlagerungen des Einzelhandels genauer zu erhellen. Zur Einordnung der Standortqualität mußten die Besitzer oder Angestellten des Geschäfts die vorgegebenen Teilräume fünf Rängen von "sehr schlecht" bis "sehr gut" zuordnen (vgl. Tab. 13). Dabei sollten sie von der Annahme ausgehen, dort eine neue Boutique mit entsprechendem Warenangebot zu eröffnen.

Karte 16 belegt die überragende Attraktivität der Av. Santa Fé für den hochwertigen Einzelhandel innerhalb des Stadtzentrums von Buenos Aires, gefolgt von der Calle Florida, deren Einschätzung sich von Nord nach Süd erheblich verschlechtert. Während im südlichen Abschnitt nur 40,1 % der Nennungen "gut" bis "sehr gut" erreichten, erhöhte sich dieser Anteil von 77,1 % (zwischen Av. Corrientes/Av. Córdoba) auf 83,2 % für die *cuadras* nahe der Plaza Libertador. Zwar wurde innerhalb der Santa Fé nicht weiter differenziert, doch wiesen mehrere Befragte auf die gute Standortqualität aller *manzanas* zwischen Av. Callao und Av. 9 de Julio hin. Die Bewertung der übrigen Straßenabschnitte fiel wesentlich schlechter aus. Vor allem die Av. de Mayo, Av. Corrientes und Av. Córdoba kamen für das Warenangebot der Geschäfte in der Calle Florida oder Av. Santa Fé aus folgenden Gründen nicht in Frage (vgl. Tab. 13):
1. Spezialisierung der dortigen Nutzungen, die mit der des eigenen Geschäfts nicht harmonieren
   So überwiegen in der Av. de Mayo Hotels, Bars und Restaurants, in der Av. Corrientes Buchhandlungen, Musikgeschäfte sowie Kinos und in der Av. Córdoba Cafés und Büros.
2. abseitige Lage unter Einbeziehung qualitativer Aspekte des Warenangebots
   Das Preisniveau der Geschäfte in der Calle Florida und Av. Santa Fé, das auch auf den höheren Mietpreisen je Quadratmeter beruht (vgl. Karte 21), erfordert eine gute Erreichbarkeit der Standorte durch die einkommensstärkere Kundschaft des Großraumes von Buenos Aires. Im Falle der Calle Florida ist insgesamt die gute Verkehrslage im Stadtzentrum hervorzuheben, die durch die Nachbarschaft zum Bankenviertel und zu zahlreichen Büros gestärkt wird, bei der Av. Santa Fé ist dagegen mehr die Nähe zum Barrio Norte zu betonen.

Die Einbeziehung auch außerhalb der Innenstadt gelegener Viertel von Buenos Aires in die Bewertung hebt noch klarer den Einfluß der Qualität und der damit verbundenen Preisgestaltung auf die Standortanforderungen des Einzelhandels hervor (vgl. Tab 14). Bereits innerhalb des Stadtzentrums wird die Av. Alvear deutlich schlechter bewertet als die Av. Santa Fé oder die Calle Florida im Umkreis der Plaza. Als Grund für diese geringere Einstufung gaben die

Befragten immer wieder das exquisite Angebot der dortigen Geschäfte an, das sich auch in den Auslagen und in der äußeren Gestaltung ausdrückt. So ist die in der Av. Alvear erfaßte *galería* wohl die einzige in Buenos Aires, die vollständig mit Teppichboden ausgelegt ist. Mit den durchweg importierten Waren (Parfüm, Kleidung, Lederwaren, Schmuck) von Modehäusern mit internationalem Ruf kann der Einzelhandel dort auch bei geringer Kundenzahl

Tab. 13: Bewertung vorgegebener Stadtteile und Straßenabschnitte im Zentrum von Buenos Aires durch Inhaber oder Angestellte von Boutiquen in ausgewählten *galerías* (März 1987)

Straßenabschnitt	Bewertung (Angaben in %)				
	sehr gut	gut	mittel	schlecht	sehr schlecht
Florida zw. Av. de Mayo/ Av. Corrientes	62,4	37,3	38,6	18,1	1,2
Florida zw. Av. Corrientes/Av. Córdoba	20,5	56,6	14,5	6,0	1,2
Florida zw. Av. Córdoba/ Plaza Libertador	44,6	38,6	9,6	3,6	1,2
Av. Santa Fé zw. Av. Callao/Av. 9 de Julio	43,4	48,2	1,2	3,6	-
Av. Alvear zw. Recoleta/ Calle Montevideo	34,9	34,9	15,7	3,6	-
Av. Córdoba zw. Av. Callao/Av. 9 de Julio	1,2	14,5	31,3	45,8	4,8
Av. Corrientes zw. Av. Callao/Av. 9 de Julio	1,2	19,3	28,9	42,2	3,6
Av. de Mayo zw. Plaza Congreso/Av. 9 de Julio	-	10,8	19,3	55,4	6,0
Stadtteile (Oberschichtsektor)					
Recoleta	19,3	44,6	15,7	9,6	-
Palermo	2,4	38,6	20,5	25,3	-
Belgrano	15,7	63,9	6,0	4,8	-
Stadtteile (Mittelschicht)					
Flores	9,6	55,4	8,4	12,0	-
Stadtteile (Unterschicht)					
San Telmo	1,2	8,4	10,8	60,2	6,0
Constitución	-	2,4	9,6	53,0	26,5

Quelle: eigene Befragung

ausreichende Gewinne erzielen, die beim Preisniveau der Geschäfte in der Av. Santa Fé nicht zu erreichen sind. Sie benötigen daher eine bessere Erreichbarkeit.

Ein weiteres Kriterium für die Bewertung der Standorte ist der Bedarf an den angebotenen Gütern. So nannte ein Antiquitätenhändler in der *galería del Sol* (Calle Florida, vgl. Karte 16) als Möglichkeit, ein neues Geschäft zu eröffnen, die Champs-Elysées in Paris oder die Fifth Avenue in New York. Für ihn bildet die Av. Alvear aufgrund ihrer etwas abseitigen Verkehrslage keine Alternative, da er wegen seines Angebotes an langfristigen Gütern (so gab er den Verkauf von einem bis zwei Artikel pro Monat an) im Vergleich zur mittelfristig nachgefragten Kleidung eine sehr gute Erreichbarkeit für sein Geschäft benötigt. Daher ist der Standort in der Calle Florida und hier im Umkreis der Plaza Libertador, wo viele in- und ausländische Touristen aus den nahe gelegenen Hotels von internationalem Standard einkaufen, optimal.

Tab. 14: Struktur der Kundschaft in den ausgewählten *galerías* in Buenos Aires (März 1987)

Personenkreis[1]	galerías Central, Vía Florencia	galerías del Caminante, del Sol	galerías Rustique, Maps, Santa Fé
1	2	6	1
2	0	1	5
3	6	0	0
1 u. 2	1	2	4
1 u. 3	4	1	1
2 u. 3	1	1	5
1 u. 2 u. 3	4	15	13
keine Angabe	6	2	2
Anzahl der Befragungen	24	28	31

1) Verschlüsselung: (1) überwiegend Touristen, (2) überwiegend Wohnbevölkerung, (3) überwiegend in der Umgebung Beschäftigte

Quelle: eigene Befragung

In Tabelle 13 kommt bei der Bewertung ausgewählter Stadtteilzentren auch der Zusammenhang zwischen sozialem Status des Viertels und der damit verbundenen Einkaufskraft der dort wohnenden Haushalte zum Ausdruck. Die Wohngebiete der Oberschicht wurden durchweg positiv eingeordnet, während die befragten Personen Constitución oder San Telmo sehr negativ bewerteten. Das entscheidende Motiv hierzu war, daß sie bei ihrer Preisgestaltung in diesen Stadtteilen nur wenige Waren absetzen könnten, da dort Billigangebote vorherrschen. Die Angaben zu San Telmo mit 66,2 % "schlecht" bis "sehr schlecht" weisen nochmals auf die heute abseitige Lage dieses Viertels hin, in dem bis etwa 1870 hauptsächlich in der Calle Perú die führenden Geschäfte von Buenos Aires ihren Standort hatten.

Kontrolliert man die Bewertungen der Calle Florida und der Av. Santa Fé durch den Standort der Geschäfte, in denen die Befragung erhoben wurde, dann ergeben sich klare Hinweise auf die beobachteten Verlagerungen des Einzelhandels innerhalb der nördlichen Innenstadt von Buenos Aires zwischen 1964 und 1982 (vgl. **Karte 14, 15**). Aus Abbildung 16, die die Ergebnisse der Stichprobe graphisch darstellt, sind folgende räumliche Unterschiede zu erkennen:

- Je nördlicher ein Geschäft innerhalb der Florida liegt, desto besser wird sein Standort eingeschätzt.
- Die beste Beurteilung erhält die Av. Santa Fé. Der dortige Einzelhandel erkennt in der Calle Florida keine Alternative.

Abb. 16: Bewertung der Calle Florida und der Av. Santa Fé in Abhängigkeit vom Einzelhandelsstandort (März 1987)

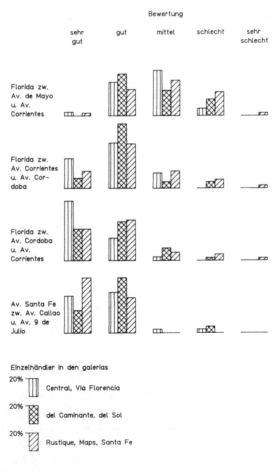

Quelle: eigene Befragung

- Die Geschäftsinhaber und Angestellten in den *galerías Central* und *Vía Florencia* stufen den Bereich, wo sich die eigenen Geschäfte befinden, deutlich niedriger ein als die nördlichen Abschnitte der Calle Florida, den sie sogar höher bewerten als die dort befragten Personen.

Als Gründe für diese unterschiedliche Beurteilung wurde wiederholt auf die wirtschaftlichen Schwierigkeiten Argentiniens (Auslandsverschuldung, mangelnde Investitionsbereitschaft) hingewiesen, die wesentlich die Einbußen der Realeinkommen bei Mittelschichtangehörigen verursachten. Diese Kundschaft, Bank- und Büroangestellte, überwiegt aber bei den Geschäften in den südlichen *cuadras* der Calle Florida (vgl. Tab. 14), was auch aus der hohen Besucherfrequenz in den beiden ausgewählten *galerías* zwischen 12.30 Uhr und 14.30 Uhr zu erkennen war. Tabelle 14 hebt dagegen die Bedeutung der Touristen für den Einzelhandel nahe der Plaza Libertador und die der Wohnbevölkerung in der Av. Santa Fé hervor. Letztere bestätigt sich auch darin, daß in der *galería Santa Fé* die meisten Boutiquen zwischen 14.00 Uhr und 16.00 Uhr schließen. Es wird aus Tabelle 14 zudem deutlich, daß die Kundschaft weniger als im südlichen Teil der Calle Florida aus einem bestimmten Personenkreis stammt und damit die Abhängigkeit von der Einkommensentwicklung einer Gruppe geringer ist. Die größere Heterogenität und höhere Einkaufskraft der Kundschaft sind wohl entscheidend für die - wenn überhaupt vorhandenen - niedrigen Umsatzeinbußen.

Einrichtungen des Beherbergungs-, Gaststätten- und Unterhaltungsgewerbes ergänzen die vielfältigen Nutzungen im Stadtzentrum von Buenos Aires. Im Jahre 1964 waren zwei Schwerpunkte zu erkennen (vgl. Karte 17): die *cuadras* entlang der Calle Lavalle und der Av. Corrientes waren nahe der Av. 9 de Julio von Kinos geprägt, deren Ansiedlung sich weiter nach Westen fortsetzte (vgl. AAGESEN 1954). Diese Zone, in der sich auch viele Bars und Restaurants befanden, besitzt vor allem am Wochenende noch heute eine hohe Anziehungskraft auf die Bevölkerung des Großraumes (vgl. RANDLE 1969). Eine zweite Konzentration stellte das Vergnügungsviertel südöstlich der Plaza Libertador mit vielen kleinen Hotels und Bars dar. Die Hotels insgesamt betrachtet, verteilten sich ziemlich gleichmäßig über das Untersuchungsgebiet. Besonders hervorzuheben waren die beiden 1964 renommierten Hotels *Plaza Libertador* (Ecke Florida/Marcelo T. Alvear) und *Dorá* (in Calle Maipú nahe Calle Paraguay; vgl. *Consejo de Planificación Urbana* 1973). Die Standorte der Hotels nahe des Bahnhofs Retiro hatten die Ansiedlung vieler Büros internationaler Fluggesellschaften in der Av. Santa Fé zur Folge. Zudem spezialisierte sich - wie bereits ausgeführt - der Einzelhandel im Umkreis dieser Hotels auf die Nachfrage der zahlungskräftigen Reisenden.

Die Zahl der Hotels verringerte sich zwischen 1964 und 1982 auf ein Fünftel (vgl. Tab. 9, 10). Bei dieser Abnahme sind allerdings Erhebungsfehler nicht auszuschließen, da im South American Handbook von 1986 das Hotel Plaza noch existiert, in den Unterlagen des *Archivo Maestro* aber nicht erfaßt wird. Dem South American Handbook ist weiterhin zu entnehmen, daß 70 % der 24 für Buenos Aires aufgelisteten Hotels mit mindestens drei Sternen im Untersuchungsgebiet - vorzugsweise nördlich der Av. Corrientes - stehen und damit nachdrücklich die Bedeutung des Stadtzentrums als Standort für das Beherbergungsgewerbe belegen. Damit eng verbunden war die Expansion der Reisebüros und -agenturen sowie Bars und Restaurants in den *cuadras* zwischen Calle Paraguay und Av. Santa Fé. Letztere haben ihren Standort entlang der Calle Lavalle gestärkt. In diesem Bereich sind auch heute noch zahlreiche Einrichtungen des Unterhaltungssektors anzutreffen (Kinos, Musikgeschäfte), deren Schwerpunkt sich bis zur Calle Florida ausgedehnt hat und dann bis zur Av. Leandro N. Alem in einem breiten Streifen mit geringerer Dichte der dargestellten Nutzungen übergeht.

Karte 19 gibt die Verteilung der Wohnnutzung im Stadtzentrum von Buenos Aires im Jahre 1964 wieder. Zwar war die Wohnfunktion aufgrund der schon vor dem Ersten Weltkrieg einsetzenden Citybildung bereits zu diesem Zeitpunkt stark zurückgedrängt, doch überrascht, daß sich im Jahre 1964 das Wohnen in Verbindung mit anderen Nutzungen fast gleichmäßig über das Stadtzentrum verteilte (vgl. Schwerpunkt und relative Standarddistanzen in Tab. 9). Sogar im Bereich des Finanzzentrums war diese Funktion in oberen Stockwerken 1964 noch anzutreffen, während das Erdgeschoß oftmals dem Einzelhandel vorbehalten blieb (vgl. Karte 14). Auffallend ist weiterhin, daß zwei Drittel aller Gebäude, die nur der Wohnnutzung dienten, nördlich der Av. Santa Fé standen und damit dieses Gebiet nicht mehr der City zuzurechnen war.

Bis 1982 erhöhte sich die Zahl der Gebäude, die zumindest teilweise Wohnzwecken dienen, um 29,2 % (vgl. Tab. 7, 8). Dabei setzte sich offensichtlich die Tendenz zu Apartmenthäusern, die bereits vor 1964 bestand (vgl. *Consejo de Planificación Urbana* 1973), weiter fort, denn in Tabelle 8 fällt für 1982 auf, daß man die Wohnnutzung im Gegensatz zu zwanzig Jahren zuvor hauptsächlich in höheren Gebäuden mit mindestens sechs Geschossen antraf. Die zunehmende Bedeutung des Wohnens bis 1982 wurde von erheblichen räumlichen Verlagerungen begleitet (vgl. Karte 20). Sie äußern sich sehr markant in der Verschiebung des Schwerpunktes nach Norden bei gleichzeitiger Verringerung der relativen Standarddistanzen (vgl. Tab. 9, 10). Einerseits breitete sich die Cityexpansion und der damit verbundene Bevölkerungsrückgang vor allem in den *cuadras* im Umkreis des Finanzzentrums weiter aus. So wurden 1982 im Gebiet östlich der Calle Maipú und südlich der Av. Corrientes sowie entlang der Calle Florida fast keine Gebäude mehr zu Wohnzwecken genutzt. Sie sind heute von Funktionen belegt (Finanz- und Büroaktivitäten), die den hohen Bodenpreisen entsprechen (vgl. Karte 21). Andererseits ist nördlich der Av. Córdoba, insbesondere östlich der Plaza Libertador, eine Verdichtung der Wohnnutzung festzustellen. Die dort überwiegende neuere und höhere Bausubstanz belegt die anhaltende Expansion der Apartmenthäuser als Folge des *Ley de Propiedad Horizontal.*

Abbildung 17 gibt die untersuchten Nutzungsverteilungen im Stadtzentrum von Buenos Aires zusammenfassend wieder. Die räumliche Gliederung enthält alle wesentlichen Elemente des Cityentwicklungsmodells von LICHTENBERGER (1972a):
1. der Leitstrahl der Citybildung, heute die Av. Santa Fé, früher die Calle Florida, mit dem qualitativ führenden Einzelhandel als Träger der Cityexpansion,
2. die Mehrkernigkeit mit dem Bankenviertel im Umkreis der Plaza de Mayo, den Büroaktivitäten und öffentlichen Verwaltungen, die mit den Einrichtungen des Finanzsektors zusammenarbeiten, die linienhafte Verteilung des Einzelhandels entlang der Calle Florida, die Ansiedlung zahlreicher Kinos, Bars und Restaurants in der Calle Lavalle und in der Av.

Córdoba,

3. die in Buenos Aires nur gering ausgeprägte Lückenhaftigkeit des Gefüges mit unbebauten Grundstücken oder leerstehenden Gebäuden innerhalb des Kerns maximaler Nutzungsintensität und

4. die Rückfront mit hohen Bevölkerungsdichten in den funktionsschwächeren Teilräumen östlich der Plaza Libertador und in den für die Büronutzung sowie den Einzelhandel immer attraktiver werdenden Wohngebieten westlich der Plaza Libertador.

Abb. 17: Funktionale Gliederung des Stadtzentrums von Buenos Aires (1982)

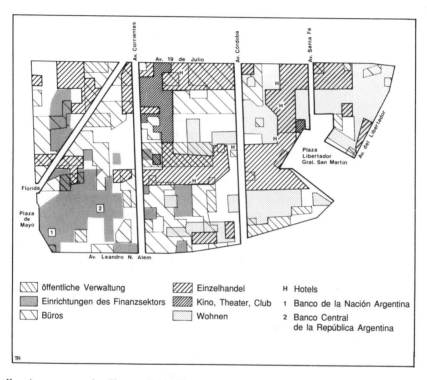

Quelle: Auswertung der Karten 5 bis 20

Die Änderungen in der räumlichen Verteilung der Wohngebäude zwischen 1964 und 1982 deuten an, daß die Citybildung ähnlich wie in kontinentaleuropäischen Großstädten, im Umkreis der Plaza de Mayo, dem zivilen Machtzentrum seit Gründung der Stadt, einsetzte (vgl. WILHELMY 1952). Von hier breiteten sich die citytypischen Funktionen in Richtung der Wohngebiete der sozialen Oberschicht aus und prägen damit noch heute die Rückfront (San Telmo) und den Leitstrahl der Cityexpansion, die Av. Santa Fé. Die Einzelhandelsbefragung zur Bewertung ausgewählter Straßenabschnitte und Stadtviertel bestätigt diese Dynamik, der nicht nur die großräumige Verteilung der Bodenwerte entspricht (vgl. Abb. 10), sondern auch die Grundstückspreise innerhalb des Untersuchungsgebietes. Karte 21, in der die Bodenpreise je Quadratmeter im Jahre 1982 dargestellt sind, belegt hohe Werte insbesondere in den *cuadras* benachbart zum Finanzzentrum sowie entlang der wichtigsten Verkehrsachsen Calle Florida, Av. Córdoba, Av. Corrientes und Av. Santa Fé. Diese Bereiche waren aber am stärksten von Nutzungsänderungen während des Untersuchungszeitraumes betroffen. Zwischen diesen Zonen treten zum Teil großflächige Gebiete mit sehr niedrigen Bodenpreisen auf. Dies ist sogar innerhalb des Finanzzentrums (Kathedrale) und in der Calle Florida (*Galerías Pacífico*) der Fall und bestätigt somit die Lückenhaftigkeit des Citygefüges. Ihr geringfügiges Absinken in den *cuadras* mit überwiegender Wohnnutzung nördlich der Av. Córdoba belegt, daß die Bodenpreise in Buenos Aires nicht nur auf ökonomischen Überlegungen beruhen, sondern wohl auch Faktoren der räumlichen Segregation eine Rolle spielen (vgl. Kap. 3.1.6).

4.2.3 Stadtplanerische Maßnahmen zur Erhaltung der funktionalen Bedeutung der Innenstadt von Buenos Aires

Ende der 30er Jahre äußerten argentinische und französische Architekten erstmals Vorstellungen, die durch die Gestaltung mehrerer Zentren mit unterschiedlichen funktionalen Schwerpunkten auf eine Neustrukturierung des Stadtzentrums von Buenos Aires abzielten (vgl. Kap. 3.1.6, LE CORBUSIER 1947). Zudem mußten für die Aufgaben, die die argentinische Hauptstadt als eine der Wirtschaftsmetropolen in Südamerika wahrnahm, Bedingungen für eine kontinuierliche Weiterentwicklung geschaffen werden. Vor allem war erforderlich, genügend Raum für spätere Nutzungserweiterungen auszuweisen sowie die Zugänglichkeit der Innenstadt insgesamt zu verbessern. Es bestand die Absicht, einerseits durch Zusammenlegung staatlicher und privater Institutionen mit sich entsprechenden oder ergänzenden Arbeitsbereichen die Kommunikation zu erleichtern und andererseits durch die Standortwahl der Zentren den täglichen Pendelverkehr in den Stadtkern zu entflechten, um die dortige Überlastung des Verkehrsnetzes, das bei Straßenbreiten von 9 m bis 11 m seine Aufnahmekapazität erreicht hatte, zu mindern.

LE CORBUSIER (1947) schlug für die Innenstadt von Buenos Aires den Ausbau von insgesamt sieben Zentren vor, die sich z.T. an bereits bestehende Nutzungskonzentrationen anlehnten (vgl. Abb. 18):
- ein Regierungszentrum (*Centro de Gobierno*) südlich des Kongreßgebäudes
  Hier sollten alle Ministerien und die mit ihnen kooperierenden Stellen zusammengefaßt werden, und der staatliche Mittelpunkt durch bauliche Gestaltung (Hochhaus, Freiräume) sowie räumliche Trennung der Gewalten einen angemessenen, repräsentativen Charakter erhalten.
- ein städtisches Zentrum (*Centro Municipal*) im nördlichen Abschnitt der Calle Perú
  Beabsichtigt war die Ansiedlung aller Verwaltungen auf städtischer Ebene.
- ein Panamerikanisches Zentrum (*Centro Panamericano*) nahe des Bahnhofs Constitución
  Einrichtungen für kulturelle Veranstaltungen, Ausstellungsräume, Kongreßgebäude, Bibliotheken, Archive und Hotels für Gäste hatten die protagonistische Aufgabe, die Einheit amerikanischer Länder voranzutreiben. Der Standort südlich der Av. de Mayo sollte ähnlich wie der des *Centro Municipal* die Stadtviertel San Telmo und Constitución sozial aufwerten.

- ein Zentrum der Berufsstände (*Centro de Asociaciones*) an der Av. 9 de Julio
  Gebäude für Gewerkschaften, Arbeitgeberverbände, Freie Berufe und Arbeitsamt im südlichen Teil der Innenstadt von Buenos Aires zielten ebenfalls auf die Aufwertung der dortigen Teilräume.
- ein Finanzzentrum (*Centro Financiero*) im Umkreis der Plaza de Mayo
  Unter Beibehaltung der städtebaulichen Gestaltung der Plaza de Mayo sollte das *Centro Financiero* mit allen bedeutenden nationalen und internationalen Bankhäusern seine Lage nahe der Einrichtungen (Hafen, auszubauende *Cité*, Einzelhandelszone entlang der Calle Florida) haben, mit denen die intensivsten funktionalen Verflechtungen bestanden.
- ein Bürozentrum (*Cité*) in der östlichen Verlängerung der Av. de Mayo
  Der Standort auf einem Gelände, das dem Rio de la Plata noch abzugewinnen war, konzentrierte nicht nur die Büronutzungen, sondern verbesserte auch die Verknüpfungen mit dem Hafen, entlastete die Zone des Einzelhandels von eindringenden Dienstleistungen aller Art und betonte zudem die Verbindung von Buenos Aires und Rio de la Plata, die durch den Ausbau des Madero-Hafens vorlorengegangen war.
- eine Zone für Freizeitaktivitäten (*Zona de Diversiones*) entlang der Av. Corrientes und der Calle Lavalle
  Die Bedeutung bereits vorhandener Einrichtungen in den beiden Straßen wie Bars, Restaurants, *Confiterías* oder Kinos für die Bevölkerung des Großraumes sollte durch die Anlage einer Fußgängerzone noch gestärkt werden.

Diese Zentren mit den verschiedenen funktionalen Schwerpunkten wurden von Vorschlägen ergänzt, die weitere Zonen mit spezialisierten Nutzungen, wie z.B. Hotels, Botschaften, Konsulate oder den Einzelhandel, betrafen. Außerdem wollte man die Docks des Madero-Hafens und angrenzende Flächen in eine großzügige Freizeitanlage mit Wassersportmöglichkeiten, Fußballplätzen, Parks und vieles mehr umgestalten.

Die praktischen Auswirkungen dieser Vorarbeiten für einen *Plan Director para Buenos Aires*, der durch die beabsichtigten Zentren eine große Übereinstimmung mit den Vorhaben des *Plan Director de Montevideo* in der Altstadt aufweist (vgl. Kap. 4.3.3, GANS 1987b), waren gering. Nur die Erweiterung des bestehenden Straßennetzes (Avenidas 9 de Julio, Córdoba, Corrientes), mit der man allerdings bereits Mitte der 30er Jahre begonnen hatte, wurde weiter vorangetrieben (vgl. WILHELMY 1952).

Doch vergrößerten sich die Probleme des ständig anwachsenden Bedarfs an Büroflächen im Zentrum und der damit verbundenen Expansion der entsprechenden Nutzungen in die angrenzenden Teilräume. So stellte die Arbeitsgruppe, die für die Ausarbeitung der Richtlinien des *Plan Regulador de la Ciudad de Buenos Aires* zuständig war, fest, daß die Aktivitäten aus den Bereichen Verwaltung, Finanzwesen, Einzelhandel und Kultur, die traditionell ihren Standort in der *Area Centro* hatten, sich vorzugsweise in Richtung Norden und Westen (vgl. Kap. 3.1.6 u. 4.2.2) ausbreiteten und damit in Wohngebiete mit den höchsten Bevölkerungsdichtewerten in Buenos Aires eindrangen. Es war abzusehen, daß mit dieser Verdrängung und mit der flächenhaften Ausweitung der Büronutzungen die bereits bestehenden Verkehrsprobleme zunehmen würden.

Abb. 18: Lage der funktionalen Schwerpunkte in der Innenstadt von Buenos Aires nach den Vorschlägen von LE CORBUSIER (1947) und BERLINSKI u.a. (1964)

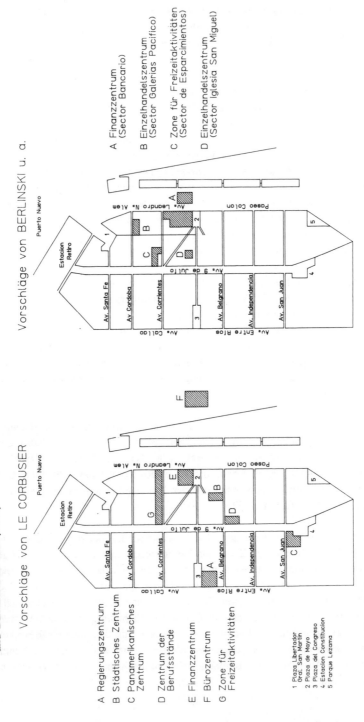

Vorschläge von LE CORBUSIER

Vorschläge von BERLINSKI u. a.

A Regierungszentrum

B Städtisches Zentrum

C Panamerikanisches Zentrum

D Zentrum der Berufsstände

E Finanzzentrum

F Bürozentrum

G Zone für Freizeitaktivitäten

1 Plaza Libertador Gral. San Martín
2 Plaza de Mayo
3 Plaza del Congreso
4 Estacion Constitucion
5 Parque Lezama

A Finanzzentrum (Sector Bancario)

B Einzelhandelszentrum (Sector Galerias Pacifico)

C Zone für Freizeitaktivitäten (Sector de Esparcimientos)

D Einzelhandelszentrum (Sector Iglesia San Miguel)

Quelle: LE CORBUSIER (1947), BERLINSKI u.a. (1964); eigene Bearbeitung

Um diese Expansion mit ihren negativen Auswirkungen auf die zentral gelegenen Wohnbereiche (Nähe zu Arbeitsplätzen, zu Kultur- und Unterhaltungseinrichtungen in der Innenstadt) zu begrenzen, schlug der *Plan Regulador* eine Nutzungszonierung vor. Ziel dabei war, diese Gebiete mit hohem Wohnwert zu erhalten und Teilräume des Madero-Hafens als Alternative für Erweiterungsflächen der zentralen Funktionen zu entwickeln. Auch die *Area Centro* wollte man neu strukturieren. Dabei hielt man an der Vorstellung von LE CORBUSIER (1947) fest, durch Ausweisung von funktionalen Schwerpunkten die Verkehrsverflechtungen zu entzerren und damit die Kommunikation zwischen den Einrichtungen zu verbessern. In der Verlängerung der Av. de Mayo war beabsichtigt, nahe der Plaza de Mayo die öffentliche Verwaltung, die mit Regierungsaufgaben betraut war, anzusiedeln und entlang der Docks Hochhäuser mit Apartmentwohnungen zu errichten. Die Docks selbst sollten von - Grünflächen umgeben - Möglichkeiten für den Wassersport bieten.

Um die Neustrukturierung in den verbleibenden *cuadras* der *Area Centro* zu erreichen, schrieb die *Organización del Plan Regulador* einen Wettbewerb für einen *Plan Particularizado del Area Centro* aus (*Municipalidad* 1968, S. 177). Folgende Bedingungen wurden vorgegeben:
- die Errichtung eines Hochhauskomplexes mit einem Hotel von internationalem Standard, mit Büros, mit dem Einzelhandel und mit ausreichendem Parkraum,
- die Erneuerung der Bausubstanz durch den Wechsel hoher Gebäude mit Freiflächen, um städtebauliche Kontraste zur Erhöhung der Attraktivität des Zentrums zu schaffen,
- die Erhaltung der funktionalen Bedeutung des Gebietes.
Der von mehreren Architekten vorgetragene *Plan Particularizado Zona Centro* bezog sich sowohl auf die Nutzungsdifferenzierung als auch auf die Verkehrsgestaltung (vgl. BERLINSKI u.a. 1964). Bei letzterer unterschieden sie zwei Phasen der Vorgehensweise. In einem ersten Schritt sollte das bestehende Verkehrsnetz nach Schnellstraßen und verkehrsberuhigten Zonen (*vías lentas*) klassifiziert und Vorschläge zur notwendigen Neugestaltung erarbeitet werden. In einem zweiten Abschnitt wollte man durch den im *Plan Regulador* festgeschriebenen Ausbau der Av. 9 de Julio sowie der Autobahn nach Norden (*Ruta Costera*) das Zentrum vom Durchgangsverkehr entlasten. Außerdem schlug man neben dem Bau mehrerer Parkhäuser entlang der Av. Leandro N. Alem auch die Errichtung unterirdischer Parkplätze unter der Av. 9 de Julio vor, um die Probleme des ruhenden Verkehrs zu lösen und Konflikte des PKWs mit anderen Verkehrsmitteln zu verringern.

Bei der Nutzungsdifferenzierung stellten die Architekten zunächst eine Hierarchie der im Zentrum vertretenen Funktionen auf (vgl. BERLINSKI u.a. 1964):
1. Hauptaktivitäten (*actividades principales*) wie öffentliche Verwaltungen, Banken oder Versicherungen
   Sie geben der *Area Centro* jenen Charakter als Teilraum von Buenos Aires, in dem die unterschiedlichsten Einrichtungen von lokaler, regionaler und nationaler Reichweite angesiedelt sind (*Municipalidad* 1984, S. 69).
2. Ergänzungsaktivitäten (*actividades auxiliares*) wie Wechselstuben oder Anwaltskanzleien
   Sie komplettieren die Funktionen aus Gruppe 1 und sind in deren Nachbarschaft anzutreffen.
3. Dienstleistungen (*equipamiento de servicios*) wie der Einzelhandel oder die Gastronomie

Sie haben überwiegend konsumorientierten Charakter und bedienen sowohl die im Zentrum Beschäftigten als auch die Wohnbevölkerung des Großraumes.

Man wies für die drei Nutzungsgruppen verschiedene Zonen einschließlich der Expansionsmöglichkeiten aus:

U_1: Egänzungsaktivitäten: Büros
Dienstleistungen: Tourismus, Einzelhandel

U_2: Hauptaktivitäten: freizeitorientierte Einrichtungen
Ergänzungsaktivitäten: Büros
Dienstleistungen: Einzelhandel, *galerías*

U_3: Hauptaktivitäten: Finanzwesen
Ergänzungsaktivitäten: Büros
Dienstleistungen: Einzelhandel

U_{3a}: Bankensektor, Versicherungen

U_{3b}: öffentliche Verwaltung

U_4: Ergänzungsaktivitäten: Finanzbereich, Großhandel

U_5: Hauptaktivitäten: Finanzbereich, Großhandel
Ergänzungsaktivitäten: Büros, Einzel- und Großhandel

Man verzichtete bewußt auf einen Katalog verbotener oder erlaubter Nutzungen und versuchte durch die Gestaltung von vier Zentren, die beabsichtigte funktionale Gliederung zu erreichen (vgl. Abb. 18):

1. *Sector Bancario* mit allen einflußreichen staatlichen und privaten Finanzinstituten,
2. *Sector Galerías Pacífico/Iglesia de las Catalinas* mit Fußgängerpassagen entlang der Calle Florida, einem Hotel von internationalem Standard an der Av. Córdoba sowie Büros in den oberen Stockwerken der Gebäude,
3. *Sector Esparcimiento* in der Calle Lavalle und in der Av. Corrientes mit Kinos, Restaurants, *Confiterías* und Büronutzungen sowie
4. *Sector Iglesia San Miguel* mit Einzelhandel und Freiflächen.

Entscheidend für die Lokalisierung der einzelnen Zentren war einerseits der hohe Grundbesitzanteil in städtischer oder staatlicher Hand und andererseits auch die Erhaltung historischer Bauwerke wie die beiden Kirchen Catalinas oder San Miguel.

Die Realisierung dieser Zentren mit funktionalen Schwerpunkten wurde nur z.T. in Angriff genommen. Am weitesten vorangeschritten ist der *Sector galerías Pacífico/Iglesia de las Catalinas*. Allerdings errichtete man das Bürohochhaus mit der Fußgängerpassage in den unteren Geschossen nicht wie vorgesehen an der Ecke Calle Florida/Av. Córdoba, sondern eine *cuadra* nach Osten versetzt. Die dort gravierenden Veränderungen der Parzellenstruktur weisen auf die bauliche Neugestaltung in dieser *manzana* hin (vgl. Karte 5 u. 6). Der Grund für diese Abweichung von der ursprünglichen Planung lag in der Erhaltung der Ende des 19. Jahrhunderts erbauten *Galerías Pacífico*. Die viergeschossige ehemalige Passage im eklektizistischen Baustil ist in der Innenstadt von Buenos Aires ein Gebäude von einzigartig architektonischem Wert. Die Erhaltung ist daher in hohem Maße erstrebenswert, langfristig jedoch nur durch eine sinnvolle Nutzung gesichert. Dies ist allerdings nicht der Fall. Auch 1987 stand die *galería* mit ihrer sehr großen Grundfläche leer, so daß diese Nutzungslücke in einem Bereich der *Area Centro* mit hohen Bodenwerten eine Barrierewirkung auf die benachbarte neu errichtete Passage hat. Damit gefährdet aber das leerstehende Gebäude die Ziele (Aufwertung der *cuadras* in der Umgebung für den Einzelhandel), die mit der Schaffung des Zentrums *Sector Galerías Pacífico/Iglesia de las Catalinas* verbunden waren, und letztendlich seine Erhaltung.

Im Gegensatz zur verzögerten Realisierung der vier Schwerpunktgebiete, wie sie im *Plan Particularizado Zona Centro* vorgeschlagen worden waren, verwirklichte man nur das im *Plan Regulador* vorgesehene Bürozentrum mit einem Hotel der höchsten Kategorie. Es handelt sich dabei um den im *Código de Planeamiento Urbano* (vgl. *Municipalidad* 1984) ausgewiesenen Distrikt U13, der nach dem *Decreto Ordenanza* 22.034/67 gestaltet wurde und von der. Avenidas Leandro N. Alem, Eduardo Madero, Córdoba sowie von der Calle San Martín begrenzt ist (vgl. Abb. 18, östlich der Plaza Libertador). Dieses Gebiet Catalinas Norte dient neben dem Hotel und den Parkhäusern ausschließlich Büronutzungen staatlicher und privater Unternehmen (*Aerolíneas Argentinas*, IBM) in Hochhäusern mit mindestens 48 m Höhe. Die Nutzung dieser Fläche begann mit dem Bau des Madero-Hafens und war eng mit der Stadtentwicklung von Buenos Aires verbunden. Aus diesem Grunde und auch wegen der bestehenden Möglichkeit, ursprüngliche Planung und gegenwärtige Realisierung vergleichen zu können, soll das Entstehen von Catalinas Norte als Beispiel eines Zentrums mit funktionalem Schwerpunkt in der Innenstadt ausführlich dargestellt werden (vgl. SARRAILH 1975, VIÑOLY 1976).

Im Jahre 1882 wurde der heutige Distrikt U13 durch Aufschüttungen dem Rio de la Plata abgewonnen, und kurze Zeit später legte man die Dársena Norte an. Der Aufschwung des Im- und Exports, der Ende des 19. Jahrhunderts einsetzte, erforderte den Bau von Lagerhallen, Kais, Verladeeinrichtungen und eines Eisenbahnanschlusses. Das Gebiet hatte eine große Bedeutung für den Zugang zum Madero-Hafen und für die Lagerhaltung. Mit der Fertigstellung des heutigen Bahnhofes Retiro im Jahre 1908 und dem gleichzeitigen Beschluß der Stadtverwaltung, den *Puerto Nuevo* nördlich von Catalinas Norte zu errichten (vgl. Abb. 18), wurde es in eine mehr abseitige Lage gedrängt. In den 40er - spätestens 50er Jahren - entstanden Nutzungen, aus denen eher eine funktionale Verflechtung mit dem Zentrum als mit dem Hafen zu erkennen war (Spielhallen, Stundenhotels, Bars). Im Jahre 1956 hinterließ die Bausubstanz des Gebietes einen sehr heterogenen sowie verfallenen Eindruck und wirkte dadurch physiognomisch abgeschlossen.

Zu dieser Zeit trat die Stadtverwaltung erstmals mit der Absicht an die Öffentlichkeit, Catalinas Norte als innerstädtischen Standort mit guter Erreichbarkeit aufzuwerten. Im Jahre 1956 beauftragte die *Municipalidad* eine Architektengruppe mit der Neugestaltung von Catalinas Norte unter Vorgabe zweier Bedingungen:
1. Das neugestaltete Gebiet sollte allen Reisenden nach Buenos Aires einen bleibenden Eindruck vermitteln.
2. Es soll als Expansionsmöglichkeit für Funktionen des Stadtzentrums dienen.
Entsprechend diesen Auflagen schlugen die Architekten eine Zonierung in verschiedene Sektoren vor:
- ein Hotel kombiniert mit zahlreichen Einrichtungen für Freizeitaktivitäten gegenüber dem

Bahnhof Retiro und mit guter Erreichbarkeit von der zukünftigen Autobahn Tigre - La Plata entlang des Rio-de-la-Plata-Ufers,
- eine Unterbringungsmöglichkeit für Immigranten und alle hierfür notwendigen staatlichen Stellen an der Dársena Norte,
- im Zentrum des Gebietes zwei Hochhauskomplexe für Hotels, Büros und allen damit verbundenen Dienstleistungen und
- ein Komplex mit Kongreß- sowie Ausstellungsräumen, Restaurants, Büros, Einzelhandel usw.

Alle Sektoren waren nach diesem Vorschlag durch Fußwege und Terrassen miteinander verbunden und durch Fußgängerbrücken über die Av. Leandro N. Alem an das Stadtzentrum angeschlossen, so daß Catalinas Norte auch die Funktion eines Verbindungsstückes zwischen Stadt einerseits und Fluß andererseits übernahm. Dies war eines der wichtigsten Ziele, die den Vorschlägen zugrunde lagen: Catalinas Norte funktional und baulich in die Umgebung zu integrieren. Doch gelang es den städtischen und staatlichen Stellen nicht, die zur erfolgreichen Durchführung des Projektes notwendigen Voraussetzungen (Bau der Autobahn, Verbindungen zur Innenstadt, Erwerb der Grundstücke) zu schaffen.

Erst der *Plan Regulador* schrieb die Errichtung des Zentrums fest und 1959/60 gelang es auch, Verwaltungsfragen hinsichtlich des Grundstückskaufs und der Finanzierungsvoraussetzungen zu klären. Das neu konzipierte Projekt unterschied sich vom ursprünglichen Entwurf nur durch die stärker betonte Aufgabe von Catalinas Norte als ein Entlastungszentrum für die weiter expandierenden Büronutzungen und für den Einzelhandel im Stadtzentrum. Man wollte daher eine zusätzliche Passage einrichten und außerdem eine Doppelreihe von Hochhäusern erbauen.

Am 3. Februar 1960 stimmte der Kongreß dem Kauf der Parzellen durch die *Municipalidad* zu, und bereits ein Jahr später schuf man die *Comisión de Catalinas Norte*. Sie beseitigte u.a. bis 1966 alle nicht mit der Planung konformen Nutzungen, ließ die Grundstücksgrenzen in das Kataster eintragen und legte die Arbeitsschritte für die spätere Bebauung fest. Damit wurde 1967 begonnen, doch traten in den folgenden Jahren immer wieder Schwierigkeiten auf, die eng mit den wirtschaftlichen Problemen des Landes, mit der Bodenspekulation, der fehlenden Akzeptanz dieses Gebietes durch mögliche Nutzer, der unterlassenen Anpassung der Geldmittel zur Finanzierung des Projektes sowie mit der politischen Instabilität zusammenhingen. Die Stadtverwaltung versuchte daher, die Verwirklichung durch weniger strenge Bau- und Nutzungsvorschriften, wie sie im *Decreto Ordenanza* 22.034/67 festgehalten sind, zu beschleunigen. Neun Grundstücke wurden an private Unternehmen verkauft, die die Parzellen aufgrund der geringen Auflagen fast nach eigenem Gutdünken bebauen konnten. Auf den übrigen Flächen legte die *Municipalidad* Parkplätze, Straßen und Grünflächen an.

Das Ergebnis dieser Vorgehensweise hat nur noch wenig mit den ursprünglichen Vorstellungen gemeinsam. Catalinas Norte ist heute eine Aneinanderreihung mehrerer isoliert stehender Hochhäuser, die als Büros genutzt werden. Die fehlende funktionale Integration in das benachbarte Stadtzentrum dokumentiert sich nicht nur in der trennenden Av. Leandro N. Alem, über die keine Fußgängerbrücke zur Innenstadt führt, sondern auch in dem verlassenen Eindruck nach 19.00 Uhr, der für Cities in Großstädten der Industrieländer typisch ist. Nur das Hotel von internationalem Standard gegenüber des Bahnhofs Retiro konnte mit Restaurants, Bars und mehreren Boutiquen einige Ideen des ehemaligen Konzeptes retten.

4.3 Die Innenstadt von Montevideo

Ähnlich wie im vorangehenden Kapitel werden zunächst die Definitionen der einzelnen Nutzungsarten, die Arbeitshypothesen zur funktionalen Gliederung sowie die Vorgehensweise bei der Abgrenzung des Hauptgeschäftsbereiches entlang der Av. 18 de Julio vorgestellt. Es folgen die aktuellen räumlichen Nutzungsverteilungen im Stadtzentrum einschließlich baulicher und funktionaler Veränderungen, und zum Schluß wird auf stadtplanerische Ziele zur Erhaltung der Altstadt eingegangen.

4.3.1 Definitionen, Arbeitshypothesen und Abgrenzung des Hauptgeschäftsbereiches

Der Stadtkern von Montevideo zerfällt im Gegensatz zu Buenos Aires in zwei Teilbereiche mit unterschiedlicher Funktion und räumlicher Ausprägung: die Altstadt einerseits sowie die Quadrate entlang der Av. 18 de Julio andererseits (vgl. Abb. 14, Kap. 3.2). Diese Trennung - auch in zwei Verwaltungseinheiten - wirkt sich auf die Vergleichbarkeit der Ergebnisse mit Buenos Aires negativ aus, weil zwei Erhebungen zu verschiedenen Zeitpunkten notwendig waren, um die aktuelle Gebäudenutzung festzustellen, und außerdem vorangegangene, zeitlich nicht fixierte Funktionen nur für die Altstadt vorliegen (vgl. Kap. 2). Im Mittelpunkt des Kapitels steht daher die gegenwärtige Nutzungsdifferenzierung des Stadtzentrums von Montevideo. Veränderungen betreffen hauptsächlich die Bausubstanz, die mit Hilfe von Luftbildern für die Zeitpunkte 1954, 1962, 1975 und 1983 ebenfalls nur für den kolonialen Kern der uruguayischen Hauptstadt ermittelt werden konnte (vgl. Kap. 2).

Wie für das Stadtzentrum von Buenos Aires werden die räumlichen Verteilungen der Nutzungsarten öffentliche Verwaltung, Einrichtungen des Finanzsektors, Büros, Einzelhandel, Gaststätten-, Beherbergungs- und Unterhaltungsgewerbe sowie Wohnen analysiert. Die Untersuchung stützt sich im Falle der Altstadt auf die Erhebung der Stadtverwaltung Montevideos aus dem Jahre 1983 (vgl. Kap. 2). Die einzelnen Typen sind wie folgt definiert:
1. Der Einzelhandel umfaßt alle Arten von Geschäften, die irgendwelche Güter verkaufen. Besonders berücksichtigt wurden:
   - Lebensmittelgeschäfte,
   - Bekleidungsgeschäfte und
   - Spezialgeschäfte, die sich durch ihr spezielles Angebot oder durch die Qualität der geführten Ware hervorheben.
2. Einrichtungen des Finanzbereichs sind Banken, Bankhäuser (*casas bancarias*), Wechselstuben und die Börse.
3. Zur öffentlichen Verwaltung zählen Ministerien und alle anderen staatlichen oder städtischen Stellen.
4. Büros schließen alle Niederlassungen mit privatem Charakter ein, wie z.B. Rechtsanwälte, Steuerberater, Makler, Ärzte usw.
5. Dem Gaststätten- und Beherbergungswesen gehören Bars, Restaurants und Hotels an.
6. In einem Gebäude liegt dann eine Wohnnutzung vor, wenn zumindest ein Teilbereich einem der folgenden Typen zuzuordnen ist:

- *vivienda individual*: Die Wohnungstür ist gleich der Haustür. Dieser Typ läßt auf ein älteres Gebäude schließen, da es sich häufig um ein Patiohaus handelt.
- Apartment: Wohnungs- und Haustür sind verschieden. Dieser Typ breitete sich seit den 50er Jahren aus und erfuhr durch das *Ley de la Propiedad Horizontal* (1947) bedeutende Impulse.
- *inquilinato/pensión*: Die einzeln vermieteten Wohneinheiten verfügen nur über gemeinschaftlich genutzte Küchen und sanitäre Einrichtungen.
- besetzte Häuser: Ehemals leerstehende Gebäude, die nicht unbedingt Wohnzwecken dienten, werden heute oftmals von Haushalten rechtswidrig bewohnt.

Die historische Entwicklung (vgl. Kap. 3.2) sowie eigene Beobachtungen in der Altstadt legen folgende Hypothesen über die räumliche Verteilung der einzelnen Nutzungskategorien nahe (vgl. GANS 1987b):

1. Die Standorte der öffentlichen Verwaltung besitzen bei einer relativ großen Streuung einen Schwerpunkt nahe der Plaza Matriz.
2. Die Aktivitäten des Finanzbereiches prägen ein klar abgrenzbares Kerngebiet zwischen der *Banco de la República* und der Plaza Matriz.
3. Von Büros genutzte Gebäude befinden sich häufig in Nachbarschaft der öffentlichen Verwaltung und/oder der Finanzaktivitäten.
4. Der Einzelhandel orientiert sich an den wichtigsten Verkehrsachsen der Altstadt: Calle 25 de Mayo, Sarandí und Colón, so daß die Standorte eine linienhafte Verbreitung aufweisen.
5. Die Hotels häufen sich nahe der Plaza Independencia als einem Zentrum des Fremdenverkehrs in Montevideo, während Bars und Restaurants in der Nachbarschaft der öffentlichen Verwaltung sowie der Finanzaktivitäten mit ihren zahlreichen Beschäftigten anzutreffen sind.
6. Wohnungen verschiedenster Art befinden sich vor allem im südlichen und westlichen Teil der Halbinsel entlang des Flußufers.

Eine zur Untersuchung in der Altstadt vergleichbare Erhebung führte der Verfasser für die Quadrate entlang der Av. 18 de Julio im Jahre 1985 durch. Dabei wurde nach den von der Stadtverwaltung vorgegebenen Definitionen für die einzelnen Funktionen vorgegangen und auch zwischen den Nutzungen im Erdgeschoß sowie in den darüberliegenden Stockwerken unterschieden. Ein Problem stellte die Abgrenzung des Hauptgeschäftsbereiches dar, der wegen zeitlicher Erwägungen möglichst optimal zu wählen war. Nach Rücksprache mit mehreren uruguayischen Architekten sowie aufgrund eigener Beobachtungen wurden alle Quadrate entlang der Av. 18 de Julio zwischen Plaza Independencia und *Banco Hipotecario del Uruguay (BHU)* sowie der beiden benachbarten Parallelstraßen Colonia, San José und Guayabó erfaßt (vgl. Karte 22b, *TIUR* 1986). Zur Absicherung dieser Begrenzung des Hauptgeschäftsbereiches wurden entlang der Straßen Ibicuy/Av. Gral. Rondeau, Ejido und Magallanes, die die Av. 18 de Julio bei drei Polen mit hoher Anziehungskraft auf citytypische Funktionen kreuzen (vgl. *TIUR* 1986), Querprofile gelegt. Aus Abbildung 19, welche die Höhe und die Nutzung der Gebäude entlang der drei Querstraßen darstellt, ist bereits aus der Stockwerkzahl zu erkennen, daß sich der Hauptgeschäftsbereich mit zunehmender Entfernung zur Plaza Independencia immer mehr auf die Grundstücke direkt an der Leitachse der Cityentwicklung

Abb. 19: Gebäudenutzung entlang dreier Querstraßen zur Av. 18 de Julio (1987)

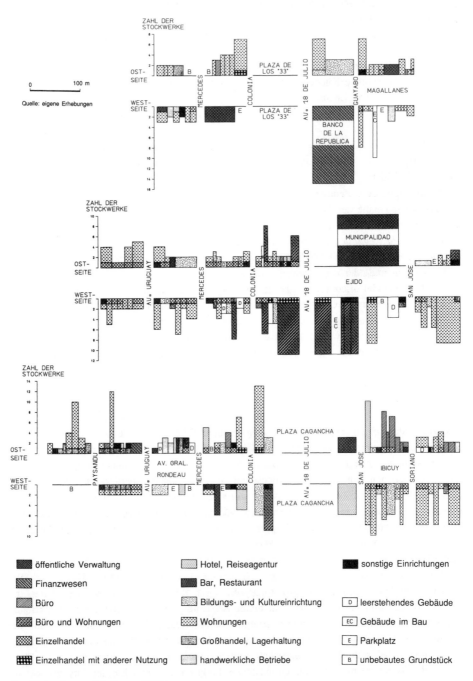

öffentliche Verwaltung   Hotel, Reiseagentur   sonstige Einrichtungen

Finanzwesen   Bar, Restaurant

Büro   Bildungs- und Kultureinrichtung   D leerstehendes Gebäude

Büro und Wohnungen   Wohnungen   EC Gebäude im Bau

Einzelhandel   Großhandel, Lagerhaltung   E Parkplatz

Einzelhandel mit anderer Nutzung   handwerkliche Betriebe   B unbebautes Grundstück

Quelle: eigene Erhebung 1987

112

verengt. Weiterhin sind aus Abbildung 19 in Abhängigkeit von der Distanz zur Av. 18 de Julio folgende Veränderungen der Bausubstanz sowie der Nutzungen festzustellen:

- Die Gebäudehöhe geht bereits jenseits der Parallelstraßen San José/Guayabó bzw. Colonia/ Mercedes nicht über zwei Stockwerke hinaus. Dieser Rückgang ist entlang Ibicuy und Ejido weniger ausgeprägt. In einer größeren Entfernung als eine *cuadra* gibt es oftmals einzelne Parzellen mit höheren Häusern, die das traditionelle Patiohaus mit bis zu zwei Stockwerken deutlich überragen. Diese Gebäude werden in den oberen Stockwerken durchweg von Apartments genutzt, so daß anzunehmen ist, daß sie aufgrund der Bodenspekulation im Zusammenhang mit dem *Ley de Propiedad Horizontal* erbaut wurden. Somit kann dieses physiognomische Merkmal ähnlich wie in Buenos Aires nicht als alleiniges Kriterium für die Cityabgrenzung dienen, sondern ist nur in Verbindung mit den Nutzungen sinnvoll.

- Die drei Querprofile belegen, daß Einzelhandel, Bars und Restaurants entlang der Av. 18 de Julio im Erdgeschoß überwiegen und daß insgesamt ihre Bedeutung zugunsten des Großhandels (vor allem in der Av. Gral. Rondeau wegen der Nähe zum Hafen), des Wohnens, unbebauter Grundstücke sowie gewerblicher Betriebe zurückgeht. Diese Nutzungsänderungen sind in den Nachbarquadraten zur *Municipalidad* sowie zur *Banco de la República* besonders ausgeprägt. Außerdem fällt auf, daß sich entlang der Av. 18 de Julio oftmals mehrere Funktionen (Einzelhandel, private Dienstleistungen, Bars) das Erdgeschoß teilen, während in den *cuadras* der Parallelstraßen in der Regel nur eine Einrichtung vorhanden ist. In Übereinstimmung mit den Überlegungen in Kapitel 4.1 hängt dieser Wandel von der größeren Konkurrenz um Flächen direkt an der Av. 18 de Julio ab und somit von den dort anziehenden Bodenpreisen (vgl. MERTINS 1987a). Eine vergleichbare Veränderung der Nutzungsintensität ist auch in den oberen Stockwerken zu beobachten. Während in den Gebäuden direkt an der Av. 18 de Julio noch Verwaltungen oder Büros, oftmals in Kombination mit Apartments anzutreffen sind, dominiert dagegen jenseits der Parallelstraßen Colonia und San José/Guayabó eindeutig die Wohnnutzung. Nur entlang der Calle Ibicuy ist eine kleine axiale Erweiterung der City zu beobachten. In der *cuadra* zwischen den Straßen San José und Soriano sind aufgrund der Nähe zum Obersten Gerichtshof von Uruguay sowie zum größten Reise- und Busunternehmen des Landes (beide Einrichtungen liegen direkt an der Plaza Cagancha) auch die oberen Stockwerke von Büros genutzt.

Die in den drei Querprofilen erfaßte funktionale Gliederung sowie der Gebäudehöhe in Abhängigkeit von der Distanz einer Parzelle zur Av. 18 de Julio belegen, daß sich der City-bereich nur in wenigen Erweiterungen über die *manzanas* entlang der Hauptgeschäftsstraße von Montevideo ausdehnt und somit die räumliche Beschränkung bei der Erhebung rechtfertigt.

Eigene Beobachtungen in Verbindung mit den Nutzungserhebungen in der Av. 18 de Julio legen folgende Arbeitshypothesen über die Verteilung der einzelnen Funktionen nahe (vgl. Karte 22b):

1. Die Standorte der öffentlichen Verwaltung, des Finanzsektors sowie der Büros bilden vier mehr oder weniger stark ausgeprägte Konzentrationen im Bereich der Plaza Fabini/Av. Agraciada, der *Municipalidad*, der Plaza de los "33" und im Umkreis der *BHU*.

2. Der Einzelhandel bevorzugt in hohem Maße Grundstücke entlang der Av. 18 de Julio. Hinsichtlich der Nutzungsintensität, einschließlich qualitativer Gesichtspunkte, ist zu erkennen, daß die *cuadras* zwischen Plaza Independencia und *Municipalidad* eine höhere Nutzungsdichte aufweisen als der Abschnitt zwischen *IMM* und *BHU*. Dieser Teilraum ist eher als Wachstumsspitze der Cityentwicklung zu kennzeichnen, während die *manzanas* zwischen Plaza Independencia und *Municipalidad* dem Stadtkern zuzuordnen sind. Dies drückt sich u.a. auch in den Verteilungen der *galerías*, Hotels und der Wohnfunktion aus.

Im folgenden wird ähnlich wie für die Innenstadt von Buenos Aires die räumliche Differenzierung der einzelnen Nutzungen vorgestellt, jeweils zuerst für die Altstadt und dann für die Av. 18 de Julio.

4.3.2 Die funktionale Gliederung der Innenstadt von Montevideo

Die Karten 22a und 22b geben zusammenfassend die räumliche Verteilung von jenen Gebäuden wieder, in denen in allen Stockwerken nur eine Nutzung anzutreffen ist. Ein erster Überblick bestätigt für die Altstadt Montevideos (vgl. Karte 22a), daß die Bausubstanz in einem Gebiet zwischen den Straßen Buenos Aires, Castellanos, Rambla 25 de Agosto, Diagonal Río de Janeiro sowie Florida in überwiegendem Maße nicht Wohnzwecken dient. Es fällt auf,

- daß die öffentliche Verwaltung in den *cuadras* entlang der Calle Sarandí und in der Umgebung der Plaza Matriz ihren Schwerpunkt besitzt,
- daß die Aktivitäten des Finanzbereichs eine außerordentliche Konzentration zwischen Plaza Matriz und *Banco de la República* entlang den Straßen Cerrito, 25 de Mayo und Rincón aufweisen,
- daß sich die Büros in ihrer Verteilung offensichtlich an den Verwaltungs- und Finanzstandorten orientieren,
- daß Gebäude, die vollständig vom Einzelhandel genutzt werden, nur in geringer Zahl auftreten und außerdem keine besondere Ausprägung in der räumlichen Verteilung besitzen und
- daß im südlichen und westlichen Teil der Altstadt die Wohnnutzung überwiegt.

In Karte 22a ist weiterhin die beträchtliche Anzahl nicht bebauter Grundstücke zu erkennen. Absolut sind es 198 oder 10,9 % aller erfaßten Parzellen (vgl. Tab. 19). Davon wird ein knappes Drittel (30,8 %) als Parkplätze genutzt, die für den Besitzer nicht nur eine gewisse Einnahme bedeuten, sondern auch eine finanzielle Belastung sind, da er zur täglichen Überwachung des Parkplatzes einen Wächter beschäftigen muß. Es ist daher anzunehmen, daß unbebaute Grundstücke hauptsächlich in jenem Teilgebiet der Altstadt in Parkplätze übergeführt wurden, in dem sich die höchsten Nutzungsintensitäten konzentrieren. Die Nachfrage nach Parkmöglichkeiten ist hier besonders hoch, da z.B. die staatlichen oder städtischen Einrichtungen von zahlreichen Besuchern aufgesucht werden. Entsprechend liegen 75 % aller Parkplätze in jenem Gebiet, in dem die Wohnfunktion nur in geringem Maße anzutreffen ist. Die in diesem Bereich zahlreichen Beschäftigten nutzen dagegen eher die bedeutend kostengünstigeren, aber auch peripherer gelegenen Parkgelegenheiten nördlich der Rambla 25 de Agosto sowie entlang der Rambla Sur.

Die sich in dieser Verteilung andeutende Strukturschwäche in unmittelbarer Nachbarschaft zu Parzellen mit intensivster Nutzung erhärtet sich durch die Berücksichtigung leerstehender Gebäude (vgl. Tab. 15). In den *cuadras* zwischen den Straßen Buenos Aires, Solís, Piedras und Juan C. Gómez (Zone 1 in Karte 22a), in denen sich zahlreiche öffentliche Verwaltungs- stellen und Einrichtungen des Finanzwesens befinden und in denen die Bevölkerungsdichte am geringsten ist (BÄHR 1987b, S. 38), erreicht der Anteil der Gebäude ohne irgendeine Nutzung einen etwas höheren Wert als in der Altstadt insgesamt und wird nur noch in Zone 2 übertroffen (vgl. Tab. 15). Allerdings ist der bauliche Zustand der leerstehenden Gebäude in den einzelnen Teilgebieten recht verschieden. Während der Erhaltungszustand in Zone 1 vergleichsweise gut ist, zeigt ein Viertel der Häuser ohne Nutzung entlang der Rambla Portua- ria und südlich der Diagonal Río de Janeiro erhebliche bauliche Verfallserscheinungen. Das Baualter weist dagegen nur geringfügige Unterschiede auf, so daß ein entscheidender Einfluß auf den Bauzustand auszuschließen ist. Vielmehr spielen wohl Rentabilitätsüberlegungen der Eigentümer eine entscheidende Rolle. In unmittelbarer Nähe zum nationalen Finanzzentrum und größten Hafen Uruguays war die Nachfrage privater und öffentlicher Dienstleistungen nach Büroflächen infolge der wirtschaftlichen Aufwärtsentwicklung, der finanziellen Öffnung sowie der Handelsliberalisierung vergleichsweise hoch (vgl. *Grupo de Estudios Urbanos* 1983), so daß Gebäude nur vorübergehend leer standen, also nach relativ kurzer Zeit wieder vermietet oder verkauft werden konnten. Diese Interpretation erhärtet sich durch den außer- ordentlich hohen Anteil von Gebäuden in Zone 1, von denen entweder das Erdgeschoß oder die oberen Stockwerke nicht genutzt werden (vgl. Tab. 15). Daher ist anzunehmen, daß Eigentümer in Zone 1 eher in die Erhaltung der Bausubstanz investieren als in Zone 2, die zudem von Planungsmaßnahmen der Stadtverwaltung im Rahmen des *Plan Director* betroffen ist (vgl. GANS 1987b).

Karte 22b verdeutlicht für den Hauptgeschäftsbereich Montevideos, daß die Wohnnutzung nur in wenigen Fällen das gesamte Gebäude einnimmt. Dies gilt insbesondere für die *cuadras* zwischen Plaza Independencia und *Municipalidad*, während sich im anschließenden Abschnitt bis zur *BHU* die Wohnbedeutung entlang der Parallelstraße Guayabó deutlich erhöht. Weiter- hin fällt auf,
- daß Einrichtungen der öffentlichen Verwaltung und des Finanzbereiches im Vergleich zu ihrem Gewicht in der Altstadt deutlich zurücktreten,
- daß diese Nutzungen trotz ihrer räumlichen Streuung vier Schwerpunkte bilden (entlang Av. Agraciada, zwischen Plaza Cagancha und Calle Constituyente mit Außenministerium, Polizei- präsidium und Stadtverwaltung Montevideos, an der Plaza de los "33" mit der für den Publikumsverkehr zuständigen Zweigstelle der *Banco de la República* sowie die Umgebung der *BHU* und der Staatlichen Sozialversicherung (*DGSS*)) und
- daß der Einzelhandel häufiger als in der Altstadt das Gebäude vollständig nutzt und schon damit auf die Bedeutung der Av. 18 de Julio als Hauptgeschäftsstraße Montevideos hinweist.

Tab. 15: Öffentliche Verwaltungen, Aktivitäten des Finanzbereichs und Gebäude ohne Nutzung in ausgewählten Teilräumen der Altstadt Montevideos (vgl. Karte 22a)

Gebäudenutzung	Zahl der Parzellen[1]					
	Zone 1		Zone 2		Altstadt	
öffentliche Verwaltung	33	7,9 %	10	2,7 %	62	3,4 %
Einrichtung aus dem Finanzbereich	29	6,9 %	-	-	30	1,7 %
teilweise keine Nutzung[2]	43	10,2 %	30	8,0 %	124	6,9 %
keine Nutzung	28	6,7 %	28	7,5 %	108	6,0 %
davon						
Erhaltungszustand						
gut	10	35,7 %	6	21,4 %	31	28,7 %
mittel	17	60,7 %	13	46,4 %	58	53,7 %
schlecht	-	-	7	25,0 %	13	12,0 %
keine Angabe	1	3,6 %	2	7,1 %	6	5,6 %
Gebäudealter						
vor 1875	3	10,7 %	6	21,4 %	22	20,4 %
1875 bis 1930	22	78,6 %	17	60,7 %	73	67,6 %
1930 u. später	3	10,7 %	3	10,7 %	10	9,2 %
keine Angabe	-	-	-	-	3	2,8 %

1) Die Prozentangaben beziehen sich auf die jeweilige Grundgesamtheit.
2) Erdgeschoß oder obere Stockwerke werden nicht genutzt.

Quelle: eigene Auswertung der Unterlagen der *IMM*

Tab. 16: Erhaltungszustand der Gebäude in der Altstadt (1983) und im Bereich der Av. 18 de Julio (1985)

Av. 18 de Julio	Erhaltungszustand in %				Summe
	gut	mittel	schlecht	keine Angabe	
leerstehendes Gebäude	7,0	44,2	49,8	-	43
teilweise leerstehendes Gebäude	9,8	56,9	33,3	-	51
übrige Gebäude	50,7	45,8	3,5	-	1.077
Altstadt					
leerstehende Gebäude	28,7	53,7	12,0	5,6	108
teilweise leerstehende Gebäude	37,9	57,3	4,0	0,8	124
übrige Gebäude	58,0	38,0	1,7	2,2	1.382

Quelle: eigene Auswertung der Unterlagen der *IMM*, eigene Erhebung

Karte 22b hebt außerdem hervor, daß nicht bebaute Grundstücke (3,0 % aller Parzellen) sowie leerstehende Gebäude (3,5 %) nicht den Stellenwert besitzen wie in der Altstadt, auch wenn man zusätzlich jene Häuser einbezieht, von denen entweder das Erdgeschoß oder die oberen Stockwerke nicht genutzt werden (4,1 %). Doch sind zwei Konzentrationen auffällig: in den *cuadras* zwischen Plaza Independencia und Plaza Cagancha, in denen der maximale Bodenpreis in Montevideo erzielt wird, und in der Umgebung der *BHU*, wo sich mit dem Bau dieses für den Wohnungsmarkt einflußreichen Kreditinstituts in den 70er Jahren die Bewertung der umliegenden Grundstücke sprunghaft erhöhte. Die Nachfrage des Einzelhandels, öffentlicher und privater Dienstleistungen nach Flächen scheint jedoch entlang der Av. 18 de Julio nicht so umfangreich zu sein wie in der Altstadt. Denn Tabelle 16 belegt, daß der Erhaltungszustand vollständig oder teilweise leerstehender Gebäude wesentlich schlechter ist als im kolonialen Kern Montevideos. Die Verschiedenheit ist einerseits dadurch zu erklären, daß die Gebäude im Hauptgeschäftsbereich zu über 80 % ein- bis zweistöckige Patiohäuser sind und nur bedingt heutigen Nutzungsansprüchen genügen, und andererseits auch damit, daß aufgrund der erwähnten mangelnden Nachfrage die Gebäude längere Zeit als in der Altstadt leerstehen. Dies hängt auch damit zusammen, daß die Wirtschaftspolitik der Militärs nach 1973 den Finanzsektor und den Außenhandel förderte und dadurch Standorte in der Altstadt, in Hafennähe, aufwertete.

Nach diesem kurzen Überblick über das Nutzungsgefüge im Stadtzentrum Montevideos stellen die folgenden Karten 23a/b bis 29a/b die räumlichen Verteilungen der einzelnen Kategorien ausführlich dar. Im Gegensatz zu den Karten 22a/b wird dabei zusätzlich unterschieden, ob die Funktionen das gesamte Gebäude oder ob sie jeweils nur das Erdgeschoß oder die oberen Stockwerke beanspruchen. Ziel der einzelnen Darstellungen ist es, die zuvor genannten Arbeitshypothesen zu überprüfen und die Standortverteilungen mit Hilfe der Schwerpunkte und der Standardabweichungsellipsen zu beschreiben. Die Ergebnisse dieser Berechnungen sind für die Altstadt in Tabelle 17, für den Bereich entlang der Av. 18 de Julio in Tabelle 18 zusammengefaßt.

Montevideo ist aufgrund seiner Größe und seiner Hauptstadtfunktion Sitz der bedeutendsten nationalen öffentlichen Verwaltungen, die ihre Standorte zunächst durchweg in der Altstadt hatten. Zwar fanden seit 1870 mit der raschen städtischen Expansion immer wieder Verlagerungen statt, so daß die Halbinsel an funktionaler Bedeutung innerhalb des Stadtgefüges einbüßte. Trotzdem sind hier noch staatliche Einrichtungen von höchstem nationalen Rang anzutreffen. Die Standortverteilung der öffentlichen Verwaltungen in Karte 23a verdeutlicht, daß sie sich in einem Gebiet befinden, das sich diagonal von der Plaza Independencia zur Hafenverwaltung erstreckt (Ecke Maciel/Piedras). Diese Ausdehnung äußert sich auch in der Lage des Schwerpunktes im Vergleich zu allen Parzellen (vgl. Tab. 17). Innerhalb dieses Teilraumes hat sich nördlich und südlich der Plaza Matriz jeweils eine Konzentration mit unterschiedlichen Funktionen gebildet. In den *manzanas* südlich des ehemaligen kolonialen Zentrums treffen wir mehrere Bildungseinrichtungen (*Ministerio de Educación y Cultura, Consejo Nacional de Enseñanza*) sowie die nationale Postverwaltung an (*Dirección Nacional de Correos*). Nördlich der Plaza Matriz entlang der Calle 25 de Mayo sind zahlreiche Behörden von landesweiter Bedeutung vorhanden, die eine enge Verknüpfung mit finanziellen

Aktivitäten des privaten Bereiches aufweisen. Zu den wichtigsten zählen das *Ministerio de Transporte y Obras Públicas*, das *Ministerio de Industrias y Finanzas*, die *Dirección Nacional de Importación* sowie die *Banco del Trabajo*. In diesem Teilraum befinden sich außerdem zahlreiche Einrichtungen des Rechtswesens sowie der nationalen Sicherheitskräfte, von denen anzunehmen ist, daß hier die Nähe zum Verteidigungsministerium sowie zur Marineverwaltung im Nordwesten der Halbinsel die ausschlaggebende Rolle spielt. Die aufgezählten Behörden besitzen aufgrund ihrer nationalen Stellung alle eine gewisse Größe, so daß sie in ihrer

Tab. 17: Schwerpunkte (x,y) und relative Standarddistanzen ($\sigma_{\bar{x}}$, $\sigma_{\bar{y}}$) der Abweichungsellipsen zur Beschreibung ausgewählter Nutzungsverteilungen in der Altstadt Montevideos (1983)

Nutzungen	x	y	$\sigma_{\bar{x}}$	$\sigma_{\bar{y}}$	n
öffentliche Verwaltung	41,5	23,8	0,80	0,81	79
Finanzaktivität	39,5	24,7	0,56	0,46	65
Büronutzung	41,4	23,8	0,90	0,72	276
Einzelhandel	39,0	22,0	0,87	0,92	476
Hotel	36,6	24,4	1,01	0,92	16
Bar, Restaurant	47,4	24,2	0,99	0,86	111
Wohnen	31,7	18,3	1,04	0,92	827
alle Parzellen	35,7	20,8	191 m	373 m	1.808

Quelle: eigene Auswertung der Unterlagen der *IMM*

Tab. 18: Schwerpunkte (x,y) und relative Standarddistanzen ($\sigma_{\bar{x}}$, $\sigma_{\bar{y}}$) der Abweichungsellipsen zur Beschreibung ausgewählter Nutzungsverteilungen entlang der Av. 18 de Julio (1985)

Nutzungen	x	y	$\sigma_{\bar{x}}$	$\sigma_{\bar{y}}$	n
öffentliche Verwaltung	36,3	12,9	1,16	0,98	51
Finanzaktivität	27,7	10,2	0,89	0,88	60
Büronutzung	29,0	9,7	0,87	0,90	224
Einzelhandel	32,1	10,7	0,84	0,97	494
Hotel	32,9	11,3	0,99	1,02	22
Bar, Restaurant	23,5	8,1	0,76	0,56	129
Wohnen	38,3	12,0	0,97	0,95	543
alle Parzellen	35,9	11,6	143 m	733 m	1.229

Quelle: Auswertung eigener Erhebungen

Mehrheit (79 % aller Fälle) das Gebäude, in dem sie ihren Sitz haben, vollständig nutzen und außerdem auf überdurchschnittlich großen Parzellen stehen.

Vergleichbare Aussagen lassen auch die öffentlichen Verwaltungsstellen entlang der Av. 18 de Julio zu (vgl. Karte 23a): 82 % von ihnen nehmen das Gebäude vollständig ein, und es handelt sich wie in der Altstadt um Einrichtungen von höchstem nationalen Rang. Allerdings weisen sie weniger intensive Verflechtungen mit dem Wirtschafts- und Finanzsektor auf. Ein funktionaler Schwerpunkt mit der Staatlichen Sozialversicherung (*DGSS*), dem Justiz- und Gesundheitsministerium sowie mehreren Vereinigungen mit entsprechenden Aufgabenfeldern liegt im Bereich der *BHU*. Die übrigen Behörden verteilen sich gleichmäßig über das Untersuchungsgebiet, was sich auch in den Parametern der zugehörigen Standardabweichungsellipse ausdrückt (vgl. Tab. 18). Weitere bedeutende Behörden sind das *Ministerio de Economía y Finanzas* (Ecke Colonia/Paraguay), das Außenministerium (in der Calle Cuareim), das Polizeipräsidium (Ecke San José/Yi), die Stadtverwaltung Montevideos (*Municipalidad* in Karte 23b) in einem repräsentativen zehnstöckigen Gebäude, das Ende der 30er Jahre errichtet wurde, und das *Ministerio de Agricultura y Pesca* (in der Calle Constituyente). Auffallend ist, daß weder der offizielle Sitz des Präsidenten an der Plaza Independencia noch die Universität in der Av. 18 de Julio Standorte nationaler Behörden nach sich zogen. Im Gegenteil zeigt die Niederlassung der städtischen Feuerwehr an der Plaza de los "33" (Ecke Colonia/Magallanes) die Grenze des Citybereiches an.

Die Verteilungen in den beiden Karten 23a/b bekräftigen die aufgestellten Arbeitshypothesen mit dem Schwerpunkt nahe der Plaza Matriz in der Altstadt sowie der gleichmäßigen Streuung bei Ausformung einiger Attraktivitätspole in der Av. 18 de Julio. Die räumliche Trennung zwischen staatlichen Dienststellen mit unterschiedlichen Aufgabenbereichen kann in Übereinstimmung mit Ergebnissen von LICHTENBERGER (1986, S. 212) als Ausdruck der Stadtgröße Montevideos und der Stellung innerhalb des nationalen Städtesystems interpretiert werden.

Die Aktivitäten des Finanzsektors weisen einen ausgeprägten räumlichen Kern im Gebiet zwischen Plaza Matriz, Plaza Zabala sowie der *Banco de la República* auf, so daß Karte 24a die Arbeitshypothese weitgehend bestätigt. Diese Konzentration kommt auch in den relativen Standarddistanzen zum Ausdruck, die mit 46 % bzw. 56 % für die Einrichtungen des Finanzwesens die niedrigsten Werte aller Nutzungen erreichen (vgl. Tab. 17). Man kann bei diesem Verteilungsmuster davon ausgehen, daß die Persistenz der Standorteigenschaften die entscheidende Rolle spielt. Denn hier in der Nähe des Hafens, über den 90% der Ein- und Ausfuhren des Landes abgewickelt werden, fragten staatliche wie private Stellen schon seit dem Ausbau der internationalen Handelsbeziehungen Kapital nach. Die Ballung wird durch Börse und *Banco de la República*, über die alle Handelsgeschäfte mit dem Ausland abgewickelt werden müssen, noch verstärkt. Diese Aufgabe der Nationalbank hat zur Folge, daß zahlreiche nationale wie internationale Banken in diesem Teil der Altstadt den Sitz ihrer Hauptverwaltungen haben, deren Tätigkeit nicht auf den Privatkunden zugeschnitten ist. Beispiele sind *Banco do Brasil, Banco Londres y América del Sur, Bank of America, Citybank* oder *Banco de Bostón*. Aufgrund dieser ökonomisch weitreichenden Bedeutung nutzen die Finanzeinrichtungen ähnlich wie die öffentlichen Verwaltungsstellen in 46 % der Fälle das gesamte Gebäude, und auch die zugehörigen Parzellenflächen erreichen eine überdurchschnittliche Größe. Von diesen international tätigen Instituten ist anzunehmen, daß sie im wesentlichen Kredite zur Im- oder

Exportvorfinanzierung vergeben und auch den Kapitalbedarf des Staates z.B. zur Durchführung wirtschaftlicher Entwicklungsprojekte (*Ministerio de Transporte y Obras Públicas* an der Plaza Matriz) bedienen. Dagegen ist der Standort der uruguayischen Zentralbank (Ecke Florida/Piedras), die für die Finanzierung des Staatshaushaltes verantwortlich ist, für die Privatbanken weniger interessant.

Die Bedeutung der Finanzaktivitäten ist in der Av. 18 de Julio deutlich geringer als in der Altstadt (vgl. Karte 24b). Nur 20 % der 60 Einrichtungen nutzen das Gebäude vollständig und die mit Abstand wichtigste ist die *BHU* im östlichen Teil des Untersuchungsgebietes, die den Wohnungsmarkt und seine Finanzierung in Uruguay kontrolliert (MERTINS 1987a, S. 82). Die übrigen Banken, auch die *Banco de la República*, sind Zweigstellen von Unternehmen mit Hauptsitz in der Altstadt. In Karte 24b ist die große Anzahl von Finanzaktivitäten, die nur das Erdgeschoß alleine (29,3 %) oder auch mit einer anderen Nutzung gemeinsam (48,7 %) benötigen, besonders auffällig. Ihre Standorte befinden sich fast ausschließlich zwischen Plaza Independencia und Constituyente. Diese Verteilung drückt sich in einer entsprechenden Verschiebung des Schwerpunktes aus, während die relativen Standarddistanzen wegen der abseitigen Lage der *BHU* innerhalb des Hauptgeschäftsbereiches denen aller Parzellen entsprechen (vgl. Tab. 18). Bei diesen kleineren Einrichtungen handelt es sich um Wechselstuben, deren Lage direkt an der Av. 18 de Julio aufgrund der Nachbarschaft zum führenden Einzelhandel und zu den Hotels (vgl. Karte 26b, 28b) zwei wichtige Standortvorteile aufweisen: Zahlreiche Touristen und Uruguayer, die hier einkaufen gehen, fragen in- und ausländische Währungen nach. Denn auch in Uruguay mit seinen Inflationsraten von 50 % bis 80 % in den letzten Jahrzehnten ist der US-Dollar eine bevorzugte Geldanlage der Mittelschicht (vgl. Kap. 3.2.6).

Die Karten 24a und 24b belegen ähnlich wie für die öffentlichen Verwaltungen auch für Einrichtungen aus dem Finanzsektor eine funktionale Spezialisierung mit einer räumlichen Trennung innerhalb des Stadtzentrums von Montevideo. Während große Bankinstitute, die sich mit dem nationalen Kapitalverkehr sowie dem Im- und Export beschäftigen, Standorte in der Altstadt mit ihrer Nachbarschaft zum Hafen und zur *Banco de la República* bevorzugen, befinden sich in der Av. 18 de Julio zwischen Plaza Independencia und Calle Constituyente zahlreiche kleinere finanzielle Aktivitäten, vor allem Wechselstuben, die hier die Nähe zu den zahlreichen Passanten suchen.

Karte 25a verdeutlicht, daß in der Altstadt im Umkreis des Finanzzentrums sowie der öffentlichen Verwaltungen zahlreiche Bürostandorte anzutreffen sind. Auf diese räumliche Kongruenz weist auch die Lage des Verteilungsschwerpunktes hin, die nur wenig von den bisher besprochenen Nutzungsgruppen abweicht (vgl. Tab. 17). Ähnlich wie bei den finanzbezogenen Einrichtungen fehlt auch bei den erfaßten Büros die Notwendigkeit, mit privaten Personen einen engen Kundenkontakt zu haben, so daß die Büros in 161 Gebäuden (oder 58,0 %), in denen sie vertreten sind, nur die oberen Stockwerke oder einen Teil davon nutzen (nur im Erdgeschoß: 13,0 %). In Karte 25a fällt auf, daß sich auch in größerer Entfernung zum Bankenzentrum Bürostandorte befinden, und die relativen Standarddistanzen erreichen vergleichsweise hohe Werte (vgl. Tab. 17). Sie sind entlang der Rambla 25 de Agosto genauso anzutreffen wie südlich der Calle Sarandí sowie in der Umgebung der Plaza Independencia. Diese Streuung hängt mit den unterschiedlichen Tätigkeitsbereichen der einzelnen Büronutzungen zusammen. Erhebungen des *Instituto de Teoría y Urbanismo*, durch die Einrichtungen, deren Aktivitäten mit dem Hafen in Verbindung stehen, ermittelt wurden, verdeutlichen die räumliche Trennung einzelner Aufgaben: Im Bankenviertel überwiegen Büros, die sich mit dem Im- und Export beschäftigen, und bestätigen somit die Interpretation über die räumliche Verteilung der öffentlichen Verwaltungen und des Finanzsektors. Dagegen trifft man entlang der Rambla 25 de Agosto Büros an, die den Hafen mit notwendigen Ausrüstungen versorgen und andere Dienstleistungen erbringen. Abgerundet werden diese Einrichtungen durch Rechtsanwaltskanzleien und Notariate, deren Inhaber sicherlich die Nähe zu den verschiedenen Gerichtsinstanzen in der Calle 25 de Mayo positiv beurteilen.

Karte 25b hebt für die Bürostandorte entlang der Av. 18 de Julio zwei Schwerpunkte zwischen Plaza Independencia und Cagancha sowie in der Umgebung der Stadtverwaltung Montevideos hervor. Östlich davon treten sie in ihrer Zahl deutlich zurück, was auch in den Parametern zur Beschreibung der räumlichen Verteilung zum Ausdruck kommt (vgl. Tab. 18). Wesentlich häufiger als in der Altstadt sind die Büros in den oberen Stockwerken (80,8 %) zu finden. Sicherlich ist dies darauf zurückzuführen, daß der in der Av. 18 de Julio stärker vertretene Einzelhandel das Erdgeschoß für sich beansprucht, da er auf die Nähe zum Passantenstrom angewiesen ist. Auffällig ist in Karte 25b, daß sich häufiger als in der Altstadt die Büros die oberen Stockwerke mit anderen Nutzungen teilen (in 46,9 % der Fälle). Zur Erklärung dieser Unterschiede kann man zwei Faktoren heranziehen, die sich durchaus wechselseitig verstärken. Einerseits sind eventuell die Einrichtungen in der Altstadt größer, andererseits ist es auch möglich, daß das Flächenangebot in der Av. 18 de Julio wegen der hier höheren Gebäude umfangreicher ist. Denn es ist zu bedenken, daß im kolonialen Kern Montevideos strengere Restriktionen bzgl. der Bauhöhe existieren als im Bereich der Av. 18 de Julio.

Die erwähnte räumliche Kongruenz der Bürostandorte entlang der Hauptgeschäftsstraße Montevideos mit den Einrichtungen des Finanzsektors läßt vermuten, daß sich die City in diesem Teilgebiet der Innenstadt auf die *cuadras* zwischen Plaza Independencia und *Municipalidad* erstreckt und sich ihre Wachstumsspitze entlang der Av. 18 de Julio mit Zielrichtung auf den Attraktivitätspol im Umkreis der *BHU* anschließt. Physiognomische Merkmale belegen diese Interpretation. Während westlich der Stadtverwaltung die Bebauung in der Av. 18 de Julio eine einheitliche Linie darstellt, ist sie östlich der *Municipalidad* durch ein häufiges Vorspringen der Grundstücke gekennzeichnet. Auf diesen vergleichsweise kleinen Parzellen stehen noch ältere Gebäude mit kleiner Stockwerkzahl, oftmals in schlechtem baulichen Zustand und ohne Nutzung (vgl. Karte 22b). Dagegen ist die übrige Bausubstanz höher und jüngeren Datums, da sie wegen bestehender Vorschriften zurückversetzt werden mußten. Beispiele sind die *Banco de la República* sowie das elfstöckige *Edificio Notariado* in der sich östlich anschließenden *cuadra* mit einer vornehmen *galería* im Erdgeschoß sowie im Souterrain und mit Büros in den acht übrigen Stockwerken.

Während sich die räumliche Kongruenz zwischen Büro-, Finanz- und Verwaltungsstandorten in der Altstadt auf funktionale Verflechtungen zurückführen lassen, sind sie für den Bereich entlang der Av. 18 de Julio aus der Verteilung der einzelnen Nutzungskategorien nicht zu belegen, und die weniger ausgeprägten räumlichen Übereinstimmungen (vgl. Tab. 17, 18) eher mit der Notwendigkeit, zentrale Lagen einzunehmen, zu erklären.

Die Einzelhandelsstandorte weisen in der Altstadt zwei Merkmale in ihrer räumlichen Verteilung auf (vgl. Karte 26a): Einerseits besitzen sie einen Schwerpunkt in den Quadraten zwischen Plaza Matriz und Plaza Independencia, andererseits orientieren sie sich im übrigen Gebiet entlang der beiden wichtigsten Verkehrsstraßen der Altstadt, der Calle Sarandí und der Calle Colón, durch die zahlreiche Autobuslinien des öffentlichen Nahverkehrs führen.

Die Standorte lagern sich an die *cuadras* mit zahlreichen Einrichtungen des Finanzsektors, der öffentlichen Verwaltung sowie Büros an, so daß bei hohen Werten der relativen Standarddistanzen der Verteilungsschwerpunkt des Einzelhandels im Bereich der erwähnten Nutzungen liegt (vgl. Tab. 17). Karte 26a verdeutlicht außerdem, daß der Einzelhandel fast nur im Erdgeschoß anzutreffen ist (85,9% aller Fälle), und nur in den oberen Stockwerken kommt er überhaupt nicht vor. Im Gegensatz zu den Bürostandorten ist er auf die Nähe zur Kundschaft angewiesen, ein Sachverhalt, der sich auch in seiner linienhaften Verteilung ausdrückt. In der Calle 25 de Mayo, die zur Kolonialzeit die bedeutendste Geschäftsstraße war, fehlt heute der Einzelhandel weitgehend. Zwei sich ergänzende Faktoren erklären diese Veränderung: Die seit 1870 fortschreitende Einbindung Uruguays in den Welthandel erhöhte das Interesse tertiärer Einrichtungen an einem Standort in Hafennähe. Die z.T. repräsentativen Bauten entsprachen zudem den Anforderungen dieser Dienstleistungen, die somit den Einzelhandel schrittweise verdrängten oder ersetzten: Denn im gleichen Zeitraum verlagerten sich die Geschäfte von der Calle 25 de Mayo hin zur Calle Sarandí und vor allem in deren Verlängerung östlich der Plaza Independencia, der Av. 18 de Julio, die im vorigen Jahrhundert die Wachstumsachse in der Stadtentwicklung Montevideos darstellte. Heute bildet sie ein langgestrecktes Zentrum mit den wichtigsten Fußgängerpassagen der Hauptstadt (vgl. Abb. 14). Folge dieser Verlagerungen ist das weitgehende Fehlen spezialisierter Geschäfte in der Altstadt, die sich in ihrem Angebot an den umliegenden Nutzungen orientieren: Sie verkaufen Büromöbel, Papier- sowie Schreibwaren, und auch wirtschaftswissenschaftliche Buchhandlungen sind hier anzutreffen. Die übrigen Einzelhandelsgeschäfte richten sich mit ihrem Angebot auf die in der Altstadt beschäftigten Personen und auf die Besucher der zentralen Einrichtungen aus. Dagegen befinden sich Lebensmittelläden in ihrer Mehrzahl in den Wohngebieten der Altstadt. Es handelt sich hierbei um einfache Geschäfte im Sinne unserer *Tante-Emma*-Läden, die es vor allem noch westlich der Calle Colón gibt, in *manzanas* mit Bevölkerungsdichtewerten von über 600 Ew./ha.

Der Einzelhandel ist entlang der Av. 18 de Julio eigentlich in allen *cuadras* vertreten (vgl. Karte 26b). Große Abschnitte der Avenida werden im Erdgeschoß fast durchweg von Geschäften oder Fußgängerpassagen genutzt (vgl. Karte 27). Die größten *galerías* stehen allerdings vor allem im Gebiet zwischen Plaza Independencia und *Municipalidad*, so daß die dortigen *manzanas* dem Hauptgeschäftsbereich Montevideos zugeordnet werden müssen (vgl. Karte 27). Östlich der Constituyente geht die Bedeutung des Einzelhandels vor allem in den südlich der Avenida gelegenen Quadraten zwischen *Banco de la República* und Universität zurück, in denen die Nationalbibliothek sowie das *Lycée français* untergebracht sind. Auch im Umkreis der *BHU* ist er durch öffentliche Verwaltungen sowie Finanzeinrichtungen in seinen Ausdehnungsmöglichkeiten eingeengt.

Das Verteilungsmuster des Einzelhandels weist auf die zurückliegende Verlagerung von der Altstadt westlich der Plaza Independencia in die Av. 18 de Julio hin, und seine extrem linienförmige Anordnung entlang der Hauptgeschäftsstraße bekräftigt deren Wirkung als Leitstrahl der Cityausdehnung Montevideos. Allerdings muß man heute zwischen zwei Abschnitten östlich und westlich der *Municipalidad* differenzieren. Aufgrund der räumlichen Kongruenz mit anderen citytypischen Nutzungen in den *cuadras* westlich der Stadtverwaltung bestätigt sich, daß dieser Bereich neben dem nationalen Finanz- und Dienstleistungszentrum in der Altstadt ein weiteres Kerngebiet der City Montevideos bildet.

Diese Aussage wird noch dadurch unterstützt, daß sich in den zugehörigen *manzanas* der qualitativ führende Einzelhandel und mit die bedeutendsten *galerías* der Stadt befinden (vgl. Karte 27). Neben den zahlreichen Boutiquen, die die unterschiedlichsten Bekleidungsartikel verkaufen, gibt es noch vielfältige Geschäfte mit einem sehr spezialisierten Angebot (Schirme, Hüte, Importwaren, Uhren, Schmuck). Ähnlich wie in Buenos Aires sind die Passagen z.T. aus berühmten Kaufhäusern hervorgegangen. So erwähnt HOYT (1963) noch das exklusive *London y Paris*, das wie alle anderen (z.B. *Caubarrère, Del Virrey* oder *Yaguarón*) seit den 60er Jahren wegen sozialer Spannungen zwischen Beschäftigten und Besitzern in *galerías* umgestaltet wurde. Eine solche Passage besteht aus 10 bis 60 oder gar 80 Läden, die jeweils eine Fläche von 5 m bis 30 m einnehmen (ohne Lager im Zwischen- oder Kellergeschoß). Sie sind in ihrer einfachsten Form in zwei Ladenreihen angeordnet, die häufig zwei Straßenseiten miteinander verbinden. Es gibt aber auch wesentlich komplexer gestaltete *galerías*, die sich über mehrere Stockwerke erstrecken, aber dann Probleme haben, die Läden in den oberen oder/und unteren Geschossen zu vermieten. Durch aufwendige architektonische Gestaltungen, den Einbau von Klimaanlagen und durch attraktive Geschäfte an den Zugängen, die sich in den Seitenstraßen oft gegenüberliegen, versucht man, die Fußgänger aus der Av. 18 de Julio in die Passagen zu lenken, und Bars oder *Confiterías* laden die Besucher zum Verweilen ein. Ihre Besitzstruktur ist ähnlich wie in Buenos Aires sehr unterschiedlich: In der *galería Yaguarón* sind es nur Mieter, in *Del Virrey* gibt es auch Eigentümer. Die Nutzungserhebung von 1985 wiederholte der Verfasser zwei Jahre später. Nur in 10 % der Läden hatte das Angebot in der Zwischenzeit gewechselt. Dies trifft auch für die leer stehenden Boutiquen zu, so daß man nur einen geringen Anstieg der Verkaufsfläche annehmen kann. Diese Stagnation ist sowohl mit der ziemlich konstanten Einwohnerzahl Montevideos zu erklären als auch mit fehlenden Steigerungen der Realeinkommen in Uruguay.

Diesem Kernbereich des Einzelhandels schließen sich in Richtung der *BHU* weitere Standorte dieser Nutzung an. Allerdings zeigt die geringe Zahl von Büros, Hotels oder Einrichtungen des Finanzsektors an, daß östlich der *Municipalidad* die Wachstumsfront der City liegt, die mit zunehmender Distanz zur Stadtverwaltung immer mehr ausdünnt, auch aufgrund von Standorten mit Barrierewirkung wie die bereits erwähnte Universität oder Nationalbibliothek. Im Gegensatz dazu übernehmen z.B. Einrichtungen wie die *BHU*, die *Banco de la República* an der Plaza de los "33" oder die exklusive *galería* im *Edificio Notariado* wichtige Vorreiter-funktionen für die weitere Cityexpansion. Vor allem die genannte Passage zieht mit ihrer großzügigen und aufwendigen Gestaltung sowie mit ihrem teuren Angebot einkommensstarke Bevölkerungsgruppen an und könnte sich auch in guten Lagen europäischer Hauptstädte ökonomisch durchsetzen.

Die in den Arbeitshypothesen aufgestellte linienhafte Verteilung des Einzelhandels bestätigt sich weitgehend durch die Darstellungen in den Karten 26a und 26b. Entlang der Av. 18 de Julio konnte zwischen Plaza Independencia und *Municipalidad* ein Teilgebiet ausgewiesen werden, in dem neben dem qualitativ führenden Einzelhandel auch andere citytypische Nutzungen vertreten sind, so daß hier ein weiterer Kernbereich des Stadtzentrums von Montevideo anzutreffen ist. Im Abschnitt östlich der *Municipalidad* fehlt diese räumliche Überlagerung. Hier übernimmt der Einzelhandel ähnlich wie in nordamerikanischen und westeuropäischen Städten eine wichtige Funktion für das weitere Citywachstum. Ob allerdings in Zukunft eine Expansion in großem Umfange stattfinden wird, muß man angesichts der konstanten Einwohnerzahl Montevideos, der wirtschaftlichen Entwicklung des Landes sowie der zunehmenden Bedeutung von Subzentren in Vierteln wie Pocitos mit einer einkommensstarken Bevölkerung bezweifeln.

Im Jahre 1983 gab es in der Altstadt nur 16 Hotels (vgl. Karte 28a), darunter allerdings mit dem *Victoria Plaza* das beste der Stadt (direkt an der Plaza Independencia). Die übrigen Einrichtungen gehören zumeist unteren Kategorien an und haben für Reisende nur eine geringe Bedeutung, da sie oftmals keinen Hotelservice anbieten, sondern kurzfristig an alleinstehende Personen oder an Familien Zimmer vermieten.

Auch kulturelle Einrichtungen gibt es in der Altstadt nur wenige. Zu erwähnen ist das 1856 erbaute *Teatro Solís* (Plaza Independencia/Calle Buenos Aires) und einige Vereinigungen, die verschiedene Möglichkeiten zur Freizeitgestaltung offerieren. Entsprechend negativ bewerten die Bewohner das Angebot in diesem Versorgungsbereich (GANS 1987b, S. 196). Dieses Defizit im kulturellen und sozialen Sektor äußert sich auch in einer großen Diskrepanz zwischen Tag- und Nachtbevölkerung. Während die Altstadt tagsüber von Leben pulsiert, ist sie abends nach 18.00 Uhr sowie an den Wochenenden wie ausgestorben. Diesen Gegensatz möchte die Stadtverwaltung abschwächen und versucht mit gezielten Maßnahmen, den kolonialen Kern Montevideos auch im kulturellen Bereich aufzuwerten. So organisiert man seit dem Frühjahr 1986 auf der Plaza Zabala an Samstagen Flohmärkte und musikalische Darbietungen. Zu nennen ist außerdem die Neugestaltung des *Mercado del Puerto* (Ecke Castellanos/Rambla Portuaria), ein bekannter Treffpunkt in Montevideo mit vielen für Uruguay typischen Grillrestaurants (*parillas*). Während der Woche essen hier viele Beschäftigte zu Mittag, an Samstagen zwischen 11 Uhr und 14 Uhr wird der *Mercado del Puerto* dagegen vor allem von Touristen frequentiert. Die Stadtverwaltung zielt u.a. mit diesen Maßnahmen auf eine stärkere Einbeziehung der Altstadt in das Leben der Einwohner Montevideos außerhalb ihrer beruflichen Tätigkeit.

Bars und Restaurants sind in allen Teilgebieten des kolonialen Kerns zu finden (vgl. Karte

28a). Es handelt sich meist um kleine Bars im Erdgeschoß eines Eckhauses. Karte 28a belegt zwei Schwerpunkte: Zwischen Plaza Independencia und *Banco de la República* versorgen sie die dort Beschäftigten und die Besucher der verschiedenen Einrichtungen, während sich in der Calle Piedras (zwischen Treinta y Tres und Bartolomé Mitre nahe des Hafens) das Vergnügungsviertel befindet.

Auch im Bereich der Av. 18 de Julio ist die Zahl der Hotels mit 22 zwar gering (vgl. Karte 28b), aufgrund ihrer Größe und Ausstattung sind sie insgesamt bedeutender als die Unterbringungsmöglichkeiten in der Altstadt. Auffällig ist ihre räumliche Begrenzung auf das Gebiet zwischen Plaza Independencia und *Municipalidad*. In diesen *cuadras* gibt es auch zahlreiche Reisebüros (Plaza Cagancha) sowie Vertretungen internationaler Fluggesellschaften (Plaza Fabini). Hier endet auch die Busverbindung zum Flughafen Montevideos in Carrasco. Die Plaza Cagancha ist durch das Busunternehmen *ONDA*, mit dem man alle Städte Uruguays erreichen und auch nach Argentinien sowie Brasilien fahren kann, das Zentrum des Reise- und Touristikverkehrs.

Kulturelle Einrichtungen wie Theater oder Kinos und vor allem soziale Treffpunkte (*Centro Militar, Jockey-Club, Centro Gallego, Club de Galicia*) befinden sich ebenfalls in diesem Gebiet und weisen darauf hin, daß der Hauptgeschäftsbereich entlang der Av. 18 de Julio nicht nur tagsüber einen großen Passantenstrom kennt, sondern auch abends nach 20 Uhr von vielen Einwohnern aufgesucht wird. Vor allem an Samstagen ist dieser Straßenabschnitt bis weit nach Mitternacht mit Leben erfüllt und dokumentiert nachdrücklich die Bedeutung zumindest eines Teilraumes der City als soziales und kommunikatives Zentrum von Montevideo, insbesondere der Mittelschicht. Bars und Restaurants gibt es zwar im gesamten Untersuchungsgebiet entlang der Av. 18 de Julio, allerdings haben die bekanntesten ebenfalls ihren Standort zwischen Plaza Independencia und *Municipalidad*.

Randlich zum Kern höchster Nutzungsintensität in der Altstadt dehnen sich die <u>Wohngebiete</u> aus (vgl. Karte 29a). Diese Anordnung äußert sich sowohl in den großen Werten der relativen Standarddistanzen als auch in der Lage des Verteilungsschwerpunktes (vgl. Tab. 17). Zunächst schließt sich dem Stadtkern eine Übergangszone an, in der die Wohnfunktion ausschließlich in den oberen Geschossen der Gebäuden anzutreffen ist, und dann folgen in südlicher, westlicher, in geringerem Umfange auch in nördlicher Richtung *manzanas*, in denen Wohnhäuser dominieren. Hier werden in unmittelbarer Nähe zum nationalen Finanzzentrum mit über 600 Ew./ha extrem hohe Bevölkerungsdichtewerte erreicht. Dies gilt nicht nur in den nach 1950 erbauten Mietsblöcken entlang der Rambla Sur, sondern auch in *cuadras*, in denen noch die traditionelle durch die *vivienda individual* geprägte Bebauung mit maximal drei Stockwerken dominiert. Diese hohen Dichten sind eigentlich nur durch die praktizierten Mietsysteme (*pensiones, inquilinatos*) zu erklären. Leider stehen über die generelle Wohnsituation keine weiteren Unterlagen zu Verfügung, so daß nur die Auswertung der Haushaltsbefragung in Kapitel 5.3 genauere Hinweise erbringen kann.

Die Verteilung der Wohnnutzung bestätigt die bisherigen Aussagen zur Ausdehnung der City entlang der Av. 18 de Julio (vgl. Karte 29b). Zwischen Plaza Independencia und *Municipali-*

Abb. 20: Funktionale Gliederung des Stadtzentrums von Montevideo (1983, 1985)

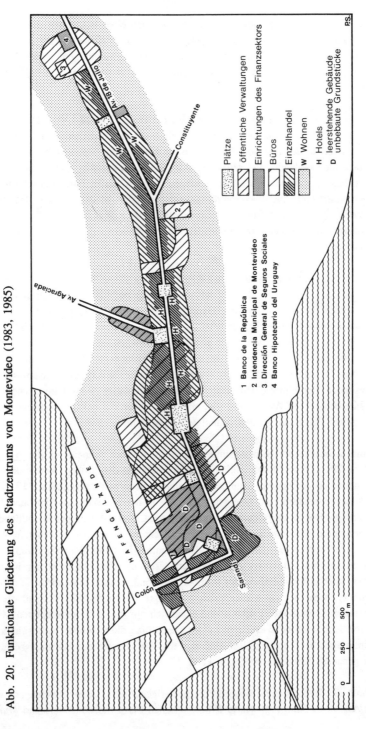

Plätze

öffentliche Verwaltungen

Einrichtungen des Finanzsektors

Büros

Einzelhandel

w Wohnen

H Hotels

D leerstehende Gebäude
  unbebaute Grundstücke

1 Banco de la República
2 Intendencia Municipal de Montevideo
3 Dirección General de Seguros Sociales
4 Banco Hipotecario del Uruguay

Quelle: Auswertung der Karten 22a/b bis 29 a/b

dad kommt sie nur in den oberen Stockwerken vor, oftmals noch gemeinsam mit Büros. Östlich der Stadtverwaltung nimmt die Bedeutung des Wohnens deutlich zu und dominiert in den oberen Geschossen fast aller Gebäude. Nur zwischen *Banco de la República* und Universität sowie im Umkreis der *BHU* geht sie zurück. Dagegen überwiegt sie bereits in der Parallelstraße Guayabó eindeutig und weist in Übereinstimmung mit den Aussagen zum Einzelhandel darauf hin, daß der entsprechende Abschnitt der Av. 18 de Julio dem Gebiet der Cityexpansion zuzuordnen ist, während die *cuadras* westlich der *Municipalidad* zum Citykern gehören.

Abbildung 20 gibt die untersuchten Nutzungsverteilungen in der Altstadt und entlang der Av. 18 de Julio zusammenfassend wieder. Die räumliche Gliederung enthält alle wesentlichen Elemente des Cityentwicklungsmodells von LICHTENBERGER (1972a):
1. die Achse "Sarandí - 18 de Julio" als Leitstrahl der Citybildung, bei der der Einzelhandel eine expansive Funktion einnimmt,
2. die Mehrkernigkeit mit dem nationalen Finanz- und Dienstleistungszentrum in der Altstadt sowie dem Hauptgeschäftsbereich in der Av. 18 de Julio zwischen Plaza Independencia und *Municipalidad*,
3. die Lückenhaftigkeit des Gefüges mit unbebauten Grundstücken oder leerstehenden Gebäuden innerhalb des Kerns maximaler Nutzungsintensität und
4. die Rückfront mit hohen Bevölkerungsdichten in benachbarten funktionsschwachen Teilräumen.

Abbildung 20 hebt die linienhafte Verteilung des Einzelhandels zwischen den Kernen tertiärer und quartärer Dienstleistungen hervor. Diese zeigen entlang der Av. 18 de Julio mehrere Schwerpunkte, die entweder im Rahmen städtebaulicher Maßnahmen (Av. Agraciada, Gebäude der *Municipalidad*, vgl. Kap. 3.2.6) entstanden oder, wie z.B. im Umkreis der *BHU*, sich durch die mehr oder minder gesteuerte Ansiedlung öffentlicher Verwaltungen bildeten.

Die City Montevideos besitzt im Vergleich zu Buenos Aires eine erhebliche axiale Ausformung, die sicherlich auf topographischen Gegebenheiten (Lage der Altstadt auf der Halbinsel) und auf verkehrsbedingten Ursachen (Av. 18 de Julio als Verbindung der kolonialen Stadt mit dem Hinterland, flächenhafte Siedlungsexpansion Montevideos) beruht. Trotzdem ergeben sich bei der räumlichen Gliederung des Stadtzentrums große Gemeinsamkeiten mit Buenos Aires (vgl. Kap. 4.2). Auch in Montevideo setzte die Citybildung ursprünglich im Umkreis der Plaza Matriz ein, das ehemalige Machtzentrum der Stadt, das mit den Marktplätzen in europäischen Städten eine hohe funktionale Übereinstimmung aufweist (vgl. LICHTENBERGER 1972a, GORMSEN 1980, MITTENDORFF 1984). Bauwerke wie die Kathedrale, der *Cabildo* an der Plaza Matriz oder der offizielle Päsidentensitz an der Plaza Independencia "durchlöchern" ähnlich wie in Europa das konzentrische Bodenpreisgefüge nordamerikanischer Städte, das in Montevideo durch eine extrem axiale Ausformung sowie durch drei Maxima mit verschiedenen Nutzungsschwerpunkten gekennzeichnet ist (vgl. MERTINS 1987b). Die höchsten Werte liegen im Hauptgeschäftsbereich zwischen Plaza Independencia und Cagancha vor, die sekundären Gipfel im Finanzzentrum sowie entlang der Küste mit ihren attraktiven Wohnlagen in Pocitos oder Carrasco. Hier drücken sich aufgrund der unterschiedlichen ökonomischen Bedingungen im Vergleich zu industrialisierten Ländern andere Strukturen der Kapitalanlage aus. Bereits früh eingeführte Bauvorschriften in der Altstadt behinderten u. a. die Projektion der Grundstückspreise in die Gebäudehöhe und begünstigten damit sicherlich die Cityexpansion entlang der Av. 18 de Julio.

4.3.3 Bauliche und funktionale Veränderungen in der Innenstadt Montevideos

Fehlende Unterlagen über Nutzungen und Bausubstanz zu einem früheren Zeitpunkt für das Untersuchungsgebiet Av. 18 de Julio begrenzen die folgenden Ausführungen auf die Altstadt. Diese räumliche Beschränkung ist jedoch nur von geringem Nachteil, da gerade im kolonialen Kern Montevideos mit dem nationalen Finanz- und Dienstleistungszentrum die sich überschneidenden Interessen neuer Nutzungen und städtebaulicher Erhaltung, die seit 1982 zunehmend in den Mittelpunkt von Stadtentwicklungsmaßnahmen rückte, besonders hervortreten.

Die Auswertungen stützen sich bei der Bausubstanz auf Luftbilder der Altstadt (1954, 1963, 1975 und 1983) und auf die Erhebungen der Stadtverwaltung Montevideos aus dem Jahre 1983, die allerdings ohne zeitliche Fixierung ermittelt wurden (vgl. Kap. 2, GANS 1987b).

Mit Beginn der weltwirtschaftlichen Integration Uruguays (seit 1870) und der anhaltenden ökonomischen Prosperität verringerte sich in der Altstadt die Bedeutung der Wohnfunktion (vgl. Kap. 3.2.5). Dieser Rückgang dokumentiert sich z.B. im Bau des *Gran Hotel Nacional* (1888), das eine ganze *cuadra* im Nordwesten der Halbinsel einnimmt und heute leer steht (Ecke Cerrito/Cuestas, vgl. Karte 22a), und setzte sich bis heute fort (1934: *Banco de la República*; 1940: *Bolsa de Comercio*; 1942: Administración Nacional de Puertos; 1960/70: *Banco Central del Uruguay*).

Die Verdrängung der Wohnfunktion wirkte sich in sinkenden Einwohnerzahlen aus, die in der Altstadt 1985 nur noch 16.332 Personen erreichte (1963: 22.200). Mit dieser Abnahme erfolgte gleichzeitig eine soziale Umschichtung. Vor allem die Bevölkerung mit mittlerem und höherem Einkommen verließ die Altstadt (vgl. Kap. 3.2.5), während heute Haushalte mit geringen Einkünften in zum Teil prekären Wohnverhältnissen, wie z.B. in *pensiones*, *inquilinatos*, oder in den nach 1945 errichteten Mietsblöcken entlang der Calle Reconquista wohnen blieben.

Die erwähnten Beispiele zeigen, daß sich vor allem Finanzeinrichtungen, Dienstleistungen und Aktivitäten, die im weitesten Sinne mit dem Hafen verbunden waren, ansiedelten. Die Nähe zum Hafen war zunächst der ausschlaggebende Standortfaktor, und im Laufe der Zeit verstärkten sich die Agglomerationsvorteile. Die mit dem Rückgang des Wohnens verbundenen städtebaulichen Auswirkungen waren gravierend: Die um sich greifende Bodenspekulation führte zu einer baulichen Degradierung der Wohngebäude und zur Verringerung der Wohnungszahl, da der vorhandene Baubestand durch Nutzungen mit höheren Renditen ersetzt wurde und sich außerdem die Neubautätigkeit mit Ausnahme im Süden der Halbinsel weitgehend auf den Bau von Büros beschränkte. Die intensivere Nutzung der zur Verfügung stehenden Flächen drückt sich auch in immer größer werdenden Gebäudehöhen aus, die durch Bauvorschriften aus dem Jahre 1907 noch gefördert wurden. Entlang der Calle Sarandí sowie an den Plazas Independencia, Matriz und Zabala legte man minimale sowie maximale Höhen fest. Als hohe Gebäude entstanden z.B. die *Bolsa de Comercio* (1940), das Hotel *Victoria Plaza* (1950) sowie das *Edificio Tupí* (1963). Mit diesen Gebäuden setzte die Zerstörung des bis dahin existierenden städtebaulichen Bildes mit der alles überragenden Kathedrale auf dem höchsten Punkt der Halbinsel ein.

Tabelle 19 verdeutlicht, daß im Jahre 1954 die Zahl der Gebäude mit maximal zwei Stockwerken den höchsten Wert erreichte. Höhere Bauwerke befanden sich nur im Gebiet zwischen der *Banco de la República* sowie der Plaza Independencia. Weiterhin fällt auf, daß unbebaute Parzellen, die eventuell noch als Parkplatz genutzt wurden, innerhalb der *manzanas* weitgehend fehlten. Die Expansion der Stadt erhöhte die Bodenspekulation sowohl am Stadtrand wegen Neuerschließungen für Wohngebiete als auch im Zentrum wegen der Konkurrenz verschiedener Nutzungen. Der beträchtliche Anstieg der Bodenwerte führte im Zentrum

Tab. 19: Gebäudehöhe und Nutzung unbebauter Grundstücke in der Altstadt Montevideos zwischen 1954 und 1983

Stockwerkzahl	Anzahl der Parzellen							
	1954		1963		1975		1983	
	abs.	in %	abs.	in %	abs.	in %	abs.	in %
≤ 2	1.344	69,5	1.262	66,4	1.165	62,3	1.027	56,5
3 - 5	475	24,6	490	25,8	494	26,4	465	25,6
6 u.m.	58	3,0	79	4,2	98	5,2	127	7,0
unbebaute Parzellen								
ohne Nutzung	55	2,8	60	3,2	95	5,1	137	7,5
Parkplatz	2	0,1	9	0,5	19	1,0	61	3,4
Summe	1.934	100,0	1.900	100,0	1.871	100,0	1.817	100,0

Quelle: Luftbilder 1954, 1963, 1975 und 1983; eigene Auswertung

gemeinsam mit sozialen und technischen Veränderungen zu einem Anstieg der Nachfrage nach Apartments (vgl. Ausführungen zu *Ley de Propiedad Horizontal* in Kap. 3.2.6). Um die zur Verfügung stehenden Flächen intensiver auszunutzen, entstanden Hochhäuser mit Eigentumswohnungen in der gesamten Innenstadt (vgl. Abb. 19), und die Erlaubnis, benachbarte Parzellen mit Gebäuden unterschiedlicher Höhe zu bebauen, gefährdete in der Altstadt immer mehr den städtebaulichen Wert des kolonialen Kerns Montevideos.

Zwei Beispiele sollen zeigen, wie die Wohnfunktion der Gebäude durch andere Nutzungen ersetzt wurde. Zwischen 1908 und 1910 baute der Geschäftsmann Félix Ortiz de Taranco den heute unter Denkmalschutz stehenden *Palacio Taranco* an der Plaza Zabala. Die Baukosten betrugen die damals unvorstellbare Summe von 321.000 Pesos. Das Gebäude, in dem 1925 der spätere englische König während eines Besuches in Uruguay untergebracht war, diente ausschließlich Wohnzwecken. 1943 kaufte der Staat den Palast für das Kulturministerium auf und richtete dort im Jahre 1972 ein Museum ein. Heute verwendet die Regierung den *Palacio Taranco* wieder als Residenz für Staatsgäste. In unmittelbarer Nachbarschaft, ebenfalls an der Plaza Zabala, wurde 1924 ein luxuriöses Hotel erbaut, das im Jahre 1952 ein uruguayischer Expräsident als Alterssitz erwarb. Nach seinem Tode im Jahre 1956 ging es in den Besitz der *Discount Latin American Bank* über, die es bis heute als Zentralverwaltung in Uruguay nutzt.

Die 1955 einsetzende rückläufige wirtschaftliche Entwicklung wirkte sich auch in der Altstadt aus. Aufgrund der miserablen ökonomischen Perspektiven unterblieben Neuinvestitionen, so daß sich im Zentrum Montevideos bauliche Veränderungen deutlich verringerten. Die Abnahme der Parzellenzusammenlegungen pro Jahr sowie der geringe Anteil der Gebäude, die zwischen 1964 und 1975 errichtet wurden, verdeutlichen die Zurückhaltung größerer Kapitalanleger (vgl. Tab. 20, 21). Der Staat begünstigte noch die mangelhafte Investitionsbereitschaft durch rechtliche Neuerungen. Der im Jahre 1947 eingeführte restriktive Mieterschutz verhinderte, daß die Eigentümer die Mieten der Inflationsrate anpassen konnten. Ihr folglich geringes Interesse, neue Wohnungen zu bauen, und die geringen Einnahmen aus bestehendem Wohnraum begrenzten notwendige Instandsetzungen und beschleunigten durch Aufteilung und Untervermietung den baulichen Verfall. Diesem schlechten ökonomischen Klima entsprechend, liegen Grundstücke, die zwischen 1954 und 1975 von baulichen Änderungen oder von Zusammenlegungen betroffen waren, in ihrer Mehrzahl entlang der Rambla Sur und Rambla Portuaria, wo städtebauliche Projekte (*Plan Fabini* (1928), *Plan Director* (1956)) Neugestaltungen vorschlugen (vgl. Kap. 3.2.5 u. 3.2.6). Die Arbeiten beschränkten sich allerdings entlang der Rambla Portuaria auf den Abriß der Gebäude, wie z.B. in der *cuadra* Ecke Solís/Piedras nördlich der *Banco de la República* (vgl. Karte 22a). Außerhalb dieser beiden Bereiche kamen nur vereinzelte Umformungen vor, so daß man annehmen kann, daß die getätigten Investitionen fast ausschließlich von öffentlicher Seite getragen wurden (vgl. GANS 1987b).

Die ökonomische Liberalisierung der Militärregierung nach 1973 mit dem Fernziel, in Uruguay ein international bedeutendes Finanzzentrum entstehen zu lassen, belebte seit Mitte der 70er Jahre die Bodenspekulation in der Altstadt mit all ihren baulichen Konsequenzen. Die Nachfrage nach Immobilien ergab sich hauptsächlich aus Erweiterungs- und Neubauten des tertiären Sektors. Sie wurden weniger von den Banken getragen, sondern vielmehr von Einrichtungen, die mit den Finanzaktivitäten sehr eng verbunden sind: Öffentliche Verwaltungen, Handel und freie Berufsstände suchten die Nähe zum Hafen, da die Öffnung des nationalen Marktes den Im- und Export förderte. Die Altstadt erfuhr dadurch eine Aufwertung ihrer Standortqualitäten und weckte das Interesse der Eigentümer, Wohnhäuser durch Bürogebäude zu ersetzen. Tabelle 20 und 21 belegen nachdrücklich die umfangreiche Neubautätigkeit nach 1975, bei der bauliche Veränderungen meist nur einzelne Parzellen betrafen. Nur entlang der Rambla Portuaria und ihrer heutigen Verbindung zur Av. Uruguay wurden einige *manzanas* vollständig abgerissen. Vergleicht man ihre Lage mit den neu zu gestaltenden Teilräumen, wie es im *Plan Director* aus dem Jahre 1956 vorgesehen war (vgl. GANS 1987b), so wird der Einfluß der damals vorgeschlagenen Neuordnungen auf diese Veränderungen deutlich.

Tab. 20: Bauliche Veränderungen und neue Parzellierungen in der Altstadt Montevideos zwischen 1954 und 1983

Zeitraum	Anzahl der Parzellen	Veränderungen					
		Bausubstanz			Parzellierung		
		abs.	in %	p.a.	abs.	in %	p.a.
1954 bis 1963	1934	149	7,7	14,9	44	2,3	4,4
1964 bis 1975	1900	167	8,8	13,9	48	2,5	4,0
1975 bis 1983	1871	260	13,9	32,5	93	5,0	11,6

Quelle: Luftbilder 1954, 1963, 1975 und 1983; eigene Auswertung

Tab. 21: Baujahr der Gebäude in der Altstadt Montevideos (1983)

Zeitraum	Anzahl der Gebäude		
	abs.	in %	pro Jahr
bis 1875	204	11,3	-
1876 bis 1930	866	47,9	16.0
1931 bis 1954	276	15,3	11.5
1955 bis 1963	111	6,1	12.3
1964 bis 1975	61	3,4	5.1
1976 bis 1983	72	4,0	9.0
keine Angabe	218	12,1	-

Quelle: Luftbilder 1954, 1963, 1975 und 1983; eigene Auswertung

Die öffentliche Verwaltung förderte die Privatinteressen an der Neubautätigkeit in der Altstadt durch zwei Gesetze. Das erste, das der nationale Sicherheitsrat nach Rücksprache mit dem Präsidenten der *BHU* und dem Bürgermeister Montevideos am 23. November 1978 erlassen hatte, gab der Stadt die Möglichkeit, Gebäude in schlechtem Erhaltungszustand *(fincas ruinosas)* zum anschließenden Abriß räumen zu lassen. Ein Jahr später versäumte das zweite Gesetz, zahlreiche baulich wertvolle Gebäude nicht als *Monumento Histórico* zu schützen (vgl. GANS 1987b). Die Folge war eine umfangreiche Abrißtätigkeit, die mit dem Zustrom ausländischen Kapitals sowie mit einem gewaltigen Bauboom zeitlich zusammenfiel. Davon waren viele Gebäude betroffen, die zwar isoliert gesehen keinen besonderen Wert hatten, die aber den vorhandenen Gesamtkomplex mitprägten und die Einheitlichkeit der Bebauung in der Altstadt formten. Die entstandenen neuen Bauten störten zudem den Gesamteindruck. Wie Tabelle 19 belegt, erhöhte sich die Stockwerkzahl der nach 1975 errichteten Gebäuden deutlich. Die häufigen Parzellenzusammenlegungen nach diesem Zeitpunkt weisen außerdem darauf hin, daß sich neben der Höhe auch die Breite und das Bauvolumen nicht in die vorhandene städtebauliche Umgebung einpaßten. Hierfür fehlte jegliches Verständnis, denn die Gebäudekomplexe sollten die neue wirtschaftliche Prosperität des Landes zum Ausdruck bringen.

Nach Abklingen der guten Konjunktur von 1978 bis 1980 unterblieb häufig die Errichtung eines neuen Gebäudes, so daß viele unbebaute Grundstücke als Parkplätze noch die höchste Rendite erzielten. Dieser Nutzung kam noch entgegen, daß sich der PKW-Bestand aufgrund der Importliberalisierung seit 1978 deutlich erhöht hatte. So betrug der Einfuhrwert von Kraftfahrzeugen im Jahre 1978 etwa 43 Milliarden US$, erreichte aber 1981 einen Höchstbetrag von 184,6 Milliarden US$. Die zunehmende Nachfrage nach Parkmöglichkeiten drückt sich unter anderem darin aus, daß 1975 nur 19 Grundstücke als Parkplatz genutzt wurden. Zwölf Jahre später hatte sich diese Zahl auf 61 verdreifacht (vgl. Tab. 19).

Die bisherigen Ausführungen belegen für Teilgebiete des kolonialen Kerns erhebliche bauliche Veränderungen seit Mitte der 70er Jahre, die aufgrund der Standortverbesserungen der Altstadt im Zuge der wirtschaftlichen Liberalisierung durch die Militärregierung und wegen älterer Vorhaben der Stadtverwaltung (*Plan de Remodelación Integral* aus dem Jahre 1957 im Rahmen des *Plan Director*) gegen die fortschreitende soziale und kulturelle Degradierung eng

Tab. 22: Vergleich der ursprünglichen mit der aktuellen Gebäudenutzung in der Altstadt Montevideos

aktuelle Nutzung	ursprüngliche Nutzung				
	Wohnen	Wohnen/ Einzelhandel	Einzelhandel	Einzelhandel/ priv. Dienst- leistungen	priv. Dienstlei- stungen
WO	356				
WO/EH	58	314			
WO/PD		21			
WO/GW	22	29			
WO/EH/PD		27			
EH	20		30		
EH/PD	23		5	58	
PD	26		5	4	40
PD/EH/FI				3	
FI/PD				8	
ÖV			7		6
KULTUR	24				
Abriß, unbebaut	30	45	3		
	619	593	66	82	54

WO: Wohnen, PD: private Dienstleistungen, EH: Einzelhandel, GW: Gewerbe, FI: Finanzbereich, ÖV: öffentliche Verwaltungen

Quelle: eigene Auswertung der Unterlagen der *IMM*

mit funktionalen Wandlungen zusammenhingen. Vergleicht man die ursprünglichen Gebäudenutzungen mit den heutigen (vgl. Tab. 22), so kommt - bei aller Vorsicht der Interpretation wegen unsicheren und nicht immer einheitlichen Erhebungsmethoden bei der Ermittlung der ursprünglichen Nutzung - deutlich zum Ausdruck, daß das Wohnen und der Einzelhandel oftmals durch Funktionen mit höheren Renditen als die vorherigen ganz oder zumindest teilweise ersetzt wurden.

Tabelle 22 weist aber auch gleichzeitig auf Wertminderungen der Standortqualität hin, sei es der bauliche Verfall, der Gebäudeabriß oder das Verdrängen des Einzelhandels durch gewerbliche Betriebe. In Karte 30 sind die funktionalen Veränderungen einschließlich ihrer Bewertung dargestellt. Drei Zonen treten hervor: Das Gebiet im Süden und Westen der Halbinsel, wo die Wohnnutzung dominiert (vgl. Karte 29a), ist durch eine vergleichsweise hohe Stabilität gekennzeichnet. Heute unbebaute Grundstücke häufen sich in der Nachbarschaft des Finanz- und Dienstleistungszentrums, in dem sowohl funktionale Aufwertungen vieler Gebäude als auch umfangreiche Abrißtätigkeiten stattfanden. Dieser Sachverhalt belegt nochmals die postulierte räumliche Verzahnung zwischen intensivster Nutzung und Lückenhaftigkeit des Citygefüges. Nördlich des funktionalen Kerngebietes in der Altstadt gehen Änderungen, die eine Verbesserung der Standortqualität anzeigen, deutlich zurück. In diesem Gebiet häuft sich zudem die Bausubstanz in schlechtem Zustand und belegt das bereits erwähnte abwartende Verhalten der Hauseigentümer hinsichtlich der Investitionen in die Erhaltung ihres Besitzes, das wohl maßgeblich auf die beabsichtigte Neugestaltung und funktionale Ausstattung dieser *manzanas* im *Plan Director* zurückgeht.

Eine sinnvolle und ökonomisch rentable Gebäudenutzung ist sicherlich eine ganz wesentliche Voraussetzung für die Bereitschaft der Eigentümer, die Bausubstanz instandzuhalten, und damit Grundlage für die Erhaltung architektonisch und städtebaulich wertvoller Gebäude und Ensembles, die in der Altstadt Montevideos ihre größte zusammenhängende Ausdehnung in Uruguay erreichen. Tabelle 23 bekräftigt den Zusammenhang zwischen Nutzungsintensität und Erhaltungszustand nachdrücklich. Aus Gründen der Einfachheit sind nur Gebäude, die vollständig von einer Funktion (öffentliche Verwaltung, Finanzaktivitäten, Büro, Einzelhandel, Wohnen, vgl. Karte 22a) belegt sind, berücksichtigt. Zunächst ist festzustellen, daß mit höherem Baualter der Gebäudezustand im Mittel schlechter wird. Dies ist nicht verwunderlich, wenn man den natürlichen Alterungsprozeß bedenkt. Innerhalb der einzelnen Altersklassen fällt aber auf, daß mit höherer Nutzungsintensität (höchste: Finanzaktivitäten, geringste: Wohnen) die Bausubstanz der Gebäude durchweg besser erhalten ist. Dies trifft vor allem für den Kapitalbereich, Büros und öffentliche Verwaltung zu, während bei der Wohnnutzung ein mittelmäßiger oder schlechter Gebäudezustand häufiger vorliegt. Bezieht man bei der Interpretation von Tabelle 23 die Verteilung des Erhaltungszustandes mit ein (vgl. GANS 1987b), so ist festzustellen, daß neben dem Alter die Lage des Gebäudes zum Kern intensivster Nutzung die maßgebliche Rolle für das äußere Erscheinungsbild spielt. In Erwartung höherer Renditen durch das expandierende Zentrum stellen die Eigentümer notwendige Investitionen zum Erhalt oder zur Renovierung zurück. Diese abwartende Haltung ist in Zeiten eines wirtschaftlichen Aufschwungs relativ groß, weil nahe dem nationalen Finanzzentrum mit der Ausweitung von Funktionen mit hoher Rendite spekuliert wird. Während der Rezession unterbleiben notwendige Instandsetzungen häufig, da hohe Zinsen verfügbares Kapital einschränken.

Die Ausführungen verdeutlichen die Notwendigkeit, das kulturelle Erbe in die sozialen wie wirtschaftlichen Bedingungen der heutigen Zeit einzubinden. Der *Plan Director* aus dem Jahre 1956 beinhaltete mit der Gestaltung dreier Zentren entlang der Rambla Portuaria mit unterschiedlichen Funktionen erstmals konkrete Maßnahmen, um der sozialen, kulturellen und wirtschaftlichen Degradierung der Altstadt entgegenzuwirken. Den Zielen lagen noch Gedanken der damals üblichen Totalsanierung zugrunde, und zudem bildete die wirtschaftliche Blüte Uruguays nach dem Zweiten Weltkrieg die Basis für diese Vorschläge (vgl. Kap. 3.2.6). Gedanken mit dem Ziel, die historisch und städtebaulich wertvollen Gebäude und Ensembles in der Altstadt zu erhalten, zu renovieren und durch maßvolle Umgestaltungen den Anforderungen neuer Nutzungen entgegenzukommen, fehlten in allen Vorschlägen zur weiteren Entwicklung des kolonialen Kerns von Montevideo.

Ein wichtiger Schritt zur Verbesserung des Denkmalschutzes erfolgte mit dem Gesetz No. 14.040 vom 20.10.1971. Man schuf eine Kommission (*Comisión del Patrimonio Histórico, Artístico y Cultural de la Nación*), der allerdings nur beratende Funktionen der Regierungsstellen zukam. Das Gremium sollte im wesentlichen vorschlagen, welche Gebäude unter Denkmalschutz (*Monumentos Históricos*) fallen, wie der Staat den Grundstückskauf sowie die Maßnahmen zur Erhaltung finanzieren kann. Artikel 5 des Gesetzes definierte außerdem, daß alle Gebäude als *Monumentos Históricos* gelten, die mit der Geschichte Uruguays eng verbunden sind oder an Personen von nationaler Bedeutung erinnern oder einzelne kulturelle Epochen des Landes besonders repräsentieren. Bei ihnen waren bauliche Veränderungen, die den Gesamteindruck des Gebäudes modifizieren, nicht erlaubt. Dies galt ebenfalls für Nutzungen, die den Zielen des Gesetzes widersprachen. Für die Eigentümer bestand die Verpflichtung, das Gebäude zu erhalten sowie notwendige Ausbesserungen durchzuführen. Der Staat wollte die Kosten für diese Arbeiten bis zu einem Anteil von 50 % mittragen und hatte aufgrund des öffentlichen Interesses jederzeit das Recht, den Zustand eines *Monumento Histórico* zu überprüfen, gegebenenfalls das Grundstück zu kaufen oder zu enteignen (Artikel 12). Dem Gesetz lag im wesentlichen die Vorstellung zugrunde, daß sich der Denkmalschutz auf einzelne Häuser bezieht und daß die Wiederherstellung eines originalen Zustandes anzustreben ist (vgl. SABELBERG 1984).

Trotz dieser Regelungen war das Gesetz sehr weit gefaßt, und erst in den späteren Resolutionen No. 1.097 vom 8.7.1976 und No. 705 vom 6.7.1976 wurden mehrere religiöse sowie öffentliche Bauten und Privathäuser als *Monumento Histórico* festgelegt. In der Resolution No. 705 berücksichtigte man als schützenswert auch den von Pedro Millán entworfenen Grundriß der Altstadt mit dem dazugehörigen Straßennetz, den späteren Befestigungen und Freiflächen. Hier kamen Gedanken der Charta von Venedig zum Ausdruck, in der im Mai 1964 der internationale Architektenkongreß anregte, daß sich Erhaltung und Restaurierung nicht nur auf einzelne Gebäude konzentrieren sollten, sondern vielmehr auch ganze Ensembles einzubeziehen wären. Der Grund für diese Erweiterung der Ziele lag darin, daß eben nicht nur repräsentative Gebäude eine Epoche widerspiegeln, sondern auch Häuser, in denen ärmere Bevölkerungsschichten wohnten und heute noch wohnen.

Am 8.10.1979 erließ die Regierung ohne Rücksprache mit der zuständigen Kommission die Resolution No. 2.570, die die Aufhebung von No. 705 bedeutete und den Abriß einiger sehr wertvoller Gebäude zur Folge hatte. Der Grund, den man für die neuen Richtlinien vorgab, waren im wesentlichen die Enteignungen, die man im Artikel 12 des Gesetzes No. 14.040 vorgesehen hatte. Im Einklang mit den geänderten wirtschaftlichen Zielvorstellungen der Militärs nannten die öffentlichen Stellen zwei Argumente gegen den Denkmalschutz:

1. Die Kostenübernahme für die Erhaltung kann nicht durch den Staat oder durch einzelne Personen erfolgen.

2. Es ist notwendig, zwischen den Zielen der Restauration und der wirtschaftlichen Entwicklung eines Landes einen Ausgleich herzustellen.

Das seit 1980 wachsende Bewußtsein in der Öffentlichkeit, daß die Altstadt Montevideos ein

Tab. 23: Nutzungsintensität und Erhaltungszustand der Gebäude in der Altstadt Montevideos in Abhängigkeit vom Baualter (Angaben in % der Spaltensumme)[1]

Baualter	Nutzungen des gesamten Gebäudes	Erhaltungszustand (Angaben in %)				Anzahl
		gut (*bueno*)	einge- schränkt gut (*regular*)	mittel- mäßig (*mediocre*)	schlecht (*malo*)	
bis 1875	Finanzaktivitäten	100,0	-	-	-	2
	Büros	100,0	-	-	-	3
	öffentliche Verwaltung	57,1	42,9	-	-	7
	Einzelhandel	60,0	20,0	-	20,0	5
	Wohnen	14,3	42,9	28,6	14,3	14
	sonstige	38,2	32,9	19,1	8,1	173
1875 bis 1930	Finanzaktivitäten	90,9	9,1	-	-	11
	Büros	86,4	13,6	-	-	22
	öffentliche Verwaltung	75,0	16,7	4,2	-	24
	Einzelhandel	63,2	31,6	5,3	-	19
	Wohnen	51,2	33,3	13,8	1,6	123
	sonstige	42,0	40,0	13,0	3,1	667
1930 und später	Finanzaktivitäten	86,7	-	-	-	15
	Büros	77,3	22,7	-	-	22
	öffentliche Verwaltung	80,0	20,0	-	-	25
	Einzelhandel	81,8	18,2	-	-	11
	Wohnen	71,2	24,2	4,5	-	66
	sonstige	73,8	20,7	3,9	0,8	387

1) Fehlende Angaben wurden nicht berücksichtigt, so daß sich die Prozentwerte nicht immer auf 100 % summieren.

Quelle: eigene Auswertungen der Unterlagen der *IMM*

bedeutendes Zeugnis der nationalen Geschichte darstellt und daß sie deswegen erhaltenswert sei, sowie das Nachlassen der Konjunktur in Uruguay nach 1981 begünstigten eine wesentliche Verbesserung der Denkmalpflege. Am 28.7.1982 erließ die Stadtverwaltung das Dekret No. 20.843 (ergänzend die Resolutionen No. 378.597 und 178.857), in dem im Artikel 1 das öffentliche Interesse an der Erhaltung und der Inwertsetzung des kulturellen Erbes, das zahlreiche einzelne Gebäude, aber auch viele Ensembles in der Altstadt Montevideos auszeichnet, festhält (vgl. ausführliche Darstellung der gesetzlichen Festlegungen in GANS 1987b). Drei Maßnahmen sind besonders hervorzuheben:

1. Einrichtung einer Arbeitsgruppe (*Grupo Técnico de Trabajo*)
   Ihre Aufgabe ist es, in Übereinstimmung mit dem *Plan Director* einen umfassenden Entwicklungsplan für die Altstadt aufzustellen sowie Maßnahmen zu ihrer Wiederbelebung, wie z.B. Förderung des Wohnens, kultureller Veranstaltungen oder des Einzelhandels, zu erarbeiten.

2. Neue Bauvorschriften
   Artikel 5 und 7 des Dekrets 20.843 bestimmen außerdem, daß sich alle Bauvorhaben zur Überholung, Erweiterung, Restauration oder Neuerrichtung eines Gebäudes in das architektonische Gesamtbild der jeweiligen *cuadras* einfügen müssen. Dabei sind Größe, Material, Farbe und Gestaltung einzubeziehen. Um entsprechende Bau- oder Abrißanträge beurteilen zu können, schuf man daher die *Comisión Especial Permanente* (vgl. Punkt 3). Als Bewertungsunterlagen dienten die Erhebungen der Stadtverwaltung aus dem Jahre 1983, bei der auch die Schutzbedürftigkeit aller Gebäude in der Altstadt fünf Kategorien mit unterschiedlichen Restriktionen hinsichtlich baulicher Veränderungen zugeordnet wurde.

3. Gründung einer *Comisión Especial Permanente de la Ciudad Vieja* (CEP)
   Diese verwaltungsübergreifende Kommission, der insgesamt sechs Delegierte aus der Stadtverwaltung, aus dem Erziehungsministerium, aus dem Institut für Architekturgeschichte und aus der Gesellschaft Uruguayischer Architekten angehören, ist vor allem mit den Kontrollaufgaben über jegliche Neubau- und Abrißtätigkeit betraut, mit Vorschlagsmöglichkeiten bezüglich des notwendigen Schutzes der Gebäude, mit der Förderung von gelungenen Sanierungsmaßnahmen sowie der öffentlichen Informationspolitik.

Die *CEP* legte Anfang 1987 einen Arbeitsplan mit dem Ziel vor, den weiteren baulichen Verfall und die fortschreitende *tugurización* (vgl. Kap. 3.2.6) nicht nur aufzuhalten, sondern durch die Realisierung mehrerer Projekte zur Förderung stadtteileigener Ressourcen (zentrale Lage, gute Infrastruktur, Nähe zu Arbeitsplätzen) den Weg für eine positive zukünftige Entwicklung zu bereiten. Im Vordergrund der Vorschläge steht die Verbesserung der Lebensqualität im kolonialen Kern, um damit das negative Image, das die Einwohner Montevideos über die Altstadt als Gebiet mit anhaltender Degradierung und großen sozialen Problemen (vgl. Kap. 5.2) haben, umzukehren. Daher sollten die Vorhaben bei nicht allzu hohen Kosten eine große Breitenwirkung aufweisen und den Privatsektor zu Investitionen anregen. Dabei übernahmen einige Maßnahmen eine wichtige Vorreiterfunktion. Besonders erwähnenswerte Vorschläge sind:
- Wohnen: Die *BHU* erklärt die Altstadt zur *Zona de Acción Prioritaria* und stellt die damit verbundenen Kreditvergünstigungen für den Wohnungsbau zur Verfügung. Stark verfallene Gebäude wie z.B. die *Casa del Virrey* (Ecke Piedras/Ituzaingó, vgl. Karte 22a) sollen der

Wohnfunktion wieder zugeführt und unbebaute Grundstücke durch Ausschreibungen von Wettbewerben vorbildlich in das städtebauliche Bild integriert werden.

- Verkehr: Die Anlage von Fußgängerzonen in den Straßen Bartolomé Mitre oder Cerrito sowie der Fußwegeausbau in der Calle Sarandí dienen der Verkehrsberuhigung und -sicherheit.

- Kultur: Die Errichtung zweier Zentren im *Mercado Central* südlich des *Teatro Solís* und gegenüber des *Mercado del Puerto* sowie die Durchführung verschiedener Veranstaltungen auf der Plaza Zabala (vgl. Kap. 4.3.2) beabsichtigen, die Altstadt wieder mehr in den kulturellen Mittelpunkt Montevideos zu rücken.

- städtische Dienstleistungen: Die verstärkte Reinigung öffentlicher Wege und Plätze, der unbebauten Grundstücke und leerstehender Gebäude sollen mit dazu beitragen, das äußere Erscheinungsbild zu verbessern.

Erhebungen mit sozio-ökonomischen Fragestellungen über Wohn- und Einkommenssituation sollen die Effektivität der geplanten Maßnahmen für die in der Altstadt lebende Bevölkerung überprüfen und eventuell notwendige finanzielle Unterstützungen für ärmere Haushalte rechtfertigen.

Die positive Grundeinstellung von politischer Seite aus dokumentiert sich darin, daß im Frühjahr 1987 sowohl die *IMM* als auch die *BHU* die Altstadt Montevideos bis 1992 zu einem Gebiet mit Priorität innerhalb der Stadtentwicklung erklärten und damit die Vorschläge der *CEP* unterstützten.

4.4 Gemeinsamkeiten und Unterschiede der funktionalen Gliederung der Innenstädte von Buenos Aires und Montevideo

Die untersuchten Nutzungen belegen in ihrer räumlichen Verteilung die wichtigsten Elemente des Cityentwicklungsmodells von LICHTENBERGER. Eine wesentliche Voraussetzung hierzu war die frühe Einbindung Argentiniens und Uruguays in die Weltwirtschaft. Damit wurden Bedingungen geschaffen, daß die Transformation der kolonial geprägten Struktur beider Hauptstädte im Unterschied zu anderen lateinamerikanischen Metropolen bereits vor dem Ersten Weltkrieg einsetzen konnte. Die Mehrkernigkeit dokumentiert sich insbesondere in der außerordentlichen Konzentration der Finanzeinrichtungen in beiden Hauptstädten. Als entscheidende Ursache für die Ausbildung dieser Kernräume sind die Standorte der beiden Zentralbanken und Börsen anzuführen, die die Wirtschafts- und Finanzpolitik von Argentinien bzw. Uruguay maßgeblich beeinflussen. Aufgrund dieser bestehenden Bindungen von Nutzungen an wenige zentrale Einrichtungen von nationalem Gewicht bleibt die Persistenz dieses funktionalen Teilraumes gewahrt. Die zunehmende Zahl finanzieller Aktivitäten in beiden Hauptstädten drückt sich daher in einer räumlichen Anlagerung aus, die damit die auf agglomerativen Vorteilen beruhenden Standortanforderungen (*special accessibility*) belegt. Dies trifft jedoch nicht für alle Finanzeinrichtungen zu. Z.B. sind Wechselstuben stärker als Großbanken vom Kundenverkehr abhängig und bevorzugen daher eine Lage mit einer guten allgemeinen Erreichbarkeit (*general accessibility*). Gemäß dieser unterschiedlichen Kriterien befindet sich in der Altstadt Montevideos das Bankenviertel mit der *Banco de la República*, während in der besser erreichbaren Hauptgeschäftsstraße Av. 18 de Julio die Wechselstuben zu finden sind. In Buenos Aires erfolgt diese räumliche Trennung nicht, da die Zentralbank nahe der Plaza de Mayo steht und damit eine zentral gelegenen Standort einnimmt.

Die asymmetrische Gliederung der beiden Stadtzentren ist durch die linienhafte Anordnung des Einzelhandels geprägt, in der sich nicht nur dessen *arterial accessibility* ausdrückt, sondern auch seine Funktion als Träger der Cityexpansion in Richtung der Wohngebiete mit einkommensstarken Haushalten. Aufgrund dieser Eigenschaften bildet er in beiden Hauptstädten eine Leitachse für die zumindest in Buenos Aires fortschreitende Citybildung aus und verstärkt damit die asymmetrische innere Differenzierung des Stadtzentrums.

Auch die Lückenhaftigkeit des Nutzungsgefüges liegt vor. Sowohl in Buenos Aires als auch in Montevideo gibt es z.B. im Kern der Finanzeinrichtungen unbebaute Grundstücke oder leerstehende Gebäude. Ähnliches kann man auch in den Hauptgeschäftsstraßen erkennen. Allerdings fällt für Buenos Aires auf, daß die Anzahl dieser Parzellen geringer ist als in Montevideo und sie außerdem schneller wieder einer Nutzung zugeführt werden. Hierin drückt sich die größere ökonomische Dynamik von Buenos Aires aus, das - schon aufgrund seiner Größe - als Metropole des Rio-de-la-Plata-Raumes in der städtischen Hierarchie einen höheren Rang als Montevideo einnimmt.

Weiterhin gab es in beiden Hauptstädten Hinweise, daß staatliche Institutionen mit unterschiedlichen Handlungsreichweiten Standortentscheidungen privater und öffentlicher Unternehmen beeinflußten und damit eine differenzierte räumliche Entwicklung citytypischer Funktionen bewirkten (vgl. WARD 1966, FRIELING 1980, FRIEDRICHS/GOODMAN 1987):
1. Auf nationaler Ebene beschleunigte die Einführung der neoliberalistischen Wirtschaftspolitik im Jahre 1976 die fortschreitende Tertiärisierung der argentinischen Wirtschaft und begünstigte aufgrund der ökonomischen Dynamik Ende der 70er Jahre und der Kapital- sowie Handelsliberalisierungen die Nachfrage tertiärer Nutzungen nach Geschoßflächen in der City von Buenos Aires.
2. Auf regionaler Ebene steuerten Vorhaben der Stadtplanung, z.B. die Ausweisung funktionaler Schwerpunkte mit der Erhöhung des Flächenangebots für bestimmte Nutzungen, die Cityentwicklung bzw. die Cityexpansion.

Besonderheiten im Vergleich zu nordamerikanischen und europäischen Großstädten ergeben sich vor allem im Falle von Buenos Aires aus der ungebrochenen Attraktivität innerstädtischer Wohngebiete mit hohem sozialen Status, die aufgrund der Hochhausbauweise maximale Bevölkerungsdichtewerte innerhalb der Agglomeration aufweisen. Die Lage dieser Viertel übt auf die Cityexpansion eine außerordentlich hohe Anziehungskraft aus. Dies trifft insbesondere auf den qualitativ führenden Einzelhandel zu, der aufgrund der nationalen wirtschaftlichen Probleme Argentiniens in hohem Maße von einkommensstarken Gruppen abhängig ist und daher die Standortnähe zu Wohngebieten mit hohem sozialen Status sucht. Die Ergebnisse weisen damit eine hohe Übereinstimmung mit anderen Untersuchungen über die Struktur lateinamerikanischer Metropolen auf. Im Vergleich zur asymmetrischen Cityentwicklung in kontinental.europäischen Großstädten ist die Ursache für die Existenz einer markanten Wachstumsfront in Buenos Aires weniger in gesetzlich festgelegten Bauvorschriften zu sehen, sondern vielmehr in der Verschlechterung der ökonomischen und damit verbunden der sozialen Bedingungen. Die Erhöhung der Gebäude konnte die axiale Cityexpansion nicht ausschließen. Diese Wirkung erreichten bis zu einem gewissen Grade die Realisierung von Planungsvorhaben, die zumindest vorübergehend das Eindringen citytypischer Funktionen in Wohngebiete mit sozial hohem Status abschwächten.

Eine weitere Besonderheit ist, daß die wirtschaftlichen Probleme in den 80er Jahren zudem den informellen Sektor und hier insbesondere den ambulanten Handel in den Innenstädten stärkten, der sich in Montevideo im Gegensatz zu Buenos Aires aufgrund geringer staatlicher Kontrollen erheblich ausbreiten konnte (vgl. Kap. 6). Die Straßenhändler bevorzugen den Verkauf ihrer Waren in der Hauptgeschäftsstraße Montevideos, in der Av. 18 de Julio, da hier die zahlreichen Fußgänger einen hohen Umsatz und damit einen guten Gewinn versprechen.

Insgesamt bleibt sicherlich festzuhalten, daß ökonomische Bedingungen und ihre Veränderungen einen starken Einfluß auf die Cityentwicklung haben und daß sich aufgrund der zugrundeliegenden Bewertungsmaßstäben Abweichungen in der Gliederung der Stadtzentren, die auf kulturellen oder entwicklungstheoretischen Unterschieden basieren, ausgleichen.

5. BEVÖLKERUNGSSTRUKTUR UND WOHNSITUATION IN DEN INNENSTÄDTEN VON BUENOS AIRES UND MONTEVIDEO

Nach der ausführlichen Darstellung der funktionalen Gliederung der jeweiligen Citybereiche in beiden Hauptstädten steht in diesem Kapitel inhaltlich die soziale Dimension unter besonderer Berücksichtigung der Wohnsituation einkommensschwächerer Haushalte im Vordergrund (vgl. Kap. 1). Im ersten Abschnitt werden zunächst Fragestellungen, Datengrundlagen sowie die Auswahl der untersuchten Teilräume in den Innenstädten kurz vorgestellt und dann auf die Bevölkerungsstruktur, auf die Wohnverhältnisse der Familien sowie auf ihre Motive für den zentral gelegenen Wohnstandort in Buenos Aires und Montevideo eingegangen.

5.1 Fragestellungen, Datengrundlagen und Untersuchungsgebiete

Wie aus der Darstellung über die Stadtentwicklung hervorgeht (vgl. Kap. 3), breiteten sich seit Mitte des vorigen Jahrhunderts vor allem in jenen Teilgebieten der Stadtzentren, die heute aufgrund der Cityexpansion in eine abseitige Lage gerieten, neue Wohn- und Mietformen aus, die entweder durch Aufteilung vorhandenen Wohnraums, oftmals repräsentative Bauten der Oberschicht, oder auch durch spekulativ orientierte Neubautätigkeit zur Unterbringung des Immigrantenstromes aus Europa entstanden, in denen Familien einzelne Zimmer mieten konnten. Häuser, die diesem Wohnungsteilmarkt zuzuordnen waren, bezeichnet man als *conventillos* oder *inquilinatos*. In ihnen lagen z.T. extrem beengte Wohnverhältnisse vor und aufgrund der gemeinschaftlichen Nutzung von Küche und Bad durch alle Mietparteien in der Regel auch schlechte sanitäre und hygienische Bedingungen. Zudem handelte es sich zumeist um ältere Gebäude, die sich oftmals wegen unterlassener Renovierungsarbeiten in einem schlechten baulichen Zustand befanden. In ihnen wohnten untere Sozialschichten mit sehr geringem Einkommen, die als Alternative, ihren Wohnungsbedarf zu decken, nur den Wechsel in eine *villa miseria* hatten (vgl. Kap. 3.2.6). Im Vergleich zu den Hüttensiedlungen am Stadtrand besitzen heute die *inquilinatos* mit ihren zentral gelegenen Standorten den Vorteil, nahe der Arbeitsplätze in der Innenstadt und dem dortigen Infrastrukturangebot (öffentlicher Nahverkehr, soziale Dienste, Bildungseinrichtungen) zu liegen (vgl. ROSENFELD 1986).

Zwar gingen die verantwortlichen Stellen in Montevideo mit Bau- und Ausstattungsvorschriften (*Ley de Higiene de la Vivienda* 1928), in Buenos Aires mit Mietpreiskontrollen (*Decreto No. 1.580* vom 29. Juni 1943) erfolgreich gegen die weitere Ausbreitung der *conventillos* vor (vgl. MERTINS 1987a, RIVAS 1977), doch reichten begleitende Maßnahmen zur finanziellen Unterstützung einkommensschwächerer Haushalte bei der Sicherung ihres Wohnungsbedarfs nicht aus. So blieb die Nachfrage nach der zimmerweisen Vermietung bis heute bestehen und, um die Mietpreiskontrollen für *conventillos* oder *inquilinatos* zu umgehen, entstanden *hoteles-pensiones*, die in Wirklichkeit keinen Hotelservice anboten und so den vorhandenen Wohnungsteilmarkt erweiterten. Im Gegensatz zu den *inquilinatos* schließen die Bewohner in den *hoteles-pensiones* keinen Mietvertrag ab, denn nur dadurch konnten sich die Vermieter den staatlich festgelegten Preisbindungen entziehen (vgl. RIVAS 1977). Hinsichtlich der räumlichen Verteilung gibt es *hoteles-pensiones* im gesamten Stadtgebiet, während sich die *inquilinatos* im Süden der Capital Federal konzentrieren (vgl. Karte 2). Auch ist die Bausubstanz nicht so homogen bzgl. Alter und Erhaltung des Gebäudes wie bei den *conventillos*, die vor allem zwischen 1870 und 1914 gebaut wurden, um die Nachfrage der Immigranten nach Unterkünften abdecken zu können.

Ausgangspunkt vieler Untersuchungen über die räumliche Verteilung der städtischen Bevölkerung nach verschiedenen demographischen und sozialen Merkmalen ist das von TURNER (1968) am Beispiel von Lima entwickelte zweiphasige Wanderungsmodell. Haushalte, die neu aus ländlich geprägten Regionen oder aus kleineren Städten in die Metropolen zugezogen sind, finden in ihrer Mehrzahl in citynahen Vierteln unterer Sozialschichten eine erste Unterkunft (Wohnungsangebot, Mobilität). Diese zentrale Lage entspricht auch den Interessen der Zuwanderer, denn die Nähe zu zahlreichen Arbeitsplätzen im Stadtzentrum erleichtert ihre Suche nach einer Beschäftigung. Diese *bridgeheaders* von TURNER (1968) sind überwiegend alleinstehende und unverheiratete Personen in einem Alter zwischen 15 und 30 Jahren. Nach einer gewissen Integrationszeit, vor allem nach der Stabilisierung ihrer Einkommen, suchen sie eine neue Wohnung. Die Entscheidung hierfür wird durch die Gründung einer eigenen Familie noch wesentlich gefördert. Die Haushalte ziehen jetzt in einfache behelfsmäßige Hütten am Stadtrand um, die sie je nach finanzieller Situation und geänderten Wohnbedürfnissen in Selbstarbeit schrittweise ausbauen können. Mietausgaben ersetzen die Haushalte durch Investitionen in Eigentum, das zudem für sie eine gewisse soziale Sicherheit in der Zukunft bedeutet. Die *bridgeheaders* werden zu *consolidators*.

Überprüfungen des zweiphasigen Modells am Beispiel mehrerer lateinamerikanischer Großstädte ergaben, daß sich mit fortschreitender Verstädterungsgrad die Bedeutung zentral gelegener Wohngebiete als erster Wohnstandort neu Zugezogener verringerte und daß die Zielgebiete immer peripherer lagen. Aufgrund dieser Ergebnisse dynamisierten CONWAY/BROWN (1980) das eher statisch definierte Modell von TURNER (1968). Am entscheidungstheoretischen Ansatz hielten die beiden Autoren jedoch fest und damit am freien Entschluß der Haushalte über eine neuerliche Wanderung oder über das Zielgebiet.

GILBERT/WARD (1982) belegten nach Untersuchungen in mehreren lateinamerikanischen Städten, daß die Alternativen der Haushalte unterer Sozialschichten z.B. durch das Verhalten der Verwaltung sowie durch geltende Gesetze in unterschiedlichem Maße eingeschränkt sind. Die Folgen dieser *authority constraints* zeigte BÄHR (1986) am Beispiel von Santiago de Chile auf: Nach dem Umsturz 1973 verursachten eine liberale Wirtschaftspolitik sowie keine Duldung weiterer illegaler Landbesetzungen einen Rückgang innerstädtischer Wanderungen und die Verdichtung bereits bebauter Gebiete (ausführliche Kritik des TURNER-Modells bei MERTINS 1985).

Eine bedeutende Annahme der beiden Wanderungsmodelle von TURNER (1968) und CONWAY/BROWN (1980) ist außerdem die aufwärts gerichtete soziale Mobilität der Haushalte, bei der zumindest stabile Realeinkommen angenommen werden müssen. TURNER (1968) drückt dies in der Abfolge *bridgeheader*, *consolidator* und *status-seeker* aus. Die ökonomischen Bedingungen für den Erhalt des sozialen Status' oder gar Aufstiegs sind jedoch heute weder in Uruguay noch in Argentinien mit der monetaristisch orientierten Wirtschafts- und Finanzpolitik der Militärregierungen seit Mitte der 70er Jahre für untere Sozialschichten gegeben (vgl. GANS 1990). Insbesondere die Freigabe der Mieten traf bei sinkendem Realeinkommen vor allem mittlere und untere Einkommensgruppen (vgl. VEIGA 1984, YUJNOVS-KY 1985b), deren verminderter finanzieller Handlungsspielraum den Zugang zu Wohnungen mit besserer Qualität erheblich erschwerte. Citynahe Wohnstandorte gewannen an Attraktivität. Nahe der Arbeitsplätze im Zentrum bestanden größere Möglichkeiten, durch bessere Ausschöpfung des Arbeitskräftepotentials innerhalb der Haushalte zusätzliche Einkünfte zur Existenzsicherung zu erzielen. Auf der Ausgabenseite verfolgten nach BENTON (1986) die Familien im Zentrum von Montevideo drei Strategien, ihre Kosten im Wohnungsbereich zu senken:

1. Verdichtung

   Mehrere Haushalte mieten gemeinsam eine Wohnung, andere ziehen zu Freunden oder Verwandten. Verheiratete Kinder bleiben in der Wohnung ihrer Eltern.

2. *pensiones/inquilinatos*

   Die Möglichkeit, nur ein Zimmer mieten zu können, verschlechtert zwar die Wohnqualität, senkt aber auch den Mietbetrag.

3. Hausbesetzungen (*rompecandados*)

   Das Abklingen der Konjunktur seit 1981 führte dazu, daß zahlreiche Gebäude in schlechtem baulichen Zustand (*fincas ruinosas*) nicht abgerissen wurden und, da sie leerstanden, aufgrund einer städtischen Verordnung zugemauert werden mußten. Viele Familien, die seit 1982 über kein regelmäßiges Einkommen verfügten, brachen die Häuser auf und besetzten sie. Trotz der ständigen Gefahr, von öffentlichen Stellen vertrieben zu werden, nutzten sie die billigen Wohnmöglichkeiten mit extrem schlechten hygienischen Verhältnissen: Fehlende Strom- und Wasserversorgung sowie schlechter baulicher Zustand konnten die Menschen nicht von den Besetzungen abhalten (vgl. GANS 1988).

Ziel dieses Kapitels ist es, neben dem Einfluß des finanziellen Handlungsspielraumes auf das Wohnstandortverhalten unterer Einkommensschichten diese drei Strategien zu überprüfen und die damit verbundenen Auswirkungen auf die innerstädtischen Wanderungsströme zu analysieren. Einen weiteren Schwerpunkt bildet die Untersuchung der Bevölkerungs- und Haushaltsstruktur. Aus der Dynamisierung des TURNER-Modells von CONWAY/BROWN (1980) ist für Buenos Aires und Montevideo mit ihrem schon im 19. Jahrhundert einsetzenden großstädtischen Wachstum abzuleiten, daß in den citynahen Wohngebieten im Vergleich zur Gesamtstadt eine eher überalterte Bevölkerung in kleineren Haushalten wohnt.

Einen weiteren Themenbereich stellen die Verdrängungsprobleme dar, die von den beabsichtigten Sanierungsmaßnahmen hervorgerufen werden. Mit der im vorigen Jahrhundert beginnenden sozialen Degradierung ging auch ein baulicher Verfall einher, der sich mit der zunehmenden Abseitslage zur fortschreitenden Cityexpansion beschleunigte (vgl. Kap. 4). Diese Teilräume enthalten jedoch noch zahlreiche bauliche Elemente und Ensembles von besonderem architektonischen Wert, so daß seit 1979 in Buenos Aires und seit 1982 in Montevideo die Erhaltung und soziale Aufwertung bei städtischen Planungsmaßnahmen stärkere Berücksichtigung fanden (vgl. *Municipalidad* 1984, GANS 1987b). Ihre Perspektiven werden unter Einbeziehung der sozialen und demographischen Struktur der Bevölkerung ebenfalls dargestellt. Damit ist aber auch der jeweils zu untersuchende Teilraum festgelegt: in Montevideo die Altstadt (vgl. Abb. 14) und in Buenos Aires der Distrikt U24 (Stadtviertel San Telmo und Teile von Monserrat sowie Constitución, *secciones catastrales* 2, 4 in Abb. 10). Er schließt sich südlich des in Kapitel 4.2 analysierten Citybereiches an (vgl. Abb. 18). Nach der Definition der für die Erhaltung und Sanierung zuständigen Kommission erstreckt er sich vom Paseo Colón im Osten bis zur Calle Tacuarí im Westen. Im Süden reicht er bis zum Parque Lezama und im Norden bis zur Av. Rivadavia, einschließlich aller *cuadras* entlang der Av. de Mayo (vgl. Abb. 18, 21).

Aus Vergleichsgründen zu Montevideo bezieht sich die Fragestellung auf bevölkerungsstrukturelle Merkmale und auf die Wohnsituation der Haushalte in einem von Sanierungsvorhaben betroffenen Gebiet, so daß in Übereinstimmung mit dem *Código de Planeamiento Urbano* als westliche Grenze des Untersuchungsraumes die Av. 9 de Julio gewählt wurde (vgl. Abb. 18, *Municipalidad* 1984):
1. Sie bildet heute aufgrund ihrer Breite von über 100 m im Westen eine markante Barriere.
2. Die nicht berücksichtigten *cuadras* westlich der Av. 9 de Julio und entlang der Av. de Mayo gehören dem Distrikt U24 wegen des städtebaulichen Wertes der Gebäude Ende des 20. Jahrhunderts an, also im wesentlichen wegen einer Bausubstanz, die nicht mehr aus der Kolonialzeit stammt.

Leider sind auch bei dieser Fragestellung die zur Verfügung stehenden Daten für einen Vergleich sehr heterogen und erfordern eine unterschiedliche Schwerpunktsetzung. Für Buenos Aires liegen die Zensusdaten für 1970 und 1980 auf kleinräumiger Basis (*radios*, vgl. Kap. 2) vor. Für den ersten Zeitpunkt 1970 sind nur die Zahl der Einwohner, untergliedert nach Männern und Frauen sowie nach dem Geburtsland (Argentinien/Ausland), und die Wohnungszahl verfügbar, für 1980 dagegen die Variablen zu folgenden inhaltlichen Feldern:
1. Bevölkerung differenziert nach Alter, Geschlecht, verwandtschaftlichen Beziehungen zum Haushaltsvorstand, Geburtsort (gleiche Provinz, andere Provinz, benachbarter Staat, sonstiges Ausland), Schulbildung und
2. Wohnungen unterschieden nach Belegung und Typ (Apartment, *inquilinato* usw.).
Aufgrund dieser Unterlagen ist es im Falle von Buenos Aires möglich, räumliche Unterschiede innerhalb des Distrikts U24 zu analysieren und aufgrund bestehender Korrelationen zwischen einzelnen Variablen Hinweise auf die Wohnungsstrategien der Haushalte zu erhalten. Die hieraus gewonnen Aussagen können durch Befragungen, die die *Comisión de la Vivienda de la Ciudad de Buenos Aires* (1982b) im Jahre 1981 in zentrumsnahen *inquilinatos* erhoben hat, abgesichert werden. Zu erwähnen ist außerdem, daß die geringe durchschnittliche Einwohnerzahl von 630 Personen in den zugrundeliegenden Raumeinheiten die Wahrscheinlichkeit ökologischer Fehlschlüsse erheblich verringert.

Dagegen fehlt für Montevideo eine kleinräumige Aufschlüsselung der Zensuswerte von 1985. Zur Verfügung steht die detaillierte Befragung von 97 Haushalten, die die *Grupo de Estudios Urbanos* im Frühjahr 1984 in der Altstadt durchführte (vgl. Kap. 2). Die Erhebung gibt einen Einblick in die Bevölkerungsstruktur, in die Wohnbedingungen, in das Wohnstandortverhalten, in die Beschäftigungs- und Einkommenssituation der Bevölkerung im kolonialen Kern Montevideos.

5.2 Bevölkerungsstruktur und Wohnsituation in der südlichen Innenstadt von Buenos Aires

Zunächst wird für die Bevölkerung im Distrikt U24 (1980) ein Überblick über die demographische Struktur, ihre räumliche Verteilung sowie Veränderungen seit 1970 gegeben und anschließend auf die Wohnbedingungen - insbesondere in den *inquilinatos* - eingegangen.

5.2.1 Bevölkerungsstrukturelle Merkmale im Vergleich zur Gesamtstadt

Der südliche Teil der Innenstadt von Buenos Aires ist seit 1947 von einem erheblichen Bevölkerungsverlust betroffen. Verzeichneten die Einwohnerzahlen vor 1960 einen Rückgang von etwas über 20 %, verringerte er sich bis 1970 auf nur noch 7,9 %, um sich dann wieder auf 18,2 % zu erhöhen. Er überstieg somit deutlich die Abnahme der Capital Federal, die im gleichen Zeitabschnitt bei durchschnittlich 1,7 % lag, und wies damit - ähnlich wie in anderen lateinamerikanischen Metropolen (z.B. Santiago de Chile, vgl. BÄHR/MERTINS 1985) -auf den Verlust der Wohnfunktion in citynahen Stadtvierteln hin.

Innerhalb des Distrikts U24 traten beachtliche Unterschiede in der Bevölkerungsentwicklung auf (vgl. Abb. 21), deren Spannweite von -73,3 % bis +123,2 % reichte. Allerdings ergaben sich nur für wenige *radios* (19 oder 17,3 %) Bevölkerungszunahmen. Zwar waren diese Raumeinheiten mehr punkthaft verteilt, doch verdeutlicht Abbildung 21, daß im südlichen Teil, in der Umgebung des Parque Lezama, die Verluste merklich geringer ausfielen als in den *manzanas* entlang der Av. de Mayo sowie vor allem in der Nachbarschaft zur Plaza de Mayo im Norden des Distrikts U24. Ein maßgeblicher Faktor für diese räumliche Differenzierung war die Expansion der öffentlichen Verwaltung mit dem Wirtschafts-, Arbeits- und Gesundheitsministerium im Umkreis der Plaza de Mayo (vgl. GONZALEZ VAN DOMSELAAR/SALA 1983) und die damit verbundene Verdrängung der Wohnfunktion.

Die räumlichen Veränderungen der Wohnungszahlen zwischen 1970 und 1980 bestätigten diese Interpretation (vgl. Abb. 22). Sie verzeichneten vor allem in den nördlich gelegenen *radios* sehr hohe Verluste von teilweise über 60 %, während in Richtung Süden Raumeinheiten mit positiven Veränderungen an Bedeutung gewannen. Entsprechend der beschriebenen räumlichen Überlagerung von Wohnungs- und Bevölkerungsentwicklung erreicht der Rangkorrelationskoeffizient zwischen beiden Variablen mit 0,71 einen vergleichsweise hohen Wert. Doch muß es trotz der erklärten Varianz von 50 % noch weitere Einflußfaktoren auf die Bevölkerungsveränderung geben. Denn im Unterschied zur Einwohnerzahl erhöhte sich der Wohnungsbestand um 2,5 % oder 643 Einheiten. Bezieht man zudem den Rückgang der durchschnittlichen Belegung von 3,26 Personen im Jahre 1970 auf 2,60 Personen je Wohnung (1980) ein, dann sind vor allem bevölkerungsstrukturelle Veränderungen, hervorgerufen durch die zunehmende Bedeutung älterer Einwohner und durch die selektive Wirkung innerregionaler

Abb. 21: Bevölkerungsentwicklung im Distrikt U24 von Buenos Aires (1970-1980)

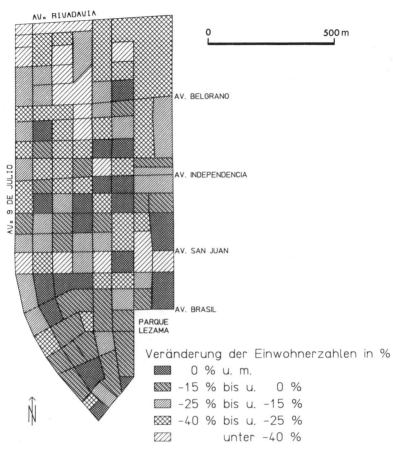

Veränderung der Einwohnerzahlen in %
- 0 % u. m.
- -15 % bis u. 0 %
- -25 % bis u. -15 %
- -40 % bis u. -25 %
- unter -40 %

Quelle: unveröffentlichte Zensusergebnisse; eigene Auswertung

Wanderungen, zu nennen.

Die Altersstruktur belegt für den Distrikt U24 im Jahre 1980 große Gemeinsamkeiten mit
citynahen Teilgebieten in anderen lateinamerikanischen Metropolen (vgl. Kap. 5.3 für Montevideo, BÄHR/KLÜCKMANN (1986) für Lima). Der Anteil der mindestens 65jährigen lag mit
16,9 % über dem in der Capital Federal mit 14,9 % und in Gran Buenos Aires mit 12,0 %
(vgl. Abb. 23). Gleichzeitig war die Bedeutung der Kinder und Jugendlichen unter 15 Jahren
mit 16,6 % geringer als in der Kernstadt (19,0 %) und im Ballungsraum (26,7 %) insgesamt.
Dagegen erreichten in Zentrumsnähe jüngere Personen im erwerbsfähigen Alter zwischen 20
und 30 Jahren mit 16,8 % eher höhere Werte (Capital Federal: 15,1 %, Gran Buenos Aires:
15,7 %). Abbildung 23 erfaßt zudem die Altersgliederung von Bewohnern in *inquilinatos*. Es
handelt sich um die Ergebnisse der repräsentativen Befragung, die die *Comisión de la Vivienda* (1982b) im Jahre 1981 erhoben hat. Insgesamt wurden 57 Haushalte mit 206 Mitgliedern
u.a. nach demographischen Merkmalen, Wohnbedingungen, Einkommens- und Beschäftigungs-

145

Abb. 22: Veränderung der Wohnungszahlen im Distrikt U24 von Buenos Aires (1970-1980)

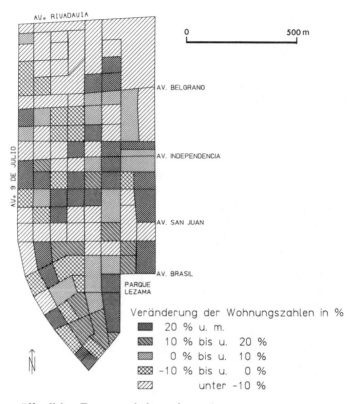

Quelle: unveröffentlichte Zensusergebnisse; eigene Auswertung

situation befragt. *Inquilinatos* sind in Anlehnung an den Zensus von 1980 definiert als Wohneinheiten mit mindestens vier Haushalten, die jeweils ein oder mehrere Zimmer belegen und die Küche, Bad und/oder Toilette gemeinsam nutzen.

Abbildung 23 hebt nun hervor, daß in den *inquilinatos* eine sehr junge Bevölkerung lebt. Hohe Anteile erreichten die unter 15jährigen mit 35,9 %, die 20- bis unter 30jährigen mit 17,0 % sowie die mittlere Altersgruppe von 35 bis 40 Jahren mit 14,6 %, während ältere Menschen mit mindestens 65 Jahren (7,4 %) nur in geringem Umfang vertreten waren. Diese altersmäßige Gliederung bekräftigt, daß in den citynahen Bereichen von Buenos Aires Familien in einem sehr unterschiedlichen Lebenszyklus wohnen. Sowohl Haushalte der Gründungs- und Expansionsphase als auch mit stagnierender oder zurückgehender Zahl waren anzutreffen. Somit liegt es nahe, daß man im Distrikt U24 alle von TURNER differenzierten Haushaltstypen, die mit einem bestimmten Mobilitätsverhalten einhergehen, vorfindet. Diese Vermutung soll im folgenden mit Hilfe bestehender Korrelationen zwischen ausgewählten Altersgruppen und Merkmalen, die die Haushaltsstruktur sowie zurückliegende Wohnungswechsel erfassen, belegt werden (vgl. Tab. 24). Die unter 15jährigen stehen dabei für Familien in der Expansionsphase, die Altersgruppe zwischen 20 und 30 Jahren für Haushalte zu Beginn des idealtypisch anzusehenden Lebenszyklus und die mindestens 65jährigen für Haushalte mit stagnierender oder schrumpfender Mitgliederzahl.

Abb. 23: Altersgliederung der Bevölkerung im Distrikt U24, in der Capital Federal, in Gran Buenos Aires (1980) sowie der Bewohner in *inquilinatos* (1981)

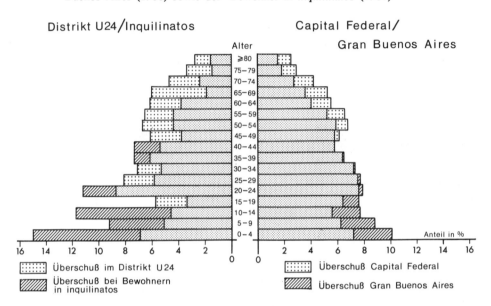

Quelle: *Censo Nacional de Población y Vivienda 1980* (1981), unveröffentlichte Zensusergebnisse; eigene Auswertung

Das leichte Überwiegen der 20- bis unter 30jährigen in der südlichen Innenstadt von Buenos Aires kann als erster Hinweis auf das arbeitsplatzorientierte Wohnstandortverhalten dieser Altersgruppe gewertet werden, deren räumliche Verteilung innerhalb des Distrikts U24 diese Folgerung noch bekräftigt (vgl. Abb. 24). Sie verzeichnete hohe Anteile von über 20 %, teilweise sogar über 30 %, vor allem in den nördlich gelegenen *cuadras* in unmittelbarer Citynähe, während sich ihre Bedeutung in Richtung Süden z.T. erheblich verringerte. Hier sank der Anteil der 20- bis unter 30jährigen in mehreren *manzanas* mit weniger als 12,5 % deutlich unter den durchschnittlichen Wert von 16,8 %. In den Rangkorrelationen von Tabelle 24 kommt zum Ausdruck, daß es sich bei diesen jüngeren Erwerbstätigen überwiegend um männliche Personen mit nicht abgeschlossener Schulbildung handelte, die vor 1980 in den Distrikt U24 zugezogen sind. Denn ihr Geburtsort lag häufig außerhalb der Capital Federal in einer anderen Provinz Argentiniens oder auch im benachbarten Ausland. Sie lebten größtenteils nicht in einem herkömmlichen Haushaltsverband, sondern belegten oftmals mit sieben und mehr Personen, zu denen sie keine verwandtschaftlichen Beziehungen haben, eine Wohneinheit. hier zählen in gewissem Umfange Räume in *inquilinatos*, wie der positive Zusammenhang mit der entsprechenden Variablen auch bestätigt (vgl. Tab. 24). Zudem bekräftigen die Befragungsergebnisse der *Comisión de la Vivienda*, daß in *inquilinatos* mit 14 % deutlich mehr Einpersonenhaushalte als in der Capital Federal mit nur 5,6 % im Jahre 1980 wohnten.

Tab. 24: Rangkorrelationen[1] zwischen ausgewählten Altersgruppen und Merkmalen zur Beschreibung der Haushaltsstruktur sowie des Mobilitätsverhaltens in der südlichen Innenstadt von Buenos Aires (1980)

Merkmale	Anteil in %		
	unter 15jährige	20- bis u. 30jährige	mind. 65jährige
Bevölkerungsentwicklung (1970-1980)	0,40	-	-
Wohnentwicklung (1970-1980)	0,32	-	-
Ant. männl. Personen (1970)	-	0,54	-0,37
Ant. männl. Personen (1980)	-	0,65	-0,49
durchschnittl. Haushaltsgröße	0,52	-	-0,32
Ant. der Wohnungen			
- mit weniger als 3 Pers.	-0,46	-	0,40
- mit 4 bis 6 Pers.	0,51	-	-0,28
- mit 7 u. m. Pers.	-	0,36	-0,35
en colectivo[2]	-	0,63	-0,37
Anteil der Pers. ohne Schulabschluß	0,30	0,20	-0,38
Ant. der Pers. mit Geburtsort			
- Capital Federal	-	-0,61	0,27
- andere Provinz	-	0,58	-0,30
- benachbartes Ausland	-	0,58	-0,51
- sonstiges Ausland	-0,49	-0,27	0,54
Ant. der Mietwohnungen	-	-0,44	0,33
Ant. der *inquilinatos*	-	0,36	-0,30

1) Die angegebenen Koeffizienten sind auf dem 1 %-Niveau signifikant von Null verschieden.
2) Anteil der Personen, die außerhalb eines herkömmlich definierten Haushaltsverbandes leben.

Quelle: eigene Auswertung unveröffentlichter Zensusergebnisse

Doch zeigt die hohe Korrelation der 20- bis unter 30jährigen mit der Variablen *en colectivo* (vgl. Tab. 24), daß die *hoteles-pensiones* eine noch größere Bedeutung für die Unterbringung der jungen Erwerbstätigen als die *inquilinatos* hatten. Dies kommt auch beim Vergleich der beiden Abbildungen 24 und 25 klar zum Ausdruck. So fallen gerade in unmittelbarer Citynähe mehrere *cuadras* auf, die einen Anteil der *inquilinatos* am Wohnungsbestand von weniger als 5 % verzeichneten und in denen trotzdem die 20- bis 30jährigen mit Abstand die stärkste Altersgruppe stellten. Hier konzentrierten sich *manzanas*, in denen mindestens 25 % der Wohnbevölkerung (Mittelwert für die südliche Innenstadt 14,4 %, Capital Federal 4,3 %) nicht in einem herkömmlichen Haushaltsverband lebten. Diese hohen Werte weisen auf *hoteles-pensiones* hin, in denen die alleinstehenden, männlichen Personen für eine beliebige Frist, häufig für eine Nacht, ein einzelnes Bett, aber auch ein Zimmer mieten können.

Alle diese Eigenschaften stimmen weitgehend mit den demographischen Merkmalen der *bridgeheaders* von TURNER überein. Innerhalb von Buenos Aires hat die südliche Innenstadt aufgrund ihrer Nähe zur City und zum Hafen immer noch eine gewisse Attraktivität für Zuwanderer aus dem Binnenland oder aus benachbarten Staaten. Denn im Distrikt U24 waren 1980 mit 33,8 % bzw. 5,1 %

Abb. 24: Anteil der 20- bis unter 30jährigen an der Wohnbevölkerung in den *radios* des Distrikts U24 von Buenos Aires (1980)

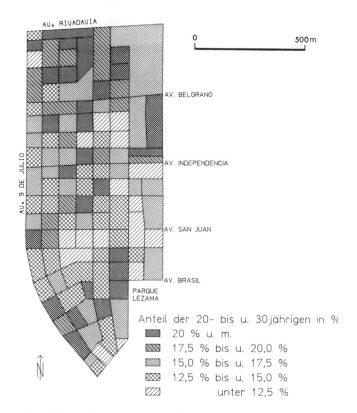

Quelle: unveröffentlichte Zensusergebnisse; eigene Auswertung

deutlich mehr Bewohner außerhalb der Capital Federal bzw. in Paraguay, Bolivien oder Uruguay geboren als in der Kernstadt des Ballungsraumes (23,6 % bzw. 2,9 %). Für die Bewohner in den *inquilinatos* war dieses Übergewicht noch stärker ausgeprägt: Bei ihnen lag der Geburtsort in 47,6 % der Fälle in einer anderen Provinz Argentiniens und bei 9,7 % im

Ausland. Die entsprechenden Werte für die gesamte Agglomeration (37,6 % bzw. 3,1 %) weisen - auch unter Einbeziehung der intrametropolitanen Wohnungswechsel - darauf hin, daß die peripheren Bereiche aufgrund der in den 40er Jahren sich beschleunigenden Suburbanisierung der Industrie als Auffangfunktion für Zuwanderer aus anderen Regionen Argentiniens an Gewicht gewonnen haben (vgl. Kap. 3.1.6, Abb. 9).

Während die Nähe zu den Arbeitsplätzen den Wohnstandort in der südlichen Innenstadt begünstigte, beeinflußte das Wohnungsangebot kleinräumige Unterschiede in der Verteilung der 20- bis 30jährigen. Große Differenzen bestanden z.B. zwischen den *manzanas* im Umkreis des Parque Lezama. Dort fielen hohe relative Werte dieser Altesgruppe oftmals mit einem über- und unterdurchschnittlichen Anteil von *inquilinatos* am Wohnungsbestand zusammen (vgl. Abb. 36). Diese räumlichen Differenzierungen belegen nochmals die Bedeutung der *hoteles-pensiones*. Die Hypothese, daß die dortigen Bewohner im Vergleich zu den jungen Einpersonenhaushalten in den *inquilinatos* über geringere und unsichere Einkünfte verfügen, läßt sich nur indirekt aufgrund notwendiger Mietverträge in den ehemaligen *conventillos* aufstellen, kann aber mit den vorliegenden empirischen Unterlagen nicht bewertet werden.

Abb. 25: Anteil der *inquilinatos* am Wohnungsbestand im Distrikt U24 von Buenos Aires (1980)

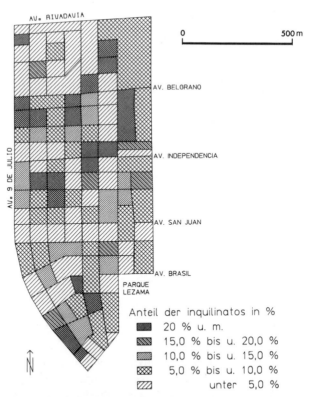

Quelle: unveröffentlichte Zensusergebnisse; eigene Auswertung

Abb. 26: Bevölkerungsstruktur sowie Wohnungsbestand in drei ausgewählten *cuadras* der südlichen Innenstadt von Buenos Aires (1980)

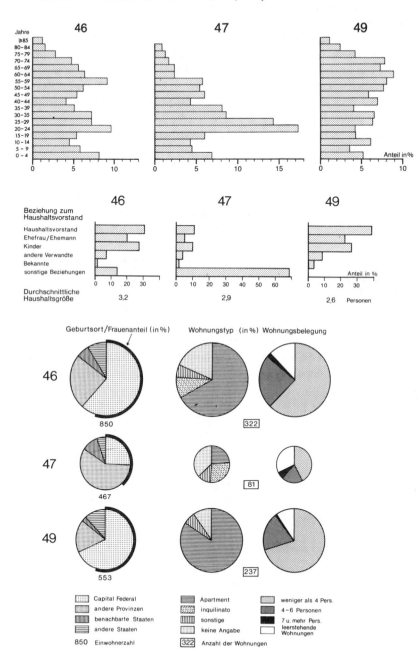

Quelle: unveröffentlichte Zensusergebnisse; eigene Auswertung

Trotz dieser Auffangfunktion der südlichen Innenstadt für Zuwanderer, die außerhalb der Capital Federal geboren wurden, weisen die Korrelationen in Tabelle 24 auf eine ziemlich heterogene Bevölkerungs- und Haushaltsstruktur im Distrikt U24 hin. So belegt der positive Zusammenhang der unter 15jährigen mit der durchschnittlichen Haushaltsgröße sowie mit dem Anteil der Wohnungen, in denen vier bis sechs Personen leben, daß in diesem citynahen Teilgebiet von Buenos Aires auch Familien in der Expansions- oder Stagnationsphase wohnten, die eher den *consolidators* von TURNER zuzurechnen waren. *Cuadras* mit zahlreichen Familien, die diesem Lebenszyklus angehörten, verzeichneten eine geringere Bevölkerungsabnahme als der gesamte Untersuchungsraum seit 1970 (vgl. Abb. 21). Offensichtlich gab es im Jahre 1980 zahlreiche Haushalte, die zuvor in den Distrikt U24 zu- oder innerhalb des Gebietes umgezogen waren, denn der Anteil der Kinder und Jugendlichen besitzt eine positive Korrelation mit Veränderungen der Wohnungs- und Einwohnerzahlen zwischen 1970 und 1980. Die bestehende Notwendigkeit, durch Neubautätigkeit die Wohnsituation gerade von Familien in der Expansionsphase zu verbessern, kommt darin zum Ausdruck, daß unter 15jährige eher in *inquilinatos* als in Apartments wohnten (vgl. Tab. 24, Abb. 25). Die Befragung in den *inquilinatos* ergab bei den Ehepaaren mit Kindern einen Anteil von 61 %, der damit sogar noch etwas höher als in der Capital Federal mit 59 % lag.

Auch Familien in Lebenszyklusphasen mit stagnierender oder gar zurückgehender Mitgliederzahl traf man in der südlichen Innenstadt an. Denn die mindestens 65jährigen, denen fast 17 % der Einwohner angehörten, lebten überwiegend in kleinen Haushalten, häufig mit einem weiblichen Vorstand. Ihre Wohnsituation war wohl die beste der bis jetzt angesprochenen Gruppen, denn sie verfügten eher als andere Familien über ein Apartment, von dem im Vergleich zum *inquilinato* eine gute Ausstattung angenommen werden kann. Diese älteren Personen besaßen häufiger als die 20- bis unter 30jährigen einen Schulabschluß und stammten in geringerem Umfang als diese aus einem der Nachbarländer Argentiniens. Dies weist auf eine gewisse Immobilität in jenen Teilräumen hin, in denen viele ältere Menschen lebten. Dagegen waren *cuadras* mit einem hohen Anteil von Personen im erwerbsfähigen Alter durch eine größere Fluktuation geprägt. Einziger Hinweis auf diese kleinräumigen Mobilitätsunterschiede gibt die Korrelation zwischen den 20- bis unter 30jährigen mit dem männlichen Bevölkerungsanteil. Sie erreicht sowohl für 1970 als auch für 1980 hohe positive Werte.

Abschließend bleibt festzuhalten, daß in der südlichen Innenstadt nicht eine bestimmte Bevölkerungsgruppe dominiert - wie man aus dem TURNER-Modell herleiten könnte, sondern daß vielmehr die Einwohnerschaft durch eine äußerst heterogene Struktur geprägt ist. Dies wird nochmals bei der Altersgliederung, beim Geburtsort und bei den verwandtschaftlichen Beziehungen zum Haushaltsvorstand der Bevölkerung in drei ausgewählten *cuadras* nahe des Parque Lezama (vgl. Abb. 26) deutlich.

5.2.2 Wohnsituation der Haushalte

Zum Distrikt U24 gehören *manzanas* der drei Zähleinheiten distrito III, IV und V des Zensus' von 1980, die den gesamten Südsektor der Capital Federal entlang des Hafens umfassen.

Tabelle 25 verdeutlicht, daß die südliche Innenstadt den Wohnungsbestand dieses Bereiches, in dem überwiegend untere Sozialschichten wohnten, relativ gut widerspiegelte. Dies galt insbesondere für den Anteil der *inquilinatos* sowie der Wohnungen mit prekären Bedingungen. Tabelle 25 hebt außerdem die räumlichen Unterschiede innerhalb der Agglomeration hervor. Während in den zentrumsnahen Wohngebieten mit unteren Sozialschichten die *inquilinatos* eine hohe Bedeutung aufwiesen, drückte der Anteil der Apartments in den Bereichen mit einkommensstärkeren Gruppen die dort vorhandene gute Wohnsituation der Haushalte aus.

Tab. 25: Wohnungsbestand in ausgewählten Teilgebieten von Gran Buenos Aires (1980)

Teilgebiet	Anteil (in %) am Wohnungsbestand			
	belegte Wohnungen	Apartment	*inquilinato*	Wohnung mit prekären Bedingungen
südliche Innenstadt	84,7	67,8	10,2	0,4
distritos III, IV, V (untere Sozialschichten	86,1	72,3	13,0	1,7
distritos I, IX, X (obere Sozialschichten)	80,2	87,0	1,4	0,1
Capital Federal	84,4	72,8	3,0	0,7
Gran Buenos Aires	88,7	35,2	1,0	7,9

Quelle: *Censo Nacional de Población y Vivienda 1980* (1981), Bd. 2; Auswertung unveröffentlichter Zensusergebnisse

Der Bevölkerungsanteil, der in den *distritos* mit unteren Sozialschichten in *inquilinatos* lebte, entsprach mit 12,7 % etwa der Bedeutung dieser Kategorie am Wohnungsbestand. Dies erweckt vielleicht den Eindruck, daß die Verhältnisse, in denen die Familien dort wohnten, nur unwesentlich beengter waren als in Apartments. Doch ist bei diesen Überlegungen zu berücksichtigen, daß in *inquilinatos* einzelne Zimmer vermietet werden. Aber nicht nur die geringe Wohnfläche drückte die hohe Belegungsdichte aus, sondern auch die durchschnittliche Haushaltsgröße von 3,6 Mitgliedern. Dieser Wert für die von der *Comisión Municipal de la Vivienda* befragten Familien übertraf den Durchschnitt für die südliche Innenstadt mit 2,6 Personen doch sehr deutlich.

Tabelle 26 gibt die beengten Bedingungen klar wieder. Zwar wohnten im Mittel nur 2,6 Personen in einem Zimmer, doch nur 32 % der Haushalte verfügten über günstigere Situation, während die Familien, die nur einen Raum gemietet hatten, im Durchschnitt 3,32 Mitglieder zählten. Bedenkt man, daß die *Comisión Municipal de la Vivienda* eine Belegung von über 1,35 Personen je Zimmer als gesundheitlich kritisch ansieht und bei mehr als zwei Menschen auf Dauer zu schwerwiegenden Schäden führen kann, so lebten 93 % der befragten Familien unter solchen Voraussetzungen. Diese Wohnverhältnisse wiesen keine räumlichen Unterschiede je nach Standort der *inquilinatos* auf, sondern waren durchweg in allen anzutreffen und dies bei einer Gebäudegröße von sieben bis 80 Räumen, die sich in der Regel auf zwei Stockwerke verteilten. Die ungenügende Ausstattung sowie die zum Teil verfallene Bausubstanz verschlechterten noch die Wohnsituation der Haushalte in *inquilinatos*. Gerade in San Telmo fehlte häufig eine Küche, und Bademöglichkeiten waren ebenfalls kaum vorhanden. Waschbecken für alle Mietparteien befanden sich oftmals nur im Patio des *inquilinato*. Die Häuser hatten meist ein Alter von über 70 Jahren, und ihr baulicher Zustand war dementsprechend schlecht, in einem Fall war der bauliche Verfall so weit fortgeschritten, daß man das Gebäude nur noch als Ruine bezeichnen konnte.

Tab. 26: Belegungsdichte in *inquilinatos* von Buenos Aires (1981)

Anzahl der Räume je Familie	Anzahl der Familien		Anzahl der Personen	Personen je Raum
1	39	(68 %)	126	3,32
2	14	(25 %)	65	2,32
3	4	(7 %)	15	1,25
insgesamt	57		206	2,61

Quelle: *Comisión Municipal de la Vivienda* (1982b); eigene Auswertung

Bei diesen Wohnbedingungen erhebt sich die Frage nach den Motiven, warum sich die Haushalte ein oder mehr Zimmer in einem *inquilinato* mieteten. Hierbei kann man zwischen zwei Kategorien von Gründen unterscheiden: Die erste Gruppe begünstigt den Wohnungswechsel in ein *inquilinato*, die zweite dagegen verhindert eher den Wegzug.

Entscheidend für die Attraktivität der *inquilinatos* ist ihre zentrale Lage und die damit verbundene Nähe des Wohnstandortes zu Beschäftigungsmöglichkeiten. Im Mittel benötigten die Erwerbstätigen in den befragten Haushalten zwanzig Minuten, um ihren Arbeitsplatz zu erreichen, 30 % höchstens 15 Minuten und zwei Drittel bis zu einer halben Stunde. Diese positive Beurteilung der Lage drückte sich auch darin aus, daß 60,7 % der Familien ihren vorherigen Wohnstandort bereits in der Capital Federal hatten, 10,5 % in der Provinz Buenos Aires und nur 26,3 % der Haushalte aus dem Innern Argentiniens oder aus dem Ausland zugezogen sind. Diese Werte verdeutlichen weiterhin das Volumen innerstädtischer Wohnungswechsel im Vergleich zu den Zuzügen aus anderen Regionen. Damit wird aber auch klar, daß die gegenwärtige Wohnungsmobilität in der Capital Federal weniger von Zuwanderern einer bestimmten sozioökonomischen Bevölkerungsgruppe wie zu Beginn des städtischen Wachstums geprägt ist, sondern sowohl hinsichtlich sozialer und demographischer Merkmale der Migranten als auch bzgl. ihrer Umzugsziele wesentlich komplexer ist, als dies das TURNER-Modell zum Ausdruck bringt (vgl. MERTINS 1985). Der hohe Anteil von 46 % der Familien, die höchstens fünf Jahre in den *inquilinatos* wohnten, verdeutlicht zwar daß, einerseits viele Mieter nach relativ kurzer Zeit diese Wohnbedingungen wieder verließen, doch andererseits auch 54 % länger als fünf Jahre dort verblieben (37 % mindestens zehn Jahre).

Es ist wohl anzunehmen, daß für die Immobilität der meisten Haushalte der finanzielle Handlungsspielraum ausschlaggebend war. Die Befragung ergab ein durchschnittliches Monatseinkommen von 1,167 Mio. Pesos (ca. 203 US$) und entsprach damit dem mittleren Lohn, der zur gleichen Zeit an Industriearbeiter gezahlt wurde. Betrachtet man die Verteilung der Familien auf einzelne Einkommensgruppen, wird die angespannte finanzielle Situation deutlich, vor allem wenn man die zu zahlenden Mieten zwischen 160.000 und 480.000 Pesos berücksichtigt. 21 % der Haushalte verfügten über Einnahmen von weniger als 800.000 Pesos und 35 % über mehr als 2 Mio. Pesos. Bedenken muß man außerdem die ständig hohe Inflation in Argentinien, die 1981 zur Zeit der Befragung bei etwa 100 % pro Jahr lag und bis 1985 auf über 1.000 % anstieg, sowie die Tatsache, daß Lohnerhöhungen nie die Teuerungsrate voll ausglichen.

Nicht nur die Höhe des Einkommens spielt für den finanziellen Handlungsspielraum eine Rolle, sondern auch die Sicherheit der Einkünfte. So hatten zwar 82 % der Erwerbstätigen einen mehr oder minder festen Arbeitsplatz als einfache Angestellte oder Arbeiter, doch zeigten Berufe wie Stauer im Hafen, Maler oder Kellner in einer Bar einen geringen Ausbildungsgrad an und damit die Gefahr der Arbeitslosigkeit im Falle einer Wirtschaftskrise. Die verbleibenden 18 % erzielten ihre Einnahmen auf eigene Rechnung als Gelegenheitsarbeiter, Hausbedienstete oder Straßenverkäufer und verfügten damit nur über sehr unsichere Einkünfte (vgl. Kap. 6).

Besonders schlecht stellte sich die Einkommenssituation der Haushalte in der Expansionsphase mit bis zu neun Personen dar. Nur wenige Mitglieder waren im erwerbsfähigen Alter und konnten zu den Familieneinkünften beitragen. Sie verdienten daher nur etwas mehr als 2 Mio. Pesos im Monat, während Haushalte, in denen auch Verwandte, Freunde oder Bekannte lebten, durchschnittliche Einnahmen von 3,5 Mio. Pesos erreichten. Ähnlich wie in der Altstadt von Montevideo war die Anzahl der Verdienstquellen eine wichtige Größe für die Höhe der Haushaltseinkünfte (vgl. GANS 1987a), so daß das Zusammenleben von drei Generationen oder die Aufnahme von Bekannten in die Familie auch aus Motiven finanzieller Ersparnisse erfolgen kann. Dadurch erhöhen sich nicht nur die Alternativen zur Steigerung der Einnahmen, sondern gleichzeitig senkt man auch die Ausgaben der Haushalte, da nur eine Wohnung für alle Personen zu bezahlten ist.

Die Immobilität vieler Familien resultierte sicherlich auch aus den teueren Wohnungen in anderen Stadtteilen von Buenos Aires, die dann zwar eine bessere Wohnqualität besitzen, aber nicht über die günstige Lageeigenschaft der *inquilinatos* verfügen. Allerdings wird dieser vergleichsweise kostengünstige Wohnungsmarkt durch Sanierungsvorhaben der Stadtverwaltung von Buenos Aires immer mehr eingeengt und damit vergrößern sich gerade im Distrikt U24 die Verdrängungsprobleme der unteren Sozialschichten durch andere Nutzungen als das Wohnen oder durch einkommensstärkere Gruppen, die die Mieten für die renovierte Bausubstanz aufbringen können.

Die Sanierung der südlichen Innenstadt mit dem Ziel der Erhaltung älterer Gebäude und der

Bewahrung des städtebaulichen Bildes ist in Buenos Aires seit Ende der 70er Jahre immer stärker in den Vordergrund getreten. Der Distrikt U24, die *Zona Sur*, hat dabei - wie bereits erwähnt - zentrale Bedeutung, da bis zum Ausbau des Madero-Hafens Ende des 19. Jahrhunderts durch ihn alle wichtigen Verkehrsverbindungen zwischen Plaza de Mayo und La Boca verliefen (vgl. Kap. 3.1.5). Die *cuadras* südlich der Plaza de Mayo waren aufgrund dieser Standortvorteile das bevorzugte Wohngebiet einkommensstärkerer Bevölkerungsgruppen, die ihre finanziellen Mittel auch zur Gestaltung ihrer Häuser verwandten. Hervorzuheben ist, daß sich die räumliche Trennung der sozialen Schichten erst nach der Gelbfieberepidemie im Jahre 1870 immer mehr akzentuierte. Mit dem Wegzug der einkommensstarken Gruppen erfolgten Aufteilung des Wohnungsbestandes und Vermietung an neu angekommene Einwanderer, Tagelöhner oder Arbeiter. Die intensivere Abnutzung beschleunigte den Verfall der Bausubstanz, die wegen der hohen Nachfrage nach Wohnraum trotzdem eine hohe Rendite erbrachte. Die südliche Innenstadt wurde zu einem wichtigen Wohngebiet unterer Sozialschichten, dessen ältere Bausubstanz aufgrund fehlender Vorschriften sowie spekulativer Momente zusehends verfiel.

Erste Restriktionen hinsichtlich der Bautätigkeit legte der *Código de la Edificación de la Ciudad de Buenos Aires* im Jahre 1943 fest. Er schrieb die Gebäudehöhe, -nutzung sowie Bebauungsdichte vor und erwirkte dadurch eine erste grobe Festschreibung der funktionalen Gliederung. Für den Distrikt U24 hatten diese Richtlinien aber auch den Nachteil, daß der Wohncharakter immer stärker zurückgedrängt wurde und damit einkommensschwache Haushalte ihren zentral gelegenen Wohnstandort aufgeben mußten.

Ende 1969 versuchte man, im Rahmen des *Plan Regulador* die Probleme der südlichen Innenstadt, vor allem die Verkehrsbelastung sowie die intensive Durchmischung nicht miteinander verträglicher Nutzungen wie Industrie und Wohnen, anzugehen. Man ordnete das Gebiet der Zone *Urbanización Futura* mit dem Ziel zu, es als Gegengewicht zum ständig wachsenden Nordsektor zu entwickeln. Die Stadtverwaltung von Buenos Aires erstellte mehrere Studien, die im abschließenden *Plan de Renovación Urbana de la Zona Sur de la Ciudad de Buenos Aires* eingingen (vgl. *Municipalidad 1971*). Er schlug eine grundlegende Neugestaltung der südlichen Innenstadt vor. Die alte Bausubstanz sollte bis auf wenige Ausnahmen wie z.B. Kirchen abgerissen und durch hohe Gebäude, die mit größeren Freiflächen abwechselten, ersetzt werden.

Doch wurde die Anwendung des Planes immer wieder aufgeschoben, und man behielt bis 1977 ein Bauverbot bei, als der *Código de Planeamiento Urbano* Rechtskraft erhielt. Doch gab es Ausnahmegenehmigungen für einzelne Vorhaben, die die Kriterien des *Plan de Renovación* erfüllten. Zulässig waren demnach auch Neubauten, deren Gebäudehöhe wesentlich über der mittleren Stockwerkzahl des Gebietes lag, was eine schrittweise Zerstörung des städtebaulichen Bildes von höchstens fünf Geschossen zur Folge hatte.

Zur gleichen Zeit, als der *Plan de Renovación* ausgearbeitet wurde, gründete die Stadt durch Dekret No. 9.093/68 das heutige Museum von Buenos Aires. Dessen Aufgabe ist, die städtebauliche Entwicklung der Capital Federal mit ihren architektonischen Elementen zu klassifizieren, herausragende Beispiele mit dokumentarischem Wert festzulegen sowie notwendige Maßnahmen zur Erhaltung auszuarbeiten.

Seit 1972 fertigten die Mitarbeiter des Museums mehrere Studien an, die im Jahre 1978 gemeinsam mit dem *Consejo de Planificación Urbana* in der Gründung der *Comisión Técnica Permanente para la Preservación de Zonas Históricas* (Dekret No. 1521/79) mündeten. Deren Aktivitäten fanden ihren Niederschlag im heutigen *Código de Planeamiento Urbano* (*Municipalidad* 1984, S. 126): "Der Distrikt U24 ist ein Bereich zur Erhaltung und Sicherung architektonischer, historischer und kultureller Werte, die wichtige Beispiele der städtebaulichen Entwicklung darstellen." Neue Gebäude müssen sich daher in die vorhandene Bausubstanz einordnen und dürfen eine Höhe von 10 m nicht überschreiten.

Folgende auf die südliche Innenstadt insgesamt bezogenen Richtlinien wurden erstellt:
1. Abrißtätigkeiten oder erhebliche bauliche Überformungen sind sehr erschwert.
2. Dem Gebiet wird eine im städtischen Kontext sinnvolle Funktion zugewiesen, die mit dem Erhaltungsziel verträglich ist.
3. Das Wohnen ist stärker zu fördern.
4. Nutzung und Gestaltung der Gebäude sollen miteinander harmonieren.
5. Ein Verkehrskonzept ist so zu entwickeln, daß sich die flächenhafte Belastung verringert.

Kriterien für die bauliche Erhaltung des historischen Erbes ergänzen diese allgemeinen Richtlinien. Dabei stehen nicht nur einzelne Gebäude im Vordergrund des Interesses, sondern ähnlich wie in der Altstadt von Montevideo das Ensemble, Gebäudekomplexe von hohem städtebaulichem Wert, bei denen individuelle Argumente für die Denkmalpflege oftmals nicht gegeben werden können. Die angelegten Maßstäbe tragen somit der Charta von Venedig aus dem Jahre 1964 Rechnung und versuchen gleichzeitig, sowohl eine funktionsgerechte Erhaltung mit der ursprünglichen Nutzung als auch die Wahrung einer Ersatzfunktion, die sozioökonomischen Änderungen gerecht wird, zu verfolgen.

5.3 Bevölkerungsstruktur und Wohnsituation in der Altstadt Montevideos

Die Vorgehensweise in diesem Kapitel entspricht derjenigen in Kapitel 5.2 über die südliche Innenstadt von Buenos Aires. Zunächst wird ein Überblick über die demographische Struktur der Altstadtbevölkerung im Jahre 1984, über Änderungen der Haushaltszusammensetzung und über Motive für den Wohnungswechsel gegeben. Die Lockerung der Mietgesetze im Jahre 1974, die für bestimmte Marktsegmente die Freigabe der Mieten bedeutete und damit den Wohnraum verteuerte (vgl. Kap. 3.2.6, MERTINS 1987a), minderte bei gleichzeitig erheblichen Einbußen der Realeinkommen (vgl. Kap. 6.2) den finanziellen Handlungsspielraum zahlreicher Familien, so daß nach BENTON (1986) die Haushalte in der Innenstadt Montevideos verschiedene Strategien zur Sicherung ihres Wohnungsbedarfs verfolgten (vgl. Kap. 5.1). Ihre Überprüfung, die damit verbundenen Auswirkungen auf die innerstädtischen Wanderungsströme sowie die Diskussion vorliegender modellhafter Vorstellungen über Migrationen unterer Sozialschichten in lateinamerikanischen Metropolen stehen im Mittelpunkt des zweiten Abschnittes. Alle Angaben beziehen sich, wenn nicht anders vermerkt, auf die im Frühjahr

1984 von der *Grupo de Estudios Urbanos* durchgeführten Interviews, die trotz des geringen Umfangs der Zufallsstichprobe (n=97, etwa 2 % der in der Altstadt lebenden Familien) einen guten Einblick in die Wohnungsprobleme der Haushalte in der Innenstadt geben können. Dies ist auch möglich, weil die Befragung sehr detailliert angelegt war und ihre Aussagekraft zudem durch die von der Stadtverwaltung Montevideos erhobenen Unterlagen abgesichert werden konnte (vgl. Kap. 2, GANS 1987b).

5.3.1 Bevölkerungsstrukturelle Merkmale im Vergleich zur Gesamtstadt

Die Befragung erfaßte 97 Haushalte, in denen insgesamt 396 Personen lebten. Der Auswahl lag eine Zufallsstichprobe zugrunde, die von der Einwohnerzahl sowie der Verteilung der Haushalte auf die einzelnen *manzanas* ausging. Die Bevölkerungszusammensetzung der Altstadt war im Jahre 1984 durch einen leichten Frauenüberschuß gekennzeichnet (51,5 %). Der Anteil lag zwischen dem Wert von Montevideo (53,5 %) und dem der Hüttenviertel oder *cantegriles*, in denen die weiblichen Personen mit 48 % in der Minderheit waren. Mit zunehmendem Alter erhöhte sich der Frauenanteil in typischer Weise: Bei den unter 20jährigen erreichte er nur 49 % und bei älteren Menschen ($\geq$ 50 Jahre) stieg er auf 59 % an (vgl. Abb. 27). Auffallend war der mit 53,6 % deutliche Männerüberschuß bei den 15- bis 40jährigen, der als Indiz für den Wohnstandort der erwerbsfähigen Bevölkerung nahe des Arbeitsplatzangebotes im Zentrum zu werten ist.

In der Altstadt wohnte im Vergleich zu Montevideo eine jüngere Bevölkerung. Abbildung 27 hebt das Übergewicht sowohl der unter 15jährigen als auch der mittleren Altersgruppen (20 bis 40 Jahre) hervor, während gleichzeitig der Anteil der mindestens 60jährigen 3 % unter dem Mittelwert von Montevideo lag. Diese Kennzeichen der Altersstruktur lassen vermuten, daß in der Altstadt zahlreiche Haushalte in der Expansionsphase wohnten. Die Annahme bekräftigt sich in der durchschnittlichen Haushaltsgröße von 4,08, die fast den Wert von 4,53 Personen in den Hüttenvierteln erreichte und das Mittel von 2,57 in Montevideo klar übertraf. Die Alterspyramiden in Abbildung 27 verdeutlichen diese strukturellen Unterschiede nochmals: der verschieden breite Sockel bei Kindern und Jugendlichen, die jeweiligen Veränderungen der mittleren Altersgruppen sowie die geringere Bedeutung älterer Menschen. Allerdings ist aus dem in der Altstadt vorliegendem Frauenüberhang bei Personen, die mindestens 50 Jahre alt waren, sowie aus dem Männerüberschuß bei den 20- bis 40jährigen zu folgern, daß die Haushaltsstruktur im Vergleich zu den Hüttenvierteln weniger homogen war: Den Familien in der Expansionsphase stand eine bedeutende Anzahl kleinerer Haushalte in der Gründungs- und Schrumpfungsphase gegenüber.

Die Angaben zur Haushaltsgröße ergeben einen ersten Hinweis für diese Annahme. Tabelle 27 verdeutlicht, daß die Zahl der Familienmitglieder bei zwei Dritteln der Fälle unterhalb des Mittelwertes von 4,08 lag und daß somit die Zahl kleinerer Haushalte eindeutig überwog. Sowohl der Median- als auch der Modalwert von jeweils 3 Personen zeigen die extreme Schiefe der Verteilung an, die wenige Familien, in denen 12 oder gar 17 Menschen lebten, hervorrufen. Eine weitere Differenzierung nach dem Alter des Haushaltsvorstandes in Tabelle 28 belegt, daß der Anteil kleinerer Familien im fortgeschrittenen Lebenszyklus deutlich dominierte. Die durchschnittliche Größe erreichte ihr Maximum mit 4,3 Personen bei 40 bis 60 Jahre alten Vorständen. In Tabelle 28 fällt auf, daß bei jüngeren Haushaltsvorständen in 64 % der Fälle die Zahl der Familienmitglieder ebenfalls vier Personen übertraf. Trotzdem lag sie aber etwas niedriger als bei Haushalten in einer späteren Lebenszyklusphase, obwohl in dieser Kategorie nur 49 % mindestens vier Mitglieder umfaßten.

Abb. 27: Alterspyramide der Bevölkerung in Montevideo (1985), in der Altstadt (1984) und in Hüttenvierteln (1984)

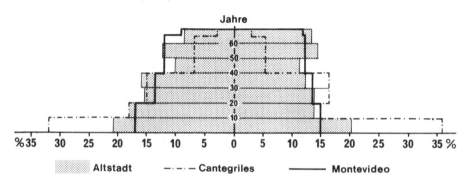

Quelle: *Recuentos Preliminares* (1986), MAZZEI/VEIGA (1985); eigene Auswertung der Befragung durch die *Grupo de Estudios Urbanos*

Tab. 27: Größe der in der Altstadt Montevideos lebenden Haushalte (1984)

Zahl der Haushaltsmitglieder	Zahl der Haushalte
1,2	27
3,4	38
5,6	21
7,8	4
9 u. m.	7
Summe	97

Quelle: eigene Auswertung der Befragung durch die *Grupo de Estudios Urbanos*

Einen bedeutenden Einfluß auf die Haushaltsgröße weisen Mitglieder auf, die mit dem Vorstand verwandt oder bekannt waren. Nach Tabelle 29 gehörten insgesamt 20,8 % der erfaßten Personen dieser Gruppe an, deren Anteil bei größeren Familien mit 24,7 % den Durchschnitt überstieg.

Die Ergebnisse in Tabelle 29 weisen auf die erste von BENTON (1986) genannte Strategie zur Sicherung des Wohnbedarfs hin. Die Familien reagierten auf den Mietpreisanstieg (vgl. Kap. 5.1) mit einer höheren Belegung des verfügbaren Wohnraums, um die Kostenbelastung

Tab. 28: Zahl der Haushalte differenziert nach Größe und nach Alter des Haushaltsvorstandes in der Altstadt Montevideos (1984)

Alter des Haushaltsvorstandes	Zahl der Haushaltsmitglieder			mittlere Haushaltsgröße
	≤3	4 u. m.	Summe	
20 bis unter 40	9	16	25	4,2
40 bis unter 60	26	25	51	4,3
60 u. m.	15	5	20	2,8
keine Angaben	0	1	1	-
Summe	50	47	97	4,1

Quelle: eigene Auswertung der Befragung durch die *Grupo de Estudios Urbanos*

Tab. 29: Anteil der verwandten[1] und bekannten Personen differenziert nach Haushaltsgrößen in der Altstadt Montevideos (1984)

Alter des Haushaltsvorstandes	Zahl der Haushaltsmitglieder				Summe	
	≤ 3		4 u. m.			
20 bis unter 40	5	22,7 %	6	7,2 %	11	10,5 %
40 bis unter 60	11	17,5 %	39	25,2 %	50	22,9 %
60 u. m.	2	6,5 %	10	41,7 %	12	21,8 %
keine Angabe	-	-	9	52,9 %	9	52,9 %
Summe	18	15,5 %	64	24,7 %	82	20,8 %

Quelle: eigene Auswertung der Befragung durch die *Grupo de Estudios Urbanos*

je Haushalt zu senken. Es bestehen grundsätzlich zwei Möglichkeiten, damit der finanzielle Handlungsspielraum nicht allzu sehr eingeengt wird: Bei der ersten Alternative ziehen Familien in die Wohnung von Verwandten, was eine Zunahme der Mobilität bedeutet. Bei der zweiten verhindern dagegen die Kosten einen notwendigen Umzug: Erwachsene Kinder des Haushaltsvorstandes mit eigener Familie verlassen nicht die elterliche Wohnung. Es unterbleibt somit eine Anpassung der Wohnverhältnisse an die Bedürfnisse, die sich aus dem Wechsel des Lebenszyklus ergeben (vgl. BÄHR 1986). Die wesentlich jüngere Altersstruktur der verwandten oder bekannten Personen machen auf eine höhere Belegungsdichte des verfügbaren Wohnraumes aufmerksam (vgl. Abb. 28). Fast 50 % der Säuglinge und ein Drittel der Kinder von ein bis fünf Jahren gehörten dieser Gruppe an. Der damit einhergehende Bedeutungszuwachs bei den 20- bis 40jährigen bekräftigt, daß Verwandte oder Bekannte mehrheitlich einem Haushalt in der Expansionsphase zuzurechnen waren. Der zunehmende Anteil dieses Personenkreises bei größeren Haushalten mit älteren Vorständen (vgl. Tab. 29) ist ein Indiz dafür, daß deren Nachkommen trotz neu gegründeter Familien häufig nicht die elterliche Wohnung verließen. Ein Motiv für den nicht durchgeführten Umzug könnte in der finanziellen Belastung durch die zu zahlende Miete in der neuen Wohnung liegen.

Das Mobilitätsverhalten der Haushalte kann ebenfalls Hinweise auf die Gründe geben, warum die Strategie der höheren Belegungsdichte verfolgt wurde. Hierzu stehen zwei Informationsquellen zur Verfügung:

1. der Wohnort der Eltern bei Geburt des Familienmitgliedes und
2. Angaben zum letzten Wohnungswechsel (Wohndauer in der Altstadt, vorheriger Standort, Motive).

Abb. 28: Altersgliederung der Bevölkerung in Montevideo (1985) und in der Altstadt (1984)

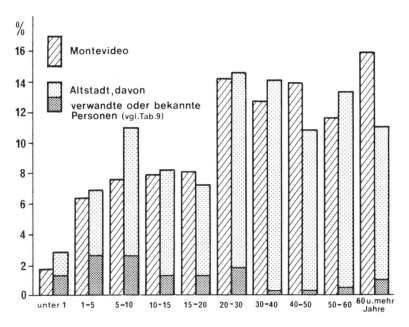

Quelle: *Recuentos Preliminares* (1986); eigene Auswertung der Befragung durch die *Grupo de Estudios Urbanos*

Abbildung 29 verdeutlicht für die einzelnen Kategorien von Familienmitgliedern folgende Aussagen:

- Haushaltsvorstände bzw. Ehegatten wohnten nach ihrer Geburt in der Mehrzahl zunächst nicht in der Altstadt (88,6 %). Von ihnen zogen zu einem späteren Zeitpunkt 47,9 % aus einem anderen Stadtteil Montevideos zu, aus dem Landesinneren kamen 36,4 % in die Hauptstadt und immerhin kehrten 15,7 % aus dem Ausland zurück. Dieser Sachverhalt dokumentiert einerseits die sich nach 1908 beschleunigende Verstädterung, von der im wesentlichen Montevideo profitierte (vgl. BÄHR 1987b), andererseits unter Einbeziehung von Tabelle 30, daß zahlreiche Haushalte erst in den 80er Jahren ihren Wohnstandort aus anderen Teilgebieten Montevideos in die Altstadt verlegten.
- In Übereinstimmung mit den Ergebnissen in Tabelle 30 ergibt sich bei Kindern, daß die Zuwanderung aus ländlichen Gebieten oder gar aus dem Ausland keine Bedeutung hat

(7,7 %). Bei ihrer Geburt wohnten die Eltern in knapp 45 % der Fälle bereits in der Altstadt oder zogen später aus einem anderen Viertel zu (47 %). Dies bedeutet, daß bei der jüngeren Generation innerstädtische Wohnungswechsel überwogen, daß aber auch die Eltern nach dem Zuzug in die Hauptstadt häufig nochmals ihren Wohnstandort in Richtung Altstadt änderten.

Abb. 29: Wohnort der Eltern bei Geburt des Familienmitgliedes

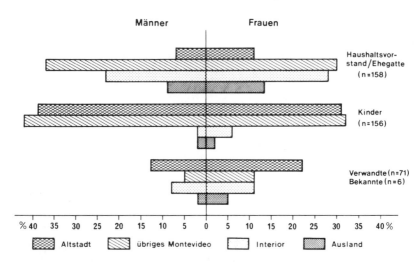

Quelle: eigene Auswertung der Befragung durch die *Grupo de Estudios Urbanos*

- Im Vergleich dazu ist bei Verwandten oder Bekannten der Umzug innerhalb Montevideos weniger ausgeprägt: Entweder sie wohnten bereits bei der Geburt im kolonialen Kern (45,5 %) oder sie sind im *Interior* Uruguays bzw. im Ausland geboren (33,8 %). Auffallend ist das Übergewicht weiblicher Personen. Eine mögliche Interpretation wäre, daß vor allem Frauen, die von außerhalb Montevideos zuzogen, bei Verwandten einen ersten Wohnsitz finden. Die Nähe zu den Arbeitsplätzen im Zentrum ist sicher zu Beginn des Aufenthaltes in der Hauptstadt von großem Vorteil. Eine andere Auslegung wäre, daß Ehefrauen nach der Heirat in den Haushalt des Mannes wechseln, was vor allem nach Geburt von Kindern eine wesentliche Erhöhung der Belegung des verfügbaren Wohnraumes zur Folge hätte. Auch diese Interpretation spricht für eine aus finanziellen Gründen erzwungene Immobilität der Familien.

Trotzdem geht aus Tabelle 30 hervor, daß die Mobilität der Haushalte zum Teil außerordentlich hoch war. Dies zeigt sich darin, daß immerhin 67 % der Familien mindestens einmal umgezogen waren und von ihnen 52,3 % innerhalb der letzten fünf Jahre ihren Wohnstandort geändert hatten. Differenziert man die mobilen Haushalte nach der Anzahl ihrer Mitglieder und nach dem Alter des Vorstandes, so ergibt sich aus Tabelle 31 eindeutig, daß kleinere Familien mobiler waren als größere und jüngere häufiger als ältere die Wohnung wechselten. In Tabelle 31 fällt aber auch auf, daß bei Haushalten mit mindestens vier Mitgliedern eine zum Teil erheblich kürzere Wohndauer in der Altstadt vorlag als bei Familien mit höchstens drei Personen. Größere Haushalte fanden ganz offensichtlich in der Altstadt Montevideos eher eine Wohnung als in anderen Vierteln.

Tab. 30: Herkunftsgebiet und Wohndauer in der Altstadt von umgezogenen Haushalten

Wohndauer in Jahren	Herkunftsgebiet (letzter Wohnstandort der Haushalte)					Summe
	Altstadt	übriges Montevideo	*Interior*	Ausland	keine Angaben	
1,2	1	13	3	-	2	19
3 bis 5	-	10	1	-	4	15
6 u. m.	1	19	2	3	-	31
Summe	2	42	6	3	6	65

Quelle: eigene Auswertung der Befragung durch die *Grupo de Estudios Urbanos*

Tab. 31: Mobile Haushalte differenziert nach Wohndauer und Lebenszyklus in der Altstadt Montevideos (1984)

Alter des Haushaltsvorstandes	Zahl der Haushaltsmitglieder					
	≤ 3			4 u. m.		
	abs.	in %	Wohndauer Median	abs.	in %	Wohndauer Median
20 - 40	8	89	4	12	75	3
40 - 60	21	81	10	13	52	4
60 u. m.	8	53	10,5	1	20	4

Quelle: eigene Auswertung der Befragung durch die *Grupo de Estudios Urbanos*

Weiteren Aufschluß hierzu können die Angaben über die Gründe für den Wohnungswechsel geben. Abbildung 30 hebt die Bedeutung von arbeitsplatzorientierten Motiven hervor. Typische Antworten wie "Arbeitsplatz in der Altstadt" oder "Nähe zum Arbeitsplatz" bestätigen die bestehenden Verdienstmöglichkeiten im Zentrum. Bei den wohnungsorientierten Gründen ist die Verbesserung der Qualität hervorzuheben: Beispiele von Angaben sind "wegen Komfort", "notwendige Zentralheizung" und "Wohnungskauf". An dritter Stelle der genannten Motive stehen Kostengründe, zu denen auch die wirtschaftlichen Ursachen für den Wohnungswechsel zu zählen sind. Die Antworten der Haushalte wie "Kündigung wegen Unterlassen der Mietzahlungen", "alte Wohnung zu teuer" oder "jetzt niedrigere Miete" erhellen den eingeengten finanziellen Handlungsspielraum. Dies wird noch dadurch bekräftigt, daß größere Haushalte Kostengründe und arbeitsplatzorientierte Motive häufiger angaben und bei ihnen die Verbesserung der Wohnqualität keine Rolle spielte (vgl. Tab. 32). Höchstrangiges Ziel beim Wohnungswechsel war eine billige Unterkunft ohne Rücksicht auf die Wohnverhältnisse oder

- wie es TURNER (1968) ausdrückt - auf die Wohnbedürfnisse aufgrund des Lebenszyklus der Familie. Die Tatsache, daß dann noch die Arbeitsmöglichkeiten in der Altstadt relativ nahe zu den Wohnstandorten liegen, begünstigte das Ziel "Innenstadt" im Vergleich zu peripheren Stadtgebieten.

Abb. 30: Motive für den Wohnungswechsel von Haushalten in der Altstadt Montevideos (1984)

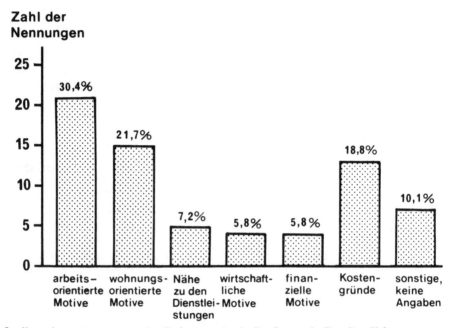

Quelle: eigene Auswertung der Befragung durch die *Grupo de Estudios Urbanos*

Tab. 32: Motive für den Wohnungswechsel in Abhängigkeit vom Lebenszyklus der Haushalte in der Altstadt Montevideos (1984)

Alter des Haus-haltsvorstandes	Zahl der Haushaltsmitglieder					
	≤ 3			4 u. m.		
	Arbeit	Wohnung	Kosten	Arbeit	Wohnung	Kosten
20 - 40	5	-	-	4	-	5
40 - 60	8	10	2	3	1	4
60 u. m.	1	4	-	-	-	1
keine Angabe	-	-	-	-	-	1
Summe	14	14	2	7	1	11

Quelle: eigene Auswertung der Befragung durch die *Grupo de Estudios Urbanos*

Tab. 33: Gründe für den Wohnstandort in der Altstadt Montevideos in Abhängigkeit vom Haushaltseinkommen (1984)

Gründe	insgesamt	Einkommen ≤ 5.500 Pesos	≥ 13.000 Pesos
arbeitsplatzorientierte	34,9 %	38,1 %	17,6 %
wohnungsorientierte	23,8 %	9,5 %	29,4 %
familiäre	6,3 %	-	23,5 %
finanzielle	20,6 %	42,9 %	11,8 %
sonstige	14,4 %	9,5 %	17,7 %
	100,0 %	100,0 %	100,0 %

Quelle: eigene Auswertung der Befragung durch die *Grupo de Estudios Urbanos*

Beschäftigungsmöglichkeiten und somit Einkommen für die Haushalte waren gemeinsam mit finanziellen Problemen - vor allem Mieterhöhungen in der vorherigen Wohnung - ein wichtiges Motiv für den Wohnstandort in der Altstadt. Tabelle 33 bestätigt, daß dieser Aspekt vor allem für Haushalte mit niedrigem Einkommen zutraf, und weist damit auf die beiden anderen Strategien der Familien hin. Sie versuchten nach BENTON (1986), sich entweder in *pensiones/inquilinatos* oder durch Hausbesetzungen billigen Wohnraum zu beschaffen (vgl. Kap. 5.1).

Die Wohnbedingungen der Haushalte in Abhängigkeit von Eigentumsverhältnissen sowie Einkommenssituation stehen im Mittelpunkt des folgenden Kapitels.

5.3.2 Wohnsituation der Haushalte

Die am häufigsten genannten Motive der Haushalte für ihr Wohnen in der Altstadt waren günstige Miete und arbeitsplatzorientierte Faktoren. Tabelle 32 und 33 belegen weiterhin, daß das Familieneinkommen sowie der Lebenszyklus der Haushalte einen gewissen Einfluß auf die einzelnen Gründe besitzen. Dabei waren die Einnahmen die ausschlaggebende Größe, wie Tabelle 34 verdeutlicht. Sie hebt außerdem hervor, daß Haushalte, die über höchstens 5.500 Pesos im Monat verfügten[1], meist nicht länger als fünf Jahre in der Altstadt wohnten. Dagegen zogen finanziell besser gestellte Familien in der Mehrzahl bereits vor 1979 in den kolonialen Kern Montevideos vornehmlich aus wohnungsorientierten Motiven um.

Aus dem Zusammenhang zwischen Einkommen, Wohndauer und der Angabe von finanziellen Motiven läßt sich folgern, daß die Altstadt mit Beginn der wirtschaftlichen Krise in den

---

[1] Zum Zeitpunkt der Befragung waren 47 N$ = 1 US$. Der gesetzlich vorgeschriebene Mindestmonatslohn lag damals bei 3.600 Pesos. Dieser Betrag reichte allerdings z.T. nicht aus, um die monatliche Zimmermiete in einer *pensión* zu bezahlen. Schon hieraus kann man die Notwendigkeit erkennen, daß einkommensschwache Haushalte auf mehrere Verdienstquellen angewiesen waren (vgl. Kap. 6.1)

Tab. 34: Motive für den Wohnungswechsel in Abhängigkeit von der Wohndauer in der Altstadt Montevideos und vom Haushaltseinkommen (1984)

Wohn-dauer	Motive	Einkommen in Pesos			Summe
		≤ 5.500	5.501 bis 12.999	≥ 13.000	
≤ 5 Jahre n=29	arbeitsplatz-orientierte	8	4	1	13
	wohnungsorientierte	1	-	1	2
	finanzielle	9	3	1	13
	sonstige	2	-	2	4
6 u. m. Jahre n=30	arbeitsplatz-orientierte	-	7	2	9
	wohnungsorientierte	2	4	5	11
	finanzielle	-	3	1	4
	sonstige	-	3	4	7
		n=18	n=24	n=17	

Quelle: eigene Auswertung der Befragung durch die *Grupo de Estudios Urbanos*

Jahren 1981/82 bei unteren Sozialschichten als Wohnstandort an Anziehungskraft gewonnen hatte. Diese Attraktivität resultierte jedoch in erster Linie aus den hier vorhandenen Unterkünften, bei denen die Zahlungsweise der Miete der Einkommenssituation der Familien angepaßt ist, und aus zahlreichen leicht zugänglichen Verdienstmöglichkeiten im informellen Sektor z.B. Straßenverkauf oder Gelegenheitsarbeit im Hafen (vgl. GANS 1987a), die es den Haushalten erlauben, ihr Existenzminimum zu sichern. In diesen Fällen spielte die Wohnqualität bei der Entscheidung der Familien, in der Altstadt zu wohnten, keine Rolle (vgl. Tab. 34).

Die folgende Darstellung der Wohnsituation der im März 1984 befragten Haushalte bestätigt in Abhängigkeit von Eigentumsverhältnissen, Einkommen sowie Wohndauer diese Hypothese. Sie widerlegt somit das auf entscheidungstheoretischen Überlegungen basierende Modell von TURNER (1968) und dessen Erweiterung von CONWAY/BROWN (1980) zumindest in drei Punkten:

1. Der finanzielle Handlungsspielraum der Familien, der vor allem durch Arbeitslosigkeit, Wirtschaftskrise und Liberalisierung des Wohnungsmarktes in den 70er und 80er Jahren eingeschränkt wurde (vgl. Kap. 3.2.6, 6.2), verhinderte die freie Wahl des Wohnstandortes.
2. Nicht die Verbesserung der Wohnqualität war das vorrangige Ziel beim Wohnungswechsel unterer Sozialschichten, sondern die Sicherung des Existenzminimums durch Einsparungen auf der Ausgabenseite und gleichzeitig vielfältigeren Alternativen zur Erhöhung der Einkünfte.
3. Die verschlechterte wirtschaftliche Situation der Haushalte erschwerte ihren sozialen Aufstieg, eine wichtige Voraussetzung des TURNER-Modells für den Umzug an die städtische Peripherie. Im Gegenteil, die ökonomischen Randbedingungen mit ihren restriktiven Auswirkungen auf das finanzielle Budget der Familien begünstigten wegen notwendi-

ger Einsparungen zentral gelegene Wohnstandorte.

Für die Haushalte entstanden je nach Eigentumsform der Wohnungen unterschiedlich hohe Kostenbelastungen. Die meisten Familien in der Altstadt mieteten (47,4 %) entweder ein Haus (*vivienda individual* in Tab. 35), ein Apartment oder ein Zimmer in einer *pensión* bzw. in einem *inquilinato* (vgl. Tab. 35). In einem Fall wohnte der Haushalt sogar in einem Gebäude, das eigentlich nicht Wohnzwecken diente. Die zweitstärkste Gruppe waren die Eigentümer (26,8 %), gefolgt von Familien, denen Verwandte oder Bekannte die Unterkunft liehen oder auf andere Art und Weise zur Verfügung gestellt hatten (15,5 %). Beiden Besitzformen ist gemeinsam, daß keine Mietausgaben anfallen.

Tab. 35: Eigentums- und Wohnformen in der Altstadt Montevideos (1984)

Eigentumsform	Wohnform					Summe
	vivienda individual	*aparta- mento*	*pensión/ inquilinato*	Nichtwohn- gebäude	k. A.	
Eigentum	8	18	-	-	-	26
MIeter	9	16	20	1	-	46
Hausbesetzer	4	2	1	1	2	10
geliehen, andere Situation	4	8	3	-	-	15
Summe	25	44	24	2	2	97

Quelle: eigene Auswertung der Befragung durch die *Grupo de Estudios Urbanos*

Zehn der befragten Familien (10,3 %) hatten im März 1984 ein Haus besetzt. Auch sie zahlten keine Miete, jedoch lebten sie zum Teil in Wohnungen ohne irgendwelche Grundausstattung, so daß sie auch wegen ihrer sozialen Situation eine eigenständige Gruppe bildeten (vgl. GANS 1988). Hausbesetzungen traten in der Altstadt Montevideos im Jahre 1982 erstmals auf. Im Juni 1984 waren 42 Häuser besetzt, in denen nach einer Erhebung der *Grupo de Estudios Urbanos* 223 Familien mit 800 bis 900 Mitgliedern lebten. Allerdings schwankte die Zahl der besetzten Gebäude sehr stark, da wegen der fehlenden Rechtsgrundlage die Familien jederzeit von der Polizei vertrieben werden konnten. So betrug die Wohndauer von 15 Haushalten, die die *Grupo de Estudios Urbanos* ausführlich interviewte, nur sechs bis sieben Monate. Diese Befragung ergab außerdem, daß die Besetzung eines Hauses für die Familien die einzige Möglichkeit war, eine ihren monatlichen Einkünften angepaßte Unterkunft zu finden. In den 15 Familien gingen 27 Personen einer Beschäftigung nach. Davon erhielten nur zwei ein Einkommen von mindestens 8.000 Pesos im Monat. Bei den übrigen lagen sie zwischen 1.200 und 3.200 Pesos. Der damals gesetzlich vorgeschriebene Mindestlohn von monatlich 3.600 Pesos verdeutlicht, daß die Familien ihre vorwiegend aus informellen Tätigkeiten stammenden Einnahmen zum Kauf ihres Nahrungsmittelbedarfes benötigten und für Mietausgaben kein Spielraum mehr bestand.

Neben diesen individuellen Bedingungen, die die Nachfrage nach absolut billigem Wohnraum erhöht, ist die Angebotsseite des Wohnungsmarktes, in diesem Falle leerstehende Gebäude, mit einzubeziehen. Hierbei spielte ebenso wie bei der zunehmenden Verarmung der Bevölkerung die wirtschaftliche Entwicklung seit 1973 eine wichtige Rolle. Nach der 1976 erreichten Liberalisierung der Finanzmärkte gingen die Bodenpreise in der Altstadt sprunghaft in die Höhe, und die Hauseigentümer versuchten in der Folgezeit, ihre Gebäude einer neuen Nutzung mit höherer Rendite zuzuführen. Die ältere Bausubstanz im kolonialen Kern Montevideos genügte jedoch häufig nicht den neuen Ansprüchen, so daß die Eigentümer nach Schaffung der gesetzlichen Voraussetzungen im Jahre 1978 (*fincas ruinosas*) oftmals auch wegen des schlechten Zustandes den Abriß gegenüber der kostenintensiven Renovierung bevorzugten (vgl. Kap. 4.3.3, GANS 1987b). Nach Abklingen des Baubooms im Jahre 1981 blieben jedoch zahlreiche Gebäude in schlechtem Zustand leer stehen, und diese waren dann das Ziel der Hausbesetzer, wie in Tabelle 36 durch den Erhaltungszustand sowie durch das Gebäudealter eindeutig belegt wird. Die 42 besetzten Häuser wurden in der überwiegenden Mehrzahl (88,1 %) vor 1930 errichtet, ein Drittel sogar vor 1875. Von diesen Gebäuden, die sich in einem sehr schlechten Zustand befanden, ordnete man 15 wegen des städtebaulichen Wertes einer Schutzbedürftigkeit zu, die nur sehr eingeschränkt bauliche Modifikationen erlaubt (Stufe 3/4 in Tab. 36, vgl. GANS 1987b).

Tab. 36: Wohnnutzung in Abhängigkeit vom Gebäudealter, Erhaltungswert sowie vom baulichen Zustand in der Altstadt Montevideos (1983)[1]

	Hausbesetzer	*pensión/ inquilinato*	*vivienda individual*	*apartamento*	keine Wohnnutzung
Gebäudealter					
bis 1875	33,3	14,7	15,3	3,4	10,8
1875 bis 1930	54,8	81,2	65,9	34,5	39,0
1930 bis 1973	4,8	2,1	16,8	57,8	20,7
1973 bis 1983	0,0	0,7	1,5	3,4	6,8
Erhaltungswert					
Stufe 0,1	19,0	14,7	41,7	72,0	38,9
Stufe 2	35,7	55,2	40,5	19,6	21,5
Stufe 3	26,2	28,0	16,8	7,4	15,1
Stufe 4	9,5	2,1	1,0	1,0	4,7
baulicher Zustand					
gut	11,9	36,4	49,6	63,5	47,1
eingeschränkt gut	26,2	44,8	35,9	29,1	20,1
mittelmäßig	40,5	15,4	11,5	6,4	6,1
schlecht	14,3	3,5	2,5	0,0	2,3
Anzahl	42	143	393	296	916

1) Gebäude ohne Angaben wurden bei den Prozentwerten nicht berücksichtigt.

Quelle: eigene Auswertung der Unterlagen der *IMM*

Am Beispiel der besetzten Häuser zeigt sich die Sanierungsproblematik in der Altstadt Montevideos am deutlichsten (vgl. auch Tab. 36). Die in diesen Gebäuden wohnende Bevölkerung kann aufgrund ihrer Einkommens- und Ausbildungssituation ohne Unterstützung durch staatliche Stellen (Material, intensive fachliche Beratung und Betreuung) höchstens einfache Renovierungsarbeiten wie die Erneuerung des Anstrichs oder andere kleinere Ausbesserungen ausführen. Eine gewisse Bereitschaft hierzu war anzutreffen, denn immerhin hatten sieben Familien einfachere Instandsetzungen vorgenommen. Eine Initiative der Hauseigentümer ist auszuschließen, da die vorzunehmenden Arbeiten sehr kostenintensiv sind und gleichzeitig abzusehen ist, daß die gegenwärtige Wohnbevölkerung die anschließend höheren Mietpreise nicht tragen kann. So zeichnet sich im Falle des vorrangigen Ziels der Gebäudeerhaltung eine Verdrängung der in besetzten Häusern lebenden Familien ab und somit auf Dauer eine räumliche Verlagerung des Problems in andere Stadtviertel.

Die unterschiedliche Wohnqualität zwischen Eigentümern und Mietern ist bereits aus Tabelle 35 zu erkennen, da die Haushalte in den *viviendas individuales* und in den Apartmentwohnungen über mehr Räume je Person sowie über eine bessere Ausstattung verfügten als die Familien in den *pensiones* oder *inquilinatos*.

Die *vivienda individual* ist ein Einfamilienhaus, dessen Bauanlage häufig dem Patiohaus entspricht. 81 % dieses Gebäudetyps wurden vor 1930 errichtet (vgl. Tab. 36), und trotz des wesentlich höheren Alters im Vergleich zur gesamten Bausubstanz war die Wohnsituation der darin lebenden Familien aufgrund der größeren Wohnfläche sowie der Ausstattung in der Regel als gut zu bezeichnen. Nach den Befragungsergebnissen verfügten die 26 Haushalte, die in einer *vivienda individual* wohnten, im Durchschnitt über 5,2 Räume. Diese vergleichsweise niedrige Belegungsdichte (vgl. Tab. 37) und die somit geringe Ausnutzung der vorhandenen Fläche erklären die räumliche Verteilung dieses Gebäudetyps (vgl. Karte 22a, Karte 29a): Er ist hauptsächlich an der Spitze der Halbinsel randlich zum Kern der Verwaltungsstandorte und der Finanzaktivitäten anzutreffen und abseits zur Ausbreitungsrichtung des Leitstrahls "Sarandí - Av. 18 de Julio". In diesem Bereich der Altstadt unterblieb aufgrund der Lageeigenschaft die Nachfrage nach Grundstücken, um diese einer intensiveren Nutzung als das Wohnen zuzuführen. Da das spekulative Element fehlte, ist die Bausubstanz der *viviendas individuales*, die in ihrer Anlage den Vorstellungen der Kolonialzeit entsprechen, noch weitgehend erhalten. Ihr baulicher Zustand kann trotz des Alters mit gut bezeichnet werden (vgl. Tab. 36). Hierin drücken sich Interessen der Hauseigentümer an der Erhaltung aus, die den im Dekret No. 20.843 festgehaltenen Zielen der Stadtverwaltung Montevideos nur förderlich sein können (vgl. Kap. 4.3.3). Zwar fehlen bei den *viviendas individuales* Gebäude mit höchstrangigen städtebaulichen Werten (vgl. Tab. 36), aber die außen einfach und schlicht gestalteten Häuser tragen mit ihrer baulichen Geschlossenheit wesentlich zum Gesamteindruck der Altstadt bei.

Apartmentwohnungen befinden sich in der Mehrzahl in Gebäuden, die 1930 oder später errichtet wurden (vgl. Tab. 36). Der bauliche Zustand ist im Vergleich zu den anderen Wohnungstypen erheblich besser, was sicherlich mit dem jüngeren Gebäudealter zusammenhängt. Die geringe Schutzbedürftigkeit weist allerdings auf eine Änderung in der Baugestaltung hin (vgl. Tab. 36). Dies zeigt sich sehr deutlich am Beispiel der Mietsblöcke entlang der Rambla Sur, die zwischen 1950 und 1960 erbaut wurden und die schon durch ihre Höhe den städtebaulichen Charakter der Altstadt im Süden der Halbinsel mindern. Hier konzentrieren sich zwar wegen der Gebäudegrößen die meisten Apartmentwohnungen, Karte 22a belegt aber auch, daß diese Wohnform in Verbindung mit anderen Funktionen innerhalb der Altstadt eine stärker disperse räumliche Verteilung als die *vivienda individual* besitzt (vgl. GANS 1987b). Die Streuung hängt damit zusammen, daß im Gebiet mit höher zu bewertenden Nutzungen die Gebäude im Durchschnitt jünger sind als in den peripher gelegenen Bereichen und damit die Errichtung oder der Einbau eines Apartments infolge neuer architektonischer Vorstellungen und des *Ley de la Propiedad Horizontal* aus dem Jahre 1946 wahrscheinlicher war. Die Wohnqualität in den Apartmentwohnungen war gut. Zwar lag die mittlere Zahl der Räume je Haushalt mit 4,7 Personen unter der in der *vivienda individual*, jedoch ist aus Tabelle 37 die gute Wohnausstattung ersichtlich.

Tab. 37: Wohnformen und finanzieller Handlungsspielraum von Haushalten in der Altstadt Montevideos (1984)

	monatliches Einkommen			Mietzah-lungen[1]	Haushalts-größe	Zahl der Räume	Anz.
	≤ 5.000	5.501 bis 12.999	13.000				
Eigentümer	1	12	12	-	2,92	5,23	26
Mieter von Apartments	4	14	7	24 %	3,81	4,73	26
Mieter in *inquilinatos*	11	6	1	31 %	3,65	1,85	20
Sonstige Situation	1	10	3	-	4,13	2,73	15
Hausbesetzer	8	2	0	-	8,60	2,89	10

1) Mietbelastung in % des mittleren Einkommens.

Quelle: eigene Auswertung der Befragung durch die *Grupo de Estudios Urbanos*

Im Gegensatz zu den *viviendas individuales* oder den Apartmentwohnungen sind die *pensiones* oder *inquilinatos* weniger an einen bestimmten Gebäudetyp gebunden. Man findet sie sowohl in Miets- als auch in Patiohäusern, die vor allem zwischen 1875 und 1930 erbaut wurden. In diesem Zeitraum erlebte Montevideo durch Immigration und Zuwanderung aus dem Interior sein stärkstes Bevölkerungswachstum (vgl. Kap. 3.2.5, BÄHR 1987b), und die Nachfrage nach Wohnraum erzeugte eine höhere Belegungsdichte in zentral gelegenen Stadtteilen. Voraussetzung hierfür war die zimmerweise Vermietung an Familien, die noch heute die prägende Eigenschaft der *pensiones* und *inquilinatos* ist. Dementsprechend war die Wohnqualität der dort lebenden Familien ziemlich schlecht. Den Haushalten standen im Durchschnitt 1,8 Räume zur Verfügung, und die Benutzung von Küche und Bad mußten sie sich oftmals mit anderen Familien teilen (vgl. Tab. 38).

Tab. 38: Wohnformen in der Altstadt Montevideos nach Merkmalen der Ausstattung
(1984; Angaben in %)

	Küche 1	Küche 2	Bad 1	Bad 2	Licht	Wasser	baulicher Zustand gut	baulicher Zustand schlecht
Eigentümer	100	-	100	-	96	96	96	-
Mieter von Apartments	96	4	96	4	100	100	54	12
Mieter in *inquilinatos*	20	40	15	85	95	85	40	35
sonstige Situation	87	7	80	13	100	100	80	-
Hausbesetzer	60	10	50	50	50	20	-	90

1) individuelle Nutzung
2) gemeinsame Nutzung mit anderen Familien

Quelle: eigene Auswertung der Befragung durch die *Grupo de Estudios Urbanos*

Tab. 39: Mobilität und vorherige Wohnstandorte der Haushalte nach Wohnformen in der
Altstadt Montevideos

	Wohndauer ≤ 5 Jahre	Wohndauer 6 u. m. Jahre	Wohnungs- wechsel in % der Haushalte	vorherige Wohnstandorte Altstadt	vorherige Wohnstandorte übriges Montevideo	vorherige Wohnstandorte sonstige
Eigentümer	6	20	69,2	1	11	6
Mieter von Apartments	8	18	50,0	0	12	1
Mieter in *inquil*inatos	11	9	75,0	0	10	2
sonstige Situation	3	12	66,7	0	4	1
Hausbesetzer	7	3	80,0	1	5	1

Quelle: eigene Auswertung der Befragung durch die *Grupo de Estudios Urbanos*

Die Unterscheidung zwischen *inquilinatos* und *pensiones* ergab sich im wesentlichen aus der Entstehung beider Mietformen. Schon immer vermieteten die Eigentümer in der Altstadt Montevideos Zimmer an Familien, um ihr Einkommen zu erhöhen. Anfangs bewohnten noch beide das Haus, der Eigentümer den vorderen Innenhof, die Mieter den oder die hinteren. Die sanitären Anlagen nutzte man gemeinsam. Der Besitzer war für Sauberkeit und Bauzustand verantwortlich. Mit der Expansion Montevideos zogen jedoch zahlreiche Hauseigentümer aus der Altstadt weg, und es entstand die heutige Form des *inquilinato*. Der Besitzer wohnt heute nicht mehr in seinem Haus, sondern übergibt es einem Verwalter, der es zimmerweise an einzelne Familien vermietet. Zwar verfügen die Bewohner nur über ein geringes Einkommen, aber es sind sichere Einkünfte, was die monatliche Zahlungsweise der Miete belegt. Dementsprechend ist die Wohnbevölkerung in den *inquilinatos* ziemlich stabil, so daß ein Hauswart (*encargado*) nicht notwendig ist. Weitere Eigenschaften der *inquilinatos* sind: Es gibt keine möblierten Zimmer, die gemeinschaftlich zu nutzenden Einrichtungen sind nicht ausreichend, und Mietzahlungen schließen die Kosten für Strom und Wasser ein.

Die Altstadt war als wirtschaftliches und finanzielles Zentrum des Landes zumal mit dem Hafen in unmittelbarer Nachbarschaft ein sehr guter Standort für das Hotelgewerbe. Im vorigen Jahrhundert konnte man in Montevideo vier Typen von Pensionen unterscheiden. In einer ersten Gruppe wohnten vor allem Familien aus Montevideo oder aus dem Interior, die hier seit längerem ansässig waren. Ihr Einkommen war zu gering, um sich ein Zimmer in einem *inquilinato* oder in einer *vivienda individual* zu mieten. In einem zweiten Typ lebten Einwanderer oftmals gleicher nationaler Herkunft. Dann gab es noch Pensionen, die sich auf die Unterbringung von Reisenden spezialisiert hatten und die den Hotels der untersten Kategorie entsprachen. Diese drei Gruppen kamen nicht nur in der Altstadt vor, sondern im gesamten Innenstadtbereich Montevideos. Nur der vierte Typ, die Pensionen, in denen Prostituierte lebten, konzentrierten sich im Süden der Halbinsel. Diese Gebäude wurden allerdings im Zuge der Neugestaltung der Rambla Sur größtenteils abgerissen (vgl. Kap 3.2.5).

Die gemeinsame Nutzung von Küchen und sanitären Anlagen sind heute übereinstimmende Merkmale der *pensiones* und *inquilinatos*. In *pensiones* wohnen Haushalte, die nur für kurze Zeit bleiben wollen oder die aufgrund ihrer unsicheren Einkommen keinen längerfristigen Mietvertrag eingehen können (vgl. Kap. 5.2). Im Gegensatz zum *inquilinato* ist daher in den *pensiones* ein Hauswart (*encargado*) zur Beaufsichtigung der Mieter angestellt. Ist diesem Verantwortlichen eine Familie oder eine Person länger bekannt, dann ist ein dauerhaftes Mietverhältnis durchaus möglich. Zwischen beiden Mietformen existiert somit zwar ein fließender Übergang, doch gibt es einige Merkmale, die nur für *pensiones* zutreffen:
- Ein Hauswart ist anwesend.
- Die variable Zahlungsweise bezieht sich auf einen Tag, auf eine Woche, auf einen halben oder ganzen Monat.
- Ein Mietvertrag wird meistens nicht abgeschlossen.
- Die Zimmer sind möbliert.
- Die Miete enthält die Kosten für Wasser und Strom.
Trotz dieser Unterschiede in der Organisation ist heute die Wohnqualität sowohl in den *pensiones* als auch in den *inquilinatos* schlecht, so daß im folgenden nur von *inquilinato* als Synonym gesprochen wird.

Die Darstellung der Wohnformen und damit der wichtigsten Elemente des Wohnungsmarktes in der Altstadt Montevideos verdeutlicht die erhebliche Spannweite der vorliegenden Wohnqualität und die Notwendigkeit, innerhalb des Mietsektors zwischen Haushalten, die in Apartmentwohnungen und die in *inquilinatos* wohnen, zu differenzieren. Nach der Beschreibung von Wohnsituation, Mobilität und bevölkerungsstrukturellen Eigenschaften der Familien werden die Ergebnisse den Aussagen im TURNER-Modell über innerstädtische Wanderungsbewegungen sowie den von BENTON (1986) aufgestellten drei Wohnungsstrategien gegenübergestellt. Obwohl in den folgenden Tabellen die Hausbesetzer ebenfalls berücksichtigt sind, wird auf sie nicht näher eingegangen, da schon an anderer Stelle über sie berichtet wurde (vgl. GANS 1988).

Die Eigentümer lebten in Wohnungen mit der besten Qualität aller Gruppen. Dies traf sowohl für die Ausstattung mit Küche und Bad sowie für Licht- und Wasseranschluß zu als auch für die Relation zwischen mittlerer Zahl der Räume und Haushaltsgröße (vgl. Tab. 37, 38). Zwar wechselten fast 70 % der Hausbesitzer mindestens einmal die Wohnung, sie zogen aber in der Mehrzahl schon vor längerer Zeit aus anderen Stadtteilen Montevideos zu.

Vor allem wohnungsorientierte und familiäre Motive sowie der Wunsch, in der Nähe von zentralen Dienstleistungseinrichtungen zu wohnen, lagen den Umzügen in den meisten Fällen zugrunde (vgl. Tab. 39, 40). Über ein Drittel der Haushaltsvorstände erreicht ein Lebensalter von mindestens 60 Jahren, und die im Vergleich geringe Familiengröße weist darauf hin, daß der Lebenszyklus durch eine stagnierende bzw. zurückgehende Zahl der Haushaltsmitglieder gekennzeichnet ist. Der Anteil verwandter oder bekannter Personen zum Haushaltsvorstand verzeichnete mit 23,7 % den höchsten Wert (vgl. Tab. 41). Aus der Altersstruktur dieses Personenkreises ist zu erkennen, daß es sich sowohl um Geschwister oder Freunde als auch um Kinder und Enkelkinder der Hauseigentümer handelte. Ihre gute Wohnversorgung erlaubte es ihnen, Verwandte sowie Bekannte in ihren Haushalt aufzunehmen. Dies kommt beiden Seiten zugute, denn einerseits werden Mietzahlungen eingespart und andererseits verfügten Familien, die im eigenen Haus wohnten, aufgrund ihrer größeren Anzahl von Verdienstquellen (im Durchschnitt 2,1) über ein deutlich höheres Einkommen als Haushalte, die Mieter waren. Der Effekt dieser Verdichtung ergab somit einen größeren finanziellen Handlungsspielraum unter Beibehaltung einer überdurchschnittlichen Wohnqualität.

Ebenfalls in guten Wohnverhältnissen lebten Familien, die ein Apartment mieteten. Ihre Situation war hinsichtlich Ausstattung und Größe der Wohnungen, Mobilität sowie Lebenszyklus ähnlich der von Haushalten, die Eigentümer waren (vgl. Tab. 37 bis 41). Die Einkünfte waren trotz der Mietbelastungen noch als gut zu bezeichnen. Auch bei dieser Gruppe trugen Verwandte oder Bekannte wesentlich dazu bei, das finanzielle Budget zu erhöhen (mittlere

Tab. 40: Motive des Wohnungswechsels nach Wohnformen in der Altstadt Montevideos (1984)

	Motive			
	arbeitsplatz-orientierte	wohnungs-orientierte	finanzielle	sonstige
Eigentümer	3	7	2	7
Mieter von Apartments	5	3	3	3
Mieter in *inquilinatos*	6	2	4	2
sonstige Situation	7	3	2	0
Hausbesetzer	1	0	7	1

Quelle: eigene Auswertung der Befragung durch die *Grupo de Estudios Urbanos*

Tab. 41: Lebenszyklus der Haushalte sowie Anteil der Verwandten oder Bekannten an den Familienmitgliedern je nach Wohnform in der Altstadt Montevideos (1984)

	Alter des Haushaltsvorstandes			Anteil der Verwandten oder Bekannten	Zahl der Haushalte
	20 - 40 Jahre	40 - 60 Jahre	60 u. m. Jahre		
Eigentümer	11,5 %	50,0 %	38,5 %	23,7 %	26
Mieter von Apartments	23,1 %	57,7 %	19,2 %	20,2 %	26
Mieter in *inquilinatos*	50,0 %	30,0 %	20,0 %	9,6 %	20
Sonstige Situation	26,7 %	73,3 %	-	9,7 %	15
Hausbesetzer	10,0 %	80,0 %	-	30,2 %	10

Quelle: eigene Auswertung der Befragung durch die *Grupo de Estudios Urbanos*

Anzahl der Verdienstquellen 1,8).

Von diesen beiden Kategorien hoben sich Mieter, die in *pensiones* oder *inquilinatos* wohnten, sowie Haushalte, denen eine Unterkunft geliehen oder auf andere Art und Weise zur Verfügung gestellt wurde, deutlich ab. Bei der letzten Gruppe wiesen Wohnausstattung, Mobilität sowie Einkommen (Verdienstquellen 1,9) nur geringfügige Unterschiede zu Eigentümern und Mietern von Apartments auf, aber beim Lebenszyklus (expandierende bis stagnierende Zahl von Familienmitgliedern), bei der Wohnungsgröße sowie beim niedrigen Anteil der Verwandten oder Bekannten war eine zum Teil erhebliche Differenzierung festzustellen.

Mieter in *inquilinatos* waren hinsichtlich der verfügbaren Wohnfläche je Familienmitglied, der Wohnausstattung und der Einkommen (mittlere Anzahl der Verdienstquellen 1,5) deutlich schlechter gestellt als die zuvor besprochenen Gruppen. Dies traf auch für den finanziellen Handlungsspielraum zu, vor allem wenn man neben den relativ hohen Mietbelastungen noch die Unsicherheit der Einkünfte berücksichtigt. Denn immerhin stammten knapp 20 % der Haushaltseinnahmen aus dem informellen Sektor, dessen Bedeutung bei Mietern von Apartments mit 8,9 % deutlich niedriger lag. Die Mehrzahl der Familien, die in *inquilinatos* wohnten, sind junge Haushalte, die innerhalb der letzten fünf Jahre, also 1979 oder später, in die Altstadt aus anderen Stadtvierteln Montevideos umgezogen waren. Dabei überwogen arbeitsplatzorientierte Motive. Jedoch verdeutlichen die Ergebnisse zur Mobilität und zum Alter der Haushaltsvorstände, daß es auch Familien in einem späteren Lebenszyklus gab, die schon längere Zeit in einem *inquilinato* lebten. Bei diesen Haushalten spielten eher wohnungsorientierte und finanzielle Gründe für den Wohnstandort in der Altstadt eine Rolle.

Ähnlich wie in der südlichen Innenstadt von Buenos Aires sind auch im kolonialen Kern von Montevideo Bevölkerungs- und Haushaltsstruktur sehr heterogen. Die Wohnsituation der Familien ist ebenfalls recht unterschiedlich und hängt entscheidend von der Einkommenshöhe, der Anzahl der Verdienstquellen je Haushalt sowie von der Sicherheit der Einkünfte ab.

5.4 Bewertung des TURNER-Modells am Beispiel der Bevölkerungsstruktur und Wohnsituation in den Innenstädten von Buenos Aires und Montevideo

Die Ergebnisse über Wohnstandortverhalten, Wohnsituation und Einkommen der Haushalte, die in der südlichen Innenstadt von Buenos Aires sowie in der Altstadt von Montevideo leben, stehen zum Teil im Einklang, zum Teil aber auch im Widerspruch zu den Aussagen des Modells von TURNER (1968). Sein entscheidungstheoretischer Ansatz leitet die Ausbildung des innerstädtischen Wanderungssystems aus den Wohnpräferenzen der Haushalte ab, die sich in Abhängigkeit von Lebenszyklus und Wohndauer in einer Metropole ändern (vgl. TURNER 1968, BÄHR 1986). Außerdem gilt das Modell, das CONWAY/BROWN (1980) je nach der Urbanisierungsphase des jeweiligen Landes dynamisierten, nur für Familien, die vor kurzem aus ländlich geprägten Regionen in das Zentrum eines städtischen Ballungsraumes gezogen sind und die dort zur Miete wohnen. In den untersuchten citynahen Wohngebieten gibt es außer ihnen Eigentümer, Hausbesetzer und Familien, denen eine Unterkunft kostenlos zur Verfügung steht. Aber auch die Mieter bilden keine homogene Gruppe. Aufgrund ihrer Wohnsituation und ihrer Wohndauer muß man bei ihnen zwischen Haushalten unterscheiden, die in einem Apartment oder in einem *inquilinato* wohnen.

Die vorherigen Wohnstandorte der Familien lagen in Buenos Aires häufiger als in Montevideo außerhalb des jeweiligen Ballungsraumes, erreichen aber in beiden citynahen Wohngebieten keine die Bevölkerungs- und Haushaltsstruktur prägende Rolle. Dies hängt im wesentlichen davon ab, daß die beiden Hauptstädte innerhalb der lateinamerikanischen Metropolen eine Sonderstellung hinsichtlich des Bevölkerungswachstums und der Zuwanderung aus ländlich strukturierten Räumen einnehmen (vgl. BÄHR 1987b). Die Verstädterung setzte in Uruguay wie in Argentinien sehr früh ein und ist heute weitgehend abgeschlossen, so daß man annehmen könnte, daß die folgende Kritik am TURNERschen Modell nur für eine späte Phase der Urbanisierung zuträfe. Dies ist jedoch nicht der Fall, ist doch das Konzept des finanziellen Handlungsspielraumes unabhängig von einem bestimmten Abschnitt der Verstädterung anwendbar (vgl. BÄHR 1986).

Die *bridgeheader* von TURNER (1968) fehlen in der Altstadt Montevideos weitgehend. Ähnlich wie in Buenos Aires, wo sie eine größere Bedeutung besitzen (Größe des Ballungsraumes), leben diese Haushalte in einem *inquilinato* oder in einer leihweise zur Verfügung gestellten Wohnung. Daneben treten innerhalb des Stadtzentrums noch *consolidator* und *status-seeker* auf (Eigentümer, Mieter von Apartments) und im kolonialen Kern von Montevideo offenbar auch Gruppen wie die Hausbesetzer, die durch soziale Veränderungen in Uruguay nach 1973, verstärkt noch durch die wirtschaftliche Krise seit 1982, eine möglichst billige Unterkunft in der Altstadt suchen (vgl. Tab. 40, GANS 1988). Diese Gruppe, die durch die ökonomischen Rahmenbedingungen einen sozialen Abstieg erfuhr - hierzu zählen sicherlich auch einige Haushalte, die in *inquilinatos* leben - läßt sich nur schwer in das Modell von TURNER einordnen, da seine Vorstellungen die auf verschiedenen Untersuchungsebenen wirksamen Restriktionen hinsichtlich Wahl des Zielgebietes, Verwirklichung der Umzugsentscheidung oder der Wohnwünsche nicht berücksichtigen.

Auf der individuellen Ebene spielt der finanzielle Handlungsspielraum der Haushalte die entscheidende Rolle. Aus Tabelle 42 ist für Familien in der Altstadt Montevideos trotz des kleinen Stichprobenumfangs eindeutig zu erkennen, daß bei Mietern und Hausbesetzern ein hohes Mobilitätspotential anzutreffen ist. Die bestehenden Umzugswünsche können jedoch wegen finanzieller Probleme der Haushalte nicht verwirklicht werden, so daß die Familien im kolonialen Kern Montevideos wohnen bleiben. Ähnliche Ergebnisse über diese erzwungene Immobilität liegen auch für Haushalte unterer Einkommensschichten in Großstädten der Industrieländer vor (vgl. KREIBICH/MEINECKE/NIEDZWETZKI 1980).

Tab. 42: Umzugswünsche und Realisierungsprobleme der Haushalte in der Altstadt Montevideos (1984)

| | Umzugswunsch | | bei Umzugsbereitschaft Hinderungsgrund | | Summe |
	ja	nein	Geldprobleme	sonstige Ursachen	
Eigentümer	4	22	2	2	26
Mieter von Apartments	13	13	8	5	26
Mieter in *inquilinatos*	16	4	12	4	20
Sonstige Situation	5	10	5	0	15
Hausbesetzer	9	1	8	1	10

Quelle: eigene Auswertung der Befragung durch die *Grupo de Estudios Urbanos*

Auch die drei von BENTON (1986) genannten Wohnungsstrategien, für die es mehrere Belege gibt, lassen sich in das Konzept des Handlungsspielraumes einordnen. "Verdichtung" sowie "Hausbesetzung" bedeuten für die Haushalte eine finanzielle Entlastung, und das Mieten einer Wohnung in einer *pensión* oder in einem *inquilinato* ist aufgrund der Zahlungsweise sowie des Mietpreises den niedrigen und unsicheren Einnahmen der Familien angepaßt.

Auf der Makroebene bleiben im Modell TURNERs sowie dessen Erweiterung weitgehend die Bedingungen des Wohnungsmarktes außer acht. So können die Hausbesetzer aufgrund der wirtschaftlichen Entwicklung und der politisch-rechtlichen Maßnahmen nur im Stadtzentrum, insbesondere in der Altstadt, leerstehende Häuser antreffen. Ähnliches gilt für die Verteilung der *pensiones* oder *inquilinatos* in den beiden Hauptstädten. Die Anziehungskraft des Zentrums auf Familien unterer Einkommensschichten resultiert also weniger aus ihren Wohnpräferenzen, sondern wegen ihrer angespannten finanziellen Situation suchen sie billige Unterkünfte, die sich in der Innenstadt konzentrieren.

Das Konzept des Handlungsspielraumes erlaubt es somit, Mikro- und Makroebene bei Wanderungsentscheidungen miteinander zu verknüpfen. Außerdem kann es unabhängig von der Verstädterungsphase das innerstädtische Wanderungssystem durch die unterschiedliche Gewichtung wirksamer Restriktionen und Präferenzen für Haushalte aller Sozialschichten erklären. Es ist ein einheitliches Konzept, das bei Großstädten in Industrie- und Entwicklungsländern anzuwenden ist.

6. DER INFORMELLE SEKTOR IN BUENOS AIRES UND MONTEVIDEO

Kennzahlen für die gesamtwirtschaftliche Situation in Uruguay und Argentinien zeichnen für die beiden Länder ein positives Bild (vgl. Tab. 2). Dies trifft nicht nur für das vergleichbar hohe Bruttosozialprodukt je Einwohner zu, sondern auch für den Anteil der Erwerbspersonen, der in der Industrie (1980: 29 %) oder im Dienstleistungssektor (1980: 55 %) beschäftigt ist. Beide Werte, insbesondere für den tertiären Bereich, liegen deutlich über den entsprechenden Daten aller Entwicklungsländer (Weltbank 1987, S. 289) - ein Sachverhalt, der auf die frühe, durch den Staat forcierte Industrieentwicklung hinweist (vgl. Kap. 3).

Trotz dieser zweifelsfrei günstigen ökonomischen Ausgangslage verschärften sich in Uruguay seit 1973, in Argentinien seit 1976, die sozialen Gegensätze, vor allem verschlechterten sich die Einkommenssituation und Beschäftigungsmöglichkeiten der Erwerbstätigen aus unteren Sozialgruppen (vgl. PRATES 1984, VEIGA 1984, GANS 1987b, 1990). Haushalte aus einfachen Schichten konnten nur durch die zusätzliche Ausschöpfung ihres Arbeitskräftepotentials ihre steigenden Ausgaben auffangen. Diese Familienmitglieder, Frauen, Jugendliche und ältere Menschen fanden zu einem großen Teil im informellen Sektor die Gelegenheit einer weiteren Einnahmequelle. Aufgrund der zunehmenden Bedeutung dieses Wirtschaftsbereiches für Gruppen mit niedrigem Einkommen wird im ersten Teil dieses Kapitels mit Hilfe der vorliegenden Literatur versucht, den informellen Sektor gegenüber dem formellen oder modernen Sektor abzugrenzen sowie seine Struktur und Größe innerhalb der nationalen Wirtschaft in Ländern der Dritten Welt darzustellen. Es folgt im zweiten Teil die Entwicklung des informellen Sektors in Argentinien und Uruguay sowie seine Bedeutung für untere Sozialschichten, zur Existenzsicherung beizutragen. Die Situation in Montevideo steht dabei im Vordergrund, da abschließend am Beispiel des ambulanten Handels im Stadtzentrum der uruguayischen Hauptstadt auf Überlebensstrategien einkommensschwächerer Haushalte eingegangen wird. Eine vergleichbare Erhebung war in Buenos Aires nicht möglich, da dort strenge Kontrollen der Polizei den Straßenverkauf im Zentrum weitgehend unterdrückten.

6.1 Der informelle Sektor in Entwicklungsländern: Definition, Struktur und Größe

In den Entwicklungsländern vollzog sich nach dem Zweiten Weltkrieg ein enormer Verstädterungsprozeß. Die jährliche Zunahme der städtischen Einwohnerzahlen erreichte zwischen 1950 und 1980 im Mittel 4,7 % und lag damit deutlich höher als die entsprechenden Werte in ländlich geprägten Regionen mit 1,8 % (vgl. WANDER 1987). Ursache für diese Ungleichgewichte waren sowohl die Zuwanderung der Bevölkerung in die Städte als auch die hohen natürlichen Zuwachsraten. Diese Migranten konnten jedoch in den Ballungsräumen häufig keine ausreichende Beschäftigung finden, so daß in Ländern mit mittlerem Pro-Kopf-Einkommen etwa 20 % bis 30 % der städtischen Haushalte, in den ärmeren Staaten sogar mehr als die Hälfte, in Armut leben, d.h. sich nicht angemessen kleiden, ernähren oder wohnen können (vgl. KAHNERT 1986). ALTIMIR (1981) belegte für Lateinamerika, daß die in Abhängigkeit von sozialem Kontext und Lebensstandard definierte Armut im wesentlichen auf den nicht ausreichenden Beschäftigungs- und Verdienstmöglichkeiten in den Städten beruht. Diese Ursache der städtischen Armut trifft zu, obwohl alle aus den verschiedenen Entwicklungstheorien abgeleiteten Strategien die Schaffung neuer Arbeitsplätze in den Ländern der Dritten Welt zum Ziel hatten, was man im wesentlichen mit Hilfe einer aktiven, staatlich geförderten Industrialisierung anstrebte.

Die theoretischen Grundlagen für dieses Vorgehen, die hier vereinfachend beschrieben sind, stellte LEWIS (1954) in seiner klassischen Arbeit zur Absorption überschüssiger Arbeitskräfte dar (vgl. PORTES/BENTON 1984, WANDER 1987). Seine Überlegungen gehen von einer dualen Struktur unterentwickelter Ökonomien aus. Der moderne, kapitalistisch organisierte Sektor zieht Erwerbspersonen aus der ländlichen, traditionellen Anbaumethoden verhafteten Subsistenzwirtschaft in die Städte ab. Hieraus resultieren aufgrund der geringen Produktivität weder für den agraren Bereich negative Konsequenzen, noch für die Industrie in den Städten, deren Expansion im Gegenteil wegen der auf niedrigem Niveau beharrenden Lohnkosten eher einen zusätzlichen Auftrieb erhält. In Anlehnung an die Entwicklung in den Ländern Europas und Nordamerikas nimmt LEWIS an, daß diese Vorgänge bis zum Abbau des überschüssigen Arbeitskräftepotentials anhalten. Erst dann ermöglichen anziehende Löhne eine Steigerung des Lebensstandards.

Kritik an diesen Überlegungen erfolgte vor allem von der Dependenztheorie, die versucht, ihre Argumente durch die tatsächliche Entwicklung abzusichern. Die durchschnittliche jährliche Wachstumsrate der Industrie in allen Entwicklungsländern (1965-1980: 7,6 %, 1980-1985: 3,5 %) lag zwar insgesamt deutlich höher als der Anstieg der städtischen Bevölkerung (3,9 % bzw. 3,8 %; Weltbank 1987, S. 229, 291), doch reichte die Fähigkeit des modernen Sektors nicht aus, der anschwellenden Zahl von Erwerbspersonen einen Arbeitsplatz zu geben. So erhöhte sich der Erwerbstätigenanteil in der Industrie nur von 12 % (1965) auf 16 % (1980). Die Anhänger der Dependenztheorie erklären diese Diskrepanz zwischen industriellem Wachstum und Beschäftigung mit der technologischen Abhängigkeit der Entwicklungsländer. Die Expansion des sekundären Sektors basierte auf importierten kapitalintensiven Technologien, die einen schnelleren Anstieg des Produktionswertes im Vergleich zum Beschäftigungszuwachs verursachten und zudem einheimische Betriebe mit geringer Produktivität, aber mit hohem Arbeitskräftebedarf aus dem Markt drängten.

Die Entwicklung in Lateinamerika unterstützt beide Standpunkte (vgl. PORTES/BENTON 1984, PORTES 1989). Einerseits erhöhte sich in den Städten der Erwerbspersonenanteil in der Industrie von 30,5 % (1950) auf 44,9 % (1980), bei jährlichen Raten von etwas über 3 %, bei Ausschluß von Argentinien sogar von 4,2 %. Andererseits stagnierte die Arbeitslosigkeit einschließlich der Unterbeschäftigung auf hohem Niveau (1950: 46 %, 1980: 42 %), und auch die Bedeutung der Einkommen von mithelfenden Familienangehörigen, von Personen, die auf eigene Rechnung arbeiten, oder von Hausbediensteten verzeichnete den gleichen Anstieg wie die industrielle Beschäftigung. Diese Entwicklung ist darauf zurückzuführen, daß die Zahl der Arbeitsplätze deutlich langsamer zunahm (2,5 % pro Jahr) als die der Einwohner im erwerbsfähigen Alter (4,1 % jährlich). Die Ursache ist weniger in der Stadt-Land-Wanderung zu suchen; entscheidend ist vielmehr, daß Mitte der 70er Jahre viele Personen, vor allem Frauen,

Jugendliche und ältere Menschen, die zuvor nicht oder nicht mehr erwerbstätig waren, eine Verdienstmöglichkeit nachfragten (vgl. TOKMAN 1982). Diese Entwicklung setzte sich nach 1980 weiter fort, da infolge der wirtschaftlichen Rezession und der hohen Inflation das Pro-Kopf-Einkommen in den lateinamerikanischen Ländern zwischen 1981 und 1988 im Durchschnitt um etwa 7 % zurückging (vgl. Deutsch-Südamerikanische Bank 1989).

Es bleibt somit festzuhalten, daß - zumindest bis zum jetzigen Zeitpunkt - der wenig produktive ökonomische Sektor seine Bedeutung für die Beschäftigung städtischer Arbeitskräfte beibehielt, wenn nicht sogar erweiterte - und dies trotz des nicht zu bestreitenden industriellen Fortschritts (vgl. PAPOLA 1980, MANN/SANCHEZ 1985, CASTELLS/PORTES 1989). Aus dieser mangelnden Absorption ergeben sich drei Fragen (vgl. PORTES/BENTON 1984):
1. Warum gelang es den neuen Industrien nicht, genügend Arbeitsplätze zu schaffen?
2. Warum drängten trotzdem noch weitere Personen im erwerbsfähigen Alter aus der stillen Reserve auf den städtischen Arbeitsmarkt?
3. Warum ist der Zustrom der Bevölkerung in die großen Metropolen gemessen in absoluten Zahlen ungebrochen?

Bei der Beantwortung dieser Fragen sind zwei Argumentationsweisen zu unterscheiden. Die eine sieht das geringe Ausbildungsniveau zahlreicher Arbeitskräfte in Entwicklungsländern als Ursache an. Diesem Standpunkt widerspricht allerdings, daß z.B. aus Uruguay seit den 60er Jahren vor allem Erwerbstätige mit überdurchschnittlich guten Fachkenntnissen in das Ausland abwanderten (vgl. SIERRA 1978). Ähnliches trifft für die Emigranten in die USA zu, die aus Argentinien oder Kolumbien stammen (vgl. PORTES/BENTON 1984). Die andere stuft die Absorptionsfähigkeit der modernen Ökonomie geringer ein als sie sich in den hohen jährlichen Zuwachsraten der Industriebeschäftigung ausdrückt (vgl. OTERO 1989). Die hohen relativen Werte gehen z.T. auf die kleinen Ausgangsgröße im Jahre 1950 zurück. Dieser statistische Basiseffekt wirkt sich bei der absoluten Zunahme nicht aus, die deutlich unter dem Rückgang der Erwerbstätigenzahlen in der Landwirtschaft lag. Um diesen aufzufangen, wäre eine Steigerung der Beschäftigten im modernen Sektor von 6,3 % pro Jahr zwischen 1950 und 1980 notwendig gewesen und nicht nur von 4,2 %, die sich tatsächlich errechneten. Kostengründe verhinderten diese zusätzliche Expansion, da die Schaffung neuer Arbeitsplätze, z.B. wegen einer erforderlichen Verbesserung der Infrastruktur, der Verwendung neuer Technologien und der Steigerung der Lohnnebenkosten, nicht rentabel erschien. Aus diesem Grunde verlagerten Unternehmen, die dem modernen Sektor zuzurechnen sind, teilweise ihre Herstellung in den weniger produktiven Bereich. Beispielhaft sei die Studie von SCHMUKLER (1979) über die Textil- und Bekleidungsindustrie in Argentinien erwähnt. Größere Firmen bevorzugten die Produktion leicht zu standardisierender Waren, die einen Maschineneinsatz erlaubten und von denen eine vergleichsweise stabile und große Nachfrage zu erwarten war. Dagegen verpflichteten die gleichen Unternehmen auf vertraglicher Basis kleine Betriebe für die Erzeugung aller Güter, die eine hohe Flexibilität bezüglich Herstellung sowie Absatz erforderten und sich durch eine höhere Arbeitsintensität auszeichneten. SCHMUKLER (1979) betonte, daß diese Aufteilungs- und Verlagerungstendenzen zugunsten von Betrieben mit nicht-moderner Organisationsstruktur nicht als Relikt der Textil- und Bekleidungsindustrie zu werten ist, sondern mit dem wachsenden Einfluß gewerkschaftlicher Macht in Argentinien, die vor allem seit der

Regierung Perón, wieder an Bedeutung gewann (vgl. Kap. 6.2.1).

Um diese unterschiedlich strukturierten Segmente der Ökonomie und des Arbeitsmarktes zu kennzeichnen, gibt es mehrere Begriffspaare, wie
- *modern vs. traditionell*, das sich auf die eingesetzte Technologie bezieht,
- *Firmen- vs. Bazarökonomie*, das die verschiedenen Organisationsformen betont, oder
- *upper vs. lower circuits*, das die funktionale Verflechtung beider Sektoren hervorhebt (vgl. SETHURAMAN 1976, SANTOS 1979, PAPOLA 1980, ELWERT/EVERS/WILKENS 1983, HERRLE 1983).

Um die Dichotomie in der Wirtschaftsstruktur von Entwicklungsländern zu beschreiben, gebrauchte HART (1973) bei einer Untersuchung über Städte in Ghana die beiden Kategorien *formell vs. informell*. HART stellte für Neuankömmlinge in Accra fest, daß sie ihr Einkommen vornehmlich aus Tätigkeiten auf eigene Rechnung wie etwa Schuheputzen, Glücksspiel, Haareschneiden und vieles mehr bezogen. Diese Zuwanderer blieben in der Regel vom offiziellen Arbeitsmarkt aufgrund der geringen Nachfrage nach Arbeitskräften mit fehlenden Fachkenntnissen und mangelhafter Schulbildung ausgeschlossen.

Diese Begriffsbildung machte sich wenig später die *International Labour Organization* (*ILO*) zu eigen, als sie in Kenia die Beschäftigungssituation und mögliche Strategien zu ihrer Verbesserung untersuchte. Zwei Argumente legten die Verwendung des Begriffspaares *formell-informell* nahe:
1. Die Bezeichnung enthält keine Wertung, wie z.B. *modern-traditionell*, die doch eine gewisse Herabsetzung einheimischer Produktionsweisen zum Ausdruck bringt, und hebt nicht nur ein Merkmal wie z.B. *upper-lower circuits* hervor.
2. Sie beachtet aufgrund der Analyse von HART (1973) stärker die städtischen Arbeitsmarktprobleme und begünstigt damit die Einbeziehung der Interessen von Entwicklungsländern, finanzielle Förderungsmaßnahmen von Industriestaaten zielgerechter einzusetzen.

Um diese Zielgruppe für die staatliche Politik in den Ländern der Dritten Welt in ihrer wirtschaftlichen Bedeutung besser zu erfassen, bezog die *ILO* ihre Definition nicht wie HART (1973) auf die Erwerbstätigen, sondern auf Betriebseinheiten und ordnete nach deren Zugehörigkeit die Arbeitskräfte dem informellen oder formellen Sektor zu. Da allerdings eine Abgrenzung mit Hilfe der offiziellen Statistik nur sehr ungenau möglich war, behalf sich die *ILO* damit, Betriebe, die dem informellen Sektor angehörten, durch das Zutreffen mehrerer Variablen zu beschreiben und den formellen Bereich als Komplement festzulegen. Gemäß der Definition der *ILO* weist der informelle Sektor folgende Eigenschaften auf (vgl. WEEKS 1975, SETHURAMAN 1976, ACHARYA 1983, OTERO 1989):
- Er ist für neue Betriebe leicht zugänglich.
- Er besteht in den meisten Fällen aus kleinen Familienunternehmen, die einheimische Rohstoffe verwenden, sich auf kleine Produktionsmengen für staatlich nicht regulierte und freie Märkte konzentrieren und sich arbeitsintensiver Technologien bedienen.
- Die Beschäftigten haben ihre Fertigkeiten außerhalb des öffentlichen Bildungssystems erworben.

WEEKS (1975) hob die fehlende staatliche Unterstützung für die dem informellen Sektor zuzurechnenden Betriebe hervor. Dadurch produzieren und vermarkten sie ihre Waren außerhalb des Wirkungsbereiches der Regierung, so daß ihnen der offizielle Kreditmarkt verwehrt und damit die Einführung moderner Technologien erschwert ist. Demgemäß zeichnet sich der formelle Sektor durch entgegengesetzte Merkmalsausprägungen aus:
- Der Zugang für neue Betriebe ist wegen staatlicher Vorschriften reglementiert.
- Die Unternehmen verwenden häufig importierte Rohstoffe.
- Sie stellen in großem Umfange standardisierte Produkte her und setzen sie auf Märkten ab, die durch Tarife, Quotensysteme und Lizenzen geschützt sind.
- Sie gebrauchen kapitalintensive Technologien, ihre Beschäftigten haben in der Mehrzahl einen formellen Ausbildungsabschluß, und der Ausländeranteil an den Arbeitskräften ist recht hoch.

Die benutzten Merkmale zur Abgrenzung zwischen formellem und informellem Sektor verdeutlichen den Versuch, sich bei Analysen über den ökonomischen Fortschritt in Entwicklungsländern stärker den unteren Sozialschichten hinzuwenden (vgl. HEMMER/MANNEL 1988). Doch besteht bei dieser Definition die Gefahr, den informellen Bereich als weitgehend isoliertes und homogenes Segment der nationalen Wirtschaft aufzufassen.

Die erste Eigenschaft trifft jedoch nur bedingt zu, wie aus der Untersuchung von SCHMUK-LER (1979) über die argentinische Textil- und Bekleidungsindustrie abzuleiten ist. Weitere Beispiele für die zum Teil enge Verflechtung beider Sektoren - den ambulanten Handel betreffend - geben u.a. (vgl. auch ACHARYA 1983, ELWERT/EVERS/WILKENS 1983, PORTES/BENTON 1984, ELWERT 1985):
- BROMLEY (1978), der die Abhängigkeit ambulanter Händler in Cali (Kolumbien) von Unternehmen, für die sie Waren verkauften, aufzeigte,
- BIRBECK (1978), der auf die Bedeutung von Müllsammlern in Cali für die Versorgung der Industrie mit Rohstoffen hinwies,
- MÖLLER (1979), der den Vertrieb von Nahrungsmitteln und von Lederwaren, hergestellt von formellen Betrieben, durch Straßenverkäufer in Lima darstellte, und
- PRATES (1983), die die Vergabe von Heimarbeit vorwiegend an Frauen, die über gute berufliche Fertigkeiten verfügten, in Montevideo beschrieb.

Diese Beispiele belegen nicht nur die z.T. enge Verflechtung beider Segmente (vgl. auch Kap. 6.3), sondern auch eine größere Bedeutung der modernen Industrie für die Beschäftigungssituation in Entwicklungsländern als sie in den offiziellen Statistiken zum Ausdruck kommt. Betriebswirtschaftliche Gründe spielen für die Verlagerung der Herstellung in den informellen Sektor eine wichtige Rolle, da hier die Arbeitskräfte in Abhängigkeit von Produktions- und Absatzlage flexibel eingesetzt werden können und dadurch z.B. für den Export entscheidende Kostenersparnisse entstehen. "Die wirtschaftliche Entwicklung im Sinne eines grundlegenden Strukturwandels und einer fortschrittsgerechten Arbeitsteilung wird dadurch aber eher verzögert als beschleunigt. Statt den informellen Sektor leistungsfähiger zu machen, wird er aufgebläht." (WANDER 1987, S. 57).

Auch die zweite Eigenschaft, daß der informelle Sektor vergleichsweise homogen ist, trifft nicht zu. Bereits HART (1973) unterschied zwischen legitimen und illegitimen Aktivitäten. Weiterhin ist es möglich, das Segment hinsichtlich der Regularität von Arbeit und Einkommen aufzuteilen. Tätigkeiten mit ausgesprochen unregelmäßigem Charakter sind Betteln oder Autowaschen, während sich der ambulante Handel oder Reparaturarbeiten durch eine gewisse Kontinuität auszeichnen. Selbst die genannten Merkmale sind für eine Zuordnung nicht immer befriedigend, da sie sich teilweise gegenseitig ausschließen (vgl. PAPOLA 1980). Informell funktionierende Betriebe kennen kaum eine Aufgabenspezialisierung zwischen verschiedenen Arbeitskräften. Häufig führt eine Person alle erforderlichen Arbeiten aus. Bei notwendiger Mehrarbeit ist aber nicht eine erhöhte Produktivität das Ziel, sondern vielmehr der zusätzliche Einsatz von Familienangehörigen. Denn der informelle Sektor unterliegt dem *Versorgungsprinzip* und nicht der *Gewinnmaximierung*, d.h. es geht in erster Linie um die Zahl von Arbeitskräften, die den bestmöglichen Unterhalt der Familie gewährleisten (WANDER 1987, S. 58). Damit kann aber nicht ausgeschlossen werden, daß ein kleines Familienunternehmen durchaus formal organisiert ist und moderne Technologien im Produktionsprozeß einsetzt. Entscheidend für dieses Problem ist, daß Variablen, die zur Abgrenzung des informellen Sektors herangezogen werden, in der Realität sich überschneidende Teilmengen ökonomischer Aktivitäten erfassen (vgl. GUERGUIL 1988, HEMMER/MANNEL 1988). Trotz dieser Schwierigkeiten wird am Begriffspaar *formell vs. informell* festgehalten, da dadurch besser als mit Bezeichnungen, wie z.B. *modern vs. traditionell*, die wichtige Funktion der Einkommensmöglichkeit für die städtischen Armen und die Verflechtung zur modernen oder formellen Wirtschaft zum Ausdruck kommt.

Schätzungen über den Beschäftigtenanteil im informellen Sektor weisen eine große Spannweite auf. Eine Zusammenstellung von SETHURAMAN (1981, S. 214) für Städte in Afrika, Asien und Lateinamerika gibt Werte zwischen 20 % und 70 % an. ROJAS-ALBONICO (1986) geht davon aus, daß sich seit der Rezession Anfang der 80er Jahre der Anteil der Arbeitskräfte in Lima, der mit dem informellen Sektor verbunden ist, auf 70 % erhöhte und heute etwa 60 % des Bruttosozialproduktes erzeugt. Für manche Wirtschaftsbereiche liegt der entsprechende Beschäftigtenanteil in der Hauptstadt Perus mit 90 % in der Bekleidungs-, 85 % in der Möbelindustrie und 85 % im Transportwesen noch deutlich darüber.

Die breit gestreuten Ergebnisse über die Größe des informellen Sektors sind weniger auf gegenwärtige ökonomische Strukturunterschiede in den Ländern zurückzuführen, sondern vielmehr auf methodische und statistische Probleme. Erstens verwenden die einzelnen Untersuchungen verschiedene Kriterien zur Abschätzung. Zweitens ist es aufgrund des erwähnten Versorgungsprinzips schwierig, das Arbeitskräftepotential zu ermitteln, da z.B. Familienangehörige je nach Bedarf in den Produktionsprozeß einbezogen werden. Damit besteht aber ein fließender Übergang zwischen Beschäftigung und Erwerbslosigkeit. Drittens registriert die amtliche Statistik nur wenige Betriebe des informellen Sektors (HERRLE 1983, S. 51). Es ist schwierig, die ökonomischen Betätigungen von Haushaltsaktivitäten zu trennen, zeitlich und räumlich mobile Tätigkeiten zu erfassen oder den wirtschaftlichen Wert der Einweisung zahlreicher analphabetischer Zuwanderer in Fertigungskenntnisse zu messen.

Die bisherigen Ausführungen heben die Schwierigkeiten hervor, den informellen Sektor als ein eindeutig abzugrenzendes Segment der Volkswirtschaft in Ländern der Dritten Welt zu definieren. Um jedoch eine wirkungsvolle Förderung auch wegen entwicklungspolitischer Motive betreiben zu können, ist aber eine möglichst klare und einfache Zuordnung der Betriebe erforderlich. Ein Merkmal ist die geringe Größe der Produktionseinheiten, ein Indikator, der auch in der amtlichen Statistik zur Verfügung steht. Die Unterstützung dieser Betriebe kann allerdings nicht nach einem einheitlichen Konzept erfolgen, da sie keine homogene Gruppe bilden, sollte sich aber zumindest an drei Zielen orientieren (vgl. HERRLE 1983, WANDER 1987):

1. Steigerung der Produktivität,
2. Verbesserung der Vermarktung und
3. Stärkung des verarbeitenden Gewerbes.

Um in dieser Richtung Fortschritte zu erzielen, ist es vor allem notwendig, die Zugänglichkeit der kleinen Unternehmen zu billigen Rohstoffen und Kapital zu marktgerechten Bedingungen zu verbessern. Die damit einhergehende Umverteilung der Finanzmittel vom formellen in den informellen Sektor ist auch damit zu rechtfertigen, daß diese Kleinstbetriebe "in der Lage sind, sich wechselnden Produktions- und Absatzverhältnissen anzupassen und unter schwierigen Bedingungen immer neue Wege der Existenzsicherung ausfindig zu machen. Das sind wichtige Qualitäten, die es zu nutzen gilt, wenn der Sektor insgesamt produktiver und aufnahmefähiger für familienfremde Arbeitskräfte werden soll" (WANDER 1987, S. 65).

Trotz der umfangreichen Literatur bleibt die Frage offen, ob die Größe des informellen Sektors als Indikator für den Entwicklungsstand eines Landes gelten kann und ob er sich in Zukunft durch den ökonomischen Fortschritt in den modernen Bereich integriert oder vielmehr ein fester Bestandteil der Weltwirtschaft ist, also auch in den Industrieländern eine wachsende Bedeutung gewinnen wird, z.B. als Konsequenz einer anhaltenden Arbeitslosigkeit. Um dieses Problem etwas zu beleuchten, wird im folgenden Kapitel auf die Entwicklung des informellen Sektors in Argentinien und Uruguay eingegangen.

6.2 Der informelle Sektor in Argentinien und Uruguay

Bevor im Kapitel 6.3 die Befragungsergebnisse der ambulanten Händler im Stadtzentrum von Montevideo vorgestellt werden, steht die Entwicklung des informellen Sektors in Argentinien und Uruguay im Vordergrund. Dabei wird aus Vergleichsgründen über eine Erhebung kleiner Betriebe im Großraum von Buenos Aires ausführlicher berichtet.

6.2.1 Die Entwicklung des informellen Sektors in Argentinien

Erste Studien über die Bedeutung des informellen Sektors für die argentinische Ökonomie entstanden Mitte der 70er Jahre und befaßten sich vor allem mit seinen Effekten auf die Beschäftigung innerhalb der städtischen Arbeitsmärkte (vgl. SANCHEZ/FERRERO 1979).

Dabei standen oftmals Fragen der Steuerhinterziehung im Vordergrund und weniger der Beitrag des informellen Sektors zum Bruttoinlandsprodukt. Dessen Anteil am BIP im Zeitraum von 1931 bis 1983 versuchte GUISSARRI (1986) für Argentinien, mit Hilfe der Geldmengenveränderungen zu schätzen. Er gliederte die wirtschaftliche Entwicklung des Landes in sechs Phasen mit unterschiedlichem Wachstum des formellen und informellen Sektors (vgl. Tab. 43, FREDIANI 1989). Insgesamt erreichten die wirtschaftlichen Leistung des informellen Sektors mit 5,8 % deutlich höhere jährliche Wachstumsraten als das Bruttoinlandsprodukt mit nur 3,4 %. Aus Tabelle 43 ist zu ersehen, daß insbesondere während peronistisch geführter Regierungen der informelle Bereich mit 16 % und mehr sehr stark expandierte. Diese zeitliche Kongruenz weist auf die Bedeutung der nationalen Wirtschaftspolitik hin, die unter Perón z.B. von einem starken staatlichen Engagement im Wirtschaftsgeschehen, insbesondere von massiven Eingriffen in die Lohn- und Preisgestaltung, geprägt war (vgl. EPSTEIN 1987, GACHNANG 1988, GANS 1990). Wichtige Faktoren mit hohem Einfluß auf die Entwicklung des informellen Sektors sind demnach die öffentlichen Ausgaben gemessen am Investitionsaufkommen und damit eng verknüpft die steuerliche Belastung der Unternehmen. Nach GUISSARRI (1986) muß man zur Erklärung des expandierenden informellen Sektors weiterhin die Inflation sowie die Spanne zwischen offiziellem und marginalem Wechselkurs des US-Dollars heranziehen.

Tab. 43: Entwicklung des Bruttoinlandsproduktes und des informellen Sektors in Argentinien (1931 - 1983)

Zeitraum	Anteil des informellen Sektors am BIP	jährliche Wachstumsrate informeller Sektor	BIP
1931 - 1946	19 %	7,0 %	3,7 %
1947 - 1955	38 %	16,0 %	6,2 %
1956 - 1972	29 %	0,6 %	2,7 %
1973 - 1976	39 %	16,4 %	6,5 %
1977 - 1980	34 %	0,2 %	1,7 %
1981 - 1983	38 %	-2,8 %	-3,0 %
1931 - 1983		5,8 %	3,4 %

Quelle: GUISSARRI (1986), FREDIANI (1989); eigene Auswertung

Tabelle 43 verdeutlicht außerdem, daß seit Mitte der 70er Jahre mindestens ein Drittel der ökonomischen Leistung der argentinischen Volkswirtschaft auf den informellen Sektor entfällt. Entsprechend diesem Anteil sind seine Effekte für den Arbeitsmarkt und für Haushalte, Einkünfte zu erzielen, relativ hoch einzuordnen. Diese Bedeutung untersuchten MANN/DELONS (1987) mit Hilfe einer 1980 im Großraum von Buenos Aires durchgeführten Befragung von 845 Kleinbetrieben mit höchstens fünf Beschäftigten. In der Mehrzahl (58 %) handelte es sich um Ein-Mann-Unternehmen, und nur in 18 % der Fälle waren noch Beschäftigte angestellt. Die Aktivitäten dieser Betriebe spiegelten die Wirtschaftsstruktur des Großraumes wider: 20 % waren im produktiven Bereich, 11 % in der Bauindustrie, 41 % im Groß- und Einzelhandel und 27 % im Dienstleistungssektor engagiert. Dieses breite Spektrum deutet auf eine gewisse Stabilität der Unternehmen hin, die sich auch aus Merkmalen der Inhaber selbst ergab: etwa 75 % waren Haushaltsvorstände, zwei Drittel älter als 40 Jahre, und fast 50 % der Befragten gingen dieser Beschäftigung schon mindestens zehn Jahre nach. Die Ergebnisse lassen in Übereinstimmung mit den Angaben in Tabelle 43 den Schluß zu, daß der informelle Sektor weder eine vorübergehende Erscheinung noch eine marginale Position im Wirtschaftsleben Argentiniens einnimmt.

Die Motivation der Befragten, auf eigene Rechnung zu arbeiten, ergab sich im wesentlichen aus den Einkommensunterschieden von bezahlter und selbständiger Tätigkeit (vgl. Kap. 6.3). Die ökonomische Liberalisierung, die die Militärregierung nach 1976 durchsetzte, hatte nicht nur einen Arbeitsplatzabbau in der Industrie zur Folge, sondern aufgrund eines Lohnstopps sowie des Verbots der Gewerkschaften einen drastischen Rückgang der Realeinkommen von 40 % innerhalb eines Jahres (vgl. GANS 1990). Dieser Verlust erhöhte die Anziehungskraft informeller Aktivitäten und verdeutlicht, warum zwischen 1976 und 1980 etwa ein Sechstel der Befragten in den informellen Sektor übergewechselt waren. Denn die Interviews belegten, daß die selbständig Arbeitenden im produktiven Bereich ca. 5 % bis 20 % und im Einzelhandel fast 40 % mehr verdienten als Personen, die einer entsprechenden formalen Beschäftigung nachgingen, obwohl gerade die Kleinbetriebe in diesen beiden Sektoren gemäß der Befragung unterdurchschnittliche Einkünfte erzielten. So war trotz der hohen Spannweite der Einnahmen die Erwartung, im informellen Bereich mehr Geld als bei einem formellen Arbeitsplatz einnehmen zu können, das ausschlaggebende Motiv, eine selbständige Tätigkeit auszuüben.

MANN/DELONS (1987) hoben abschließend hervor, daß der informelle Sektor im Großraum von Buenos Aires eine sehr stabile Position innehat. Diese Stellung beruht nicht zuletzt auf der Nachfrage, die aus dem formellen Bereich stammte. Auch hierin zeigt sich wieder die enge Verflechtung beider Sektoren, auf die bereits SCHMUKLER (1979) hinwies.

6.2.2 Die zunehmende Bedeutung des informellen Sektors in Uruguay

Uruguay hat trotz der anwachsenden ökonomischen Probleme seit 1955 einen vergleichsweise hohen Entwicklungsstand erreicht (vgl. Tab. 2), was auch die Zuordnung des Landes zu den Staaten der oberen Einkommenskategorie bestätigt (vgl. Weltbank 1987). Doch verzeichnete seit 1950 der formelle städtische Sektor, der sich weitgehend auf Montevideo beschränkt, eine außerordentliche Stabilität seiner Bedeutung: 63,3 % der Erwerbstätigen waren sowohl 1950 als auch 1980 in diesem Bereich beschäftigt, während sich im gleichen Zeitraum der Anteil des informellen Sektors von 14,5 % auf 19,0 % erhöhte (PORTES/BENTON 1984, S. 593). Der Anstieg der absoluten Arbeitsplatzzahlen im modernen Wirtschaftsbereich blieb somit hinter der Nachfrage der Bevölkerung im erwerbsfähigen Alter zurück. Zu berücksichtigen ist allerdings, daß der informelle Sektor bis 1970 zunächst an Bedeutung verlor. So schätzt MESA-LAGO (1978) den Anteil der Beschäftigten, die im Jahre 1970 keine Sozialversicherungsbeiträge leisteten, an der Zahl aller Personen im erwerbsfähigen Alter auf weniger als 10 %. Dieser im Vergleich zu 1950 kleinere prozentuale Betrag weist zwar auf den Übergangscharakter des informellen Sektors hin, doch seine anschließende Erhöhung auf den doppelten Wert steht dieser Interpretation entgegen.

Diese Veränderung beider Sektoren vollzog sich trotz der geringen Zunahme der Einwohnerzahlen Montevideos. Da vor allem der Einfluß der Migration aus dem *Interior* in die Hauptstadt nach 1950 auf deren Bevölkerungsentwicklung zu vernachlässigen ist, kann für die
steigende Bedeutung des informellen Sektors seine in vielen Ländern der Dritten Welt übliche
Auffangfunktion für Zuwanderer nicht in Frage kommen. Im Falle von Uruguay lassen sich
daher unter Berücksichtigung der Ausführungen im Kapitel 6.1 drei Thesen zur Entwicklung
des informellen Sektors aufstellen:

1. Die starke Position der Gewerkschaften im sozialen Leben des Landes sowie die intensive
   staatliche Regulierung aller Wirtschaftsaktivitäten verteuerten ähnlich wie in Argentinien
   die Schaffung neuer Arbeitsplätze beträchtlich, so daß sich eine Expansion des modernen
   Sektors wegen Rentabilitätsüberlegungen der Unternehmen auf das Notwendigste beschränkte. Dies galt um so mehr, da hohe Importzölle eine den Löhnen entsprechende Produktivitätssteigerung verhinderten.
2. Die neoliberale Wirtschaftspolitik der Militärregierung nach 1973 zwang zahlreiche Haushalte unterer und mittlerer Sozialschichten, sich nach zusätzlichen Verdienstmöglichkeiten
   umzusehen, damit sie kein gravierendes Absinken des Lebensstandards erfuhren. Die
   Militärs gingen davon aus, daß die Schaffung neuer Arbeitsplätze direkt von der Höhe der
   Investitionsrate abhängt. Dieses Ziel war nach ihren Vorstellungen um so schneller zu
   erreichen, je niedriger die Reallöhne und je höher die Unternehmensgewinne sind. Als
   Folge ergab sich für die Haushalte, daß sinkenden Einnahmen erhöhten Ausgaben, vor
   allem bei den Mietpreisen, gegenüberstanden. Die unteren Einkommensgruppen der Bevölkerung, die davon am stärksten betroffen waren, reagierten mit einer Strategie, die gleichzeitig zwei Ziele verfolgte: Senken der Ausgaben, z.B. durch gemeinsame Nutzung einer
   Wohnung mit verwandten oder bekannten Familien, und Erhöhen der Einnahmen, vornehmlich durch die Ausschöpfung des verfügbaren Arbeitskräftepotentials innerhalb der Haushalte. Die aufgrund dieser Zielsetzung zusätzlich auf den Arbeitsmarkt drängenden Erwerbspersonen fanden hauptsächlich im informellen Sektor eine Verdienstmöglichkeit. Die
   neoliberale Wirtschaftspolitik hatte demgemäß eher die Stärkung informeller Aktivitäten
   zur Folge und weniger eine Beschäftigungsvermehrung im formellen Sektor, der zudem
   Rationalisierungen zu Produktivitätssteigerungen nutzte. Die Betriebe bewerteten außerdem
   die hohe Flexibilität und niedrigen Lohnkosten der Arbeitskräfte im informellen Sektor
   positiv, wie die Untersuchung von PRATES (1983) zeigte.
3. Sinkende Reallöhne für die im modernen Wirtschaftsbereich beschäftigten Personen erhöhten die Attraktivität informeller Aktivitäten zur Einkommensgestaltung. Mehrere Untersuchungen (vgl. URREA 1982, PORTES/BLITZER/CURTIS 1986) belegten, daß Arbeiter,
   vor allem wenn sie Betätigungen auf eigener Rechnung nachgingen, deutlich mehr als den
   gesetzlich vorgeschriebenen Mindestmonatslohn verdienten.

Zur Überprüfung dieser drei Thesen wird zunächst die wirtschaftliche Entwicklung Uruguays
seit 1972 dargestellt, um auch die für den Lebensstandard zahlreicher Haushalte wirksamen
ökonomischen Rahmenbedingungen erkennen zu können. Die anschließende Auswertung
verschiedener Untersuchungen (vgl. AGUIRRE 1986, CANZANI 1986, MOREIRA 1986,

PORTES/BLITZER/CURTIS 1986) mit dem Ziel, die Bedeutung der Einkommens- und Beschäftigungsmöglichkeiten im formellen und informellen Sektor zu erfassen, wird mit den Ergebnissen der Haushaltsbefragung in der Altstadt Montevideos verglichen (vgl. Kap. 5.3).

Abb. 31: Veränderung dreier Indikatoren zur Kennzeichnung der wirtschaftlichen Entwicklung Uruguays seit 1972

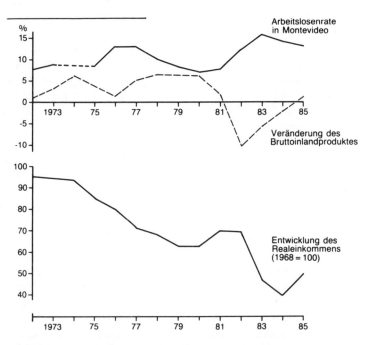

Quelle: ASTORI (1981), *CEPAL* (1986), VEIGA (1984); eigene Auswertung

Die Veränderung dreier Indikatoren zwischen 1973 bis 1985 soll genügen, um die Auswirkungen der wirtschaftlichen Entwicklung auf die finanzielle Situation der Haushalte zu erkennen (vgl. Abb. 31). Die Entwicklung des Bruttoinlandsproduktes vermittelt auf den ersten Blick einen positiven Eindruck. Nach fast 20jähriger Stagnation mit einem Wachstum von insgesamt nur 1 % lag zwischen 1974 und 1981 die jährliche Zunahme häufig bei etwa 5 %, und die Investitionsrate erreichte im Jahre 1978 mit 18,9 % ein Rekordniveau nach 1960. Der konjunkturelle Einbruch im Jahre 1982 mit einem Rückgang des Bruttoinlandsproduktes von 10,2 % und die langsame Erholung anschließend relativieren jedoch den ökonomischen Erfolg der Regierung. Seine positiven Folgen für breite Bevölkerungsschichten sind erst recht anzuzweifeln, wenn man berücksichtigt, daß sich Einkünfte aus Kapitalanlagen zwischen 1973 und 1979 verdoppelten, jedoch Einnahmen aufgrund eines Beschäftigungsverhältnisses um fast 10 % zurückgingen. Diese Veränderungen weisen auf eine beschleunigte Konzentration der Einkommen hin. Haushalte unterer Sozialgruppen profitierten nur wenig von der positiven wirtschaftlichen Entwicklung (vgl. VEIGA 1984). Diese Folgerung bestätigt sich sowohl in der verschlechterten Beschäftigungssituation als auch im Zurückgehen der Realeinkommen (vgl. Abb. 31).

Die Arbeitslosigkeit schwankte im Zeitraum von 1968 bis 1973 zwischen 7,3 % und 8,9 % (vgl. Abb. 31). Dann erfolgte im Jahre 1976 ein markanter Anstieg auf 13 %, dessen Ursachen im wesentlichen in den sinkenden Realeinkommen der Haushalte lag. Erhöhten sich diese zwischen 1968 und 1971 noch um 16 %, so verringerten sie sich im anschließenden Zeitraum kontinuierlich trotz der zum Teil sehr guten Konjunktur in Uruguay: Bis 1976 gingen sie um 44 % zurück, bis 1984 nochmals um weitere 20 %, bei Rentnern insgesamt sogar um 70 %. Erst 1985 ist durch die gemäßigtere Wirtschaftspolitik der demokratisch gewählten Regierung eine gewisse Entspannung festzustellen (vgl. MELGAR 1988). Die Verschärfung sozialer und ökonomischer Probleme konnte ein Teil der Haushalte vor 1975 durch die Auswanderung vor allem nach Argentinien (vgl. SIERRA 1978) auffangen. Allerdings verschlechterte sich dann im Nachbarland die wirtschaftliche Situation, so daß die Emigration keine Alternative mehr bot. Die Haushalte reagierten nun mit einer stärkeren Ausschöpfung ihres Erwerbstätigenpotentials: So stieg die Erwerbsquote im Jahre 1976 um fast 5 % auf 53,4 % und nach 1982 auf 58,5 % (1986; vgl. MELGAR 1988. Vor allem Frauen, Jugendliche zwischen 14 und 19 Jahren sowie ältere Menschen suchten verstärkt nach einem Arbeitsplatz, so daß die angestiegene Nachfrage eine Zunahme der Arbeitslosigkeit zur Folge hatte.

Nach 1977 wirkten sich die Exportförderung sowie der mit der Bodenspekulation verbundene Bauboom positiv auf den Arbeitsmarkt aus. Die Arbeitslosigkeit verringerte sich auf etwas über 7 %. Bei diesem Rückgang ist allerdings zu berücksichtigen, daß 14 Jahre zuvor der gleiche Wert vorlag und dies, obwohl in der Zwischenzeit das Bruttoinlandsprodukt hohe jährliche Wachstumsraten aufgewiesen hatte und seit den 60er Jahren viele Arbeitskräfte durch die Abwanderung ins Ausland den Arbeitsmarkt entlastet hatten. Außerdem profitierten von der neoliberalen Politik einzelne Wirtschaftsbereiche stärker als andere, insbesondere das Baugewerbe, die exportorientierte Textil- und Bekleidungsindustrie, die Lederherstellung sowie die mit dem Finanzsektor verbundenen Dienstleistungen. Die Beschäftigungseffekte der finanz- und wirtschaftspolitischen Maßnahmen der Militärregierungen sind insgesamt als gering einzuschätzen, vor allem da bereits zu Beginn der 80er Jahre die Arbeitslosigkeit infolge des konjunkturellen Einbruchs sprunghaft in die Höhe ging und mit 15 % ihr bisheriges Rekordniveau erreichte.

Zu den sinkenden Realeinkommen kam seit der Machtübernahme der Militärs der Abbau der Sozialleistungen hinzu. Die staatlichen Ausgaben für das Gesundheitswesen, für den Bildungsbereich oder für die Alterssicherung wurden gekürzt und gleichzeitig die Beiträge erhöht (AGUIRRE 1986, S. 20). Die Regierung zog sich auch aus der sozialen Verantwortung im Wohnungswesen zurück, was eine starke Belastung gerade der unteren Einkommensgruppen bedeutete (vgl. Kap. 3.2.6, 5.3). Insgesamt muß man feststellen, daß sich zwischen 1973 und 1986 die soziale und wirtschaftliche Situation der Haushalte in Uruguay drastisch verschlechterte: Sinkende Einkommen und steigende Arbeitslosigkeit eröffneten der Bevölkerung bei zunehmenden sozialen Gegensätzen nur geringe Zukunftsperspektiven (vgl. VEIGA 1984).

Tab. 44: Erwerbstätige nach Stellung im Beruf (Montevideo 1968 - 1985; Angaben in %)

Stellung im Beruf	1968	1973	1976	1979	1983	1985
Angestellter, Arbeiter	78,6	78,2	78,5	80,9	73,8	74,3
Selbständige, *patrones*	7,6	6,0	5,4	3,7 ⎫		
				⎬ 26,2	21,6
Arbeiter auf eigene Rechnung	10,4	14,8	14,8	14,0 ⎭		
mithelfende Familien-						
angehörige	3,4	1,0	1,3	1,4	1,0	4,1

Quelle: AGUIRRE (1986), *Encuesta Nacional de Hogares* 1985 (1986); eigene Auswertung

Aus Tabelle 44 ist zu erkennen, daß sich mit der Rezession in den 80er Jahren bei der beruflichen Position der Erwerbstätigen eine markante Veränderung vollzog. Der Anteil jener Personen, die über ein festes Gehalt verfügten, ging deutlich zurück, während gleichzeitig die Bedeutung der Selbständigen, der Arbeiter auf eigene Rechnung sowie der mithelfenden Familienangehörigen zunahm. Dieser Anstieg des informellen Sektors hing einerseits mit dem Bestreben der Haushalte aus unteren Sozialschichten nach zusätzlichen Einkommensquellen zusammen und andererseits mit der Verlagerung von Arbeit aus dem formellen in den informellen Sektor, da die Unternehmen Lohn- und Sozialkosten einsparen wollten (AGUIRRE 1986, S. 25).

Auf diese Veränderungen weisen auch die Befragungsergebnisse von 700 Haushalten in Montevideo hin (Ende 1983/Anfang 1984), über die PORTES/BLITZER/CURTIS (1986) berichteten. Ein Vergleich der beruflichen Stellung des Haushaltsvorstandes (für n=420 Fälle auswertbar) im Jahre 1980 mit der 1984 belegt den Rückgang fest bezahlter Tätigkeiten von 79,3 % auf 74,8 %, während sich der Anteil der Personen, die auf eigene Rechnung arbeiteten, seit 1980 um 4,5 % auf 25,2 % steigerte. Die Gegenüberstellung der Einkommensquelle von Vater und Sohn (für n=394 Fälle) bekräftigt zwar einerseits die weitgehende Formalisierung der Beschäftigungsverhältnisse in der uruguayischen Wirtschaft. Denn immerhin gingen in 68 % der befragten Haushalte beide Generationen einer beruflichen Aktivität mit Sozialversicherung nach. Andererseits lag aber der Anteil dieser Tätigkeiten, wenn man jede Generation unabhängig voneinander betrachtete, bei den Jüngeren mit 70 % deutlich unter dem der Älteren mit 79,2 %. Diese Werte dokumentieren die soziale Orientierung des Staates bis 1973, die mit einem hohen Einfluß der Gewerkschaften im tariflichen Bereich einherging. Allerdings mußte die Regierung schon in den 30er Jahren die Wirtschaft zunehmend formalisieren, um neue Arbeitsplätze zu schaffen sowie die zur Finanzierung ihrer Sozialpolitik notwendigen höheren Steuereinnahmen zu erzielen (AGUIRRE 1986, S. 18). Die ersten Gesetze mit dieser Absicht (*leyes de fiscalización*) wurden 1934 erlassen und richteten sich vor allem gegen verbotenerweise produzierende Betriebe (*talleres clandestinos*). Sie schränkten weiterhin die Kinderarbeit ein, setzten Mindestbezahlungen für Heimarbeit fest und führten den Mutterschaftsurlaub ein. Der Binnenmarkt des kleinen Landes begrenzte aber die Expansion der überwiegend handwerklich organisierten Unternehmen insbesondere mit dem Beginn der ökonomischen Probleme seit 1955. Diese strukturelle Eigenschaft der uruguayischen Wirtschaft blieb erhalten, so daß 1973 die Basis für die Ausweitung des informellen Sektors gegeben war.

Die Befragungen von PORTES/BLITZER/CURTIS (1986) verdeutlichen aber, daß die Mehrzahl der Personen im erwerbsfähigen Alter nur aus einem Sektor Einkünfte erzielte. Demnach vollzog sich die Verknüpfung beider Wirtschaftsbereiche auf der Haushaltsebene. Diese Behauptung ergab sich aus den Überlegungen zu den Strategien von Familien unterer Sozialschichten, durch Ausschöpfung ihres Arbeitskräftepotentials die Einnahmen zu vergrößern. Zur Überprüfung ordneten PORTES/BLITZER/CURTIS (1986) die befragten Haushalte je nach der ausgeübten Tätigkeit der einzelnen Mitglieder verschiedenen Kategorien zu:

Typ 1: Die Familie bezog ihr Einkommen nur aus formellen Beschäftigungen.

Typ 2: Der Haushaltsvorstand übte einen formellen Beruf aus, andere Personen informelle Tätigkeiten.

Typ 3: Der Haushaltsvorstand ging einer informellen Aktivität nach, andere Mitglieder einer formellen.

Typ 4: Die Familie hatte Einkünfte nur aus dem informellen Sektor.

Die Ergebnisse von PORTES/BLITZER/CURTIS (1986, S. 731, 734) in Tabelle 45 lassen sich in vier Aussagen zusammenfassen:

1. Die Mehrheit der Haushalte verfügte über Einkommen aus Beschäftigungen, die entweder dem formellen oder informellen Sektor zuzuordnen waren.

2. Nur in knapp 20 % der Familien waren die einzelnen Mitglieder in unterschiedlichen Wirtschaftsbereichen tätig.

3. Die meisten Erwerbstätigen in Uruguay gingen einer durch die Sozialversicherung geschützten Arbeit nach, was nochmals die weitgehende Formalisierung der Beschäftigung ausdrückt. Doch ist auch festzustellen, daß die offizielle Statistik die Bedeutung des informellen Sektors für das Haushaltseinkommen unterschätzt (vgl. Tab. 44). Denn immerhin hatten 40 % der Familien Einnahmen aus informellen Tätigkeiten zumindest eines Mitglieds.

4. Dieser Beitrag informeller Aktivitäten war unter finanziellen Gesichtspunkten noch höher einzuordnen. Selbständige, die außerhalb gesetzlicher Normen arbeiteten, verdienten am meisten (357 US$), gefolgt von Haushalten, deren Vorstand eine formelle und ein weiteres Mitglied eine informelle Tätigkeit ausübten. Immerhin lag ihr mittleres Einkommen etwa 40 US$ - was im Dezember 1985 einem gesetzlich vorgeschriebenen Mindestmonatslohn entsprach - über dem von Familien, die nur formellen Beschäftigungen nachgingen. Demgegenüber fielen die Einkünfte von Haushalten, die dem Typ 4 zuzurechnen waren, deutlich zurück.

Die Ergebnisse der Haushaltsbefragungen in der Altstadt (März 1984; vgl. Kap. 2) verzeichneten bzgl. der Verteilung auf die Beschäftigungstypen und der Einkommenshöhe zwar in der Größenordnung Übereinstimmungen mit der Untersuchung von PORTES/BLITZER/CURTIS (1986), doch sind auch Unterschiede zu erkennen, die mit dem Wohnstandort im Zentrum, mit der Anzahl der Familienmitglieder, mit der Ausbildung und dem Geschlecht der erwerbstätigen Personen zusammenhängen (vgl. Tab. 45).

Tab. 45: Verdienstquellen nach Beschäftigungstyp und Einkommen der Haushalte in Montevideo (1984)

Typ[1]	Montevideo Ant. d. Haush.	$\bar{x}$[2]	Altstadt $\bar{x}$ ges.	formell	inf.	v[3] ges.	formell	inf.	n
1	59,3	243	207	207	-	60,1	60,1	-	49 (52,7 %)
2	6,5	281	194	126	68	60,0	68,9	71,4	21 (22,6 %)
3	12,6	214	265	155	110	70,7	93,8	112,9	18 (19,4 %)
4	21,6	109	192	-	192	62,7	-	62,7	5 (5,4 %)

1) Zuordnung der Haushalte vgl. Text
2) $\bar{x}$ = mittleres Monatseinkommen in US$
3) v = Variabilität des Monatseinkommens in %

Quelle: Montevideo: PORTES/BLITZER/CURTIS (1986); Altstadt: eigene Auswertung der Befragung durch die *Grupo de Estudios Urbanos* (n = 93)

Haushalte, die aus Tätigkeiten sowohl im informellen als auch im formellen Sektor Einnahmen erzielten, waren in der Altstadt etwas häufiger als in Montevideo vertreten. Entsprechend niedriger war der Anteil, bei dem die Einkünfte nur aus einem Wirtschaftsbereich stammten. Dies traf insbesondere für Kategorie 4 zu. Der Wohnstandort im Zentrum und somit die Nähe zu vielfältigen Beschäftigungsmöglichkeiten erleichterten den Haushaltsmitgliedern, Tätigkeiten aus beiden Sektoren miteinander zu verbinden. Die Ergebnisse in Tabelle 45 legen allerdings nahe, daß diese Strategie der Familien u.a. von der Einkommenshöhe, die sie in einem Bereich hatten, abhing. Denn Haushalte, die entweder Typ 1 oder Typ 4 angehörten, verdienten in dem jeweiligen Sektor maximale Einkünfte bei minimaler Variabilität. Sie erreichten für formelle Beschäftigungen im Mittel fast den dreifachen Mindestmonatslohn, der zum Zeitpunkt der Befragung (März 1984) mit 72 US$ gesetzlich festgelegt war. Im Falle der Kombination gelang es den Haushalten offenbar, ihre geringeren Einnahmen aus der Tätigkeit in einem Bereich durch Aktivitäten im anderen entscheidend zu erhöhen. Zudem verringerten sich die Schwankungen der Einkünfte aus einem Wirtschaftssektor. So verfügten Familien, die der Kategorie 3 zugeordnet waren, über die höchsten Gesamteinkommen.

Die Anzahl der Verdientsquellen hatte offensichtlich einen positiven Effekt auf die Einkünfte der Familien (vgl. GANS 1987 a/b), von dem anzunehmen ist, daß er sich mit größerer Anzahl der Haushaltsmitglieder im erwerbsfähigen Alter verstärkt. Aus Tabelle 46 geht hervor, daß Familien, die aus beiden Sektoren Einnahmen erzielten, sowohl mehr Verdienstquellen hatten als auch ein größeres Arbeitskräftepotential aufwiesen. Hervorzuheben ist allerdings, daß Haushalte, die nur formellen Tätigkeiten nachgingen, trotz ihrer vergleichsweise geringen Zahl der Beschäftigungsverhältnisse ein höheres Einkommen als Familien des Typs 2 erhielten. Diese Unterschiede lagen darin begründet, daß die Erwerbstätigen der Haushalte mit rein formellen beruflichen Aktivitäten von allen Gruppen am besten ausgebildet waren, was ihre Einkommenssituation entscheidend verbesserte. Denn von den Personen im erwerbstätigen Alter verfügten 17,8 % mindestens über den Abiturabschluß. Dieser Prozentsatz erhöhte sich im Falle von Haushalten, die ein Einkommen von 13.000 und mehr Pesos (oder 260 US$) bezogen, auf 39,1 %.

Tab. 46: Haushalte in der Altstadt Montevideos: Verdienstquellen, Größe, Ausbildung der Erwerbstätigen und Beschäftigung (1984)

Typ	mittlere Zahl der		Anteil der Erwerbstätigen (in %)			
	Verdienst-quellen	Haushalts-mitglieder	ohne Schul-abschluß	Grundschul-abschluß	Realschul-abschluß	Abitur/Universität
1	1,6	2,6	19,0	49,2	11,1	20,7
2	2,3	3,2	22,9	43,8	18,8	14,5
3	2,4	3,3	50,9	24,5	9,5	15,1
4	1,4	1,8	11,1	66,7	-	22,2

Quelle: eigene Auswertung der Befragung durch die *Grupo de Estudios Urbanos*

Zusammenfassend bleibt festzustellen, daß am Ende der Regierungszeit der Militärs im Jahre 1984 der informelle Sektor in Uruguay an Bedeutung gewonnen hat. Diese Entwicklung kommt bei der Berücksichtigung der Verdienstquellen deutlicher zum Ausdruck als in den offiziellen Statistiken zur Beschäftigungssituation. Als Ursache für diese ökonomischen Veränderungen muß die schematische Anwendung neoliberaler Wirtschaftspolitik mit ihrer Exportorientierung und Liberalisierung, ohne gleichzeitig die Diversifizierung mit neuen Ausfuhrprodukten systematisch zu fördern, angesehen werden. Einerseits drängten der Konkurrenzdruck ausländischer Unternehmen sowie die Verengung des Binnenmarktes aufgrund der drastischen Verringerung des Lohnniveaus und der Sozialausgaben viele Betriebe mit günstigen Voraussetzungen für die Expansion in den informellen Sektor ab (ESSER u.a. 1983, S. 58/59). Andererseits ergaben die Befragungsergebnisse zumindest Anhaltspunkte dafür, daß die Familien wegen sinkender Realeinkommen gezwungen waren, sich nach zusätzlichen Verdienstquellen umzusehen, zu denen sie am leichtesten im informellen Sektor gelangen konnten. Diese Strategie der Haushalte bildet im folgenden Abschnitt einen inhaltlichen Schwerpunkt.

6.3 Der ambulante Handel im Stadtzentrum von Montevideo

Die Hauptgeschäftsstraße Montevideos ist die Av. 18 de Julio, die sich von der Plaza Independencia ausgehend etwa 2,5 km nach Osten erstreckt (vgl. Kap. 4.3, Abb. 32). Hier sind der in allen Branchen führende Einzelhandel und auch alle großen *galerías* der uruguayischen Metropole anzutreffen. Aufgrund der funktionalen Bedeutung, die sich zudem durch hochrangige öffentliche Verwaltungen und private Dienstleistungen auszeichnet, wird die Avenida im Tagesverlauf von zahlreichen Personen aufgesucht, die dort einkaufen gehen oder beschäftigt sind. Die ambulanten Händler bevorzugen einen Standort in der Av. 18 de Julio, da sie wegen des umfangreichen Fußgängerstromes einen guten Umsatz ihrer angebotenen Produkte erwarten und sich somit im Vergleich zu anderen Stadtgebieten einen hohen Verdienst ausrechnen können.

Die wichtigsten Eigenschaften des Straßenverkaufs sind die leichte Zugänglichkeit und - wenn überhaupt benötigt - das geringe Startkapital. Der ambulante Handel bietet damit für viele, insbesondere sozial schwächere Haushalte eine Verdienstquelle, die es ermöglicht, sinkende Realeinkommen auszugleichen, oder die bei einer anhaltend angespannten Arbeitsmarktsituation der Familie ein Existenzminimum sichert. Dem Straßenverkauf fehlt eine formale Einbindung in die nationale Wirtschaft, so daß er dem informellen Sektor zuzurechnen ist. Dies hat aber auch zur Folge, daß Personen, die dieser Tätigkeit nachgehen, weder gegen Krankheit versichert sind noch eine Altersvorsorge betreiben.

Um u.a. die Bedeutung des ambulanten Handels für das jeweilige Haushaltseinkommen abschätzen zu können, wurde im März 1987 eine Befragung (vgl. Kap. 2, Anlage) von Straßenverkäufern in der Av. 18 de Julio durchgeführt. Dabei traten folgende methodische Probleme auf (vgl. BROMLEY 1978):

1. Die Anzahl der ambulanten Händler war wetterabhängig.
2. Es kam im Tagesverlauf zu erheblichen Schwankungen, da z.B. viele Personen erst nach ihrem Dienstschluß Waren anboten.
3. Zwar benötigten alle Händler eine Erlaubnis der Stadtverwaltung Montevideos, die auch genau festlegte, wo sie verkaufen durften, doch viele taten dies unerlaubt (etwa 30 %, keine Angaben hierzu ebenfalls 30 %), so daß sie, um Kontrollen zu entgehen, oftmals ihren Standort in der Av. 18 de Julio wechselten.

Um nun einigermaßen repräsentative Ergebnisse zu erhalten, erhob der Verfasser in einem ersten Schritt innerhalb von drei Tagen zu jeweils unterschiedlichen Uhrzeiten alle ambulanten Händler in der Av. 18 de Julio und in den beiden Parallelstraßen San José und Colonia, differenziert nach ihrem Standort und ihrem Warenangebot (vgl. Abb. 32). In einem zweiten Schritt wurde die Av. 18 de Julio in vier Teilabschnitte unterteilt und in jedem eine 20 %ige Stichprobe so gezogen, daß sie die Tätigkeit der Straßenhändler anteilmäßig erfaßte.

Insgesamt wurden 111 Personen befragt, und Tabelle 47 gibt die Quoten für die einzelnen Aktivitäten wieder. Die Zuordnung erfolgte nach der Artikelgruppe, die innerhalb des Angebots überwog. Aufgrund dieser Zuweisung unterschätzt Tabelle 47 vor allem die Bedeutung der Kategorien Süßigkeiten, Zigaretten oder Lebensmittel, da diese Waren häufiger als andere zusätzlich zu den Reiseandenken oder Accessoires als eine Art Risikominderung verkauft wurden. Außerdem kann Tabelle 47 nicht die zeitliche Variabilität des Angebots ausdrücken, das sich sowohl kurzfristig (z.B. Regenbekleidung bei Wetterverschlechterung), anläßlich bestimmter Termine (Farbstifte und Taschen vor Schulbeginn, Poster und Fähnchen vor dem Papstbesuch) als auch jahreszeitlich bedingt (Badeschuhe im Sommer, *tartas fritas* im Winter) ändert. Zu den sonstigen Aktivitäten zählen u.a. Schuhputzer, Schlüsseldienst, der Verkauf von alten Modezeitschriften oder von Antiquitäten. Weitere Beispiele, wie das Angebot von Backformen oder Stofftieren, die Familienbetriebe herstellten, belegen, daß der ambulante Handel für kleine Unternehmen oftmals die einzige Möglichkeit ist, ihre Produkte rentabel zu vertreiben.

Die Zusammenstellung in Tabelle 47 verdeutlicht, daß das angestrebte Ziel einer 20 %igen Stichprobe nicht in allen Tätigkeitsbereichen erreicht werden konnte. Folgende Gründe sind hier zu nennen:

- Aufgrund der Vorgehensweise ist der Umfang der Grundgesamtheit mit 518 eine theoretische und zu hoch bestimmte Zahl.
- Ambulante Händler, deren Aktivität eine räumliche und zeitliche Mobilität zuließ, wie z.B. Würstchen- oder Eisverkäufer, sind in der Grundgesamtheit zu hoch vertreten und weisen damit in der Stichprobe einen zu geringen Anteil auf. Ähnliches gilt auch für Zeitschriftenverkäufer, die nicht über einen feststehenden Kiosk verfügten, sondern ihre Zeitungen auf schnell aufzubauenden und leicht zu transportierenden Ständen anboten.

Tab. 47: Aktivitäten der ambulanten Händler in der Av. 18 de Julio
(Montevideo 1987)

Aktivität		Grundge-samtheit	Stich-probe	Anteil in %
(1)	Zeitungen,Zeit-schriften	57	10	17,5
(2)	Reiseandenken, Kunsthandwerk	57	15	26,3
(3)	Erfrischungen, Würste, Eis	57	7	12,3
(4)	Accessoires, Schmuck Kosmetikartikel	66	17	25,8
(5)	Süßigkeiten	40	11	27,5
(6)	Zigaretten, Ta-bakwaren	24	5	20,8
(7)	Kleidung, Leder-waren	58	9	15,5
(8)	Lebensmittel	46	11	23,9
(9)	Sonstiges	113	26	23,0
	Summe	518	111	21,4

Quelle: eigene Erhebung 1987

Die so gewonnene Stichprobe gibt die räumliche Verteilung der Straßenverkäufer gut wieder (vgl. Abb. 32). Folgende Eigenschaften treten hervor:

1. Die Standorte des ambulanten Handels konzentrierten sich in der Av. 18 de Julio. Die Parallelstraßen hatten eine sehr untergeordnete Bedeutung. Die Häufung auf einer Straßenseite östlich der *Municipalidad* hing mit der Sonneneinstrahlung zusammen, da die Fußgänger im Sommer die Schattenseite bevorzugten.
2. Es traten drei Gebiete mit einer Verdichtung und räumlichen Ausweitung des ambulanten Handels hervor, die durch Einrichtungen mit verstärkender Wirkung auf den Passantenstrom verursacht wurden: An der Plaza Fabini ist der Parkplatz entlang der Calle Río Negro zu nennen. Auf der Plaza Cagancha gab es bis etwa Mitte März einen kleinen

Abb. 32: Standort und Warenangebot der ambulanten Händler im Stadtzentrum Montevideos (März 1987)

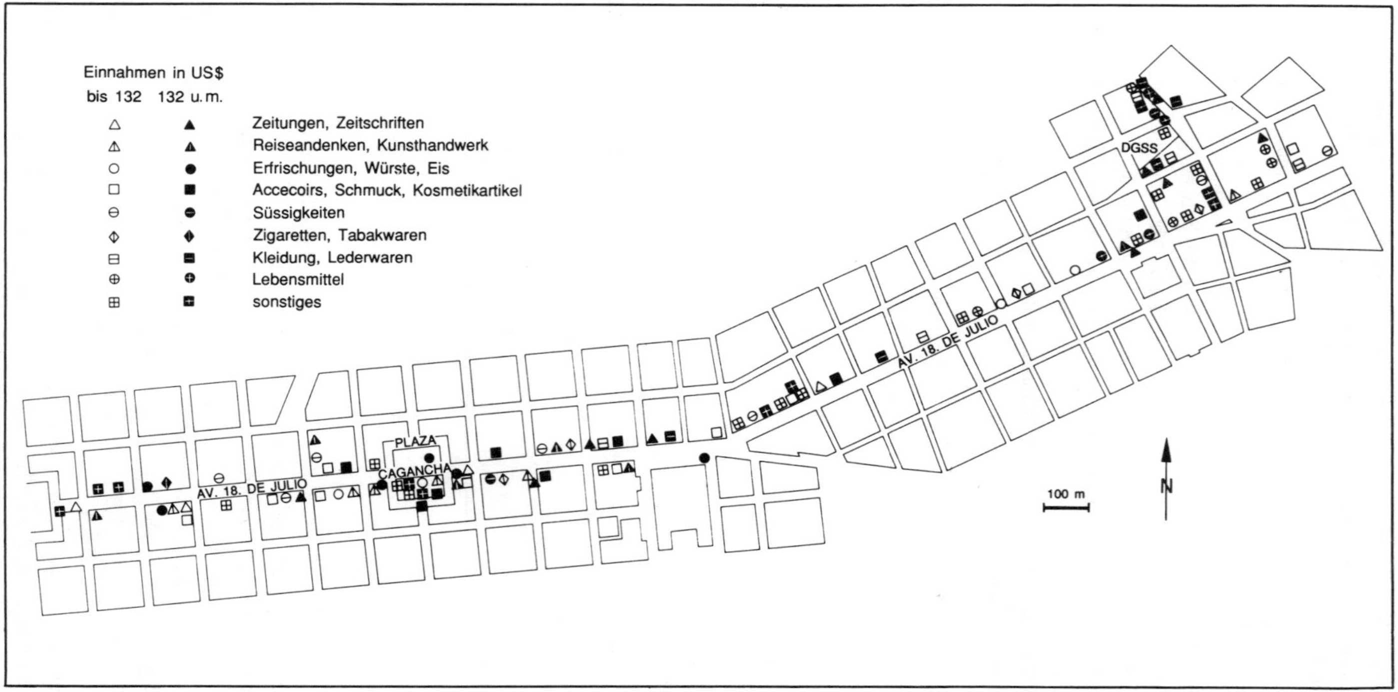

Einnahmen in US$
bis 132   132 u. m.

△	▲	Zeitungen, Zeitschriften
△	▲	Reiseandenken, Kunsthandwerk
○	●	Erfrischungen, Würste, Eis
□	■	Accecoirs, Schmuck, Kosmetikartikel
◍	◐	Süssigkeiten
◇	◆	Zigaretten, Tabakwaren
▢	▊	Kleidung, Lederwaren
⊕	⊕	Lebensmittel
⊞	⊞	sonstiges

Quelle: eigene Erhebung 1987

Flohmarkt. Der Platz war eine Art "freie Zone", in der man keine Erlaubnis zum Straßenverkauf benötigte. Jede Person konnte ihre Waren hier verkaufen. Vor allem Studenten nutzten diese Gelegenheit und boten Souvenirs sowie selbsthergestellten Schmuck den vielen Touristen an, die hier mit den verschiedenen Busunternehmen ankamen oder abfuhren. Das Gebiet zwischen Universität, *BHU* (*Banco Hipotecario del Uruguay*) und *DGSS* (*Dirección General de Seguros Sociales*), einschließlich der Calle Fernandez Crespo, war mit seinen zentralen Einrichtungen ebenfalls ein attraktiver Standort für den ambulanten Handel.

3. Die zwischen Plaza Independencia und *Municipalidad* offerierten Ware war stärker auf Touristen sowie auf die soziale Mittelschicht ausgerichtet, die in diesem Abschnitt der Av. 18 de Julio die führenden *galerías* Montevideos aufsucht (vgl. Kap. 4.3, Karte 27). In der Umgebung der *BHU* und der *DGSS* dagegen überwogen Schmuggelwaren, meist Lebensmittel und Zigaretten aus Brasilien. Hinzu kamen Wäsche und Haushaltswaren wie Backformen, Nähgarn, Tischdecken oder Putzmittel. In diesem Bereich verkauften die Händler Gegenstände des täglichen Bedarfs, Kunden waren oftmals Rentner, die in der DGSS ihre Pension abholten.

Die anschließende Darstellung der Befragungsergebnisse konzentriert sich auf die Beantwortung von sechs Fragenkomplexen:
- Wer geht dem Straßenverkauf nach?
- Wie hoch ist die räumliche Mobilität der ambulanten Händler?
- Warum wird diese Tätigkeit ausgeübt?
- Welche Beziehungen bestehen zwischen formellem Sektor und ambulantem Handel?
- Welchen Anteil tragen die Straßenverkäufer zum Einkommen ihrer Haushalte bei?
- Unter welchen Wohnbedingungen leben die Familien der ambulanten Händler?

Die <u>Altersgliederung</u> in Abbildung 33 belegt, daß vor allem männliche Personen (90 oder 81,1 % der Befragten) sowie 20- bis 40jährige (64 oder 57,6 %) am ambulanten Handel teilnahmen. Abbildung 33 weist außerdem auf eine ähnliche Altersverteilung beider Geschlechter hin, die sich vor allem im markanten Rückgang der über 40jährigen Straßenverkäufer ausdrückt, was sich weder in der Altersstruktur der Erwerbstätigen noch der der Einwohner

Abb. 33: Altersgliederung der ambulanten Händler in der Av. 18 de Julio (Montevideo 1987)

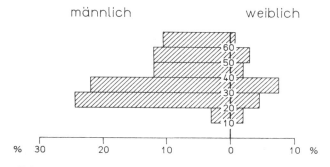

Quelle: eigene Erhebung 1987

Montevideos widerspiegelt (BÄHR 1987, S. 30; Abb. 27). Dieses Übergewicht könnte bereits ein erster Hinweis auf die Motive sein, die der Tätigkeit als ambulanter Händler zugrundelagen. Die angespannte Arbeitsmarktsituation in den 70er Jahren (vgl. Kap. 6.2.2) erschwerte vor allem jüngeren Personen, die erstmals einen Arbeitsplatz suchten, den Zugang zu einer Beschäftigung im formellen Sektor, und gleichzeitig erhöhten die sinkenden Reallöhne die Attraktivität des ambulanten Handels (vgl. Kap. 6.2.1).

Erhebliche Unterschiede ergaben sich hinsichtlich der Waren, die Männer und Frauen anboten (vgl. Abb. 34). Weibliche Personen verkauften weder Reiseandenken, Kunsthandwerk noch Tabakwaren. Anteilmäßig waren sie bei Zeitschriften, Erfrischungen und sonstigen Tätigkeiten unterrepräsentiert, während sie bei den Accessoires, Kosmetikartikeln, Süßigkeiten und Lebensmitteln überdurchschnittlich auftraten. Ihr Überwiegen in Aktivitäten, die mit frauenspezifischen Betätigungen verbunden sind, resultierten sowohl aus verkaufsstrategischen Überlegungen als auch aus der Motivation der Tätigkeit im ambulanten Handel: Frauen, die eher als Männer ergänzende Einkünfte zur Verbesserung der Gesamt-Haushaltseinkommen erzielten, wurden von diesen aus den einnahmeträchtigsten Aktivitäten verdrängt (vgl. Abb. 34).

Abb. 34: Aktivität und Motive der ambulanten Händler in der Av. 18 de Julio (Montevideo 1987)

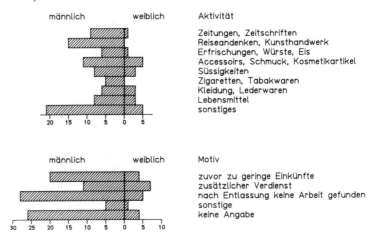

Quelle: eigene Erhebung 1987

Die unterschiedlichen Waren oder Dienste, die männliche und weibliche Personen im ambulanten Handel anboten, verursachten eine höhere räumliche Mobilität der Männer. Dagegen spielte die Erlaubnis, ob jemand Waren in der Straße verkaufen durfte, wider Erwarten keine Rolle. Von den 79 Interviewpartnern, die darüber Auskunft gaben, hatten 58,2 % eine Genehmigung. Davon waren 21,7 % Frauen, ein Prozentwert, der ziemlich genau mit dem Gesamtanteil übereinstimmte. Tabelle 48 hebt hervor, daß die Mobilität der ambulanten Händler, Veränderungen ihres Verkaufsstandortes oder ihrer Arbeitszeit, sehr stark von der ausgeübten Tätigkeit abhängig war. 63 % der befragten Personen standen im gesamten Tagesverlauf immer an derselben Stelle und nur 37 % boten entweder ihre Waren nur zu bestimmten

Stunden an, weil sie z.B. noch einer Arbeit im formellen Sektor nachgingen, oder wechselten tatsächlich den Standort. Diese Form der räumlichen Mobilität erwähnten 21,6 % der Straßenhändler. Tabelle 48 verdeutlicht, daß vor allem Verkäufer, die Erfrischungen oder Eis anpriesen, wohl aufgrund ihrer fahrbaren Kasten am mobilsten waren. Ähnliches, allerdings nicht in diesem Umfange, galt für Schuhputzer und für alle Personen, die leicht zu transportierende Waren veräußerten oder mengenmäßig nicht zu viele Artikel bei sich hatten. Als verstärkender Faktor trat in diesen Fällen die Bezugsquelle des Angebots auf, z.B. wenn es sich um Schmuggelgut aus Brasilien handelte, so daß die Händler wegen polizeilicher und städtischer Kontrollen häufiger den Standort änderten. Um dies schnell durchführen zu können, breiteten sie auf kleinen zusammenklappbaren Tischen oder auch Decken nur wenige Waren aus: ein Glas Schnellkaffee, Mayonnaise, Instantsuppen, Kekse und vielleicht noch einige Tabletten.

Tab. 48: Mobilität der ambulanten Händler in Abhängigkeit von der Aktivität (Montevideo 1987; Angaben in %)

Aktivität	ganztägiger Verkauf		anderer Standort		n
	ja	nein	ja	nein	
Zeitungen, Zeitschriften	100,0	0,0	0,0	100,0	10
Reiseandenken, Kunst-handwerk	66,7	33,3	13,3	86,7	15
Erfrischungen, Würste, Eis	0,0	100,0	100,0	0,0	7
Accessoires, Schmuck	64,7	35,3	23,5	76,5	17
Süßigkeiten	81,8	18,2	9,1	90,9	11
Zigaretten, Tabakwaren	80,0	20,0	0,0	100,0	5
Kleidung, Lederwaren	66,7	33,3	11,1	88,9	9
Lebensmittel	45,5	54,5	45,5	54,5	11
Sonstiges	57,7	42,3	15,4	84,6	26
insgesamt	63,1	36,9	21,6	78,4	111

Quelle: eigene Erhebung 1987

Neben diesen innerhalb eines Tages auftretenden Veränderungen gab es noch solche, die im Wochenverlauf vorkamen. Vor allem größere Stände mit Reiseandenken, kunsthandwerklichen Gegenständen, Accessoires oder Schmuck, die von Montag bis Freitag immer an derselben Straßenkreuzung oder Bushaltestelle in der Av. 18 de Julio standen, waren an Samstagen auf einem großen Flohmarkt (*Feria Villa Biarritz*) in Pocitos und sonntags vormittags in der Calle Tristan Narvaja zu finden, die in Höhe der Universität die Av. 18 de Julio kreuzt (vgl. Abb. 32). Die zahlreichen Touristen, die diesen bekannten Straßenmarkt aufsuchen, erhöhen erheblich die Attraktivität, dort Waren anzubieten.

Die offen gehaltenen Antworten auf die Frage nach den Gründen, warum die Interviewpartner dem ambulanten Handel nachgingen, dokumentiert die ökonomische und finanzielle Notwendigkeit der Personen, diese Tätigkeit zur Einkommensgestaltung auszuüben. Die meisten Befragten (33 oder 29,7 %) fanden entweder nach ihrer Entlassung aus einem Beschäftigungsverhältnis im formellen Sektor keine Arbeitsstelle mehr oder hatten keinen Erfolg bei ihrer erstmaligen Suche danach (vgl. Abb. 34, Tab. 49, 50, 51). Für sie war der Straßenverkauf mehr oder minder die einzige Verdienstmöglichkeit. Es folgen dann Angaben, die eng mit den Einkommensalternativen durch einen Arbeitsplatz im formellen Sektor zusammenhingen. Die dort gezahlten Löhne waren immerhin 24 oder 21,7 % der Befragten zu niedrig, so daß sie trotz des Nachteils einer fehlenden Sozialversicherung, auf die viele Verkäufer ausdrücklich hinwiesen, in den ambulanten Handel überwechselten. An dritter Stelle der genannten Gründe stand "zusätzlicher Verdienst" durch den Straßenverkauf, der die Einkünfte eines anderen oder desselben Haushaltsmitgliedes oftmals aus einem formellen Beschäftigungsverhältnis ergänzen sollte. Abbildung 34 verdeutlicht, daß bei diesem Motiv der Frauenanteil mit 38,9 % überdurchschnittlich hoch war und damit die Folgerung, daß weibliche Personen vor allem durch den ambulanten Handel versuchten, das Haushaltseinkommen aufzubessern, bestätigt wird. Auf die Frage nach dem Motiv für die Tätigkeit im informellen Sektor konnten 30 Personen keine Gründe nennen. Dabei hatte der Verfasser oftmals den Eindruck, daß sie keine Auskunft geben konnten, weil sie entweder im ambulanten Handel schon zu lange tätig waren oder in einer Beschäftigung im formellen Bereich ohnehin keine Perspektiven sahen.

Tab. 49: Motivation für den ambulanten Handel in Abhängigkeit vom Zeitraum seiner Ausübung (Montevideo 1987)

Jahre	Motive (in % der Zeilensumme)					Summe
	zuvor zu geringe Einkünfte	zusätzl. Verdienst	nach Entlassung keine Arbeit	sonstige	keine Angabe	
≤ 5	50,0	44,4	36,4	33,3	46,7	48 43,2 %
6-15	25,0	33,3	21,2	33,3	30,0	30 27,0 %
16 u.m.	25,0	16,7	42,4	16,7	23,3	31 27,1 %
keine Angabe	-	5,6	-	16,7	-	2 1,8 %
Summe	24	18	33	6	30	111 100,0 %

Quelle: eigene Erhebung 1987

Die Angaben zu den Motiven lassen in Abhängigkeit vom Zeitraum, seit dem man in der Straße verkaufte, von der vorangegangenen Tätigkeit sowie vom Alter der Befragten erkennen, daß die wirtschaftlichen Probleme in Uruguay maßgeblichen Einfluß auf den Umfang des ambulanten Handels besitzen. Personen, die seit höchstens fünf Jahren Dienstleistungen oder

Tab. 50: Motivation für den ambulanten Handel in Abhängigkeit von der vorangegangenen
Tätigkeit (Montevideo 1987)

Vorange-gangene Tätigkeit	Motive (in % der Zeilensumme)					Summe
	zuvor zu geringe Einkünfte	zusätzl. Verdienst	nach Entlas-sung keine Arbeit	sonstige	keine Angabe	
Selb-ständige	8,3	5,6	-	-	6,7	5 4,5 %
Angestell-te, Fach-arbeiter	29,2	5,6	21,2	33,3	16,7	22 19,8 %
angelernte Arbeiter	33,3	11,1	30,3	33,3	56,7	39 35,1 %
keine Be-schäftigung	4,2	-	39,4	33,3	-	16 14,4 %
Rentner	-	38,9	-	-	-	7 6,3 %
sonstige	16,7	38,9	9,1	-	-	14 12,6 %
keine Angabe	8,3	-	-	-	20,0	8 7,2 %
Summe	24	18	33	6	30	111 100,0 %

Quelle: eigene Erhebung 1987

Waren anboten, hoben die zu geringen Einkünfte durch vorherige berufliche Aktivitäten sowie
die zusätzlichen Verdienstmöglichkeiten hervor (vgl. Tab. 49). Das erste Motiv stand bei
ehemaligen Angestellten, Facharbeitern sowie in geringerem Maße bei angelernten Arbeitern
im Vordergrund (vgl. Tab. 50). Sie waren z.B. in der Stadtverwaltung beschäftigt, in der
Leder- oder Textilindustrie, sie arbeiteten als Bäcker, Kellner, Schreiner, Tischler oder LKW-
Fahrer. Die absolute Zahl der vormals Selbständigen ist zwar für eine sinnvolle Interpretation zu gering, doch erhellen die Auskünfte die ökonomischen Bedingungen in Uruguay. So
hatte z.B. ein Mann eine kleine physiotherapeutische Praxis, die er seit vier Jahren nicht mehr
weiterführte, da ihn seine Patienten nicht mehr für seine Dienste bezahlen konnten. Ein
anderer besaß eine Reparaturwerkstatt für Büromaschinen und mußte sie aufgeben, weil seine
wichtigsten Auftraggeber, staatliche Dienststellen, die anstehenden Rechnungen erst Monate
später beglichen.

Zu geringe Einkünfte nannten auch jüngere Personen häufig, die ganz offensichtlich Schwierigkeiten hatten, einen Arbeitsplatz im formellen Sektor zu finden (vgl. Tab. 51). So gingen

Tab. 51: Motivation für den ambulanten Handel in Abhängigkeit vom Alter der Personen (Montevideo 1987)

| Alter in Jahren | Motive (in % der Zeilensumme) | | | | | Summe |
	zuvor zu geringe Einkünfte	zusätzl. Verdienst	nach Entlassung keine Arbeit	sonstige	keine Angabe	
≤ 20	-	16,7	3,0	-	3,3	5 4,5 %
20-30	37,5	16,5	30,3	33,3	26,7	32 28,8 %
30-40	41,7	-	36,4	33,3	26,7	32 28,8 %
40-50	8,3	22,2	9,1	16,7	16,7	15 13,5 %
50-60	8,3	11,1	21,2	16,7	13,3	16 14,4 %
> 60	4,2	33,3	-	-	13,3	11
Summe	24	18	33	6	30	111 100,0 %

Quelle: eigene Erhebung 1987

immerhin 14,4 % der Straßenverkäufer zuvor keiner Beschäftigung nach, und der oftmals in Verbindung mit anderen Motiven zusätzlich erwähnte Satz "es gibt keine Arbeit" belegt eine Hoffnungslosigkeit vieler Erwerbstätiger, die - wie aus Tabelle 49 hervorgeht - offenbar schon lange anhielt. Ambulante Händler, die mindestens 40 Jahre alt waren, betonten den zusätzlichen Verdienst, den sie aufgrund dieser Tätigkeit zu einem weiteren Einkommen hatten. Für die Männer ist das Ausscheiden aus dem Berufsleben der maßgebliche Zeitpunkt, als Straßenhändler ihre im Vergleich zu den vorherigen Einkünften dürftige Rente aufzubessern (vgl. Tab. 50). In diesen Fällen verfügte dieselbe Person über mehrere Einnahmequellen, während Frauen, die ebenfalls hauptsächlich den zusätzlichen Verdienst als Motiv angaben, das Einkommen eines anderen Haushaltsmitgliedes, in der Regel des Ehemannes, ergänzten.

Insgesamt bleibt festzustellen, daß die seit 1973 sinkenden Reallöhne sowie die angespannte Lage auf dem Arbeitsmarkt in den Motiven der befragten Straßenhändler deutlich zum Ausdruck kommen. Die geringen Löhne, die für eine Beschäftigung im formellen Sektor gezahlt wurden, sowie die mangelhaften Perspektiven, überhaupt einen Arbeitsplatz in diesem Bereich zu erhalten, zwangen viele auf diese Verdienstmöglichkeit zurückzugreifen. Damit zeigen die Ergebnisse zu den Gründen für eine Tätigkeit im ambulanten Handel große Gemeinsamkeiten mit den Resultaten aus der Befragung informell arbeitender Betriebe im Großraum von Buenos Aires (vgl. Kap. 6.2.1).

Die meisten Straßenverkäufern gaben den Großhandel als Bezugsquelle ihrer Waren an (vgl. Tab. 52) und bestätigten damit Ergebnisse von BROMLEY (1978), TOKMAN (1978), MÖLLER (1979) und GROMPONE (1981). Die Artikel wurden nur selten und dann nur mit geringem Zeitaufwand oftmals während der Verkaufstätigkeit weiter verarbeitet. Bei vielen Aktivitäten bestand allerdings für die Händler keine Möglichkeit, ihre Waren durch eigenes Zutun aufzuwerten. Dies gilt z.B. für die Eisverkäufer, die das Speiseeis bei der zentralen Vertriebsstelle des Produzenten erhielten und dann in den Straßen auf eigene Rechnung vertrieben. Ähnlich wie bei der Untersuchung von BROMLEY (1978) über den ambulanten Handel in Cali (Kolumbien) zielten Absatzstrategien von formellen Unternehmen darauf ab, ihre Rendite durch Senken der Vertriebskosten und durch Verringerung der Verkaufsrisiken zu erhöhen. Auch die Zeitschriftenverkäufer wurden von einem Syndikat früh morgens und am späten Nachmittag beliefert. Allerdings war es in diesem Falle möglich, nicht abgesetzte Hefte zurückzugeben. Um ihre Einnahmen zu verbessern, stellten viele Kioskbesitzer noch ein oder zwei Personen an, die entweder tagsüber Zeitungen in den Straßen anboten oder in den Abend- bis Nachtstunden den Stand offen hielten.

Tab. 52: Bezugsquelle der Waren in Abhängigkeit von ausgewählten Merkmalen (Montevideo 1987; Angaben in % der Zeilensumme)

Bezugsquelle	eigene Weiter-verarbeitung		Verkaufserlaubnis			Geschlecht		Summe
	ja	nein	ja	nein	k.A.	männl.	weibl.	
Großhandel	53,8	51,8	63,1	30,3	59,4	52,2	52,4	58 52,3 %
Schmuggel	7,7	21,2	6,5	39,9	12,5	17,8	19,0	20 18,0 %
eigene Herstellung	23,1	-	6,5	9,1	-	3,3	14,3	6 5,4 %
sonstiges	11,5	21,2	23,9	15,2	15,6	21,1	9,5	21 18,9 %
keine Angabe	3,8	5,9	-	6,1	12,5	5,6	4,8	6 5,4%
Summe	26	85	46	33	32	90	21	111 100,0 %

Quelle: eigene Erhebung 1987

Eine geringe Weiterverarbeitung erfolgte bei Waren, die aus Brasilien oder in geringerem Umfange aus Argentinien stammten. Bei diesem Schmuggelgut gab es zahlreiche Verbindungen zur Grenze:

1. Ausländische Touristen oder Uruguayer, die aus den Nachbarländern einreisten, kauften im Duty-Free-Shop Waren, meistens Zigaretten oder Kosmetikartikel, ein und offerierten sie direkt den Straßenhändlern in der Av. 18 de Julio.
2. Viele Händler fuhren zwei- bis dreimal im Monat mit dem Bus zur Grenze, deckten sich dort mit Gütern ein und verkauften sie dann selbst in der Av. 18 de Julio. Produkte, wie z.B. brasilianischer Kaffee, die eine bessere Qualität als die in den Geschäften angebotenen hatten und konnten mit einem höheren Preis abgesetzt werden. Der Wegfall von Steuern und Lohnkosten erleichterte den ambulanten Händlern, für qualitativ schlechtere Ware die Preise formeller Geschäfte zu unterbieten.
3. Einige Straßenverkäufer, die selbst keine Schmuggelwaren in ihrem Sortiment hatten, besorgten sie sich ebenfalls durch Fahrten zur Grenze und gaben sie in der Av. 18 de Julio an Mittelsmänner oder andere Straßenhändler ab. Als Erkennungszeichen stand z.B. ein Glas Schnellkaffee auf dem Verkaufstisch.

Nur wenige Personen boten Güter an, die ein anderes Haushaltsmitglied oder sie selbst aus Rohmaterialien hergestellt hatten. Die vom Großhandel erworbenen Bleche, Stoffe oder Lederwaren wurden zu Kuchenformen, Stofftieren, Gürteln und Taschen verarbeitet. Die Fabrikation war in diesen wenigen Fällen so aufwendig (vgl. Tab. 52), daß innerhalb der Familien eine klare Arbeitsteilung zwischen Produktion und Vertrieb bestand. Nur in einem Fall verkaufte ein Zimmermann die von ihm selbst hergestellten Möbelstücke (Stühle, Schemel, kleine Tische).

Aus Tabelle 52 ist zu erkennen, daß Personen, die Schmuggelwaren anboten, nur ausnahmsweise über eine Verkaufserlaubnis verfügten. Das Geschlecht des Händlers stand dagegen in keinem Zusammenhang mit der Bezugsquelle, d.h. aber auch, daß Frauen genauso Waren aus Brasilien oder aus der eigenen Produktion absetzten wie Männer. Ausschlaggebend waren im letzten Falle ausschließlich Fertigkeiten zur Fabrikation.

Die Verteilung der Einnahmen in Abbildung 35 bestätigt in ihrer Größenordnung die Untersuchungsergebnisse von PORTES/BLITZER/CURTIS (1986) für untere Sozialschichten in Montevideo und für informelle Betriebe von MANN/DELONS in Buenos Aires. Im Mittel erreichten die ambulanten Händler monatliche Einkommen von 29.713 Pesos oder 156 US$ (vgl. Tab. 53). Angegebene tägliche Einkünfte wurden unter Berücksichtigung von 20 Arbeitstagen zu Monatseinkommen hochgerechnet. Sicherlich ist diese Anzahl als zu gering anzusehen, da viele auch an Wochenenden ihren Stand aufbauten. Allerdings müssen wetter- oder krankheitsbedingte Ausfalltage abgezogen werden. Manche befragten Personen nannten minimale und maximale Werte, deren arithmetisches Mittel in die Berechnungen eingingen. Das durchschnittliche Monatseinkommen der Händler lag 60 % über dem zum Zeitpunkt der Befragung gesetzlich vorgeschriebenen Mindestmonatslohn von 95 US$, der kaum ausreichte, den Lebensunterhalt einer Familie zu bestreiten, und zeigte somit nachdrücklich die Verdienstmöglichkeiten im ambulanten Handel auf. Zwar verzeichneten die monatlichen Einnahmen

Abb. 35: Einnahmen der ambulanten Händler und die gesamten Einkünfte ihrer Haushalte (Montevideo 1987)

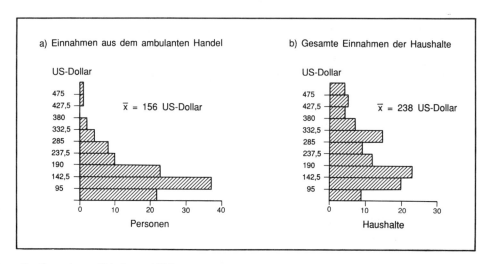

Quelle: eigene Erhebung 1987

Tab. 53: Monatliche Einnahmen in US$ der ambulanten Händler in Abhängigkeit von ihrer Aktivität (Montevideo 1987)

| Aktivität | insgesamt | | männl. Personen | | in % |
	Mittelwert	Median	Mittelwert	Median	aller Fälle
Zeitungen Zeitschriften	187	208	203	211	90,0
Reiseandenken, Kunsthandwerk	167	156	167	156	100,0
Erfrischungen, Würste, Eis	139	132	136	129	85,7
Accessoires, Schmuck, Kos- metikartikel	148	132	144	132	70,6
Süßigkeiten	113	116	117	118	72,7
Zigaretten, Tabakwaren	134	105	134	105	100,0
Kleidung, Lederwaren	170	153	197	171	66,7
Lebensmittel	178	132	180	137	72,7
Sonstige	159	132	143	124	80,8
insgesamt	156	132	156	132	81,1

Quelle: eigene Erhebung 1987

erhebliche Schwankungen von 37 US$ bis 526 US$, doch erzielten immerhin 80 % der Straßenverkäufer mehr als die gesetzlich festgelegten 95 US$ (vgl. Abb. 35). Diese Einkommenssituation der ambulanten Händler bekräftigt nochmals die Aussagen zu ihren Motiven, warum sie in der Straße Waren verkauften. Die "zu geringen Einkünfte" aus der vorherigen beruflichen Tätigkeit in einem formellen Unternehmen wurden am zweithäufigsten genannt (vgl. Tab. 50). Natürlich mußten die befragten Personen ihre Einkünfte aus dem ambulanten Handel schätzen. Jedoch schwankten immerhin 50 % der Nennungen zwischen 95 US$ und 170 US$, so daß eine gewisse Stabilität gewahrt blieb. Bei zu hoch oder niedrig erscheinenden Werten versicherte sich der Verfasser nochmals über die Richtigkeit der Angaben. Unterschiede in den Einnahmen resultierten hauptsächlich aus den verschiedenen Aktivitäten und hingen nicht mit dem Geschlecht der befragten Personen zusammen. Die Einnahmen männlicher Händler entsprachen bei Median- und auch Mittelwert denen von allen Interviewten. Auch für die einzelnen Aktivitäten traten nur geringe Differenzen auf. Ausnahmen bildeten die Artikelgruppen "Zeitungen, Zeitschriften" (8,6 %), "Sonstige" (10,1 %) und "Kleidung, Lederwaren" (15,9 %).

Tab. 54: Monatliches Einkommen in Abhängigkeit von Verkaufsdauer und räumlicher Mobilität der ambulanten Händler in Montevideo (1987; in US$)

Aktivität	ganztägiger Verkauf		keine anderen Standorte		insgesamt	
	$\overline{x}$	$\tilde{x}$	$\overline{x}$	$\tilde{x}$	$\overline{x}$	$\tilde{x}$
Reiseandenken, Kunsthandwerk	151	155	146	155	167	156
Accessoires, Schmuck, Kosmetikartikel	157	133	156	133	148	132
Süßigkeiten	106	79	112	82	113	116
Zigaretten, Tabakwaren	137	100	134	105	134	105
Kleidung, Lederwaren	193	171	175	158	170	153
Lebensmittel	164	132	166	134	178	132
Sonstige	168	132	163	132	159	132
insgesamt	158	133	155	133	156	132

Quelle: eigene Erhebung 1987

Der ganztägige Verkauf am selben Standort in der Av. 18 de Julio sowie die Tätigkeit an Wochenenden auf den Flohmärkten haben insgesamt zu vernachlässigende Auswirkungen auf die Einkommenshöhe der ambulanten Händler. Tabelle 54 bestätigt wiederum, daß diese beiden Merkmale nur unter Einbeziehung der Aktivität Effekte aufwiesen. Bei den Warengruppen "Reiseandenken, Kunsthandwerk", "Süßigkeiten", "Lebensmittel" und bei sonstigen Tätigkeiten erhöhten Standortwechsel, in diesen Fällen überwiegend der zusätzliche Verkauf an Wochenenden, die Einnahmen der Händler, während sie in den übrigen Kategorien keine oder sogar abschwächende Auswirkungen besaßen. Letzteres trat hauptsächlich dann ein, wenn nicht ganztägig verkauft wurde, sondern nur für wenige Stunden.

Tab. 55: Monatliches Einkommen und Bezugsquelle der angebotenen Waren von ambulanten Händlern in Montevideo (1987; in US$)

| Bezugsquelle | Monatliches Einkommen in US$ | | | |
| | insgesamt | | keine eigene Weiterverarbeitung | |
	$\bar{x}$	$\tilde{x}$	$\bar{x}$	$\tilde{x}$
Großhandel	164	156	168	157
Schmuggel	160	131	159	131
eigene Herstellung	245	274	-	-
Sonstige	120	106	128	132
insgesamt	156	132	155	133

Quelle: eigene Erhebung 1987

Die Einkünfte verzeichneten jedoch eine Abhängigkeit von der Bezugsquelle der angebotenen Ware (vgl. Tab. 55). Dabei spielte die Weiterverarbeitung von Artikeln, die Händler vom Großhandel oder durch den Schmuggel bezogen hatten, nur eine untergeordnete Rolle für die Einnahmehöhe. In Tabelle 55 kommt zum Ausdruck, daß sich mit Gütern, die die Verkäufer selbst oder ein anderes Haushaltsmitglied mit einem gewissen Aufwand herstellten, die weitaus höchsten Einkünfte erzielen ließen. Mit Artikeln, die der Großhandel lieferte, und mit Schmuggelwaren erreichte man etwa den mittleren Wert, der bei sonstigen Bezugsquellen deutlich unterschritten wurde. In diese Kategorie fielen alle befragten Personen, die im Auftrag verkauften. Hierzu zählten auch Schuheputzen oder Schlüsseldienste, bei denen die eingesetzte Arbeitskraft keine positive Auswirkung auf die Einkommenshöhe besaß. Sie setzte sich mit durchschnittlich 250 US$ im Monat bei Personen, deren Waren vom eigenen Haushalt produziert wurden, deutlich vom Mittelwert ab und bestätigt somit Ergebnisse von POR-TES/BLITZER/CURTIS (1986), daß Inhaber von informell arbeitenden Betrieben die höchsten Einkünfte innerhalb der uruguayischen Erwerbstätigen erzielten (vgl. Kap. 6.2.2).

Die Einkommenssituation des ambulanten Handels ist im Vergleich zu den Mindestlöhnen insgesamt als gut zu bezeichnen. Allerdings wirkt sich langfristig die fehlende Sozialversicherung negativ aus. Entscheidend für die Einkommenshöhe war sowohl das Warenangebot als auch die Arbeitszeit. Wer an Wochenenden auf Flohmärkten verkaufte, verdiente überdurchschnittlich, hatte aber auch wenig Freizeit. Von diesen Händlern ist anzunehmen, daß sie aufgrund ihrer großen Stände eine hohe Kapitalbindung durch den Warenumfang verzeichnen. Ähnliches gilt für die Kioskbesitzer und Personen mit Produkten, die innerhalb der Haushalte hergestellt wurden. Dies bedeutet aber auch, daß die Zugänglichkeit zu den einzelnen Aktivitäten eine unterschiedliche Verfügbarkeit über Kapital erfordert und damit selektiv wirkt. So überrascht es nicht, daß die Kioskbesitzer in ihrer vorherigen beruflichen Tätigkeit in der Regel gut bezahlte Stellungen im formellen Sektor einnahmen.

Tab. 56: Weitere Verdienstquellen der Haushalte ambulanter Händlerin Montevideo (1987)

Haushaltsmitglied	Verdienstquellen			Summe
	Einkommen aus einer festen Beschäftigung	Rente	sonstiges	
befragte Person	8	7	8	23
Ehepartner	17	-	18	35
verwandte Person	6	7	4	17
Summe	31	14	30	75

Quelle: eigene Erhebung 1987

Tab. 57: Monatliches Einkommen aus den weiteren Verdienstquellen der Haushalte ambulanter Händler in Montevideo (1987; in US$)

Haushaltsmitglied	Einkommen aus einer festen Beschäftigung		Rente		sonstiges	
	x	$\tilde{x}$	x	$\tilde{x}$	x	$\tilde{x}$
befragte Person	239	132	80	68	106	92
Ehepartner	140	126	-	-	88	74
verwandte Person	130	126	68	68	84	84
insgesamt	164	132	74	68	93	76

Quelle: eigene Erhebung 1987

Die meisten Haushalte der ambulanten Händler verfügten über eine weitere Verdienstquelle. 63 oder 56,8 % der befragten Personen gaben dies an, und in einer Familie erhielten sogar fünf Mitglieder aus einer beruflichen Tätigkeit Einnahmen. Etwa 30 % der Straßenverkäufer hatten selbst weitere Einkünfte, die in etwa zu gleichen Teilen entweder auf eine fest bezahlte Beschäftigung im formellen Sektor, auf die Rente oder auf eine Betätigung im informellen Bereich wie Gelegenheitsarbeit, Straßenverkauf, Heimarbeit oder häusliche Dienstleistungen zurückgingen (vgl. Tab. 56). In 46,7 % der Fälle erzielte der Ehepartner ein weiteres Einkommen, das etwa zur Hälfte aus einer formellen Beschäftigung stammte. 22,7 % der zusätzlichen Verdienstquellen entfielen auf andere Haushaltsmitglieder. In der Mehrzahl waren es mit dem Befragten verwandte Personen wie Tante, Onkel oder Eltern. In Tabelle 56 fällt auf, daß nur 45 oder 60 % der weiteren Verdienstquellen feste monatliche Bezahlungen beinhalten, denen die immer wieder betonte Unsicherheit der Einkünfte aus dem informellen Sektor fehlt.

Tab. 58: Anteil verschiedener Verdienstquellen am gesamten Haushaltseinkommen ambulanter Händler in Montevideo (1987)

Einkommens-gruppe in US$	mittlere Anzahl		Anteil am Haushalts-einkommen in %			Wohn-kosten in %	n
	der Ver-dienst-quellen	der Haus-haltsmit-tel	Straßen-verkauf	Rente/ feste Besch.	sonst.		
≤ 95	1,0	2,4	100,0	-	-	28,9	9
95-142,5	1,2	3,6	94,0	1,5	4,5	22,6	20
142,5-190	1,6	3,4	80,9	11,6	7,5	14,3	23
190-237,5	1,7	2,9	78,2	13,8	8,0	9,6	12
237,5-285	1,8	3,4	71,6	28,4	-	12,2	9
285-332,5	1,9	3,6	66,1	21,8	12,1	10,3	15
332,5-380	1,9	3,3	78,2	21,8	-	10,9	7
> 380[1]	2,5	5,0	62,8	34,1	3,1	7,3	12
insgesamt	1,7		74,3	20,2	5,5	11,7	107

1) ohne Berücksichtigung des ambulanten Händlers, der als Seemann mit 1.000 US$ im Monat sehr viel verdient und zudem nur während eines Heimataufenthaltes in der Straße verkauft.

Quelle: eigene Erhebung 1987

Tabelle 57 verdeutlicht zudem, daß die daraus resultierenden Gehälter wesentlich niedriger waren als die monatlichen Einnahmen aus dem ambulanten Handel (vgl. Tab. 53). Insbesondere galt dies für Pensionäre, deren Bezüge nicht einmal die Hälfte des Einkommens aus dem Straßenverkauf erreichten. Es kann somit nicht überraschen, daß Rentner den zusätzlichen Verdienst bei ihren Motiven in den Vordergrund stellten (vgl. Abb. 34). Bei den sonstigen Beschäftigungen lagen die Einnahmen etwas höher und übertrafen knapp den gesetzlich vorgeschriebenen Mindestmonatslohn. Am besten schnitten allerdings Erwerbstätige ab, die im formellen Sektor einer Arbeit nachgingen. Der Mittelwert gab die Einkommensverteilung aufgrund eines monatlichen Gehalts von 1.000 US$ nur verzerrt wieder. Wird diese Angabe nicht berücksichtigt, dann verringerte sich das mittlere gezahlte Gehalt auf 136 US$ und fiel somit um 20 US$ oder 12,8 % unter die durchschnittlichen Einnahmen der Straßenverkäufer. Auch hierdurch bestätigen sich nochmals die Angaben der Befragten zu den Motiven sowie zu ihren Einkünften.

Das mittlere Gesamteinkommen der Haushalte betrug 238 US$, bei einem Median von 205 US$. Es lag somit 66 % über den entsprechenden Parametern der Einnahmen aus dem Straßenverkauf. Da jedoch in einigen Familien auch weitere Verdienstquellen auf dem ambulanten Handel beruhten, erreichte dessen Bedeutung mit 75 % einen höheren Wert, als die 156 US$ ausdrückten (vgl. Tab. 53, 58). Die Verteilung der gesamten Einkünfte auf einzelne Klassen in Abbildung 35 hebt zwei Eigenschaften hervor:

1. Die Spannweite der Haushaltseinnahmen von 37 US$ bis 1.184 US$ war bei gleichem minimalem Wert wesentlich höher als bei Einkünften, die nur aus dem ambulanten Handel resultierten. Somit konnten nicht alle Familien mit geringem Gewinn aus dem Straßenverkauf ihre Einkommen aus anderen Aktivitäten aufbessern.
2. Die zusätzlichen Verdienstquellen erhöhten hauptsächlich die Einnahmen der unteren Gruppen. Erzielten durch den ambulanten Handel 76 % der Haushalte höchstens einen doppelten Mindestmonatslohn, so lag dieser Prozentsatz für die Gesamteinkommen nur noch bei 48,1 %, und 12 % der Familien verdiente mindestens den vierfachen Wert. Abbildung 35 weist zudem darauf hin, daß der Anteil der beiden unteren Einkommensgruppen von 54,7 % auf 26,8 % deutlich zurückging.

Man kann davon ausgehen, daß zumindest eine fest bezahlte berufliche Tätigkeit das Ziel der meisten Haushalte war. Aussagen der ambulanten Händler wie "man verdient zwar mehr als

Tab. 59: Motive für den Straßenverkauf und Haushaltseinkommen ambulanter Händler in Montevideo (1987)

Einkom-mens-gruppe in US$	Motive (in % der Spaltensumme)					n
	zuvor zu geringe Einkünfte	zusätz-licher Verdienst	nach Entlassung keine Arbeit gefunden	sonstige	keine Angabe	
≤ 142,5	17,3	6,9	31,0	13,8	31,0	29
142,5-237,5	25,7	14,3	40,0	2,9	17,1	35
237,5-332,5	16,7	33,3	25,0	-	25,0	24
> 332,5	31,6	21,1	10,5	-	36,8	19
insgesamt	24	18	33	5	28	107

Quelle: eigene Erhebung 1987

ein Arbeiter, aber die Einnahmen sind unsicher und schwanken von Tag zu Tag" oder "es besteht keine soziale Absicherung" belegten nachdrücklich diese Absicht, obwohl nur ein Drittel der Haushalte über eine entsprechende Einkommensquelle verfügte. Das Bestreben bedeutet aber auch, daß die Einnahmen aus dem Straßenverkauf von vielen als vorübergehend angesehen wurden oder das Ergebnis finanzieller Zwänge waren, die sich durch die angespannte Arbeitsmarktsituation noch verstärkten werden (vgl. Tab. 49, 50, 51). Die Entscheidung, durch den ambulanten Handel den Lebensunterhalt zu bestreiten, kann kaum als Ergebnis eines freiwilligen Entschlusses angesehen werden. Besonders ungünstig war die Situation der Haushalte, die höchstens den anderthalbfachen Mindestmonatslohn erzielten. Denn die einzelnen Einnahmequellen trugen - wie sich bereits aus Abbildung 35 vermuten läßt - in unterschiedlichem Maße zu den gesamten Einkommen bei. Die Tabelle 58 und 59 belegen folgende Aussagen:

1. Mit zunehmender Zahl der Verdienstquellen erhöhten sich die Einkünfte der Haushalt. Dabei besaß die Familiengröße sicherlich einen verstärkenden Effekt, der sich allerdings nicht linear, sondern vor allem in den unteren und oberen Einkommensgruppen auswirkte. Aus beiden Tabellen geht hervor, daß bei Familien mit höchstens 142,5 US$ im Monat offenbar Arbeitsmarktprobleme die angespannte finanzielle Situation verursachten. Der Straßenverkauf war für sie die einzige Möglichkeit, Geld für den Lebensunterhalt zu verdienen, denn die Mehrzahl der befragten Personen gab als Motiv an, nach der Entlassung keinen anderen Arbeitsplatz gefunden zu haben.

2. Der Anteil der fest bezahlten Beschäftigungen an den Gesamteinnahmen lag in den oberen Gruppen mit mehr als 237,5 US$ bei über 20 %, bei den weniger verdienenden Familien erreichte er dagegen höchstens 14 %. Dies bedeutet aber, daß sich Haushalte mit höherem Einkommen durch die größere Sicherheit ihrer Einnahmen in einer außerordentlich günstigen finanziellen Situation befanden. Dies bestätigte sich auch darin, daß in diesen Fällen als Motiv für den Straßenverkauf der zusätzliche Verdienst im Vordergrund stand.

3. Insgesamt entfielen nur 20,2 % der gesamten Einnahmen auf berufliche Tätigkeiten im formellen Sektor oder auf die Rente, obwohl in einem Drittel der Haushalte wenigstens eine Person einen entsprechenden Arbeitsplatz hatte. Diese Differenz der prozentualen Werte war wiederum Ausdruck der niedrigen Löhne, die formelle Unternehmen bezahlten und die es erforderten, daß zahlreiche Familien sich eine weitere Einnahmequelle im informellen Sektor suchten.

Tabelle 58 gibt auch einen Einblick in die finanziellen Belastungen der Haushalte, die durch Wohnkosten (Mietzahlungen oder Leistungen für das eigene Haus) entstanden. Die auf die Gesamteinnahmen der Familien bezogenen prozentualen Werte ergaben für die beiden untersten Einkommensgruppen drei- bis viermal höhere Wohnungausgaben als für Familien, die über mehr als 285 US$ im Monat verfügten. Insgesamt lag der Aufwand für Haushalte mit weniger als 205 US$ (Median) mit 17,4 % erheblich über dem durchschnittlichen Wert (vgl. Tab. 58) und erreichte für die besser Verdienenden nur 9,4 %. Aufgrund dieser unterschiedlichen Belastung stellte sich die Frage nach den Strategien der Familien, die Wohnkosten zu senken (vgl. Kap. 5). Dieses Ziel konnte z.B. durch zentrumsnahe Wohnstandorte erreicht werden, da in diesem Falle Aufwendungen für den Weg in die Av. 18 de Julio geringer ausfielen als bei einer Wohnung am Stadtrand, oder durch Wohnformen, die eine Verdichtung und dadurch verringerte Ausgaben bewirkten. Außerdem ist anzunehmen, daß Haushalte mit höherem Einkommen eher im eigenen Haus wohnten und damit über eine bessere Wohnqualität verfügten.

Zur Untersuchung der Wohnstandorte der befragten Personen diente die Bevölkerungsverteilung Montevideos im Jahre 1985 als Vergleichsbasis. Aufgrund des geringen Stichprobenumfanges wurde das Stadtgebiet in vier Teilräume gegliedert (vgl. Abb. 36):
- der innerstädtische Bereich innerhalb des Bv. Artigas (1),
- die bevorzugte Küstenzone südlich der Av. Italia mit einkommensstärkeren Gruppen (2) und
- die vorwiegend von Arbeitern bewohnten Gebiete östlich (3) sowie westlich des Cementerio del Norte (4).

Abb. 36: Wohnstandorte und Mobilität der Haushalte von befragten ambulanten Händlern (Montevideo 1987)

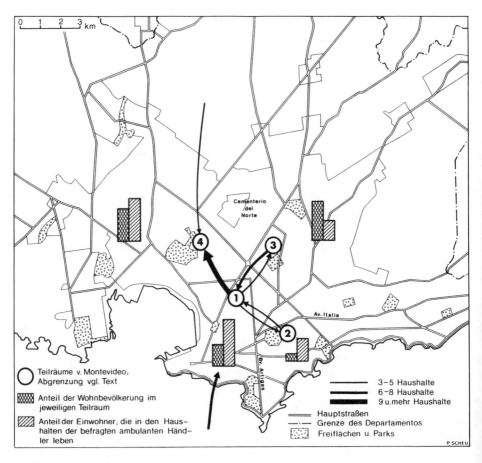

Quelle: eigene Erhebung 1987

Tab. 60: Wohnstandort und Wohndauer der Straßenverkäufer in Montevideo (1987)

Stadtgebiet[1]	Wohnung (in % der Spaltensumme)			Summe	noch nie umgezogen
	Seit Ende 1982	1973	vor 1973		
(1)	54,5	20,5	25,0	44	5
(2)	62,5	25,0	12,5	8	1
(3)	45,0	10,0	45,0	20	6
(4)	20,6	38,2	41,2	34	11
Summe	45,0 42,5 %	26,0 24,5 %	35,0 33,0 %	106 100 %	23

1) räumliche Abgrenzung vgl. Abb. 36 und Text

Quelle: eigene Erhebung 1987

Tab. 61: Wohnstandort und Motive für einen Wohnungswechsel der ambulanten Händler in Montevideo (1987)

Stadtgebiet[1]	Motive des Wohnungswechsels					Summe
	finanzielle	familiäre	Verbesserung der Wohnsituation	Nähe zum Arbeitsplatz	Kündigung	
(1)	10	8	3	4	3	28
(2)	3	1	2	-	-	6
(3)	4	2	3	1	1	11
(4)	8	3	3	3	3	20
Summe	25	14	11	8	7	65

1) räumliche Abgrenzung vgl. Abb. 36 und Text

Quelle: eigene Erhebung 1987

Abbildung 36 stellt für jeden Teilraum dem Einwohneranteil an der Gesamtbevölkerung Montevideos den entsprechenden Wert gegenüber, der aus der Haushaltsgröße der befragten Personen ermittelt wurde. Bei den ambulanten Händlern erreichten das zentral gelegene Teilgebiet (1), die Stadtviertel um die Bahía ((4), insbesondere Cerro, La Teja und Victoria) sowie entlang der Küste (3) höhere Werte, während nördlich der Av. Italia sich deutlich

Tab. 62: Wohnstandort und Haushaltseinkommen der befragten Straßenverkäufer in Montevideo (1987)

Stadtgebiet[1]	Haushalte mit einem monatlichen Einkommen von				Summe	
	≤ 205 US$		> 205 US$			
(1)	23	46,0 %	19	35,8 %	42	40,8 %
(2)	3	6,0 %	4	7,5 %	7	6,8 %
(3)	6	12,0 %	14	26,4 %	20	19,4 %
(4)	18	36,0 %	16	30,2 %	34	33,4 %
Summe	50	100,0 %	53	100,0 %	103	100,0 %

1) räumliche Abgrenzung vgl. Abb. 36 und Text

Quelle: eigene Erhebung 1987

geringere Anteile als die der gesamten Bevölkerung ergaben. Besondere Attraktivität besaß bei den Haushalten der Straßenverkäufer offensichtlich das Zentrum, wo die größte Differenz der beiden Anteile vorlag. Die Innenstadt erfuhr vor allem seit etwa 1982 vermehrt Zuzüge, die etwa gleichgewichtig aus den übrigen Stadtgebieten und von außerhalb Montevideos (Rückkehrer aus dem Ausland, Zuwanderer aus den benachbarten *Departamentos*) stammten (vgl. Abb. 36; Tab. 60). Haushalte, die das Zentrum verließen, zogen vor allem in den Bereich nördlich der Bahía. Die Mobilität war wie erwartet am Stadtrand nicht so hoch, denn dort wohnten überdurchschnittlich viele Familien schon länger als 13 Jahre, und ein Viertel der Haushalte hatte schon immer dieselbe Wohnung (vgl. Tab. 60).

Als wichtigstes Motiv für einen Wechsel nannten die Straßenverkäufer wirtschaftliche und finanzielle Probleme, gefolgt von familiären Gründen (Heirat, Scheidung, Wohnen bei pflegebedürftigen Angehörigen), und vom Wunsch, die Wohnsituation zu verbessern oder in der Nähe zum Arbeitsplatz zu wohnen. Beachtlich war die Zahl der ambulanten Händler, die wegen einer Kündigung die vorherige Wohnung verlassen mußten (vgl. Tab. 61). Diese Angabe erwähnten sie entweder in Verbindung mit Mietproblemen (Unterlassen der Zahlungen) oder aber mit dem anschließenden Gebäudeabriß, den das *Ley de fincas ruinosas* aus dem Jahre 1978 für die Eigentümer wesentlich erleichterte. Auffallend in Tabelle 61 ist die Kongruenz mit den Nennungen, die die in der Altstadt lebenden Haushalte im Frühjahr 1984 machten. Auch sie setzten genau wie die ambulanten Händler, die im Zentrum wohnten, finanzielle und wirtschaftliche Motive an die erste Stelle. Das Hervorheben dieser Gründe ergab sich auch aus den unterschiedlichen Einkommen, das für die meisten Haushalte im Zentrum weniger als 205 US$ (Median) betrug (vgl. Tab. 62).

Tab. 63: Wohnstandort, Wohnform und Wohnqualität der Haushalte ambulanter Händler in Montevideo (1987)

Wohnform	Stadtgebiet				Summe
	(1)	(2)	(3)	(4)	
Eigentümer	8	4	8	17	37
Mieter von Apartments	19	2	6	12	39
Mieter in *pensiones inquilinatos*	14	-	4	1	19
sonstige Situation	3	2	2	4	11
Wohnausstattung					
Küche[1] (1)	63,6 %	87,5 %	75,0 %	82,4 %	73,6 %
(2)	27,2 %	12,5 %	20,0 %	8,8 %	18,9 %
(3)	9,1 %	-	5,0 %	8,8 %	7,5 %
Bad[1] (1)	63,6 %	87,5 %	70,0 %	79,4 %	71,7 %
(2)	34,1 %	12,5 %	25,0 %	8,8 %	22,6 %
(3)	2,3 %	-	5,0 %	11,8 %	5,7 %
mittlere Zahl der Räume	2,3	2,5	2,3	2,9	2,5
mittlere Haushaltsgröße	3,3	3,4	3,1	4,0	3,5
Nutzung					
alleinige	75,0 %	87,5 %	85,0 %	91,2 %	83,0 %
mit Verwandten/ Bekannten	25,0 %	12,5 %	15,0 %	8,5 %	17,0 %
Anzahl	44	8	20	34	106

1) Die drei Ziffern sind wie folgt definiert: (1) individuelle Nutzung, (2) gemeinsame Nutzung mit anderen Familien, (3) keine Küche bzw. kein Bad

Quelle: eigene Erhebung 1987

Eine unterdurchschnittliche Einnahmesituation lag ebenfalls für Familien vor, die in den Stadtteilen nördlich der Bahía wohnten. Dieser räumlichen Verteilung der Einkommenshöhe entsprach die Wohnform und die damit eng verbundene Wohnqualität der Haushalte in den vier städtischen Teilräumen. Wie zu erwarten war, erreichte der Anteil der Familien, die im eigenen Haus lebten oder denen Verwandte die kostenlose Nutzung einer Wohnung zusicherten, am Stadtrand mit mindestens 40 % die höchsten Werte. Im Gegensatz dazu überwogen im Zentrum Mieterhaushalte (vgl. Tab. 63). Beachtenswert war die Bedeutung der *pensiones/inquilinatos*, die aufgrund ihrer Vermietungsformen (vgl. Kap. 5.3) den Familien erlauben, durch eine kleine Wohnfläche ihre Mietausgaben zu senken. Diese - vom Betrag her gesehen - niedrigere finanzielle Belastung und das Fehlen von Kautionen, wie sie zum Beispiel beim Mieten eines Apartments erforderlich sind, haben allerdings eine schlechte Wohnqualität zur Folge. Die Mieter in *pensiones/inquilinatos* kann man in zwei Gruppen unterteilen. Bei

Tab. 64: Wohnform, Wohnqualität und Einkommen der Haushalte ambulanter Händler in Montevideo (1987)

Wohnform	Einkommen		Summe
	≤ 205 US$	> 205 US$	
Eigentümer	14	22	36
Mieter von Aparte-ments	21	20	41
Mieter in *pensiones/inquilinatos*	11	8	19
sonstige Situation	7	3	10
Wohnausstattung			
Küche[1] (1)	60,4 %	86,8 %	73,6 %
(2)	24,5 %	13,2 %	18,9 %
(3)	15,1 %	-	7,5 %
Bad[1] (1)	58,5 %	84,9 %	71,7 %
(2)	32,1 %	13,2 %	22,6 %
(3)	9,4 %	1,9 %	5,7 %
mittlere Zahl der Räume	2,2	2,9	5,7
mittlere Haushalts-größe	3,4	3,6	2,5
Nutzung			
alleinige	75,5 %	90,6 %	83,0 %
mit Verwandten/Bekannten	24,5 %	9,4 %	17,0 %
Anzahl	53	53	106

1) Die drei Ziffern sind wie folgt definiert: 1: individuelle Nutzung, 2: gemeinsame Nutzung, 3: keine Küche bzw. kein Bad

Quelle: eigene Erhebung 1987

der einen handelte es sich meist um jüngere Menschen, die sich nur wenige Monate in Montevideo aufhielten und dann nach Brasilien oder Argentinien wechselten. Sie nahmen die schlechten Wohnverhältnisse in den *pensiones/inquilinatos* bewußt in Kauf. Die andere Gruppe bestand vor allem aus älteren Personen oder unvollständigen Haushalten, die bei der Befragung immer wieder auf ihre Unzufriedenheit über die Wohnsituation hinwiesen, aber aus finanziellen Gründen nicht umziehen konnten. Illegale Formen der Besitzverhältnisse kamen nur selten vor. Dabei traten Hausbesetzungen eher im Zentrum auf, illegales Wohnen in Hüttenvierteln am Stadtrand.

In Übereinstimmung mit den Besitzverhältnissen in den einzelnen städtischen Teilgebieten variierte die Wohnausstattung (vgl. Tab. 63). Das schlechteste Niveau lag in Zentrum vor. Dort verfügten nur 63,3 % der Familien über Küche und Bad. In den anderen Fällen fehlten entweder diese Einrichtungen oder sie wurden gemeinsam mit anderen Mietern genutzt. Am Stadtrand war die Wohnsituation der Haushalte deutlich besser, obwohl auch ambulante Händler befragt wurden, die in *ranchos*, einfachen Hütten ohne irgendwelche Infrastruktur, lebten. Entscheidend für die insgesamt recht gute Qualität, die sich auch in einer günstigeren Relation zwischen Zahl der Räume und Haushaltsgröße ausdrückt, war der hohe Anteil der Eigentümer. Zudem wohnten an der Peripherie deutlich weniger befragte Personen bei Verwandten oder Bekannten als im Stadtzentrum.

Diese unterschiedliche Wohnqualität in den einzelnen Teilgebieten Montevideos weist unter Berücksichtigung der Einkommensverteilung der Haushalte auf die mangelhafte Wohnsituation unterer Sozialschichten hin. Tabelle 64 faßt diese Problematik zusammen:
- Höhere Einkommensgruppen verzeichneten einen größeren Eigentumsanteil.
- Haushalte mit geringeren Einkünften mußten höhere Wohnkosten hinnehmen.

Ihre Möglichkeiten, diese Ausgaben zu senken, kommen in Tabelle 64 ebenfalls zum Ausdruck:
- Verzicht auf Wohnqualität,
- illegale Wohnformen und
- Wohnen bei Verwandten oder Bekannten.

Diese am Beispiel des ambulanten Handels gewonnenen Befragungsergebnisse bestätigen in Übereinstimmung mit dem in Kapitel 5 aufgezeigten Verhalten von Haushalten in der Altstadt nicht nur die Bedeutung des informellen Sektors zur Erweiterung des finanziellen Handlungsspielraumes zahlreicher Familien, sondern auch die Bedeutung für untere Sozialschichten, Einkünfte - wenn möglich - auf mehrere Quellen zu streuen sowie Ausgaben zu senken.

Der informelle Sektor nimmt dabei - wie auch die ausführlicher beschriebenen Befragungsergebnisse von MANN/DELONS (1987) für Gran Buenos Aires zeigen - eine wichtige Position auf der Einnahmenseite ein, da es die Tätigkeiten auf eigene Rechnung erleichtern, das Arbeitskräftepotential der Haushalte auszuschöpfen, und da zudem die erzielten Einkünfte aus Aktivitäten in den unterschiedlichsten Wirtschaftsbereichen teilweise erheblich über den Einkommen aus einem Beschäftigungsverhältnis im formellen Sektor liegen. Nicht zu vernachlässigen ist dabei der Einfluß der Wirtschaftspolitik, die in Argentinien und Uruguay ähnlich wie in anderen lateinamerikanischen Ländern auf niedrige Lohnkosten zur Verbesserung der internationalen Wettbewerbsfähigkeit setzte.

Um den damit verbundenen sinkenden Lebensstandard vieler Haushalte der Unter- und auch der Mittelschicht ausgleichen zu können, besitzt der ambulante Handel eine besondere Anziehungskraft, da eine entsprechende Aktivität im Prinzip weder berufliche Fertigkeiten, größeren Kapitalbedarf noch geschäftliche Beziehungen voraussetzt. Aufgrund der Absatzmöglichkeiten (Fußgängerstrom, Einkaufskraft) bevorzugen die Straßenverkäufer die Hauptgeschäftsbereiche, so daß sie heute in den Stadtzentren fast aller Metropolen Lateinamerikas als Ausdruck der ökonomischen und sozialen Probleme der Staaten in großer Zahl auftreten. Daß sie eine starke Konkurrenz zu den etablierten Dienstleistungen bilden, verdeutlichte der Streik der Restaurant- und Einzelhandelsbediensteten in Montevideo im Jahre 1985, die schärfere Kontrollen der Stadtverwaltung gegenüber den ambulanten Händlern forderten.

7. ZUSAMMENFASSUNG DER ERGEBNISSE

Ziel der vorliegenden empirisch orientierten Arbeit ist, durch eine vergleichende Betrachtung der Stadtentwicklung die ökonomischen, sozialen, baulichen und politisch-planerischen Veränderungen insbesondere in den Innenstädten von Buenos Aires und Montevideo anhand
- der Nutzungsdifferenzierung,
- der Wohnbedingungen und
- des informellen Sektors

aufzuzeigen. Im Falle von Zentren mit hoher Bedeutung im nationalen Städtesystem ist anzunehmen, daß historische, wirtschaftliche und soziale Wandlungen in den jeweiligen Staaten eine große Rolle spielen. Dies trifft insbesondere für Hauptstädte wie Buenos Aires und Montevideo zu, in denen sich nicht nur ein großer Teil der Bevölkerung sowie der Wirtschaftskraft beider Länder konzentriert, sondern in denen sich alle bedeutenden nationalen Verwaltungs-, Finanz-, Dienstleistungs- und Kultureinrichtungen befinden. Obwohl Gran Buenos Aires mit 10 Mio. Einwohnern im Jahre 1980 deutlich größer als Montevideo (1985: 1,3 Mio. Ew.) und das Wirtschafts- und Finanzzentrum des Rio-de-la-Plata-Raumes ist, erlaubt die Ähnlichkeit in der Entwicklung beider Staaten und Metropolen eine vergleichende Betrachtung. An Übereinstimmungen sind zu nennen:

- der hohe Verstädterungsgrad in beiden Ländern,
- die enorme Bevölkerungskonzentration in Buenos Aires und Montevideo,
- der im Vergleich zu anderen lateinamerikanischen Metropolen geringe Anstieg der Einwohnerzahlen,
- die Phase des größten Wachstums zwischen 1870 und 1930 aufgrund der europäischen Immigration,
- die Agrarexporte als Grundlage der ökonomischen und sozialen Entwicklung,
- die Verschlechterung der *terms of trade* seit den 50er Jahren,
- die zunehmende politische Instabilität seit 1955,
- die Einführung monetaristischer Ziele in der Wirtschaftspolitik seit etwa 1975 und
- der trotz sinkender Realeinkommen immer noch hohe Entwicklungsstand beider Länder hinsichtlich Bruttosozialprodukt, Gesundheitswesen oder Bildungsbereich.

Beide Hauptstädte zeigten während langer Phasen in ihrer Entwicklung eine weitgehende Übereinstimmung aus ökonomischer, politischer, sozialer und stadtplanerischer Sicht. Zur Kolonialzeit hatten sie wichtige Verteidigungsaufgaben inne, und die Hafenfunktion legte den Grundstein für die spätere Dominanz über die anderen nationalen Wirtschaftsräume. Die ökonomische Bedeutung des Hafens kam seit 1880 immer stärker zur Geltung, da die beiden Länder als Agrarexporteure in den Weltmarkt integriert wurden. Die städtische Expansion, die nach 1904 an Intensität gewann, wurde im wesentlichen vom Ausbau des öffentlichen Nahverkehrs sowie von der Möglichkeit, ein Grundstück durch Ratenzahlungen zu erwerben, getragen. Das sprunghafte Bevölkerungswachstum vor dem Ersten Weltkrieg, die wirtschaftliche Aufwärtsentwicklung sowie die Konzentration administrativer und ökonomischer Funktionen erhöhten das Übergewicht der beiden Städte, die sich entlang der Verkehrswege ausdehnten. Diese Einflußgrößen bewirkten sowohl in Buenos Aires als auch in Montevideo bereits zu einem frühen Zeitpunkt die Transformation der kolonial geprägten Stadtstruktur.

Nach der Weltwirtschaftskrise versuchten die Regierungen, mit Hilfe der Importsubstitutions-strategie ihre Abhängigkeit von Einfuhren industrieller Erzeugnisse zu verringern. Der Aufbau einer eigenen Industrie stärkte das Übergewicht der beiden Metropolen, da sie den mit Abstand größten Binnenmarkt stellten. Die Immigration wurde - in Buenos Aires intensiver als in Montevideo - durch die Zuwanderung aus dem *Interior* ersetzt.

Die geringe Bebauungsdichte sowie die intensive Durchmischung sich störender Nutzungen waren der Ansatz erster Stadtentwicklungspläne, deren Ziele durch die frühen Arbeiten von LE CORBUSIER und der Charta von Athen beeinflußt waren. Man wollte ein für die gesamte Stadt einheitliches Konzept realisieren, das allerdings wegen zu hoher Kosten und seiner tiefen Einschnitte in die Stadtstruktur ohne direkte Auswirkungen auf städtische Vorhaben blieb. Erst in den 50er Jahren stellte man verbindliche Pläne auf. Innerhalb allgemein formulierter Richt-linien arbeiteten die Stadtverwaltungen für einzelne Teilräume z.B. Maßnahmen zur Verbesse-rung der Verkehrssituation, der Wohnbedingungen und der Neugestaltung von Grünflächen aus. Doch waren die Effekte gering, da mit der wirtschaftlichen Rezession seit etwa 1955 und der damit einhergehenden wachsenden politischen Instabilität die Grundlage für eine konti-nuierliche und längerfristig wirkende Stadtplanung fehlte.

Die Machtübernahme der Militärs in den 70er Jahren hatte zwar aufgrund der ökonomischen Liberalisierung einen kurzen wirtschaftlichen Boom zur Folge, doch verschärften sich die sozialen Spannungen, verschlechterten sich die Wohnverhältnisse vieler Haushalte, und die Verschuldung beider Staaten schränkte den finanziellen Handlungsspielraum der heutigen demokratischen Regierungen für eine sinnvolle Stadtgestaltung drastisch ein.

Der einführende Teil von Kapitel 4 ging auf Begriffsbestimmungen, auf vorliegende For-schungsergebnisse zur inneren Differenzierung von Stadtkernen und ihre Dynamik sowie auf die Probleme der Vergleichbarkeit der Untersuchung ein. Nach der Abgrenzung des jeweiligen innerstädtischen Untersuchungsgebietes in Buenos Aires und Montevideo, der Definitionen der einzelnen Nutzungsarten sowie der Arbeitshypothesen zur funktionalen Gliederung wurde die räumliche Verteilung der einzelnen Nutzungskategorien im Stadtzentrum, die baulichen und funktionalen Veränderungen sowie stadtplanerische Maßnahmen zur Neugestaltung des Zen-trums und zur Erhaltung architektonisch wertvoller Bausubstanz behandelt.

Die untersuchten Nutzungen (öffentliche Verwaltung, Einrichtungen des Finanzsektors, Büros, Einzelhandel, Hotels, Reiseagenturen, Bars und Restaurants sowie Wohnen) belegten in ihrer räumlichen Verteilung die wesentlichen Elemente des Cityentwicklungsmodells von LICHTEN-BERGER. Die Mehrkernigkeit dokumentierte sich insbesondere in der außerordentlichen Konzentration der Finanzeinrichtungen in beiden Hauptstädten. Als entscheidende Ursache für die Ausbildung dieser Kernräume waren die Standorte der beiden Zentralbanken und Börsen anzuführen, die die Wirtschafts- und Finanzpolitik von Argentinien bzw. Uruguay maßgeblich beeinflussen. Aufgrund dieser bestehenden Bindungen von Nutzungen an wenige zentrale Einrichtungen von nationalem Gewicht blieb die Persistenz dieses funktionalen Teilraumes gewahrt. Die zunehmende Zahl finanzieller Aktivitäten in beiden Hauptstädten drückte sich daher in einer räumlichen Anlagerung aus, die damit die auf agglomerativen Vorteilen beruhenden Standortanforderungen (*special accessibility*) bekräftigt. Dies traf jedoch nicht für alle Finanzeinrichtungen zu. Z.B. waren Wechselstuben stärker als Großbanken vom Kundenverkehr abhängig und bevorzugten daher eine Lage mit einer guten allgemeinen Erreichbarkeit (*general accessibility*).

Die <u>asymmetrische Gliederung</u> der beiden Stadtzentren war durch die linienhafte Anordnung des Einzelhandels geprägt, in der sich nicht nur dessen *arterial accessibility* ausdrückte, sondern auch seine Funktion als Träger der Cityexpansion in Richtung der Wohngebiete mit einkommensstarken Haushalten. Aufgrund dieser Eigenschaften bildete er in beiden Hauptstädten eine Leitachse für die zumindest in Buenos Aires fortschreitende Citybildung aus und verstärkte damit die asymmetrische innere Differenzierung des Stadtzentrums.

Auch die <u>Lückenhaftigkeit</u> des Nutzungsgefüges war zu beobachten. Sowohl in Buenos Aires als auch in Montevideo gab es z.B. im Kern der Finanzeinrichtungen unbebaute Grundstücke oder leerstehende Gebäude. Ähnliches konnte man auch in den Hauptgeschäftsstraßen erkennen. Allerdings fiel für Buenos Aires auf, daß die Anzahl dieser Parzellen geringer war als in Montevideo und sie außerdem schneller wieder einer Nutzung zugeführt wurden. Hierin drückte sich die größere ökonomische Dynamik von Buenos Aires aus, das - schon aufgrund seiner Größe - als Metropole des Rio-de-la-Plata-Raumes in der städtischen Hierarchie einen höheren Rang als Montevideo einnimmt.

Weiterhin gab es in beiden Hauptstädten Hinweise, daß staatliche Institutionen mit unterschiedlichen Handlungsreichweiten Standortentscheidungen privater und öffentlicher Unternehmen beeinflußten und damit eine differenzierte räumliche Entwicklung citytypischer Funktionen bewirkten:
1. Auf nationaler Ebene beschleunigte die Einführung der neoliberalistischen Wirtschaftspolitik im Jahre 1976 die fortschreitende Tertiärisierung der argentinischen Wirtschaft und begünstigte aufgrund der ökonomischen Dynamik Ende der 70er Jahre und der Kapital- sowie Handelsliberalisierungen die Nachfrage tertiärer Nutzungen nach Geschoßflächen in der City von Buenos Aires.
2. Auf regionaler Ebene steuerten Vorhaben der Stadtplanung, z.B. die Ausweisung funktionaler Schwerpunkte mit der Erhöhung des Flächenangebots für bestimmte Nutzungen, die Cityentwicklung bzw. die Cityexpansion.

Besonderheiten im Vergleich zu nordamerikanischen und europäischen Großstädten ergaben sich vor allem im Falle von Buenos Aires aus der ungebrochenen Attraktivität innerstädtischer Wohngebiete mit hohem sozialen Status, die aufgrund der Hochhausbauweise maximale Bevölkerungsdichtewerte innerhalb der Agglomeration aufweisen. Die Lage dieser Viertel übt auf die Cityexpansion eine außerordentlich hohe Anziehungskraft aus. Dies trifft insbesondere auf den qualitativ führenden Einzelhandel zu, der aufgrund der nationalen wirtschaftlichen Probleme Argentiniens in hohem Maße von einkommensstarken Gruppen abhängig ist und daher die Standortnähe zu Wohngebieten mit hohem sozialen Status sucht. Die Ergebnisse weisen damit eine hohe Übereinstimmung mit anderen Untersuchungen über die Struktur lateinamerikanischer Metropolen auf. Im Vergleich zur asymmetrischen Cityentwicklung in kontinentaleuropäischen Großstädten war und ist die Ursache für die Existenz einer markanten Wachstumsfront in Buenos Aires weniger in gesetzlich festgelegten Bauvorschriften zu sehen, sondern vielmehr in der Verschlechterung der ökonomischen und damit verbunden der sozialen Bedingungen. Die Erhöhung der Gebäude konnte die axiale Cityexpansion nicht ausschließen. Diese Wirkung erreichten bis zu einem gewissen Grade die Realisierung von Planungsvorhaben, die zumindest vorübergehend das Eindringen citytypischer Funktionen in Wohngebiete mit sozial hohem Status abschwächten.

Eine weitere Besonderheit ist, daß die wirtschaftlichen Probleme in den 80er Jahren zudem den informellen Sektor und hier insbesondere den ambulanten Handel in den Innenstädten stärkten, der sich in Montevideo im Gegensatz zu Buenos Aires aufgrund geringer staatlicher Kontrollen erheblich ausbreiten konnte (vgl. Kap. 6). Die Straßenhändler bevorzugen den Verkauf ihrer Waren in der Hauptgeschäftsstraße Montevideos, in der Av. 18 de Julio, da hier die zahlreichen Fußgänger einen hohen Umsatz und damit einen guten Gewinn versprechen.

Es bleibt sicherlich festzuhalten, daß ökonomische Bedingungen und ihre Veränderungen einen starken Einfluß auf die Cityentwicklung haben und daß sich aufgrund der zugrundeliegenden Bewertungsmaßstäben Abweichungen in der Gliederung der Stadtzentren, die auf kulturellen oder entwicklungstheoretischen Unterschieden basieren, in Zukunft noch mehr ausgleichen werden.

In Kapitel 5 stand inhaltlich die soziale Dimension unter besonderer Berücksichtigung der Wohnsituation der Haushalte im Vordergrund. Die Untersuchungen gingen von dem zweiphasigen Wanderungsmodell aus, das TURNER (1968) am Beispiel von Lima entwickelte und CONWAY/BROWN (1980) dynamisierten. Ziel war es, neben dem Einfluß des finanziellen Handlungsspielraumes auf das Wohnstandortverhalten die drei von BENTON (1986) am Beispiel Montevideos entwickelten Strategien (Verdichtung, *pensión/inquilinato*, Hausbesetzungen) zu werten und die damit verbundenen Auswirkungen auf die innerstädtischen Wanderungsströme zu analysieren. Ein weiterer Schwerpunkt bildete die Untersuchung der Bevölkerungs- und Haushaltsstruktur in innerstädtischen Wohngebieten.

Die Ergebnisse über Wohnstandortverhalten, Wohnsituation und Einkommen der Haushalte, die in der südlichen Innenstadt von Buenos Aires sowie in der Altstadt von Montevideo lebten, standen zum Teil im Einklang, zum Teil aber auch im Widerspruch zu den Aussagen des Modells von TURNER (1968) und dessen Erweiterung von CONWAY/BROWN (1980). In den untersuchten citynahen Wohngebieten gab es neben den Mietern Eigentümer, Hausbesetzer und Familien, die über eine kostenlose Unterkunft verfügten. Aber auch die Mieter bildeten keine homogene Gruppe. Aufgrund der Wohnsituation und Wohndauer mußte man bei ihnen zwischen Haushalten unterscheiden, die in einem Apartment oder in einem *inquilinato* wohnten.

Die vorherigen Wohnstandorte der Familien lagen in Buenos Aires häufiger als in Montevideo außerhalb des jeweiligen Ballungsraumes, erreichten aber in beiden citynahen Wohngebieten keine die Bevölkerungs- und Haushaltsstruktur prägende Rolle. Dies hing im wesentlichen davon ab, daß die beiden Hauptstädte innerhalb der lateinamerikanischen Metropolen eine Sonderstellung hinsichtlich des Bevölkerungswachstums und der Zuwanderung aus ländlich strukturierten Räumen einnahmen. Somit fehlten die *bridgeheader* von TURNER (1968) in der Altstadt Montevideos weitgehend. Ähnlich wie in Buenos Aires, wo sie eine größere Bedeutung besaßen (Größe des Ballungsraumes), lebten diese Haushalte in einem *inquilinato* oder in einer leihweise zur Verfügung gestellten Wohnung. Daneben traten innerhalb des Stadtzentrums noch *consolidator* und *status-seeker* auf (Eigentümer, Mieter von Apartments) und im kolonialen Kern von Montevideo auch Gruppen wie die Hausbesetzer, die durch soziale Veränderungen in Uruguay nach 1973, verstärkt noch durch die wirtschaftliche Krise seit 1982, eine möglichst billige Unterkunft in der Altstadt suchten. Diese Gruppe, die durch die ökonomischen Rahmenbedingungen einen sozialen Abstieg erfuhr, - und hierzu zählten sicherlich auch einige Haushalte, die in *inquilinatos* lebten -, ließ sich nur schwer in das Modell von TURNER einordnen, da seine Vorstellungen die auf verschiedenen Untersuchungsebenen wirksamen Restriktionen hinsichtlich Wahl des Zielgebietes, Verwirklichung der Umzugsentscheidung oder der Wohnwünsche nicht berücksichtigten.

Auf der individuellen Ebene spielte der finanzielle Handlungsspielraum der Haushalte die entscheidende Rolle. In der Altstadt Montevideos war trotz des kleinen Stichprobenumfangs zu erkennen, daß bei Mietern und Hausbesetzern ein hohes Mobilitätspotential anzutreffen war. Die bestehenden Umzugswünsche konnten jedoch wegen finanzieller Probleme der Haushalte häufig nicht verwirklicht werden, so daß die Familien im kolonialen Kern Montevideos wohnen blieben. Auch die drei von BENTON (1986) genannten Wohnungsstrategien, für die es mehrere Belege gab, ließen sich in das Konzept des Handlungsspielraumes einordnen. "Verdichtung" sowie "Hausbesetzung" bedeutete für die Haushalte eine finanzielle Entlastung, und das Mieten einer Wohnung in einer *pensión* oder in einem *inquilinato* war aufgrund der Zahlungsweise sowie des Mietpreises den niedrigen und unsicheren Einnahmen der Familien angepaßt.

Auf der Makroebene berücksichtigt das Modell TURNERs sowie dessen Erweiterungen nur in geringem Maße die Bedingungen des Wohnungsmarktes. So konnten die Hausbesetzer aufgrund der wirtschaftlichen Entwicklung und der politisch-rechtlichen Maßnahmen nur im Stadtzentrum, insbesondere in der Altstadt, leerstehende Häuser vorfinden. Ähnliche Aussagen trafen für die Verteilung der *pensiones* oder *inquilinatos* in den beiden Hauptstädten zu. Die Anziehungskraft des Zentrums auf Familien unterer Einkommensschichten resultierte also weniger aus ihren Wohnpräferenzen, sondern wegen ihrer angespannten finanziellen Situation suchten sie billige Unterkünfte, die sich in der Innenstadt konzentrierten.

Das Konzept des Handlungsspielraumes erlaubt es somit, Mikro- und Makroebene bei Wanderungsentscheidungen miteinander zu verknüpfen. Außerdem kann es unabhängig von der Verstädterungsphase das innerstädtische Wanderungssystem durch die unterschiedliche Gewichtung wirksamer Restriktionen für Haushalte aller Sozialschichten erklären. Es ist ein einheitlicher Ansatz, der bei Großstädten in Industrie- und Entwicklungsländern anzuwenden ist.

In Kapitel 6 wurde am Beispiel des ambulanten Handels in der Hauptgeschäftsstraße von Montevideo nochmals die soziale Dimension aufgegriffen. Zunächst wurde mit Hilfe der vorliegenden Literatur der informelle Sektor gegenüber dem formellen Sektor abgegrenzt sowie seine Struktur und Größe innerhalb der nationalen Wirtschaft in Ländern der Dritten Welt beschrieben. Es folgte dann die Entwicklung des informellen Sektors in Argentinien und Uruguay in Abhängigkeit von ökonomischen Veränderungen. Die anschließende Darstellung der Befragungsergebnisse der ambulanten Händler im Stadtzentrum von Montevideo konzentrierte sich auf ihre demographische Struktur, auf ihre Motive, auf das Einkommen und die Wohnsituation ihrer Haushalte.

Vor allem männliche Personen sowie 20- bis 40jährige nahmen am ambulanten Handel teil. Ihre Gründe dokumentierten die ökonomische und finanzielle Notwendigkeit, diese Tätigkeit zur Einkommensgestaltung auszuüben. Die meisten Befragten fanden entweder nach ihrer Entlassung aus einem Beschäftigungsverhältnis im formellen Sektor keine Arbeit mehr oder hatten keinen Erfolg bei ihrer erstmaligen Suche. Außerdem waren die Löhne im Vergleich zu den Einnahmen aus dem ambulanten Handel zu niedrig. An dritter Stelle der Gründe steht "zusätzlicher Verdienst", der das Einkommen eines anderen oder desselben Haushaltsmitgliedes oftmals aus einer formellen Beschäftigung ergänzen sollte.

Die Einnahmen aus dem ambulanten Handel erreichten im Mittel 156 US$. 80 % der Straßenverkäufer erzielten Einkünfte, die über dem zum Zeitpunkt der Befragung gesetzlich vorgeschriebenen Mindestmonatslohn von 95 US$ lagen und die damit die Angaben zu den Motiven für die Tätigkeit im ambulanten Handel bestätigten. Die Höhe der Einnahmen war abhängig von der angebotenen Ware, von ihrer Bezugsquelle sowie vom zeitlichen Aufwand für den Straßenverkauf. Noch günstiger stellten sich mit 238 US$ die Einkünfte der Haushalte ambulanter Händler dar. Trotzdem waren die Familien bestrebt, durch einen zentral gelegenen Wohnstandort, durch den Verzicht auf Wohnqualität, durch illegale Wohnformen und durch Wohnen bei Verwandten oder Bekannten Kosten einzusparen.

Diese durch die Befragung ambulanter Händler gewonnenen Ergebnisse bestätigen in Übereinstimmung mit dem in Kapitel 5 aufgezeigten Verhalten von Haushalten in der Altstadt nicht nur die Bedeutung des informellen Sektors zur Erweiterung des finanziellen Handlungsspielraumes zahlreicher Familien, sondern auch die Bedeutung für untere Sozialschichten, Einkünfte - wenn möglich - auf mehrere Quellen zu streuen sowie Ausgaben zu senken.

Der informelle Sektor nimmt dabei - wie auch die ausführlicher beschriebenen Befragungsergebnisse von MANN/DELONS (1987) für Gran Buenos Aires zeigen - eine wichtige Position auf der Einnahmenseite ein, da es die Tätigkeiten auf eigene Rechnung erleichtern, das Arbeitskräftepotential der Haushalte auszuschöpfen, und da zudem die erzielten Einkünfte aus Aktivitäten in den unterschiedlichsten Wirtschaftsbereichen teilweise erheblich über den Einkommen aus einem Beschäftigungsverhältnis im formellen Sektor liegen. Nicht zu vernachlässigen ist dabei der Einfluß der Wirtschaftspolitik, die in Argentinien und Uruguay ähnlich wie in anderen lateinamerikanischen Ländern auf niedrige Lohnkosten zur Verbesserung der internationalen Wettbewerbsfähigkeit setzte.

Um den damit verbundenen sinkenden Lebensstandard vieler Haushalte der Unter- und auch der Mittelschicht ausgleichen zu können, besitzt der ambulante Handel eine besondere Anziehungskraft, da eine entsprechende Aktivität im Prinzip weder berufliche Fertigkeiten, größeren Kapitalbedarf noch geschäftliche Beziehungen voraussetzt. Aufgrund der Absatzmöglichkeiten (Fußgängerstrom, Einkaufskraft) bevorzugen die Straßenverkäufer die Hauptgeschäftsbereiche, so daß sie heute in den Stadtzentren fast aller Metropolen Lateinamerikas als Ausdruck der ökonomischen und sozialen Probleme der Staaten in großer Zahl auftreten. Daß sie eine starke Konkurrenz zu den etablierten Dienstleistungen bilden, verdeutlichte der Streik der Restaurant- und Einzelhandelsbediensteten in Montevideo im Jahre 1985, die schärfere Kontrollen der Stadtverwaltung gegenüber den ambulanten Händlern forderten.

RESUMEN

Meta del presente trabajo con orientación empírica es revelar los cambios económicos, sociales, de la construcción y de la política de planificación, especialmente en los centros urbanos de Buenos Aires y Montevideo, a través de una observación comparativa del desarrollo urbano, tomando como referencia
- la diferenciación en la utilización,
- las condiciones habitacionales y
- el sector informal.
En el caso de los centros de alta importancia en el sistema urbano nacional es de suponer que cambios históricos, económicos y sociales juegan un papel relevante en los Estados respectivos. Este hecho puede aplicarse especialmente a las capitales Buenos Aires y Montevideo, en las cuáles no sólo se concentra gran parte tanto de la población como de la fuerza económica de ambos países, sino que además se encuentran ubicadas aquí todas las oficinas públicas, de administración, financieras y culturales.

A pesar de que el Gran Buenos Aires, con sus 10 millones de habitantes en el año 1980 era bastante más grande que Montevideo (1985: 1,3 mill. habts.) y de que conforma el centro económico y financiero de la región del Río de la Plata, la similitud en el desarrollo de ambos Estados y metrópolis permite un estudio comparativo. Estos hechos en común fueron descritos detalladamente en el capítulo 3 bajo consideración de las medidas de planificación urbana.

La primera parte del capítulo 4 abordó los temas como son la definición de la terminología, resultados existentes de investigaciones realizadas sobre la diferenciación interna de núcleos urbanos y su dinámica, y además los problemas de comparatividad del estudio. Luego de la delimitación de los sectores centrales respectivos de investigación en Montevideo y Buenos Aires, se describieron en forma detallada las utilizaciones observadas (administración pública, oficinas del sector financiero, oficinas en general, comercio minorista, hoteles, agencias de viaje, bares y restaurantes al igual que uso residencial) en su distribución espacial. Los siguientes elementos deben retenerse: la diversidad de núcleos, la estructuración asimétrica y el fenómeno de "espacialidad" (espacios desocupados) en el esquema de utilización.

Además, en ambas capitales se registraron indicios de que instituciones estatales con distintos radios de acción, influyeron en decisiones de ubicación de empresas privadas y públicas y provocaron con ello un desarrollo espacial diferenciado para las funciones típicas de la city:
1. A nivel nacional, la introducción de la política económica neoliberal a principio de los años 1976 aceleró la terciarización ya creciente de la economía argentina y uruguaya y, debido a la dinámica económica a fines de los años 70 y a las liberalizaciones de capital y negociación, favoreció la demanda de superficie construída (oficinas) en la city de Buenos Aires y en la Ciudad Vieja de Montevideo.
2. A nivel regional, proyectos de la planificación urbana, por ejemplo la intención crear nuevos centros funcionales específicos con el alza en la oferta para determinadas utilizaciones, llevaron a un desarrollo de ambos centros urbanos, vale decir también a una expan-

sión de los mismos.

Particularidades en comparación con metrópolis norteamericanas y europeas se dieron sobre todo en el caso de Buenos Aires, en el inquebrantado atractivo de sectores habitacionales en el centro, con un status social elevado, lo que llevó, gracias a la construcción predominante de edificios, a que tales sectores presenten valores máximos en cuanto a la densidad poblacional en el centro mismo. La ubicación de estos barrios ejerce una fuerza de atracción desmedidamente alta sobre la expansión de la city. Esto se refiere especialmente al comercio minorista con ofertas de calidad, el cual, debido a los problemas económicos nacionales en la Argentina depende en gran medida de grupos con fuertes ingresos y por ello busca una ubicación cercana a sectores habitacionales con status social elevado. Otra particularidad es el hecho que los problemas económicos en los años 80 por lo demás fortalecieron el sector informal y dentro de éste especialmente el comercio ambulante en las partes centrales urbanas; dicho comercio pudo expandirse en Montevideo en forma más significativa que en Buenos Aires, debido a un control menos estricto (comparar cap. 6).

En el capítulo 5 se abordó en primera línea el tema de la dimensión social bajo especial consideración de la situación habitacional de los hogares. Las investigaciones partieron de la base de un modelo migratorio en dos etapas, el cual fué desarrollado por TURNER (1968) tomando Lima como ejemplo; dicho modelo fué luego dinamizado por CONWAY/BROWN (1980). La meta fué valorar las tres estrategias desarrolladas por BENTON (1986) tomando como ejemplo Montevideo (densificación, pensión/inquilinato, ocupaciones ilegales de casas) al igual que la influencia del campo de acción financiero sobre el comportamiento en la ubicación habitacional.

Los resultados sobre comportamiento en la ubicación habitacional, situación habitacional e ingreso de los hogares que residen en la parte sur del centro de Buenos Aires así como en la Ciudad Vieja de Montevideo en parte coincidieron, en parte se contradijeron en relación a los enunciados del modelo de TURNER (1968) junto con la ampliación del mismo realizada por CONWAY/BROWN (1980). En los sectores estudiados cercanos a la city se determinó la presencia por una parte de arrendatarios, por otra la de propietarios, ocupadores ilegales y familias que disponían de un alojamiento gratis.

En la Ciudad Vieja de Montevideo faltaron completamente los *bridgeheaders* de TURNER (1968). En forma similar al caso de Buenos Aires, en donde aquellos hogares poseían una importancia mayor (dimensión del conglomerado urbano), vivían dichas familias en un inquilinato o en una vivienda puesta a disposición en forma de préstamo. Junto con ello, el centro de la ciudad presentaba además *consolidator* y *status-seeker* (propietarios, arrendatarios de apartamentos) y el núcleo colonial de Montevideo también grupos como los ocupadores ilegales, los que, debido a los cambios sociales registrados en el Uruguay después de 1973 y acentuado además por la crisis económica a partir de 1982, buscaron un alojamiento lo más barato posible en la Ciudad Vieja. Dicho grupo, el cual sufrió un descenso social debido a las condiciones económicas, se logró integrar sólo en forma dificultosa en el modelo de TURNER, ya que sus ideas no consideraban las restricciones - influyentes en los distintos planos de la investigación - en cuanto a elección del sector meta, realización de la pretensión de mudanza o el concepto de la forma habitacional.

En el plano individual, el campo de acción permitido por la situación económica de los hogares jugó el papel decisivo. En la Ciudad Vieja de Montevideo se pudo comprobar, a pesar del número reducido de las entrevistas a personas elegidas al azar, que los arrendatarios y los ocupadores ilegales de viviendas disponían de un alto potencial de movilidad. Sin embargo, las pretenciones de mudanza latentes muchas veces no pudieron llevarse a cabo debido a los problemas económicos de los hogares. También las tres estrategias de habitación mencionadas por BENTON (1986) - para las cuales existían varias pruebas acreditativas - pudieron ser clasificadas en el concepto de campo de acción. "Densificación" al igual que "ocupación ilegal de viviendas" significaba para los hogares un alivio financiero, y, el hecho de arrendar un apartamento en una pensión o en un inquilinato, gracias a la forma de pago y al precio del arriendo, se adaptaba a los ingresos bajos e inseguros de las familias en cuestión.

En el capítulo 6, analizando el caso del comercio ambulante en la calle comercial principal de Montevideo, se retomó nuevamente la dimensión social. Primero, con ayuda de la literatura existente, se discutió sobre el límite entre el sector informal y el formal, y además se describió su estructura y tamaño dentro de la economía nacional en los países del llamado Tercer Mundo. A esto le siguió el desarrollo del sector informal en la Argentina y en el Uruguay dependiendo de los cambios económicos. A continuación, la exposición de los resultados de las encuestas a comerciantes ambulantes en el centro de Montevideo se concentró en su estructura demográfica, sus motivos, sus ingresos y la situación habitacional de sus hogares.

Sobre todo personas del sexo masculino como también aquellas entre 20 y 40 años de edad participaban en el comercio ambulante. Sus motivos documentaron la necesidad económica y financiera de realizar esta actividad para la disposición de sus ingresos. La mayoría de los entrevistados no encontraron otra ocupación luego de ser despedidos de un trabajo del sector formal en donde estaban contratados, o no tuvieron éxito en su primera búsqueda. Además, los sueldos eran demasiado bajos en comparación con los ingresos alcanzados por el comercio ambulante. En tercer lugar bajo los motivos nombrados está la "ganancia adicional", la cual debía complementar el ingreso proveniente muchas veces de una ocupación formal desempeñada por otro o por el mismo miembro del hogar.

SUMMARY OF THE RESULTS

The objective of this volume, an empirically oriented study comparing city development in Buenos Aires and Montevideo, is to point out economic, social and structural changes and changes in policy and planning, especially in the centers of the two cities on the basis of
- differentiated use,
- living conditions and
- the informal sector.

When we are dealing with cities that have a high hierarchical position within the city system of their country, we can assume that historical, economic and social changes in these countries play an important role. This is particularly true of capital cities such as Buenos Aires and Montevideo, in which not only a large portion of the population and the economic resources of both countries are concentrated, but in which all important national institutions, whether administrative, financial, service or cultural, are also located. Although Gran Buenos Aires, with its 10 million inhabitants in 1980, is much larger than Montevideo (1985: 1.3 million inhabitants) and although it is the economic and financial center of the Rio-de-la-Plata region, there are enough similarities in the development of the two countries and the two metropolises to make a comparison valid. These similarities are described in detail in Chapter 3, which also deals with city planning measures.

The introductory part of Chapter 4 provides a definition of terms, discusses the results of previous research on the internal differentiation of city centers and the dynamics thereof and goes into problems related to the comparability of the investigation. After defining the area to be investigated in the inner cities of Buenos Aires and Montevideo, the author describes the spatial distribution of the different types of use investigated (public administration, financial institutions, offices, retail trade, hotels, travel agencies, bars and restaurants and residential use) in detail. The following elements need to be recorded: the usage structure has many cores, is assymetrical and fragmentary.

Further, there were indications in both of these capital cities that government institutions with varying ranges of activity influence the choice of location of both private and public enterprises, thus effecting a differentiated spatial development of typical city functions:
1. At a national level the introduction of neoliberalist economic policies (in 1973 Uruguay, in 1976 Argentina) accelerated the process of tertiarization of the economies, and combined with the economic dynamism at the end of the seventies and the liberalization of capital and trade this helped to increase the demand for floor space for tertiary uses in the city of Buenos Aires and Montevideo.
2. At a regional level city development and expansion were controlled by city planning projects, e.g., zoning laws providing for functional centers with larger areas offered for specific uses.

Peculiarities compared with large North American and European cities showed up particularly in the case of Buenos Aires, in which inner city residential areas with a high social status continue to enjoy undiminished attractivity. With their highrise buildings these residential areas have the highest population density values within the conurbation. The location of these wards exerts an extremely strong magnetic force on city expansion. This is particularly true of retail trade, which leads qualitatively. Due to Argentina's national economic problems this category of retail trade depends greatly on high income groups and therefore seeks locations near to living areas with a high social status. A further peculiarity is that the economic problems during the eighties strengthened the informal sector even more, in particular street trading. Because government controls were less stringent, the informal sector was able to expand considerably in Montevideo, in contrast to Buenos Aires (cf. Chapter 6).

Chapter 5 deals mainly with the social dimension, with particular attention paid to the living conditions of the households. The investigations started from the two-phase migration model developed by TURNER (1968) for Lima and expanded by CONWAY/BROWN (1980). Along with studying the manner in which the household's financial latitude influences its choice of residential location, the goal was to evaluate the three strategies developed by BENTON (1986) for Montevideo (crowding, *pensión/inquilinato*, squatting).

The results relating to choice of residential location, living conditions and income of the households living in the southern part of the inner city of Buenos Aires and in the old city of Montevideo partly conformed to the predictions of TURNER's model (1968) and its expansion by CONWAY/BROWN (1980) and partly contradicted them. In the residential areas close to the city there were not only renters, but also house owners, squatters and families that had accomodations free of charge.

In the old city center of Montevideo TURNER's (1968) *bridgeheaders* were almost completely lacking. Similar to Buenos Aires, where they had a greater significance (size of the conurbation), these households lived in an *inquilinato* or in an apartment loaned to them. In the city center *consolidators* and *status seekers* also appeared (owners, renters of apartments), and in the colonial core of Montevideo there were also groups such as squatters, who are searching for as cheap an accomodation as possible in the old city center because of the social changes in Uruguay since 1973, which have been intensified by the economic crisis since 1982. This group, which experienced a decline in social status due to the economic conditions, was difficult to fit into TURNER's model, because his conceptions did not take into account the restrictions at different investigative levels effecting the choice of target area and the actual accomplishment of decisions to move or the fulfillment of wishes regarding residential locations.

At an individual level the households' financial latitude played a decisive role. In the old city center of Montevideo it was obvious, despite the small size of the sample, that there was a high potential for mobility among the renters and squatters. Although a given family wished to move, however, this was often impossible because of its financial problems. The three residential strategies mentioned by BENTON (1986), for which the author found several examples, could also be integrated into the concept of financial latitude. For the households "concentration" and "squatting" meant financial relief, and the manner of payment and cost of renting an apartment in a *pensión* or *inquilinato* was suited to the low and uncertain incomes of the families.

Chapter 6 again takes up the social dimension using the example of street trading in the main shopping street of Montevideo. First the informal sector is distinguished from the formal sector with the help of the available literature, and its structure and size within the national economy in countries of the Third World are described. This is followed by a description of the development of the informal sector in Argentina and Uruguay and its dependence on economic changes. The subsequent presentation of the results of interviews of the street traders in the city center of Montevideo concentrates on their demographic structure, their motives and the income and living condition of their households.

Above all males and 20 to 40 year olds participate in street trading. Their reasons for doing so document the economic and financial need to practice this activity to gain an income. Most of the persons interviewed either had not found a new job after having been dismissed from one in the formal sector or had had no success at their first search for a job. Additionally, wages were too low compared with the income from itinerant trade. The third ranking reason is "additional earnings" intended to supplement the income of another or the same household member, often from formal employment.

8. LITERATURVERZEICHNIS

AAGESEN, A. (1954): Buenos Aires. En bygeografisk orientering.
In: Geografisk Tidskrift 53, S. 106 - 127.

ABBA, A., G. DARDIK & A. M. FACCHIOLO (1985): La situación habitacional de los sectores más carenciados de la Capital Federal.
In: Realidad Económica 64, S. 109 - 128.

ACHARYA, S. (1983): The informal sector in developing countries - a macro viewpoint.
In: Journal of Contemporary Asia 13, S. 432 - 445.

AGUIRRE, R. (1986): Relaciones informales de trabajo: Marco con ceptual y principales características.
In: El trabajo informal en Montevideo, Montevideo, S. 11 - 27.

ALONSO, W. (1960): A theory of the urban land market.
In: The Regional Science Association, Papers and Proceedings 6, S. 149 - 157.

ALTEZOR, C. & H. BARACCHINI (1971): Historia urbanística y edilicia de la Ciudad de Montevideo. Montevideo.

ALTIMIR, O. (1981): Poverty, growth and basic needs in different value systems.
In: CEPAL-Review 13, S. 65 - 91.

ALVAREZ LENZI, R., M. ARANA & L. BOCCHIARDO (1986): El Montevideo de la expansión (1868-1915). Montevideo.

ASTORI, D. (1981): Tendencias recientes de la economía Uruguaya. Montevideo.

Ateno de Estudios Metropolitanos (1978): La vivienda en la Capital. Buenos Aires.

BÄHR, J. (1976): Neuere Entwicklungstendenzen lateinamerikanischer Großstädte.
In: Geographische Rundschau 28, S. 125 - 133.

BÄHR, J. (1979): Groß Buenos Aires. Zur Bevölkerungsentwicklung der argentinischen Metropole. In: Innsbrucker Geographische Studien 5, Innsbruck, S. 151 - 172.

BÄHR, J. (1986): Innerstädtische Wanderungsbewegungen unterer Sozialschichten und peripheres Wachstum lateinamerikanischer Metropolen (mit Beispielen aus Santiago de Chile und Lima). In: KOHUT, K. (Hg.): Die Metropolen in Lateinamerika - Hoffnung und Bedrohung für den Menschen, Eichstätter Beiträge 18, Regensburg, S. 143 - 177.

BÄHR, J. (1987a): Bevölkerungswachstum und Wanderungsbewegungen in Lateinamerika. Jüngere Entwicklungstendenzen anhand eines Literaturüberblicks. In: GORMSEN, E. & K. LENZ (Hg.): Lateinamerika im Brennpunkt. Aktuelle Forschungen deutscher Geographen. Berlin, S. 111 - 154.

BÄHR, J. (1987b): Bevölkerungsentwicklung und Bevölkerungsstruktur Montevideos. In: MERTINS, G. (Hg.): Beiträge zur Stadtentwicklung von Montevideo, Marburger Geographische Schriften 108, Marburg/Lahn, S. 1 - 43.

BÄHR, J. & G. KLÜCKMANN (1986): Diferenciación socio-espacial en las zonas de vivienda de las clases sociales bajas en las metrópolis latinoamericanas. El caso de Lima Metropolitana. In: BENECKE, D. W., K. KOHUT, G. MERTINS, J. SCHNEIDER & A. SCHRADER (Hg.): Desarrollo demográfico, migraciones y urbanización en América Latina 17, Regensburg, S. 323 - 341.

BÄHR, J. & G. MERTINS (1981): Idealschema der sozialräumlichen Differenzierung lateinamerikanischer Großstädte. In: Geographische Zeitschrift 69, S. 1 - 33.

BÄHR, J. & G. MERTINS (1985): Bevölkerungsentwicklung in Groß-Santiago zwischen 1970 und 1982. Eine Analyse von Zensus ergebnissen auf Distriktbasis. In: Erdkunde 39, S. 218 - 238.

BELISLE, F. & D. R. HOY (1979): The commercial structure of Latin American towns: A case study of Sangolquí, Ecuador. In: Revista Geográfica 90, S. 43 - 63.

BENECH, E., T. SPRECHMANN, A. VILLAAMIL & J. BASTARRICA (1983): Montevideo. Aspectos morfológicos y tipológicos de sus estructuras residenciales 1945 - 1983. Bases analíticas para una política de transformación urbana. Montevideo.

BENITEZ, C. P. J. (1983): Buenos Aires. Síntesis histórica y poblacional. Buenos Aires.

BENTON, L. A. (1986): Reshaping the urban core: The politics of housing in authoritarian Uruguay. In: Latin American Research Review 21, S. 33 - 51.

BERLINSKI, J., E. DERBES, O. FISCH, F. GONZALEZ, A. A. GORDILLO, D. PINI & E. VAZQUEZ (1964): *Plan Urbanístico Particularizado Para la Zona Centro de la Ciudad de Buenos Aires.* In: Sociedad Central de Arquitectos 56, S. 19 - 40.

BIRBECK, C. (1978): Self-employed proletarians in an informal factory: The case of Cali's garbage dump. In: World Development 6, S. 1173 - 1185.

BORSDORF, A. (1982): Die lateinamerikanische Großstadt. In: Geographische Rundschau 34, S. 498 - 501.

BOWDEN, M. J. (1971): Downtown through time: Delimitation, expansion and internal growth. In: Economic Geography 47, S. 121 - 135.

BREMAN, J. (1976): A dualistic labour system? A critique of the 'informal sector' concept. I: The informal sector. In: Economic and Political Weekly 9, S. 1870 - 1876.

BROMLEY, R. (1978): Organization, regulation and exploitation in the so-called 'urban informal sector': The street traders of Cali, Colombia.
In: World Development 6, S. 1161 - 1171.

BURGESS, E. W. (1925): The growth of the city: An introduction to a research project.
In: PARK, R. E., E. W. BURGESS & R. D. McKENZIE (Hg.): The city. Chicago.

CANZANI, A. (1986): El empleo informal: Una visión desde los trabajadores.
In: El trabajo informal en Montevideo, Montevideo, S. 29 - 93.

CARMONA, L. (1984): Ciudad Vieja 1829 - 1983. Principales transformaciones y propuestas urbanas. Montevideo.

CARTER, H. (1980): Einführung in die Stadtgeographie. Übersetzt und herausgegeben von F. VETTER. Berlin/Stuttgart.

CASTELLANOS, A. R. (1971): Historia del desarrollo edilicio y urbanístico de Montevideo (1829 - 1914). Montevideo.

CASTELLS, M. & A. PORTES (1989): World underneath: The origins, dynamics, and effects of the informal economy. In: PORTES, A., M. CASTELLS & L. A. BENTON (Hg.): The informal economy. Studies in advanced and less developed countries, Baltimore, S. 11 - 37.

Censo Nacional de Población, Familias y Viviendas 1970 (o.J.): Capital Federal por fracciones y radios de los distritos escolares. Buenos Aires.

Censo Nacional de Población y Vivienda 1980 (1981): Características Generales. Serie B. Buenos Aires, 25 Bde.

Censo Nacional de Población y Vivienda 1980 (1983a): Población. Resumen Nacional. Serie D. Buenos Aires.

Censo Nacional de Población y Vivienda 1980 (1983b): Vivienda. Serie C. Buenos Aires, 2 Bde.

Censo Nacional Económico 1985 (1986): Resultados Provisionales. Buneos Aires.

CEPAL (*Comisión Económica Para América Latina y el Caribe*) (1986): Uruguay: Informe económico. Montevideo.

CHEBATAROFF, J. F. (1984a): El patrimonio urbanístico y arquitectónico de la Ciudad Vieja. Montevideo.

CHEBATAROFF, J. F. (1984b): Cuerpo normativo para la Ciudad Vieja de Montevideo. Montevideo.

CHEBATAROFF, J. F. (1984c): Cronología de la Ciudad Vieja de Montevideo. Montevideo.

CHIOZZA, E. (Hg.) (1977): El país de los argentinos. Buenos Aires, 6 Bde.

CLICHEVSKY, N. (1975): El mercado de tierras en el área de expansión de Buenos Aires. Su funcionamiento e incidencia sobre sectores populares (1943 - 1973). In: Revista Interamericana de Planificación 7, S. 98 - 131.

Comisión de Estética Edilicia (1925): Proyecto orgánico para la urbanización del municipio. El plano regulador y de reforma de la Capital Federal. Buenos Aires.

Comisión Especial Permanente (1987): Recuperación de la Ciudad Vieja. Informe de avance y plan de trabajo. Montevideo.

Comisión Especial Permanente (1988): Recuperación de la Ciudad Vieja. Informe de avance y plan de trabajo. Montevideo.

Comisión Municipal de la Vivienda (1981): Relevamiento físico de la Ciudad de Buenos Aires. Buenos Aires.

Comisión Municipal de la Vivienda (1982a): Situación habitacional en la Ciudad de Buenos Aires. Informe final: Análisis de la encuesta de población y vivienda. Buenos Aires.

Comisión Municipal de la Vivienda (1982b): Encuesta en inquilinatos en la Zona Sur. Buenos Aires.

Consejo de Planificación Urbana (1973): Estudio particularizado *Area Retiro*. Buenos Aires.

Consejo de Planificación Urbana (1983a): Esquema Director de Ordenamiento Urbano. La evolución de la ciudad. Buenos Aires.

Consejo de Planificación Urbana (1983b): Esquema Director de Ordenamiento Urbano. La organización del espacio. Buenos Aires.

Consejo de Planificación Urbana (1983c): Distribución espacial interna de la población de la Capital Federal. Buenos Aires.

Consejo de Planificación Urbana (1983d): El crecimiento y los cambios en la estructura de la población de la Capital Federal. Buenos Aires.

Consejo de Planificación Urbana (1983e): Habitat y cuadro de vida de la población residente en la Capital Federal. Buenos Aires.

CONWAY, D. & J. BROWN (1980): Intraurban relocation and structure: Low-income migrants in Latin America and the Caribbean.
In: Latin American Research Review 15, S. 95 - 125.

COTIC, B. A. & V. ZOTHNER (1988): Historisch-geographische Entwicklung von Buenos Aires. In: Geographische Berichte 126, S. 51 - 62.

CZAJKA, W. (1959): Buenos Aires als Weltstadt. In: SCHULTZE, J. H. (Hg.): Zum Problem der Weltstadt. Berlin, S. 159 - 202.

DAGNINO, T. (1987): Propuestas y objetivos del nuevo plan de Buenos Aires.
In: Clarín/Arquitectura vom 6.3.1987, Buenos Aires, S. 1.

DAVIES, R. L. (1972): Structural models of retail distribution: Analysis with settlement and land-use theories. In: Transactions, Institute of British Geographers 57, S. 59 - 82.

DAVIES, R. L. & D. J. BENNISON (1978): Retailing in the city centre: The characters of shopping streets.
In: Tijdschrift voor Economische en Sociale Geografie 69, S. 270 - 285.

DE LANGE, N.(1989):Standortpersistenz und Standortdynamik von Bürobetrieben in westdeutschen Regionalmetropolen seit dem Ende des 19. Jahrhunderts. Ein Beitrag zur geographischen Bürostandortforschung.
In: Münstersche Geographische Arbeiten 31, Paderborn.

Deutsch-Südamerikanische Bank (1989): Kurzbericht über Lateinamerika. Stand Oktober 1989.

DERBES, E., O. FISCH, D. PINI & E. VAZQUEZ (o. J.): Investigación sobre Zona Centro y áreas circundantes. Buenos Aires.

Dirección General de Estadística y Censos (Hg.) (1986): Encuesta Nacional de Hogares. Montevideo.

DONGES, J. B. (1978): Entwicklung, Struktur und internationale Verflechtung der argentinischen Wirtschaft. In: ZAPATA, J. A. F. (Hg.): Argentinien: Natur, Gesellschaft, Kultur, Wirtschaft, Erdmann-Ländermonographien 10, Tübingen/Basel, S. 339 - 394.

EBDON, D. (1977): Statistics in geography. A practical approach. Oxford.

El Honorable Consejo Deliberante (1962): El Plan Regulador de la Ciudad de Buenos Aires. In: Boletín de la Sociedad Central de Arquitectos 43, S. 3 - 5.

ELWERT, G. (1985): Überlebensökonomien und Verflechtungsanalyse. In: Zeitschrift für Wirtschaftsgeographie 29, S. 73 - 84.

ELWERT, G., H.-D. EVERS & W. WILKENS (1983): Die Suche nach Sicherheit. In: Zeitschrift für Soziologie 12, S. 281 - 296.

Encuesta Nacional de Hogares 1985 (1986). Montevideo.

ERIKSEN, W. (1982): Argentina. El proceso de urbanización en la Argentina. Dimensión, cambios y problemas. In: Hispanorama 30, S. 126 - 130.

Esquema Director de Ordenamiento Urbano (1983): Uso del Suelo. Buenos Aires.

EPSTEIN, E. C. (1987): Recent stabilization programs in Argentina, 1973 - 1986. In: World Development 15, S. 991 - 1005.

ESSER, K., G. ALMER, P. GREISCHEL, E. KÜRZINGER & S. WEBER (1983): Monetarismus in Uruguay. Wirkungen auf den Industrie sektor. Berlin.

Estudios INDEC (1984): La pobreza en la Argentina. Indicadores de necesidades básicas insatisfechas a partir de los datos del Censo Nacional de Población y Vivienda. Buenos Aires.

FACCIOLO, A. M. (1981): Crecimiento industrial, expansión metropolitana y calidad de vida. El asentamiento obrero en la región metropolitana de Buenos Aires desde principios del siglo. In: Desarrollo Económico 20, S. 549 - 568.

FAROPPA, L. A. (1984): Políticas para una economía desequilibrada: Uruguay 1958 - 1981. Montevideo.

FERRER, A. (1980): The Argentine economy, 1976 - 1979. In: Journal of Interamerican Studies 22, S. 131 - 161.

FERRER, A. (1984): La economía argentina. Buenos Aires, 18. Aufl.

FISCHER, B., U. HIEMENZ & P. TRAPP (1985): Economic development, dept crisis, and the importance of domestic policies. The case of Argentina.
In: Economia Internazionale 38, S. 21 - 48.

FOGUELMAN, D. & A. E. BRAILOVSKY (1979): Ambiente y fases de desarrollo en Argentina. In: Comercio Exterior 29, Mexiko, S. 939 - 952.

FRIEDRICHS, J. & A. C. GOODMAN (1987): The changing downtown. A comparative study of Baltimore and Hamburg. Berlin/New York.

FREDIANI, R. O. (1989): El desafío de la economía informal.
In: Novedades Económicas, S. 9 - 13.

FRIELING, H.-D. v. (1980): City-Forschungs"defizite" und Thesen zur ökonomischen und politischen Bedingungen der Citybildung, am Beispiel Göttingen.
In: Erdkunde 34, S. 16 - 22.

GACHNANG, D. (1988): Argentinische Wirtschaftspolitik Juni 1985 - Juni 1988.
In: Lateinamerika Nachrichten 16, S. 26 - 59.

GAEBE, W. (1987): Verdichtungsräume. Stuttgart.

GANS, P. (1987a): Informelle Aktivitäten in der Altstadt Montevideos.
In: 45. Deutscher Geographentag, Tagungsbericht und wissenschaftliche Abhandlungen, Stuttgart, S. 508 - 513.

GANS, P. (1987b): Die Altstadt Montevideos. Bauliche und soziale Veränderungen im kolonialen Kern der uruguayischen Metropole. In: MERTINS, G. (Hg.): Beiträge zur Stadtgeorgaphie von Montevideo, Marburger Geographische Schriften 108, Marburg/Lahn, S. 107 - 200.

GANS, P. (1988): Hausbesetzungen in der Altstadt Montevideos als Reaktion auf die ökonomische Entwicklung Uruguays nach 1973. In: BÄHR, J. (Hg.): Wohnen in lateinamerikanischen Städten, Kieler Geographische Schriften 68, Kiel, S. 115 - 125.

GANS, P. (1990): Wirtschaftspolitik und soziale Probleme in Argentinien. Aufgezeigt am Beispiel der Wohnsituation in Gran Buenos Aires.
In: Geographische Rundschau 42, S. 164 - 170.

GARCIA MIRANDA, R. & M. RUSSI (1984): Esquema de las tipologías de vivienda en la Ciudad Vieja. Montevideo.

GILBERT, A. & P. M. WARD (1982): Residential movement among the poor: The constraints on housing choice in Latin American cities.
In: Transactions, Institute of British Geographers, New Series 7, S. 129 - 149.

GONZALEZ VAN DOMSELAAR, Z. & N. SALA (1983): Algunas variables significativas de la Ciudad de Buenos Aires. In: Serie Cuadernos de Geografía 15, Buenos Aires.

GORMSEN, E. (1980): Cambios en la zonificación socio-económico de ciudades Hispano-Americanas con referencia especial al los cascos coloniales.
In: Revista Interamericana de Planificación 14, S. 144 - 155.

GORMSEN, E. (1981): Die Städte im spanischen Amerika. Ein zeit - räumliches Entwicklungsmodell der letzten hundert Jahre. In: Erdkunde 35, S. 290 - 303.

GRIFFIN, D. W. & R. E. PRESTON (1966): A restatement of the 'transition zone' concept.
In: Annals of the Association of American Geographers 56, S. 339 - 350.

GRIFFIN, E. (1974): Causal factors influencing agricultural land use patterns in Uruguay.
In: Revista Geográfica 80, S. 13 - 33.

GRIFFIN, E. & L. FORD (1980): A model of Latin American city structure.
In: Geographical Review 70, S. 397 - 422.

GROMPONE, R. (1981): Comercio ambulante: Razones de una terca presencia.
In: Que Hacer 13, Lima, S. 95 - 111.

Grupo de Estudios Urbanos (1983): La Ciudad Vieja de Montevideo. Montevideo.

Grupo de Estudios Urbanos (1987): Aspectos socioeconómicos y ambientales. Ciudad Vieja de Montevideo. Montevideo.

GUERGUIL, M. (1988): Some thoughts on the definition of the informal sector.
In: CEPAL-Review 35, S. 57 - 65.

GUISSARRI, A. (1987): La demanda de circulante y la informalidad en la Argentina: 1930 - 1983. In: Cuadernos de Economía 24, S. 197 - 224.

HARDOY, J. E. (1969): El paisaje urbano de Suramérica.
In: Revista de la Sociedad Interamericana de Planificación 3, S. 27 - 42.

HARDOY, J. E. (1985): A preliminary analysis of central districts in Latin American cities.
In: Comparative Urban Research 11, S. 32 - 51.

HARDOY, J. E. (1989): Teorías y prácticas urbanísticas en Europa entre 1850 y 1930. Su traslado a América Latina. In: Revista de Indias 47, S. 187 - 224.

HARDOY, J. e. & L. A. ROMERO (1971): La ciudad Argentina en el período precensal (1516 - 1869). In: Revista de la Sociedad Interamericana de Planificación 5, S. 16 - 39.

HART, K. (1973): Informal income opportunities and urban employment in Ghana. In: Journal of Modern African Studies 11, S. 61 - 89.

HEINEBERG, H. (1986): Stadtgeographie. Grundriß Allgemeine Geographie. Teil X. Paderborn.

HEINEBERG, H. (1988): Die Stadt im westlichen Deutschland. Aspekte innerstädtischer Struktur- und Funktionsveränderung in der Nachkriegszeit.
In: Geographische Rundschau 40, S. 20 - 28.

HEINEBERG, H. & N. DE LANGE (1983): Die Cityentwicklung in Münster und Dortmund seit der Vorkriegszeit - unter besonderer Berücksichtigung des Standortverhaltens quartärer Dienstleistungsgruppen. In: WEBER, P. & K.-F. SCHREIBER (Hg.): Westfalen und angrenzende Regionen. Festschrift zum 44. Deutschen Geographentag in Münster, Teil 1, Münstersche Geographische Arbeiten 15, Paderborn, S. 221 - 285.

HEMMER, H.-R. & C. MANNEL (1988): Zur ökonomischen Analyse des städtischen Sektors. In: Jahrbuch für Sozialwissenschaften 39, S. 297 - 312.

HERBERT, D. T. & C. J. THOMAS (1982): Urban geography. A first approach. Binghamton, N. Y.

HERRLE, P. (1983): Der informelle Sektor: Die Ökonomie des Über lebens in den Metropolen der Dritten Welt.
In: Materialien zum Internationalen Kulturaustausch 18, Stuttgart, S. 47 - 62.

HOFMEISTER, B. (1972): Stadtgeographie. Das Geographische Seminar. Braunschweig, 2. Aufl.

HOFMEISTER, B. (1980): Die Stadtstruktur. Ihre Ausprägung in den verschiedenen Kulturräumen der Erde. In: Erträge der Forschung 132, Darmstadt.

HOYT, H. (1963): The residential and retail patterns of leading Latin American cities. In: Land Economics 39, S. 449 - 454.

Intendencia Municipal de Montevideo (1982): Revisión del Plan Director de Montevideo. Informe gerenal de avance de los trabajos y plan indicativo. Montevideo.

Intendencia Municipal de Montevideo (1983): Conceptos y normas fundamentales 1983. Documento del Plan Director No. 1. Montevideo.

KAHLE, G. (1978): Geschichte Argentiniens von 1516 - 1946. In: ZAPATA, J. A. F. (Hg.): Argentinien: Natur, Gesellschaft, Geschichte, Kultur, Wirtschaft, Erdmann-Ländermonographien 10, Tübingen/Basel, S. 87 - 125.

KAHNERT, F. (1986): Städtische Armut und Beschäftigung - neuere Ergebnisse. Ein Blick auf die Möglichkeiten, Einkommen und Arbeitsproduktivität in den Städten zu verbessern. In: Finanzierung und Entwicklung 23, S. 44 - 47.

KLEINPENNING, J. M. G. (1981): Uruguay: The rise and fall of welfare state seen against a background of dependency theory. In: Revista Geográfica 93/94, S. 101 - 117.

KLÖPPER, R. (1961): Der Stadtkern als Stadtteil, ein methodologischer Versuch zur Abgrenzung und Stufung von Stadtteilen am Beispiel von Mainz. In: Berichte zur deutschen Landeskunde 27, S. 150 - 162.

KREIBICH, V., B. MEINECKE & K. NIEDZWETZKI (1980): Wohnungsversorgung und regionale Mobilität. In: Dortmunder Beiträge zur Raumplanung 19, Dortmund.

LAURA, L. O. (1954): Elementos básicos del *Plan Regulador de Buenos Aires*. Contribución al estudio de los problemas del tránsito. Buenos Aires.

LEWIS, W. A. (1954): Economic development with unlimited supplies of labour. In: The Manchester School 20, S. 139 - 191.

LE CORBUSIER (1947): Plan Director para Buenos Aires. In: La Arquitectura de Hoy 4, Buenos Aires, S. 3 - 53.

LICHTENBERGER, E. (1972a): Ökonomische und nichtökonomische Variablen kontinentaleuropäischer Citybildung. In: Die Erde 103, S. 216 - 262.

LICHTENBERGER, E. (1972b): Die städtische Explosion in Lateinamerika. In: Zeitschrift für Lateinamerika 4, Wien, S. 1 - 23.

LICHTENBERGER, E. (1986): Stadtgeographie, Band 1. Begriffe, Konzepte, Modelle, Prozesse. Stuttgart.

LLOVET, J. J. (1984): Los lustrabotas de Buenos Aires: Un estudio socio-antropológico. Buenos Aires, 2. Aufl.

LOMBARDO, J. D. (1985): Die Stadtentwicklung von Buenos Aires 1945 - 1955 - Boden- und Wohnungspolitik im Peronismus. In: Politik und Planung 16, Aachen.

MANN, A. J. & J. R. DELONS (1987): The Buenos Aires mini-enterprise sector. In: Social and Economic Studies 36, S. 41 - 67.

MANN, A. J. & C. E. SANCHEZ (1985): Labor market responses to Southern Cone stabilization policies: The cases of Argentina, Chile, Uruguay. In: Inter-American Economic Affairs 38, S. 19 - 39.

MAZUMDAR, D. (1976): The urban informal sector. In: World Development 4, S. 655 - 679.

MAZZEI, E. & D. VEIGA (1985): Pobreza urbana en Montevideo. Nueva encuesta en "Cantegriles" (1984). In: Cuadernos de CIESU 49, Montevideo.

MEIER, U. (1985): Die Expansion des zentralen Geschäftsbezirks (CBD) in Hamburg zwischen 1964 und 1979. In: Geographische Zeitschrift 73, S. 25 - 45.

MELGAR, A. (1988): El mercado de trabajo en la coyuntura. In: SUMA 3, Montevideo, S. 24 - 41.

MERTINS, G. (1984): Marginalsiedlungen in Großstädten der Dritten Welt. Ein Überblick. In: Geographische Rundschau 36, S. 434 - 443.

MERTINS, G. (1985): Raumzeitliche Phasen intraurbaner Migrationen unterer Sozialschichten in lateinamerikanischen Großstädten. In: Ibero-Amerikanisches Archiv N. F. 11, 1985, S. 315 - 332.

MERTINS, G. (1987a): Wachstumsphasen Montevideos. Kriterien und Formen der raumstrukturellen Entwicklung und Differenzierung unter besonderer Berücksichtigung des sozialen Wohnungsbaus. In: MERTINS, G. (Hg.): Beiträge zur Stadtgeographie von Montevideo, Marburger Geographische Schriften 108, Marburg/ Lahn, S. 45 - 105.

MERTINS, G. (1987b): Probleme der Metropolisierung Lateinamerikas unter besonderer Berücksichtigung der Wohnraumversorgung unterer Sozialschichten. In: GORMSEN, E. & K. LENZ (Hg.): Lateinamerika im Brennpunkt. Aktuelle Forschungen deutscher Geographen. Berlin, S. 155 - 181.

MESA-LAGO, C. (1978): Social security and extreme poverty in Latin America. In: Journal of Development Economics 12, S. 83 - 110.

MITTENDORFF, R. (1984): Das Zentrum von Bogotá. Kennzeichen, Wandlungen und Verlagerungstendenzen des tertiären Sektors. In: Sozialwissenschaftliche Studien zu internationalen Problemen 89, Saarbrücken/Fort Lauderdale.

MÖLLER, A. (1979): Los vendedores ambulantes de Lima. In: KLEIN, E. & V. E. TOKMAN (Hg.): El subempleo en América Latina. Buenos Aires, S. 415 - 471.

MOREIRA, C. (1986): Los trabajadores informales. Análisis de entrevistas. In: El trabajo informal en Montevideo, Montevideo, S. 145 - 203.

Municipalidad de la Ciudad de Buenos Aires (1942): Dirección del Plan Regulador de la urbanización y extensión de Buenos Aires. Buenos Aires.

Municipalidad de la Ciudad de Buenos Aires (1945): Planeamiento de Buenos Aires. Información Urbana. Buenos Aires.

Municipalidad de la Ciudad de Buenos Aires (1968): Organización del *Plan Regulador.* Informe Preliminar. Etapa 1959 - 1960. Buenos Aires.

Municipalidad de la Ciudad de Buenos Aires (1969): Distribución espacial de la población y usos del suelo. Buenos Aires.

Municipalidad de la Ciudad de Buenos Aires (1971): *Plan de Renovación Urbana de la Zona Sur* de la Ciudad de Buenos Aires. Buenos Aires.

Municipalidad de la Ciudad de Buenos Aires (1984): Código de Planeamiento Urbano. Buenos Aires, 14. Aufl.

MURPHY, R. E. & J. E. VANCE (1954): Delimiting the CBD. In: Economic Geography 30, S. 189 - 222.

NICKEL, H. J. (1984): Probleme des 'informellen Sektors' in Entwicklungsländern. Das Beispiel metropolitaner Massenverkehr Jeepneys in Metro-Manila und Matatus in Nairobi. In: Forschungsmaterialien 11, Bayreuth.

NIEMEIER, G. (1969): Citykern und City. In: Erdkunde 23, S. 290 - 306.

Oficina Regional de Desarrollo Area Metropolitana (1969): Organización del espacio de la región metropolitana de Buenos Aires. Esquema Director Año 2000. Buenos Aires.

OSZLAK, O. (1982): El derecho al espacio urbano: Políticas de redistribución poblacional metropolitana en un contexto autoritario. Buenos Aires.

OTERO, M. (1989): Rethinking the informal sector. In: Grassroots Development 13, S. 3 - 8.

PAJONI, R. (1983): Buenos Aires, 1976 - 1982. La ségrégation compulsive. In: Hérodote 31, S. 38 - 60.

PAPOLA, T. S. (1980): Informal sector: Concept and policy. In: Economic and Political Weekly 18, S. 817 - 824.

Population Reference Bureau (1989): World Population Data Sheet 1989. Washington D. C.

PORTES, A. (1989): Latin American urbanization during the years of the crisis. In: Latin American Research Review 24, S. 7 - 44.

PORTES, A. & L. BENTON (1984): Industrial development and labor absorption: A reinterpretation. In: Population and Development Review 10, S. 589 - 611.

PORTES, A., S. BLITZER & J. CURTIS (1986): The urban informal sector in Uruguay: Its internal structure, characteristics, and effects. In: World Development 14, S. 727 - 741.

PRATES, S. (1983): Cuando el sector formal organiza el trabajo informal: Las trabajadoras domiciliarias en la manufactura del calzado en el Uruguay. Montevideo.

PRATES, S. (1984): El trabajo 'informal' o las relaciones contradictorias entre la reproducción, la producción y el estado. In: CIESU/Documentos de Trabajo 73, Montevideo.

RANDLE, P. H. (1969): Algunos aspectos de la geografía urbana de Buenos Aires. In: Anales de la Sociedad Argentina de Estudios Geográficos 13, Buenos Aires, S. 213 - 271.

Recuentos Preliminares (1986): VI Censo de Población y IV de Viviendas 1985. Montevideo.

RIAL, J. (1982): Situación de la vivienda de los sectores populares de Montevideo, 1889 - 1930. In: CIESU/Cuadernos 44, Montevideo.

RICHTER, P. (1985): Monetaristische Wirtschaftspolitik im südlichen Lateinamerika. Die Fälle Chile, Argentinien und Uruguay. In: Konjunkturpolitik 31, S. 126 - 149.

RIVAS, E. (1977): Estudio analítico de un submercado de vivienda: Arrendamiento de piezas. Buenos Aires.

ROGERSON, C. M. (1985): The first decade of informal sector studies: Review and synthesis. In: Environmental Studies 23, Johannesburg.

ROJAS-ALBONICO, N. (1986): Der informelle Wirtschaftssektor in Lima (Peru). In: Lateinamerika-Nachrichten 14, St. Gallen, S. 141 - 151.

ROMERO, J. L. & L. A. ROMERO (1983): Buenos Aires. Historia de cuatro siglos. 2 Bde, Buenos Aires.

ROSENFELD, P. (1986): Situación habitacional: Area Metropolitana 1985. In: Ficha CESCA 3, Buenos Aires.

SABELBERG, E. (1984): Die heutige Nutzung historischer Gebäude in toskanischen Städten. Gedanken zum Stellenwert alter Bausubstanz in der Innenstadtplanung. In: Aachener Geographische Arbeiten 16, Aachen, S. 111 - 136.

SANCHEZ, C. E. & F. FERRERO (1979): Estructura ocupacional, ingresos y sector informal en Córdoba. In: KLEIN, E. & V. E. TOKMAN: El subempleo en América Latina, Buenos Aires, S. 275 - 307.

SANDNER, G. (1971): Die Hauptphasen der wirtschaftlichen Entwicklung in Lateinamerika in ihrer Beziehung zur Raumerschließung. In: Hamburger Geographische Studien 24, Hamburg, S. 310 - 334.

SANGUINETTI, M. C. (1976): La Ciudad Vieja de Montevideo. Montevideo.

SANTOS, M. (1979): The shared space. The two circuits of the urban economy in underdeveloped countries. London/New York.

SARGENT, C. S. (1971): Elements of urban plat development: Greater Buenos Aires, Argentina. In: Revista Geográfica 74, Rio de Janeiro, S. 7 - 32.

SARGENT, C. S. (1972): Toward a dynamic model of urban morphology. In: Economic Geography 48, S. 357 - 374.

SARRAILH, E. J. (1975): Catalinas Norte. Evolución de una idea. Resultados. In: SUMMA 96, Buenos Aires, S. 18 - 25.

SCHMUKLER, B. (1979): Diversidad de formas de las relaciones capitalistas en la industria Argentina. In: KLEIN, E. & V. E. TOKMAN (Hg.): El subempleo en América Latina. Buenos Aires, S. 309 - 351.

SCHNORE, L. F. (1965): On the spatial structure of cities in the two Americas. In: HAUSER, P. M. & L. F. SCHNORE (Hg.): The study of urbanization, New York/London/Sydney, S. 347 - 398.

SCHTEINGART, M. & B. BROIDE (1974): Procesos sociales, política de vivienda y desarrollo metropolitano. El caso de Buenos Aires. In: CASTELLS, M. (Hg.): Estructura de clases y política urbana en América Latina. Buenos Aires, S. 235 - 286.

SCOBIE, J. R. (1974): Argentina. A city and a nation. New York, London, Toronto, 3. Aufl.

SCOBIE, J. R. (1977): Buenos Aires del centro a los barrios 1870 - 1910. Buenos Aires.

SERE, M. (1984): La Ciudad Vieja. San Felipe y Santiago de Montevideo 1724 - 1829. Montevideo.

SETHURAMAN, S. V. (1976): The urban informal sector: Concept, measurement and policy.
In: International Labour Review 114, S. 69 - 81.

SETHURAMAN, S. V. (1981): The urban informal sector in developing countries. Employment, poverty and environment. Genf.

SIERRA, G. d. (1978): L'émigration massive des travailleurs Uruguayens de 1960 à 1976 (en particulier vers l'Argentine).
In: Problèmes d'Amérique Latine, Notes et Etudes Documentaires 49, S. 85 - 105.

Sociedad Central de Arquitectos (o. J.): Concurso nacional de ideas para el *Plan Urbanístico Particularizado de la Zona Centro de la Ciudad de Buenos Aires*. Buenos Aires.

SOUZA, P. R. & V. E. TOKMAN (1976): The informal urban sector in Latin America.
In: International Labour Review 114, S. 355 - 365.

SPRECHMANN, T. (1982): Las estructuras arquitectónicas y urbanas de Montevideo a través de su historia. Primera parte: Montevideo bajo la dominación colonial.
In: TRAZO 10, Montevideo, S. 25 - 48.

Taller de Investigaciones Urbanas y Regionales (TIUR) (1986): Propuestas a la Ciudad Montevideo - 1986. Montevideo.

TOKMAN, V. E. (1978): Competition between the informal and formal sectors in retailing: The case of Santiago. In: World Development 6, S. 1187 - 1198.

TOKMAN, V. E. (1982): Unequal development and the absorption of labour.
In: CEPAL Review 17, S. 121 - 133.

TORRES, H. (1975): Evolución de los procesos de estructuración espacial urbana. El caso de Buenos Aires. In: Desarrollo Económico 15, S. 281 - 306.

TURNER, J. C. (1967): Barriers and channels for housing development in modernizing countries. In: Journal of the American Institute of Planners 23, S. 167 - 180.

TURNER, J. C. (1968): Housing priorities, settlement patterns, and urban development in modernizing countries.
In: Journal of the American Institute of Planners 24, S. 354 - 363.

URREA, F. (1982): Sector informal e ingresos en ciudades intermedias de Colombia.
In: Lecturas de Economía 9, Medellín, S. 155 - 174.

VEIGA, D. (1984): Elementos para el diagnóstico de la probreza urbana en el Uruguay.
In: CIESU/Documentos de Trabajo 63, Montevideo.

VIÑOLY, R. (1976): Mesa redonda. Catalinas Norte: Pro y contra. In: SUMMA 97, Buenos Aires, S. 48 - 57.

WANDER, H. (1987): Beschäftigungsprobleme in den Städten der Dritten Welt. In: Zeitschrift für Bevölkerungswissenschaft 13, S. 53 - 67.

WARD, D. (1966): The industrial revolution and the emergence of Boston's central business district. In: Economic Geography 42, S. 152 - 171.

WEEKS, J. (1975): Policies for expanding employment in the informal urban sector of developing economies. In: International Labour Review 111, S. 1 - 13.

Weltbank (1987): Weltentwicklungsbericht 1987. Washington D. C.

WILHELMY, H. (1952): Südamerika im Spiegel seiner Städte. Hamburg.

WILHELMY, H. & A. BORSDORF (1984): Die Städte Südamerikas Teil 1. Wesen und Wandel. In: TIETZE, W. (Hg.): Urbanisierung der Erde 3/1, Berlin/Stuttgart.

WILHELMY, H. & A. BORSDORF (1985): Die Städte Südamerikas Teil 2. Die urbanen Zentren und ihre Regionen. In: TIETZE, W. (Hg.): Urbanisierung der Erde 3/2, Berlin/Stuttgart.

WILHELMY, H. & W. ROHMEDER (1963): Die La-Plata-Länder. Argentinien, Paraguay, Uruguay. Braunschweig.

YUJNOVSKY, O. (1977): La renta del suelo y la configuración del espacio y del medio ambiente urbano. In: Revista Interamericana de Planificación 9, S. 85 - 101.

YUJNOVSKY, O. (1984): Claves políticas del problema habitacional Argentino, 1955 - 1981. Buenos Aires.

YUJNOVSKI, O. (1985a): The working class and state housing policy: Argentina, 1976 - 1981. In: Comparative Urban Research 11, S. 52 - 69.

YUJNOVSKY, O. (1985b): Estado y política metropolitana: el caso de Buenos Aires. In: Pensamiento Iberoamericano, Revista de Economía Política, 7, S. 93 - 104.

ENCUESTA EN LAS GALERIAS

Galería_____ dirección_____

Actividad del local_____

1. ¿A qué actividades se dedica?

       comercio menor (1) comercio mayor (2) reparación, fabricación, transformación (3)

       restaurante, hotel (4) prestación de servicios (5) otra (6)

2. ¿Qué actividad prevalece?_____

3. ¿Cuáles mercancías vende?_____

       ¿Las mercancías estan importadas? sí (1) no (0)

            en el caso sí: ¿De qué país?_____

4. ¿Usted es inquilino (1) o proprietario (2) de este local?

5. ¿Desde qué año aprovecha este local?_____

6. ¿Sabe, qué actividad estuvo en este local antes?_____

7. ¿Usted fue inquilino o proprietario de otro negocio? sí (1)   no (0)

     En el caso sí: ¿Dónde esta?_____

     ¿Lo esta también en una galería? sí (1) no (0)

     ¿En qué galería?_____

8. ¿Por qué compró o alquiló este local?

   - por el lugar en una zona buena para el comercio menor   (1)

   - porque la galería es muy bien conocida   (2)

   - porque el precio de compra o el alquiler fue oportuno   (3)

   - por la cercanía a los clientes   (4)

   - otros factores, especifique por favor

_____

9. Proponga que quiera abrir un nuevo negocio de la misma actividad y calidad.

   ¿Cómo le parece las zonas siguientes para abrir el nuevo local?

en la calle/avenida	MB	B	R	M	MM
Florida entre Corrientes/Av 25 de Mayo					
Florida entre Corrientes/Córdoba					
Florida entre Córdoba/Parque Gen. San Martín					
Santa Fé entre Callao/9 de Julio					
Alvear entre Recoleta/Montevideo					
Córdoba entre Callao/9 de Julio					
Corrientes entre Callao/9 de Julio					
Av. de Mayo entre Congreso/9 de Julio					

   barrios:

en Flores					
en Belgrano					
en San Telmo					
en Recoleta					
en Palermo					
en Constitución					

10. ¿Cuántos clientes compran cosas por día en este local?_____

11. ¿Conoce los barrios donde los clientes viven?_____
_____
_____

12. ¿Qué superficie tiene su local?_____

13. En el caso inquilino: ¿Cuánto paga por el alquiler?

    En el caso proprietario: ¿Cuánto le parece que tendría que pagar

                                              por el alquiler de este local?_____

14. ¿Cuántas personas estan empleadas en este local?_____

15. ¿Qué ventas tiene por mes o año?_____

ENCUESTA DE LOS VENDEDORES EN LA CALLE

Lugar_____   No. formulario_____

1. Actividad de la persona encuestada
2. ¿Trabaja o vende todo el día aquí? sí (1) no (0)
       ¿En el caso no, dónde y en qué horario?_____
       ¿En la misma actividad?_____
3. ¿Desde qué año trabaja o vende en la calle? _____
       ¿Cuál trabajo tuvo antes?_____
4. Edad_____   Sexo   F   M
5. ¿Vive sólo?   Sí   No_____
                      ¿Cuántas personas viven en su hogar?
6. ¿Dónde vive? _____
                                              desde qué año
       ¿Dónde vive antes?_____
       ¿Por qué motivos se trasladó?_____
7. Forma de tenencia: Alquila   (1)
                          Pensión   (2)
                          Inquilinato   (3)
                          Ocupante de hecho   (4)
                          Propia   (5)
8. No. total de ambientes_____
       ¿Tiene cocina? sí (1) no (0)   ¿Tiene baño? sí (1) no (0)
9. ¿Cuánto paga por el alquiler?_____
10. ¿Cuánto gana por día?_____
11. ¿De quién persona o comercio recibe sus objetos para vender?

_____

12. ¿Los objetos estan preparados? sí (1) no (0)
       En el caso no: ¿Qué persona prepara los objetos?
14. ¿Tiene el hogar solamente ingresos de la venta en la calle? sí (1) no (0)
15. ¿Qué otros ingresos tiene?
                           N$ período   persona(s)
       trabajo asalariado_____
       pagos de la seguridad social_____
       rentas_____
       otros_____

Band IX

*Heft 1 S c o f i e l d, Edna: Landschaften am Kurischen Haff. 1938.

*Heft 2 F r o m m e, Karl: Die nordgermanische Kolonisation im atlantisch-polaren Raum. Studien zur Frage der nördlichen Siedlungsgrenze in Norwegen und Island. 1938.

*Heft 3 S c h i l l i n g, Elisabeth: Die schwimmenden Gärten von Xochimilco. Ein einzigartiges Beispiel altindianischer Landgewinnung in Mexiko. 1939.

*Heft 4 W e n z e l, Hermann: Landschaftsentwicklung im Spiegel der Flurnamen. Arbeitsergebnisse aus der mittelschleswiger Geest. 1939.

*Heft 5 R i e g e r, Georg: Auswirkungen der Gründerzeit im Landschaftsbild der norderdithmarscher Geest. 1939.

Band X

*Heft 1 W o l f, Albert: Kolonisation der Finnen an der Nordgrenze ihres Lebensraumes. 1939.

*Heft 2 G o o ß, Irmgard: Die Moorkolonien im Eidergebiet. Kulturelle Angleichung eines Ödlandes an die umgebende Geest. 1940.

*Heft 3 M a u, Lotte: Stockholm. Planung und Gestaltung der schwedischen Hauptstadt. 1940.

*Heft 4 R i e s e, Gertrud: Märkte und Stadtentwiklung am nordfriesichen Geestrand. 1940.

Band XI

*Heft 1 W i l h e l m y, Herbert: Die deutschen Siedlungen in Mittelparaguay. 1941.

*Heft 2 K o e p p e n, Dorothea: Der Agro Pontino-Romano. Eine moderne Kulturlandschaft. 1941.

*Heft 3 P r ü g e l, Heinrich: Die Sturmflutschäden an der schleswig-holsteinischen Westküste in ihrer meteorologischen und morphologischen Abhängigkeit. 1942.

*Heft 4 I s e r n h a g e n, Catharina: Totternhoe. Das Flurbild eines angelsächsischen Dorfes in der Grafschaft Bedfordshire in Mittelengland. 1942.

*Heft 5 B u s e, Karla: Stadt und Gemarkung Debrezin. Siedlungsraum von Bürgern, Bauern und Hirten im ungarischen Tiefland. 1942.

Band XII

*B a r t z, Fritz: Fischgründe und Fischereiwirtschaft an der Westküste Nordamerikas. Werdegang, Lebens- und Siedlungsformen eines jungen Wirtschaftsraumes. 1942.

Band XIII

*Heft 1 T o a s p e r n, Paul Adolf: Die Einwirkungen des Nord-Ostsee-Kanals auf die Siedlungen und Gemarkungen seines Zerschneidungsbereichs. 1950.

*Heft 2 V o i g t, Hans: Die Veränderung der Großstadt Kiel durch den Luftkrieg. Eine siedlungs- und wirtschaftsgeographische Untersuchung. 1950. (Gleichzeitig erschienen in der Schriftenreihe der Stadt Kiel, herausgegeben von der Stadtverwaltung.)

*Heft 3 M a r q u a r d t, Günther: Die Schleswig-Holsteinische Knicklandschaft. 1950.

*Heft 4 S c h o t t, Carl: Die Westküste Schleswig-Holsteins. Probleme der Küstensenkung. 1950.

Band XIV

*Heft 1 K a n n e n b e r g, Ernst-Günter: Die Steilufer der Schleswig-Holsteinischen Ostseeküste. Probleme der marinen und klimatischen Abtragung. 1951.

*Heft 2 L e i s t e r, Ingeborg: Rittersitz und adliges Gut in Holstein und Schleswig. 1952. (Gleichzeitig erschienen als Band 64 der Forschungen zur deutschen Landeskunde.)

Heft 3 R e h d e r s, Lenchen: Probsteierhagen, Fiefbergen und Gut Salzau: 1945-1950. Wandlungen dreier ländlicher Siedlungen in Schleswig-Holstein durch den Flüchtlingszustrom. 1953. X, 96 S., 29 Fig. im Text, 4 Abb.   5.00 DM

*Heft 4 B r ü g g e m a n n, Günter. Die holsteinische Baumschulenlandschaft. 1953.

Sonderband

*S c h o t t, Carl (Hrsg.): Beiträge zur Landeskunde von Schleswig-Holstein. Oskar Schmieder zum 60.Geburtstag. 1953. (Erschienen im Verlag Ferdinand Hirt, Kiel.)

Band XV

*Heft 1 L a u e r, Wilhelm: Formen des Feldbaus im semiariden Spanien. Dargestellt am Beispiel der Mancha. 1954.

*Heft 2 S c h o t t, Carl: Die kanadischen Marschen. 1955.

*Heft 3 J o h a n n e s, Egon: Entwicklung, Funktionswandel und Bedeutung städtischer Kleingärten. Dargestellt am Beispiel der Städte Kiel, Hamburg und Bremen. 1955.

*Heft 4 R u s t, Gerhard: Die Teichwirtschaft Schleswig-Holsteins. 1956.

Band XVI

*Heft 1 L a u e r, Wilhelm: Vegetation, Landnutzung und Agrarpotential in El Salvador (Zentralamerika). 1956.

*Heft 2 S i d d i q i, Mohamed Ismail: The Fishermen`s Settlements on the Coast of West Pakistan. 1956.

*Heft 3 B l u m e, Helmut: Die Entwicklung der Kulturlandschaft des Mississippideltas in kolonialer Zeit. 1956.

Band XVII

*Heft 1 W i n t e r b e r g, Arnold: Das Bourtanger Moor. Die Entwicklung des gegenwärtigen Landschaftbildes und die Ursachen seiner Verschiedenheit beiderseits der deutsch-holländischen Grenze. 1957.

*Heft 2 N e r n h e i m, Klaus: Der Eckernförder Wirtschaftsraum. Wirtschaftsgeographische Strukturwandlungen einer Kleinstadt und ihres Umlandes unter besonderer Berücksichtigung der Gegenwart. 1958.

*Heft 3 H a n n e s e n, Hans: Die Agrarlandschaft der schleswig-holsteinischen Geest und ihre neuzeitliche Entwicklung. 1959.

Band XVIII

Heft 1 H i l b i g, Günter: Die Entwicklung der Wirtschafts- und Sozialstruktur der Insel Oléron und ihr Einfluß auf das Landschaftsbild. 1959. 178 S., 32 Fig. im Text und 15 S. Bildanhang. 9.20 DM

Heft 2 S t e w i g, Reinhard: Dublin. Funktionen und Entwicklung. 1959. 254 S. und 40 Abb. 10.50 DM

Heft 3 D w a r s, Friedrich W.: Beiträge zur Glazial- und Postglazialgeschichte Südostrügens. 1960. 106 S., 12 Fig. im Text und 6 S. Bildanhang. 4.80 DM

Band XIX

Heft 1 H a n e f e l d, Horst: Die glaziale Umgestaltung der Schichtstufenlandschaft am Nordrand der Alleghenies. 1960. 183 S., 31 Abb. und 6 Tab. 8.30 DM

*Heft 2 A l a l u f, David: Problemas de la propiedad agricola en Chile. 1961.

*Heft 3 S a n d n e r, Gerhard: Agrarkolonisation in Costa Rica. Siedlung, Wirtschaft und Sozialgefüge an der Pioniergrenze. 1961. (Erschienen bei Schmidt & Klaunig, Kiel, Buchdruckerei und Verlag.)

Band XX

*L a u e r, Wilhelm (Hrsg.): Beiträge zur Geographie der Neuen Welt. Oskar Schmieder zum 70.Geburtstag. 1961.

Band XXI

*Heft 1 S t e i n i g e r, Alfred: Die Stadt Rendsburg und ihr Einzugsbereich. 1962.

Heft 2 B r i l l, Dieter: Baton Rouge, La. Aufstieg, Funktionen und Gestalt einer jungen Großstadt des neuen Industriegebiets am unteren Mississippi. 1963. 288 S., 39 Karten, 40 Abb.im Anhang. 12.00 DM

*Heft 3 D i e k m a n n, Sibylle: Die Ferienhaussiedlungen Schleswig-Holsteins. Eine siedlungs- und sozialgeographische Studie. 1964.

Band XXII

*Heft 1 E r i k s e n, Wolfgang: Beiträge zum Stadtklima von Kiel. Witterungsklimatische Untersuchungen im Raume Kiel und Hinweise auf eine mögliche Anwendung der Erkenntnisse in der Stadtplanung. 1964.

*Heft 2 S t e w i g, Reinhard: Byzanz - Konstantinopel - Istanbul. Ein Beitrag zum Weltstadtproblem. 1964.

*Heft 3 B o n s e n, Uwe: Die Entwicklung des Siedlungsbildes und der Agrarstruktur der Landschaft Schwansen vom Mittelalter bis zur Gegenwart. 1966.

Band XXIII

*S a n d n e r, Gerhard (Hrsg.): Kulturraumprobleme aus Ostmitteleuropa und Asien. Herbert Schlenger zum 60.Geburtstag. 1964.

Band XXIV

Heft 1 W e n k, Hans-Günther: Die Geschichte der Geographie und der Geographischen Landesforschung an der Universität Kiel von 1665 bis 1879. 1966. 252 S., mit 7 ganzstg. Abb. 14.00 DM

Heft 2 B r o n g e r, Arnt: Lösse, ihre Verbraunungszonen und fossilen Böden, ein Beitrag zur Stratigraphie des oberen Pleistozäns in Südbaden. 1966. 98 S., 4 Abb. und 37 Tab. im Text, 8 S. Bildanhang und 3 Faltkarten. 9.00 DM

*Heft 3 K l u g, Heinz: Morphologische Studien auf den Kanarischen Inseln. Beiträge zur Küstenentwicklung und Talbildung auf einem vulkanischen Archipel. 1968. (Erschienen bei Schmidt & Klaunig, Kiel, Buchdruckerei und Verlag.)

Band XXV

*W e i g a n d, Karl: I. Stadt-Umlandverflechtungen und Einzugsbereiche der Grenzstadt Flensburg und anderer zentraler Orte im nördlichen Landesteil Schleswig. II. Flensburg als zentraler Ort im grenzüberschreitenden Reiseverkehr. 1966.

Band XXVI

*Heft 1 B e s c h, Hans-Werner: Geographische Aspekte bei der Einführung von Dörfergemeinschaftsschulen in Schleswig-Holstein. 1966.

*Heft 2 K a u f m a n n, Gerhard: Probleme des Strukturwandels in ländlichen Siedlungen Schleswig-Holsteins, dargestellt an ausgewählten Beispielen aus Ostholstein und dem Programm-Nord-Gebiet. 1967.

Heft 3 O l b r ü c k, Günter: Untersuchung der Schauertätigkeit im Raume Schleswig-Holstein in Abhängigkeit von der Orographie mit Hilfe des Radargeräts. 1967. 172 S., 5 Aufn., 65 Karten, 18 Fig. und 10 Tab. im Text, 10 Tab. im Anhang. 12.00 DM

Band XXVII

Heft 1 B u c h h o f e r, Ekkehard: Die Bevölkerungsentwicklung in den polnisch verwalteten deutschen Ostgebieten von 1956-1965. 1967. 282 S., 22 Abb., 63 Tab. im Text, 3 Tab., 12 Karten und 1 Klappkarte im Anhang. 16.00 DM

Heft 2 R e t z l a f f, Christine: Kulturgeographische Wandlungen in der Maremma. Unter besonderer Berücksichtigung der italienischen Bodenreform nach dem Zweiten Weltkrieg. 1967. 204 S., 35 Fig. und 25 Tab. 15.00 DM

Heft 3 B a c h m a n n, Henning: Der Fährverkehr in Nordeuropa - eine verkehrsgeographische Untersuchung. 1968. 276 S., 129 Abb. im Text, 67 Abb. im Anhang. 25.00 DM

Band XXVIII

*Heft 1 W o l c k e. Irmtraud-Dietlinde: Die Entwicklung der Bochumer Innenstadt. 1968.

*Heft 2 W e n k, Ursula: Die zentralen Orte an der Westküste Schleswig-Holsteins unter besonderer Berücksichtigung der zentralen Orte niederen Grades. Neues Material über ein wichtiges Teilgebiet des Programm Nord. 1968.

*Heft 3 W i e b e, Dietrich: Industrieansiedlungen in ländlichen Gebieten, dargestellt am Beispiel der Gemeinden Wahlstedt und Trappenkamp im Kreis Segeberg. 1968.

Band XXIX

Heft 1 V o r n d r a n, Gerhard: Untersuchungen zur Aktivität der Gletscher, dargestellt an Beispielen aus der Silvrettagruppe. 1968. 134 S., 29 Abb. im Text, 16 Tab. und 4 Bilder im Anhang.   12.00 DM

Heft 2 H o r m a n n, Klaus: Rechenprogramme zur morphometrischen Kartenauswertung. 1968. 154 S., 11 Fig. im Text und 22 Tab. im Anhang.   12.00 DM

Heft 3 V o r n d r a n, Edda: Untersuchungen über Schuttentstehung und Ablagerungsformen in der Hochregion der Silvretta (Ostalpen). 1969. 137 S., 15 Abb. und 32 Tab. im Text, 3 Tab. und 3 Klappkarten im Anhang.   12.00 DM

Band 30

*S c h l e n g e r, Herbert, Karlheinz P a f f e n, Reinhard S t e w i g (Hrsg.): Schleswig-Holstein, ein geographisch-landeskundlicher Exkursionsführer. 1969. Festschrift zum 33.Deutschen Geographentag Kiel 1969. (Erschienen im Verlag Ferdinand Hirt, Kiel; 2.Auflage, Kiel 1970.)

Band 31

M o m s e n, Ingwer Ernst: Die Bevölkerung der Stadt Husum von 1769 bis 1860. Versuch einer historischen Sozialgeographie. 1969. 420 S., 33 Abb. und 78 Tab. im Text, 15 Tab. im Anhang.   24.00 DM

Band 32

S t e w i g, Reinhard: Bursa, Nordwestanatolien. Strukturwandel einer orientalischen Stadt unter dem Einfluß der Industrialisierung. 1970. 177 S., 3 Tab., 39 Karten, 23 Diagramme und 30 Bilder im Anhang.   18.00 DM

Band 33

T r e t e r, Uwe: Untersuchungen zum Jahresgang der Bodenfeuchte in Abhängigkeit von Niederschlägen, topographischer Situation und Bodenbedeckung an ausgewählten Punkten in den Hüttener Bergen/Schleswig-Holstein. 1970. 144 S., 22 Abb., 3 Karten und 26 Tab.   15.00 DM

Band 34

*K i l l i s c h, Winfried F.: Die oldenburgisch-ostfriesischen Geestrandstädte. Entwicklung, Struktur, zentralörtliche Bereichsgliederung und innere Differenzierung. 1970.

Band 35

R i e d e l, Uwe: Der Fremdenverkehr auf den Kanarischen Inseln. Eine geographische Untersuchung. 1971. 314 S., 64 Tab., 58 Abb. im Text und 8 Bilder im Anhang.   24.00 DM

Band 36

H o r m a n n, Klaus: Morphometrie der Erdoberfläche. 1971. 189 S., 42 Fig., 14 Tab. im Text.   20.00 DM

Band 37

S t e w i g, Reinhard (Hrsg.): Beiträge zur geographischen Landeskunde und Regionalforschung in Schleswig-Holstein. 1971. Oskar Schmieder zum 80.Geburtstag. 338 S., 64 Abb., 48 Tab. und Tafeln.   28.00 DM

Band 38

S t e w i g, Reinhard und Horst-Günter W a g n e r (Hrsg.): Kulturgeographische Untersuchungen im islamischen Orient. 1973. 240 S., 45 Abb., 21 Tab. und 33 Photos.   29.50 DM

Band 39

K l u g, Heinz (Hrsg.): Beiträge zur Geographie der mittelatlantischen Inseln. 1973. 208 S., 26 Abb., 27 Tab. und 11 Karten.   32.00 DM

Band 40

S c h m i e d e r, Oskar: Lebenserinnerungen und Tagebuchblätter eines Geographen. 1972. 181 S., 24 Bilder, 3 Faksimiles und 3 Karten.   42.00 DM

Band 41

K i l l i s c h, Winfried F. und Harald T h o m s: Zum Gegenstand einer interdisziplinären Sozialraumbeziehungsforschung. 1973. 56 S., 1 Abb.   7.50 DM

Band 42

N e w i g, Jürgen: Die Entwicklung von Fremdenverkehr und Freizeitwohnwesen in ihren Auswirkungen auf Bad und Stadt Westerland auf Sylt. 1974. 222 S., 30 Tab., 14 Diagramme, 20 kartographische Darstellungen und 13 Photos.   31.00 DM

Band 43

*K i l l i s c h, Winfried F.: Stadtsanierung Kiel-Gaarden. Vorbereitende Untersuchung zur Durchführung von Erneuerungsmaßnahmen. 1975.

Kieler Geographische Schriften
Band 44, 1976 ff.

Band 44

K o r t u m, Gerhard: Die Marvdasht-Ebene in Fars. Grundlagen und Entwicklung einer alten iranischen Bewässerungslandschaft. 1976. XI, 297 S., 33 Tab., 20 Abb. 38.50 DM

Band 45

B r o n g e r, Arnt: Zur quartären Klima- und Landschaftsentwicklung des Karpatenbeckens auf (paläo-) pedologischer und bodengeographischer Grundlage. 1976. XIV, 268 S., 10 Tab., 13 Abb. und 24 Bilder.   45.00 DM

Band 46

B u c h h o f e r, Ekkehard: Strukturwandel des Oberschlesischen Industr“reviers unter den Bedingungen einer sozialistischen Wirtschaftsordnung. 1976. X, 236 S., 21 Tab. und 6 Abb., 4 Tab und 2 Karten im Anhang.   32.50 DM

Band 47

W e i g a n d, Karl: Chicano - Wanderarbeiter in Südtexas. Die gegenwärtige Situation der Spanisch sprechenden Bevölkerung dieses Raumes. 1977. IX, 100 S., 24 Tab. und 9 Abb., 4 Abb. im Anhang.   15.70 DM

Band 48

W i e b e, Dietrich: Stadtstruktur und kulturgeographischer Wandel in Kandahar und Südafghanistan. 1978. XIV, 326 S., 33 Tab., 25 Abb. und 16 Photos im Anhang.
    36.50 DM

Band 49

K i l l i s c h, Winfried F.: Räumliche Mobilität - Grundlegung einer allgemeinen Theorie der räumlichen Mobilität und Analyse des Mobilitätsverhaltens der Bevölkerung in den Kieler Sanierungsgebieten. 1979. XII, 208 S., 30 Tab. und 39. Abb., 30 Tab. im Anhang.   24.60 DM

Band 50

P a f f e n, Karlheinz und Reinhard S t e w i g (Hrsg.): Die Geographie an der Christian-Albrechts-Universität 1879-1979. Festschrift aus Anlaß der Einrichtung des ersten Lehrstuhles für Geographie am 12. Juli 1879 an der Universität Kiel. 1979. VI, 510 S., 19 Tab. und 58 Abb.   38.00 DM

Band 51

S t e w i g, Reinhard, Erol T ü m e r t e k i n, Bedriye T o l u n, Ruhi T u r f a n, Dietrich W i e b e und Mitarbeiter: Bursa, Nordwestanatolien. Auswirkungen der Industrialisierung auf die Bevölkerungs- und Sozialstruktur einer Industriegroßstadt im Orient. Teil 1. 1980. XXVI, 335 S., 253 Tab. und 19 Abb.   32.00 DM

Band 52

B ä h r, Jürgen und Reinhard S t e w i g (Hrsg.): Beiträge zur Theorie und Methode der Länderkunde. Oskar Schmieder (27. Januar 1891 - 12. Februar 1980) zum Gedenken. 1981. VIII, 64 S., 4 Tab. und 3 Abb.   11.00 DM

Band 53

M ü l l e r, Heidulf E.: Vergleichende Untersuchungen zur hydrochemischen Dynamik von Seen im Schleswig-Holsteinischen Jungmoränengebiet. 1981. XI, 208 S., 16 Tab., 61 Abb. und 14 Karten im Anhang.   25.00 DM

Band 54

A c h e n b a c h, Hermann: Nationale und regionale Entwicklungsmerkmale des Bevölkerungsprozesses in Italien. 1981. IX, 114 S., 36 Fig.   16.00 DM

Band 55

D e g e, Eckart: Entwicklungsdisparitäten der Agrarregionen Südkoreas. 1982. XXII, 332 S., 50 Tab., 44 Abb. und 8 Photos im Textband sowie 19 Kartenbeilagen in separater Mappe.   49.00 DM

Band 56

B o b r o w s k i, Ulrike: Pflanzengeographische Untersuchungen der Vegetation des Bornhöveder Seengebiets auf quantitativ-soziologischer Basis. 1982, XIV, 175 S., 65 Tab., 19 Abb.   23.00 DM

Band 57

S t e w i g, Reinhard (Hrsg.): Untersuchungen über die Großstadt in Schleswig-Holstein. 1983. X, 194 S., 46 Tab., 38 Diagr. und 10 Abb.   24.00 DM

Band 58

B ä h r, Jürgen (Hrsg.): Kiel 1879-1979. Entwicklung von Stadt und Umland im Bild der Topographischen Karte 1 : 25 000. Zum 32. Deutschen Kartographentag vom 11.-14. Mai 1983 in Kiel. 1983. III, 192 S., 21 Tab., 38 Abb. mit 2 Kartenblättern in Anlage. ISBN 3-923887-00-0.   28.00 DM

Band 59

G a n s, Paul: Raumzeitliche Eigenschaften und Verflechtungen innerstädtischer Wanderungen in Ludwigshafen/Rhein zwischen 1971 und 1978. Eine empirische Analyse mit Hilfe des Entropiekonzeptes und der Informationsstatistik. 1983. XII, 226 S., 45 Tab., 41 Abb. ISBN 3-923887-01-9.   30.00 DM

Band 60

P a f f e n †, Karlheinz und K o r t u m, Gerhard: Die Geographie des Meeres. Disziplingeschichtliche Entwicklung seit 1650 und heutiger methodischer Stand. 1984. XIV, 293 Seiten, 25 Abb. ISBN 3-923887-02-7.   36.00 DM

Band 61

*B a r t e l s †, Dietrich u.a.: Lebensraum Norddeutschland. 1984. IX, 139 Seiten, 23 Tabellen und 21 Karten. ISBN 3-923887-03-5.   22.00DM

Band 62

K l u g, Heinz (Hrsg.): Küste und Meeresboden. Neue Ergebnisse geomorphologischer Feldforschungen. 1985. V, 214 Seiten, 66 Abb., 45 Fotos, 10 Tabellen. ISBN 3-923887-04-3.   39.00 DM

Band 63

K o r t u m, Gerhard: Zuckerrübenanbau und Entwicklung ländlicher Wirtschaftsräume in der Türkei. Ausbreitung und Auswirkung einer Industriepflanze unter besonderer Berücksichtigung des Bezirks Beypazari (Provinz Ankara). 1986. XVI, 392 Seiten, 36 Tab., 47 Abb. und 8 Fotos im Anhang. ISBN 3-923887-05-1.   45.00 DM

Band 64

F r ä n z l e, Otto (Hrsg.): Geoökologische Umweltbewertung. Wissenschaftstheoretische und methodische Beiträge zur Analyse und Planung. 1986. VI, 130 Seiten, 26 Tab., 30 Abb. ISBN 3-923887-06-X.   24.00 DM

Band 65

S t e w i g, Reinhard: Bursa, Nordwestanatolien. Auswirkungen der Industrialisierung auf die Bevölkerungs- und Sozialstruktur einer Industriegroßstadt im Orient. Teil 2. 1986. XVI, 222 Seiten, 71 Tab., 7 Abb. und 20 Fotos. ISBN 3-923887-07-8.   37.00 DM

Band 66

S t e w i g, Reinhard (Hrsg.): Untersuchungen über die Kleinstadt in SchleswigHolstein. 1987. VI, 370 Seiten, 38 Tab., 11 Diagr. und 84 Karten. ISBN 3-923887-08-6. 48.00 DM

Band 67

A c h e n b a c h, Hermann: Historische Wirtschaftskarte des östlichen Schleswig-Holstein um 1850. 1988. XII, 277 Seiten, 38 Tab., 34 Abb., Textband und Kartenmappe. ISBN 3-923887-09-4.   67.00 DM

Band 68

B ä h r, Jürgen (Hrsg.): Wohnen in lateinamerikanischen Städten - Housing in Latin American cities. 1988. IX, 299 Seiten, 64 Tab., 71 Abb. und 21 Fotos.
ISBN 3-923887-10-8.   44.00 DM

Band 69

B a u d i s s i n - Z i n z e n d o r f, Ute Gräfin von: Freizeitverkehr an der Lübecker Bucht. Eine gruppen- und regionsspezifische Analyse der Nachfrageseite. 1988. XII, 350 Seiten, 50 Tab., 40 Abb. und 4 Abb. im Anhang.
ISBN 3-923887-11-6.   32.00 DM

Band 70

H ä r t l i n g, Andrea: Regionalpolitische Maßnahmen in Schweden. Analyse und Bewertung ihrer Auswirkungen auf die strukturschwachen peripheren Landesteile. 1988. IV, 341 Seiten, 50 Tab., 8 Abb. und 16 Karten.
ISBN 3-923887-12-4.   30.60 DM

Band 71

P e z, Peter: Sonderkulturen im Umland von Hamburg. Eine standortanalytische Untersuchung. 1989. XII, 190 Seiten, 27 Tab. und 35 Abb.
ISBN 3-923887-13-2.   22.20 DM

Band 72

K r u s e, Elfriede: Die Holzveredelungsindustrie in Finnland. Struktur- und Standortmerkmale von 1850 bis zur Gegenwart. 1989. X, 123 Seiten, 30 Tab., 26 Abb. und 9 Karten.
ISBN 3-923887-14-0.   24.60 DM

Band 73

B ä h r, Jürgen, Christoph C o r v e s & Wolfram N o o d t (Hrsg.): Die Bedrohung tropischer Wälder: Ursachen, Auswirkungen, Schutzkonzepte. 1989. IV, 149 Seiten, 9 Tab., 27 Abb.
ISBN 3-923887-15-9.   25.90 DM

Band 74

B r u h n, Norbert: Substratgenese - Rumpfflächendynamik. Bodenbildung und Tiefenverwitterung in saprolitisch zersetzten granitischen Gneisen aus Südindien. 1990. IV, 191 Seiten, 35 Tab., 31 Abb. und 28 Fotos.
ISBN 3-923887-16-7.   22.70 DM

Band 75

P r i e b s, Axel: Dorfbezogene Politik und Planung in Dänemark unter sich wandelnden gesellschaftlichen Rahmenbedingungen. 1990.
ISBN 3-923887-17-5 Im Druck.   33.90 DM

Band 76

S t e w i g, Reinhard: Über das Verhältnis der Geographie zur Wirklichkeit und zu den Nachbarwissenschaften. Eine Einführung. 1990. IX, 131 Seiten, 15 Abb.
ISBN 3-923887-18-3   25.00 DM

Band 77

G a n s, Paul: Die Innenstädte von Buenos Aires und Montevideo. Dynamik der Nutzungsstruktur, Wohnbedingungen und informeller Sektor. 1990. XVIII, 252 Seiten, 64 Tab., 36 Abb. und 30 Karten in separatem Kartenband.
ISBN 3-923887-19-1.   88.00 DM